U0934236

## “家事法评注丛书” 学术顾问



## “家事法评注丛书” 编委会

家 事 法 评 注 丛 书

# 中华人民共和国继承法评注
# 遗产的处理

**主　　编**：陈　苇
**副主编**：宋　豫　石　婷

**撰稿人及其分工**：

陈　苇、张庆林、陈　法（第一章）
宋　豫、裴宝莉（第二章）
陈　苇、石　婷（第三章）
陈　苇、王　巍（第四章）
陈思琴（第五章）
陈　苇、杜志红、刘宇娇（第六章）
杜江涌（第七章）
胡苷用（第八章）
陈　苇、李　艳（第九章）
曹贤信（第十章）
陈　苇、王　巍（第十一章）

厦门大学出版社 XIAMEN UNIVERSITY PRESS | 国家一级出版社 全国百佳图书出版单位

**图书在版编目(CIP)数据**

中华人民共和国继承法评注.遗产的处理/陈苇主编.—厦门:厦门大学出版社,2019.10
(家事法评注丛书)
ISBN 978-7-5615-7467-6

Ⅰ.①中… Ⅱ.①陈… Ⅲ.①继承法—法律解释—中国 Ⅳ.①D923.55

中国版本图书馆 CIP 数据核字(2019)第 127405 号

**出 版 人** 郑文礼
**责任编辑** 甘世恒

**出版发行** 厦门大学出版社
**社　　址** 厦门市软件园二期望海路 39 号
**邮政编码** 361008
**总　　机** 0592-2181111　0592-2181406(传真)
**营销中心** 0592-2184458　0592-2181365
**网　　址** http://www.xmupress.com
**邮　　箱** xmup@xmupress.com
**印　　刷** 厦门集大印刷厂

**开本** 787 mm×1 092 mm　1/16
**印张** 19.25
**插页** 2
**字数** 473 千字
**版次** 2019 年 10 月第 1 版
**印次** 2019 年 10 月第 1 次印刷
**定价** 68.00 元

本书如有印装质量问题请直接寄承印厂调换

厦门大学出版社
**微信**二维码

厦门大学出版社
**微博**二维码

# 总　序

"家事法评注丛书"是一套以《中华人民共和国婚姻法》《中华人民共和国继承法》为主干，精准、全面、深入解析现行婚姻家庭法律的系列著作。

为拓展婚姻家庭法学研究的广度，加深其深度，方便法律人更好地理解、适用婚姻家庭和继承法律，中国婚姻家庭法学研究会和厦门大学出版社共同策划、组织出版"家事法评注丛书"。该丛书借鉴《德国法典评注》的体例，按照现行《中华人民共和国婚姻法》《中华人民共和国收养法》《中华人民共和国继承法》等法案的结构，逐章、逐条地予以评注。本评注详细讲解、透彻分析法律中的每一个法条，释明法条的由来、意义和内涵，以及法条与相关法条之间、法条与最高人民法院相关司法解释之间的关系，引述重要或者关键性的法院判例、学术观点等。

"家事法评注丛书"的出版在中国大陆尚属首次，意义重大。中国婚姻家庭法学研究会依托其雄厚的学术资源，邀请教学经验丰富和科研能力强的资深教授担任主编，并约请本领域的专家、学者共同撰稿，作者阵容强大，著述权威。中国婚姻家庭法学研究会会长、中国政法大学民商经济法学院夏吟兰教授，中国婚姻家庭法学研究会常务副会长、中国人民大学法学院龙翼飞教授担任总主编，中国婚姻家庭法学研究会副会长、厦门大学法学院蒋月教授担任执行总主编。我们期望本丛书作为高端法学学术精品，以高质量、高品位服务于法学教育、法学研究和法律实践，成为读者查找、理解和适用家事法律的专业工具书，并在民法法典化的进程中为相关法律制度的修改与完善提供重要参考。

编撰和出版本评注丛书历时多年。2011 年 11 月，中国法学会婚姻法学研究会年会暨中国婚姻家庭法学研究会第一次会员代表大会在厦门大学举行。在此期间，中国婚姻家庭法学研究会与厦门大学出版社经深入磋商，双方达成合作协议。中国婚姻家庭法学研究会组织本学会知名专家、学者潜心撰写本丛书，由厦门大学出版社精心组织出版。

"家事法评注丛书"共计 11 卷，各卷分别如下：《中华人民共和国婚姻法评注・总则》《中华人民共和国婚姻法评注・结婚》《中华人民共和国婚姻法评注・夫妻关系》《中华人民共和国婚姻法评注・家庭关系》《中华人民共和国婚姻法评注・离婚》《中华人民共和国婚姻法评注・救助措施与法律责任》《中华人民共和国收养法评注》《中华人民共和国继承法评注・总则》《中华人民共和

国继承法评注·法定继承》《中华人民共和国继承法评注·遗嘱继承和遗赠》《中华人民共和国继承法评注·遗产的处理》。

中国婚姻家庭法学研究会名誉会长、中国人民大学法学教授杨大文先生是“家事法评注丛书”的学术顾问之一，非常关心本丛书的出版，但在丛书付梓出版之际，杨教授已仙逝。我们仅以本丛书向我们尊敬和爱戴的名誉会长杨大文教授表示崇高的敬意和深切的缅怀！

推动婚姻家庭法和继承法的教学、科研和法律服务之进步，推进婚姻家庭法治事业之发展，是我们的责任与使命，是我们的光荣与梦想。我们期待本评注丛书在我国依法治国及家庭建设的进程中发挥积极的作用。

“家事法评注丛书”编委会

2017年6月

# 本书引用的主要法律、法规和司法解释缩略语

## 一、中国法

1.《中华人民共和国宪法》(2004 年 3 月 14 日修正),简称:我国现行《宪法》。

2.《中华人民共和国民法总则》(2017 年 3 月 15 日第十二届全国人民代表大会第五次会议通过,2017 年 10 月 1 日起实施),简称:我国《民法总则》。

3.《中华人民共和国民法通则》(1987 年 1 月 1 日起施行),简称:我国《民法通则》。

4. 中华人民共和国《最高人民法院关于贯彻执行〈中华人民共和国民法通则〉若干问题的意见》(1988 年 4 月 2 日起施行),简称:我国《执行〈民法通则〉的意见》。

5.《中华人民共和国继承法》(1985 年 10 月 1 日起施行),简称:我国《继承法》。

6. 中华人民共和国《最高人民法院关于贯彻执行〈中华人民共和国继承法〉若干问题的意见》(1985 年 9 月 11 日起施行),简称:我国《执行〈继承法〉的意见》。

7.《中华人民共和国婚姻法》(2001 年 4 月 28 日修正和公布,自公布之日起施行),简称:我国现行《婚姻法》。

8.《中华人民共和国老年人权益保障法》(1996 年 10 月 1 日起施行,2009 年 8 月 27 日第一次修正;2012 年 12 月 28 日第二次修订,自 2013 年 7 月 1 日起施行;2015 年 4 月 24 日第三次修正,于 2015 年 4 月 24 日施行;2018 年 12 月 29 日第四次修正,于 2018 年 12 月 29 日施行),简称:我国现行《老年人权益保障法》。

9. 我国司法部《遗赠扶养协议公证细则》(1991 年 4 月 3 日起施行),简称:我国司法部《遗赠扶养协议公证细则》。

10.《中华人民共和国合同法》(自 1999 年 10 月 1 日起施行),简称:我国《合同法》。

11.《中华人民共和国物权法》(2007 年 10 月 1 日起施行),简称:我国《物权法》。

12.《中华人民共和国民事诉讼法》(2017 年 6 月 27 日第三次修正,自 2017 年 7 月 1 日起实施),简称:我国现行《民事诉讼法》。

13.《中华人民共和国企业破产法》(2007 年 6 月 1 日起施行),简称:我国《企业破产法》。

## 二、外国法

### (一)大陆法系国家

14. 罗结珍译:《法国民法典》(北京大学出版社 2010 年版),简称:《法国民法典》(特别引用另有说明的除外)。

15. 陈卫佐译:《德国民法典》(第 4 版)(法律出版社 2015 年版),简称:《德国民法典》

(特别引用另有说明的除外)。

16. 戴永盛译:《瑞士民法典》(法律出版社2016年版),简称:《瑞士民法典》。

17. 刘士国、牟宪魁、杨瑞贺译:《日本民法典》(中国法制出版社2018年版),简称:《日本民法典》。

18. 费安玲、丁玫、张宓译:《意大利民法典》(中国政法大学出版社2004年版),简称:《意大利民法典》(特别引用另有说明的除外)。

19. 黄道秀译:《俄罗斯联邦民法典》(北京大学出版社2007年版),简称:《俄罗斯联邦民法典》(特别引用另有说明的除外)。

(二)英美法系国家

20. Administration of Estates Act 1925 amended in 1996,UK.简称:英国《遗产管理法》或 Administration of Estates Act.

21. Trustee Act 1925 amended in 1978,UK.简称:英国《信托法》或 Trustee Act.

22. Intestates' Estate Act 1952 amended in 1995,UK.简称:英国《无遗嘱者遗产法》或 Intestates'Estate Act.

23. Uniform Probate Code amended in 2006,USA.简称:美国《统一遗嘱检验法典》或 Uniform Probate Code.

Contents

# 目录

## 第一编　导　论



## 第二编　法条评注

# 第一编

# 导　论

# 第一章 遗产处理制度概述

遗产处理是指为解决、处置自然人死亡时留下的遗产而进行的相关活动。遗产的处理是继承事务的关键环节，直接决定着遗产的最终分配，是继承法律制度中最为重要的内容之一。本章主要阐述遗产处理制度的基本理论、我国遗产处理制度的法律渊源、遗产处理的热点难点问题。

## 第一节 遗产处理制度的基本理论

本章主要阐述遗产处理制度的意义与功能、我国立法体例、立法原则和基本内容等。

### 一、遗产处理制度的意义与功能

#### (一)遗产处理制度的意义

关于遗产处理的概念，有广义的概念与狭义的概念之分。我国有学者指出，遗产的处理贯穿继承法始终，就其内容的共同性角度言之，本应该属于继承编通则的内容。[①] 广义的遗产处理的概念，是指包括法定继承和遗嘱继承中的遗产处理行为的各项具体内容，如继承的通知与公告；遗产清册的制定；继承的接受与放弃；遗产债务的清偿、遗产的分割等行为。[②] 狭义的遗产处理的概念，是指继承法律制度包括法定继承、遗嘱继承和遗产处理三部分内容，前两部分是遗产处理的前提和依据，而遗产处理只是继承过程中的一个独立环节，同时又是继承事务的终点。涉及遗产处理的具体制度包括继承开始的通知与公告、遗产管理、继承的接受与放弃、遗产债务清偿、遗产分割以及无人承受遗产的处理等制度。我国《继承法》将“遗产的处理”作为最后一章规定，这是采用的狭义的“遗产处理”概念。本书的“遗产处理”是从狭义角度来阐述的。

---

① 参见张平华、刘耀东：《继承法原理》，中国法制出版社 2009 年版，第 8 页。

② 对“遗产处理”一词，可以作广义和狭义两种意义上的理解。广义上的“遗产处理”，可以等同于整个继承过程。因《继承法》的主要目的就是解决自然人死亡后，被继承人遗留债务的清偿，遗产的分配和归属，保护公民私有财产的继承权，即如何处理死者遗产的问题。同时，《继承法》的所有内容也都是围绕着如何处理遗产而展开的。法定继承或遗嘱继承主要是确定继承人的范围、顺序和继承份额，这些都是处理遗产问题的重要方式和途径。从此意义而言，遗产处理应该包括法定继承和遗嘱继承中的遗产处理行为的各项具体内容，如继承的通知与公告；遗产清册的制定；继承的接受与放弃；遗产债务的清偿、遗产的分割等行为。因此，调整遗产处理各种行为的具体制度完整地构成了一国的遗产处理制度。如《瑞士民法典》第三编继承法分为两部分，第二部分“继承”包括继承的开始、继承的效果和遗产的分割等内容。该法典继承编集中、系统地规定了遗产处理制度，并不是把遗产处理视为继承事务的终点。

自然人死亡后，其生前拥有的个人所有的财产将转为遗产，成为继承法律关系的客体组成部分之一，另一客体则为其遗留的债务。为了解决遗产的移转和遗产债务的清偿，发挥遗产的扶养职能和经济效用，我国在《继承法》中确立了遗产处理制度。根据我国《继承法》第四章及相关司法解释的规定，遗产处理制度的各项具体制度包括继承开始的通知、遗产的保管、继承与遗赠的接受与放弃、遗赠扶养协议、遗产债务的清偿、无人承受遗产的处理等制度。

关于遗产处理制度的意义，遗产处理制度既涉及继承人、受遗赠人等人的权益，还涉及遗产债权人和其他遗产利害关系人（必留份权利人、酌分遗产请求权人等）的利益和交易秩序的维护，因此，遗产处理制度的实施对于保护继承人及其他遗产利害关系人的合法权益具有重要意义。美国法学家 E.博登海默教授指出，法律的主要作用之一就是调整和调和相互冲突的利益关系，界定什么样的利益应当被视为值得保护的利益，对利益予以保障的范围和限度，以及对于各种主张和要求应当赋予何种相应的等级和位序。① 我们认为，在处理遗产时，应当坚持民事主体地位平等原则，坚持继承人利益和遗产债权人利益平等保护的私法理念，在利益共存的基础上达到合理的优化状态，实现继承人利益和遗产债权人利益保护的平衡。

1. 保护继承人的合法权益

被继承人死亡后，继承人根据遗嘱或法律规定对其遗产享有继承权，是遗产的主要受益者。如前所述，我国遗产处理制度主要包括继承的接受和放弃、遗产的保管和分割、遗产债务的清偿、无人继承遗产的处理等具体制度，这些具体制度的内容直接决定着遗产的数量、分配和归属问题。可见，遗产处理制度与继承人和遗产债权人两者利益之保护均密切相关。对于继承人利益的保护，主要通过赋予继承人继承选择权来实现，使继承人可以在充分了解遗产情况的基础上做出选择。② 存有遗产的人，应当妥善保管遗产，任何人不得侵吞或者争抢。被继承人死后，如果其遗产因管理不当而造成遗失或损坏，或者因分割遗产、偿还遗产债务而导致纠纷，这些都不利于继承人利益的维护。如果继承人为多数时，遗产的处理还要公平地实现各共同继承人之间的遗产分配。因此，对于保护继承人的合法权益，遗产处理制度具有重要的作用。

2. 保护遗产债权人及相关遗产利害关系人的合法权益

继承法律关系包括内部关系和外部关系。一个人死后，其遗产的处理不仅关系到继承人如何分配遗产，还涉及遗产债务的清偿与相关遗产利害关系人（如必留份请求权人、遗赠权利人和酌分遗产请求权人）的参与遗产分配问题。所以，遗产债务是应由遗产进行清偿或给付的债务，主要包括继承开始前成立的债务，即被继承人生前所欠债务；继承开始时成立的债务，包括特留份、遗赠以及遗产酌给之债务；继承开始后产生的债务，主要指继承费用，包括丧葬费、遗产管理费用、遗产清算费用、诉讼费用等。③ 随着市场经济的发展，基于生产和生活的需要，被继承人生前所欠债务日益常见。根据现代民法的"责任自负"原则，遗产债

---

① ［美］E.博登海默：《法理学、法律哲学与法律方法》，邓正来译，中国政法大学出版社 1999 年版，第 398～399 页。

② 张玉敏：《继承法律制度研究》，法律出版社 1999 年版，第 160 页。

③ 陈苇、宋豫主编：《中国大陆与港、澳、台继承法比较研究》，群众出版社 2007 年版，第 408 页。

务须以遗产为清偿责任财产。因此，遗产处理制度也与遗产债权人的利益及相关遗产利害关系人之保护密切相关。在继承法律关系中保护被继承人的债权人及相关遗产利害关系人利益，也是一个十分重要的问题。我国台湾学者指出，继承制度的存在根据之一便是保护交易的安全。[①] 所以，许多国家的继承立法都设立有遗产清册的制作、发布公告或通知催告申报遗产债权、有条件的限定继承和自愿概括继承与强制概括继承等制度以保护遗产债权人的利益。同样，我国《继承法》第 33、34 条也规定，继承遗产、执行遗赠都应当清偿被继承人依法应当缴纳的税款和债务。[②]

### （二）遗产处理制度的功能

遗产处理，是指继承开始后围绕处理被继承人遗留的遗产和债务进行的发布继承开始的通知与公告、遗产管理、选择继承和遗赠的接受或放弃、给付遗赠扶养协议约定的遗产、进行遗产债务的清偿和遗产的分割，以及无人承受遗产的处理等的一系列活动。调整遗产处理一系列活动的具体制度的总和构成了遗产处理制度，即遗产处理制度包括继承开始的通知与公告、遗产管理、继承与遗赠的接受与放弃、遗赠扶养协议、遗产债务清偿、遗产分割、无人承受遗产的处理等一系列具体制度。遗产处理，既关系遗产债务的依法清偿，也关系遗产的公平分配，因此，遗产处理制度是继承法律制度的重要的组成部分之一。遗产处理制度的立法目的，既要保护继承人的财产权益，又要保护遗产债权人和其他遗产利害关系人的财产权益。因此，遗产处理制度具有十分重要的功能。前述遗产处理的一系列活动，涉及不同的法律关系，需要不同的具体制度进行调整，各项具体制度各自具有不同的功能。根据遗产处理制度的立法目的，考察和研究构成遗产处理制度的各项具体制度之主要功能[③]，有助于为立法、守法和司法提供参考。在立法过程中，明确遗产处理制度的目的，认识涉及遗产处理的各项具体制度之功能，有助于修改和完善相关立法；在守法实践中，明确遗产处理制度的目的，认识涉及遗产处理的各项具体制度之功能，有助于依法处理遗产事务，能够预防和减少遗产处理的纠纷；在司法实践中，明确遗产处理制度的目的，认识涉及遗产处理的各项具体制度之功能，有助于法官正确适用法律。正如我国学者所言，法官在适用法律时，发现有关法律规范因涵盖的案件种类过于狭窄，不能实现特定法律调整目的的要求，则其可以从立法目的出发，扩大有关案件的适用范围。[④] 日本学者亦认为："法官可以从探求立法目的出发，将法律条款所适用的案件类型予以扩张。"[⑤]

以下对遗产处理制度中的继承开始的通知与公告、遗产管理、继承与遗赠的接受与放弃、遗赠扶养协议、遗产债务清偿、遗产分割、无人继承遗产的处理等七项具体制度的功能进

---

① 林秀雄：《继承法讲义》，元照出版公司 2005 年版，第 4～5 页。

② 我国《继承法》第 33 条规定："继承遗产应当清偿被继承人依法应当缴纳的税款和债务，缴纳税款和清偿债务以他的遗产实际价值为限。超过遗产实际价值部分，继承人自愿偿还的不在此限。"第 34 条规定："执行遗赠不得妨碍清偿遗赠人依法应当缴纳的税款和债务。"

③ 必须说明，由于遗产处理的各种权利义务关系具有复杂性，调整遗产处理各种关系的各项具体制度具有的功能可能不止一种，但限于本章篇幅，我们只阐述涉及遗产处理的各项具体制度的主要功能。

④ 王利明：《法律解释学导论　以民法为视角》，法律出版社 2009 年版，第 516 页。

⑤ ［日］井上英治：《民法总则》，东京法曹同人 1998 年版，第 13 页。转引自王利明：《法律解释学导论　以民法为视角》，法律出版社 2009 年版，第 516 页。

行考察研究。

1. 继承开始的通知与公告制度的功能

继承开始的通知与公告制度，主要具有催促继承人、遗产债权人等遗产利害关系人及时申报遗产权利的功能。被继承人死亡后即继承开始，有部分继承人、遗产债权人及其他遗产利害关系人对此可能不知情，因此必须通过继承开始的通知与公告制度，催促继承人、遗产债权人及其他遗产利害关系人（受遗赠人、酌情分配遗产的请求权人等）及时申报对遗产的相关权利。遗产债权人及其他遗产利害关系人只有在法定期限内及时申报其遗产权利的，才能依顺序以遗产受偿。在我国，我国《继承法》第 23 条规定："继承开始后，知道被继承人死亡的继承人应当及时通知其他继承人和遗嘱执行人。继承人中无人知道被继承人死亡或者知道被继承人死亡而不能通知的，由被继承人生前所在单位或者住所地的居民委员会、村民委员会负责通知。"[①]可见，我国发出继承开始的通知与公告的主体，有知道被继承人死亡的继承人，继承人生前所在单位或者住所地的居民委员会、村民委员会。在国外，关于发出继承开始的通知与公告的主体，英美法系国家由遗产管理人负责发出继承开始的通知与公告，大陆法系国家一般由遗嘱执行人、继承人发出继承开始的通知或公告，或由遗产利害关系人请求法院发出继承开始的通知或公告，以催促继承人、遗产债权人、受遗赠人以及其他遗产利害关系人及时在法定期限内申报其遗产权利。如果遗产债权人没有在法定期限内申报其遗产权利的，则其丧失遗产受偿权或只能就清偿债务后的剩余遗产受偿。例如，根据《法国民法典》的规定，继承人得声明其仅以遗产的净资产为限取得继承人资格，此声明得向法院作出，该项声明应进行登记并在国内公示，并于声明之日起 2 个月内向法院提交遗产清单，遗产清单应当采取与声明相同的方式公示。遗产债权人应在公示期起 15 个月内申报债权，逾期未申报的不附担保的债权即告消灭。[②] 此即意味着丧失对该遗产的受偿权。又如，根据《日本民法典》规定，未在第 927 条第 1 款限定继承人催告的期间内提出申报权利的遗产债权人及受遗赠人，为限定继承人所不知时，仅可以就剩余财产行使其权利。但是，就遗产有特别担保人时，不在此限。[③] 此即只能就清偿已申报债务后的剩余遗产受偿。

以上中外立法例均表明，继承开始的通知与公告制度主要具有催促继承人、遗产债权人及其他遗产利害关系人及时在法定期限内申报遗产权利的功能。这既能保障被继承人的债权人及其他遗产利害关系人的遗产债权及时受偿，又能保障清偿债务后的剩余遗产及时转移给继承人，从而平等地保护双方对遗产的合法权益。

2. 遗产管理制度的功能

遗产管理制度，主要具有指导和规范遗产管理活动的功能。遗产管理，是指继承开始后根据遗嘱或法律的规定，选任遗嘱执行人或遗产管理人担任管理遗产的职责，由其完成对遗产的清点和保管、编制清册、公示催告申报遗产的债权债务、追还遗产债权和清偿遗产债务、分配剩余遗产等一系列行为。调整这一系列遗产管理行为的法律规范的总和，构成遗产管理制度。在遗产管理制度中，遗产管理人的职责是最为重要的内容，具有指导和规范遗产管理活动的主要功能。例如，在国外，对于遗产管理人的职责，根据《瑞士民法典》的规定，其主

① 对于继承开始的公告制度，我国《继承法》无规定。

② 《法国民法典》第 787 条、第 788 条、第 790 条第 1 款、第 792 条。

③ 《日本民法典》第 935 条。

要有：(1)制作遗产清单。制作遗产清单应当记载被继承人的遗产和债务，并对全部财产的价值估价。(2)公示催告。公示催告被继承人的债务人、债权人以及担保权利人在规定的期限内(不得少于 1 个月)申报各自的债权及债务。(3)遗产清单的查阅。公示催告期限届满，遗产清单制作完成后，供遗产利害关系人查阅的期限不得少于 1 个月。(4)必要的遗产管理。在制作遗产清单期间，继承人须对遗产进行必要的管理。(5)清偿被继承人的债务后交付遗赠。根据遗产清单的记载，清偿被继承人的债务[①]，然后交付遗赠。(6)根据遗嘱或法律分配剩余遗产等。[②] 可见，瑞士法设立的遗产管理人之职责内容较为系统、全面。在我国，我国《继承法》第 24 条规定："存有遗产的人，应当妥善保管遗产，任何人不得侵吞或者争抢。"同时，第 33 条规定："继承遗产应当清偿被继承人依法应当缴纳的税款和债务……"可见，我国遗产管理人职责的立法内容还不够全面、系统。

以上中外立法例表明，遗产管理制度中最为重要的是应当明确规定较为系统、全面的遗产管理人的职责，其具有指导和规范遗产管理活动的主要功能。这既有利于保护被继承人的债权人及其他遗产利害关系人的利益，又有利于保护继承人的利益。

3. 继承和遗赠的接受与放弃制度的功能

继承和遗赠的接受与放弃制度，主要具有赋予当事人对继承和遗赠的接受或放弃之自愿选择权的功能。接受继承，是指继承开始后，继承人依照法定方式表示接受继承的单方法律行为。继承人表示接受继承的，享有接受继承的权利，并负有清偿被继承人债务的义务。[③] 放弃继承，是指继承开始后，继承人依法定方式表示拒绝继承的单方法律行为。继承人表示放弃继承的，即溯及继承开始之时不为继承人，不享有继承人的权利，也不承担继承人的义务。继承的接受与放弃制度，是指在继承开始后继承人自主选择接受继承有限责任继承或无限责任继承或放弃继承或被强制无限责任继承等法律规范的总和。遗产的接受，分为继承的接受与遗赠的接受，是指继承人、受遗赠人为意思表示自愿接受继承或遗赠而接受遗产。根据法律的规定，在继承开始后，遗嘱继承人或法定继承人是否接受继承，应当以其是否表示接受继承为依据；受遗赠人是否能够实际取得遗产，应当以其是否表示接受遗赠为依据。[④] 根据继承的接受与放弃制度之规定，对于继承与遗赠的接受或放弃，当事人享有自愿选择权。例如，在我国，我国《继承法》第 25 条规定："继承开始后，继承人放弃继承的，应当在遗产处理前，作出放弃继承的表示。没有表示的，视为接受继承。受遗赠人应当在知道受遗赠后两个月内，作出接受或者放弃受遗赠的表示。到期没有表示的，视为放弃受遗赠。"同时，第 33 条规定："继承遗产应当清偿被继承人依法应当缴纳的税款和债务，缴纳税款和清偿债务以他的遗产实际价值为限。超过遗产实际价值部分，继承人自愿偿还的不在此限。继承人放弃继承的，对被继承人依法应当缴纳的税款和债务可以不负偿还责任。"在

---

① 必须说明，根据《瑞士民法典》第 589 条的规定，对于遗产清单记载的债务，继承人不仅要以其取得的遗产清偿，而且还要以其本人的固有财产承担清偿义务，即对于遗产清单中的债务，继承人必须承担无限清偿责任。因此，如果继承人欲对被继承人的债务承担有限清偿责任，则必须依法请求实行法定清算(又称官方清算)。参见《瑞士民法典》第 593～597 条。

② 《瑞士民法典》第 581 条、第 582 条、第 584 条、第 585 条、第 589～590 条、第 608 条、第 610～619 条。

③ 陈苇主编：《外国继承法比较与中国民法典继承编制定研究》，北京大学出版社 2011 年版，第 85 页。

④ 陈苇主编：《婚姻家庭继承法学》(第 3 版)，群众出版社 2017 年版，第 311 页。

国外，根据《意大利民法典》的规定，第一，继承的接受与放弃。凡有权取得遗产的继承人，在接受继承的时效期限届满前都可以明示或者默示的方式表示接受继承。任何利害关系人均可请求司法机关为该继承人确定一个表示接受或拒绝继承的期限。其在该期限届满仍未作出任何表示的，丧失接受继承的权利。[①] 第二，继承的接受类型。关于继承的接受，该法规定有两种类型：概括接受继承（即单纯地接受继承）与限定接受继承（即享有遗产清单利益地接受继承）。[②] 关于概括接受继承，又分为自愿的概括接受继承与强制的概括接受继承。前者是指继承人自愿选择实行单纯接受继承，对遗产债务承担无限清偿责任。[③] 后者是指继承人在处理遗产事务中出现某些法定情形时，法律规定其必须对遗产债务承担无限清偿责任，此即强制的概括接受继承。意大利强制的概括接受继承之法定情形如下：(1)占有遗产的有权取得遗产的继承人，未按期编制完成遗产清单的，或者未在规定期限内作出接受继承、放弃继承的声明的；(2)未占有遗产的有权取得遗产的继承人，在作出按遗产清单接受继承的声明后，未按期编制完成遗产清单的；(3)未编制遗产清单而作出接受继承声明的继承人；(4)扣留或者隐匿遗产的继承人，丧失放弃继承的权利，即使其声明放弃继承。[④] 关于限定接受继承，是指继承人自愿选择以继承的遗产为限承担遗产债务的清偿责任。继承人如果选择限定接受继承，就须在公证人面前或者在继承开始地的初审法院书记员面前作出声明，并在规定的期限内编制完成遗产清单，然后将该声明交由该初审法院登记后放入登记册中。[⑤] 关于限定责任继承的效力，即按遗产清单接受继承的效力：(1)被继承人的遗产与继承人的固有财产分离；(2)继承人对超过遗产价值的遗产债务不承担清偿责任；(3)被继承人的债权人和受遗赠人优先于继承人的债权人受偿。[⑥] 第三，关于放弃继承的效力，溯及至继承开始之时，放弃继承的人视为自始不曾参加继承。[⑦] 所以，其对遗产债务不承担清偿责任。由上述可知，以上中外立法例均对继承与遗赠的接受或放弃赋予当事人自愿选择权，并且对接受继承的类型也赋予继承人自愿选择权，继承人可根据自己的实际情况，既可以选择实行有限责任继承或概括继承（无限责任继承），也可以选择放弃继承。此外，必须说明，意大利法还规定有强制的概括继承，即如果继承人不依法按期制作和提交遗产清单，或有转移、隐藏遗产的违法行为，其将被依法实行强制的概括继承。虽然我国《继承法》尚无强制的概括继承之规定，但我国《执行〈继承法〉的意见》第59条规定：“人民法院对故意隐匿、侵吞或争抢遗产的继承人，可以酌情减少其应继承的遗产。”这些规定体现了对于继承人有转移、隐藏遗产的违法行为的，将依法给予惩罚，以保护其他遗产权利人的合法权益。

从前述中外立法例可见，继承和遗赠的接受与放弃制度主要具有赋予当事人对继承与遗赠的接受或放弃之自愿选择权的功能。继承人或受遗赠人有权自愿选择是否接受继承或遗赠。继承人选择接受继承后，还可以选择实行自愿的概括继承或有限责任继承。这体现了对继承人和受遗赠人自由意愿的尊重。而强制的概括继承，则体现了对遗产债权人利益

---

① 《意大利民法典》第474条、第481条。

② 《意大利民法典》第470条。

③ 《意大利民法典》第474～478条。

④ 《意大利民法典》第485条、第487～488条、第527条。

⑤ 《意大利民法典》第484～485条。

⑥ 《意大利民法典》第490条。

⑦ 《意大利民法典》第521条。

的保护和对继承人怠于依法制作遗产清单或不当侵害遗产等行为的惩罚。

4. 遗赠扶养协议制度与继承合同制度的功能

遗赠扶养协议，是指遗赠人与扶养人双方自愿协商签订的，由遗赠人将个人财产遗赠给扶养人所有，扶养人承担遗赠人生养死葬义务的协议。[①] 遗赠扶养协议制度是我国《继承法》独有的、具有中国特色的制度。我国的遗赠扶养协议制度，主要具有保障遗赠扶养协议双方当事人履行约定义务的功能。目前，我国社会的养老保障还不完善，受扶养人以自己的个人财产，通过订立遗赠扶养协议的方式，确定扶养人对受扶养人生前尽生养死葬的义务，受扶养人死后将自己的全部或部分财产遗赠给扶养人。这可以弥补我国社会养老保障之不足，保障老年人安度晚年。为保障遗赠扶养协议双方当事人履行约定义务，我国《继承法》及相关司法解释，明确规定了遗赠扶养协议的主体、效力与解除后果。我国《继承法》第 31 条规定："公民可以与扶养人签订遗赠扶养协议。按照协议，扶养人承担该公民生养死葬的义务，享有受遗赠的权利。公民可以与集体所有制组织签订遗赠扶养协议。按照协议，集体所有制组织承担该公民生养死葬的义务，享有受遗赠的权利。"可见，我国遗赠扶养协议的主体中，遗赠人(受扶养人)必须是自然人，扶养人(受遗赠人)只能是法定继承人以外的自然人或集体所有制组织。[②] 遗赠扶养协议经双方当事人自愿协商订立后，即对双方均产生法律约束力，扶养人必须履行对受扶养人的生养死葬义务；受扶养人必须承担适当管理待遗赠财产并于其死后遗赠给扶养人的义务。对于遗赠扶养协议无正当理由解除的后果，我国《执行〈继承法〉的意见》第 56 条规定："扶养人或集体组织与公民订有遗赠扶养协议，扶养人或集体组织无正当理由不履行，致协议解除的，不能享有受遗赠的权利，其支付的供养费一般不予补偿；遗赠人无正当理由不履行，致协议解除的，则应偿还扶养人或集体组织已支付的供养费。"在国外，世界上其他国家的继承法中没有遗赠扶养协议制度，但有些国家设立有与我国遗赠扶养协议制度相近的继承合同制度。[③] 根据《德国民法典》的规定，继承合同中既可以只有一方当事人作为被继承人做出死因处分，指定合同相对方为继承人或受遗赠人；也可以双方都作为被继承人而至少作出一项死因处分，或者相互指定对方为继承人或受遗赠人，或者指定合同当事人以外的第三人为受益人。[④] 在英国，继承合同是双方当事人通过约定，

---

① 陈苇主编：《婚姻家庭继承法学(第 3 版)》，群众出版社 2017 年版，第 307 页。

② 因为，根据我国现行《婚姻法》的规定，夫妻之间、父母子女之间、兄弟姐妹之间和祖孙之间的法定扶养义务是无偿的，故法定继承人之间不能签订有对价的、有偿的遗赠扶养协议，所以，我国《继承法》将法定继承人排除于遗赠扶养协议主体之外。虽然，我国现行《老年人权益保障法》第 20 条第 1 款规定："经老年人同意，赡养人之间可以就履行赡养义务签订协议，赡养协议的内容不得违反法律的规定和老年人的意愿。"但该赡养协议仍然是无偿地履行法定义务。同时该法第 36 条规定："老年人可以与集体经济组织、基层群众性自治组织、养老机构等组织或者个人签订遗赠扶养协议或者其他扶助协议。"也就是说，目前我国遗赠扶养协议的扶养义务主体只能是法定继承人以外的自然人和其他社会组织(集体经济组织、基层群众性自治组织、养老机构等组织)。

③ 必须说明，国外的继承合同分为两种类型：其一是被继承人与其他民事主体就继承、遗赠的取得或拒绝双方达成的合意，继承人、受遗赠人取得继承或受遗赠无须履行相应的义务，即属于单务、无偿合同；其二是被继承人与其他民事主体就继承、遗赠的取得或拒绝达成的合意，同时约定继承人、受遗赠人应履行相应的义务，即属于双务、有偿合同。本书在此阐述的对象为双务、有偿的继承合同，以下简称为继承合同。

④ 《德国民法典》第 2278 条、第 2279～2280 条。

一方当事人允诺另一方当事人，前者将通过遗嘱赠与后者某项特定财产、一笔金钱、剩余财产的全部或部分，后者则承诺承担合同义务。① 可见，外国的继承合同主体中的自然人，没有必须不是法定继承人的身份限制，可以是继承人，也可以是非继承人。关于继承合同的效力，《德国民法典》规定："被继承人已出于侵害合同所定的继承人的意图而做出赠与的，合同所定的继承人可以在遗产应归属于自己时，依关于返还不当得利的规定向受赠人请求返还所赠与的财产。"②

从前述中外立法例可见，遗赠扶养协议制度与外国的继承合同制度都具有保障双方当事人履行约定义务的功能。这一方面体现了对双方当事人订立遗赠扶养协议或继承合同之自由意愿的尊重，另一方面，以法律规范的强制力保障双方当事人履行约定义务，有利于维护双方当事人的合法权益。

5. 遗产债务清偿制度的功能

遗产债务清偿制度，主要具有指导遗产债务的清偿有序进行的功能。被继承人死亡后，其遗留的遗产债务之清偿，既涉及继承人的利益，也涉及遗产债权人及其他遗产利害关系人（包括受遗赠人、我国的遗产酌情分配请求权人、日本的特别贡献份额请求权人等）的利益。随着社会经济的发展和对交易安全的重视，遗产处理制度中对遗产债权人的保护规范日益完善。对于继承人利益和遗产债权人及其他遗产利害关系人利益的平等保护，直接关系到继承人和遗产债权人及其他遗产利害关系人的合法权益的实现和市场交易安全的维护。遗产债务清偿制度的立法目的，既要保护继承人的利益，也要保护遗产债权人及其他遗产利害关系人的利益。遗产债务清偿制度的主要内容包括：确定遗产债务范围、区分遗产债务清偿责任类型和确定遗产债务清偿顺序的法律规范。

第一，确定遗产债务的范围之规则。根据遗产债务的产生时间，遗产债务的构成可以分为以下三种类型：(1)被继承人生前所欠的个人债务（包括被继承人生前所欠的税款及其他个人债务）；(2)继承费用（一般有丧葬费用、遗产管理费用、死亡宣告费用、公示催告费用、遗产清算费用、遗嘱执行费用、诉讼费用等）；(3)继承开始时产生的债务（包括酌给遗产之债、必留份或特留份之债和遗赠之债等遗产的负担）。③ 例如，我国《继承法》第 33 条规定，继承遗产应当清偿被继承人依法应当缴纳的税款和债务。根据我国《继承法》第 14 条的规定，继承人以外的受被继承人扶养的缺乏劳动能力又没有生活来源的人或对被继承人扶养较多的人，可以分给他们适当的遗产。我国学者指出，遗产酌给请求权是基于法律规定和扶养事实而发生的，属于法定的遗产债务。④ 我国《继承法》第 19 条规定："遗嘱应当对缺乏劳动能力又没有生活来源的继承人保留必要的遗产份额。"此即必留份之债。又如，《德国民法典》第 1967 条第 2 款规定："除由被继承人所致的债务以外，涉及继承人本人的债务，特别是因特留份权利、遗赠和负担而发生的债务，也属于遗产债务。"

第二，区分遗产债务清偿责任的类型之规则。依据是否以遗产的实际价值为限进行清

① 陈苇主编：《外国继承法比较与中国民法典继承编制定研究》，北京大学出版社 2011 年版，第 472 页。

② 《德国民法典》第 2287 条第 1 款。

③ 陈苇、宋豫主编：《中国大陆与港、澳、台继承法比较研究》，群众出版社 2007 年版，第 408 页。

④ 张玉敏：《继承法律制度研究》，法律出版社 1999 年版，第 163～164 页。

偿,遗产债务清偿责任的类型,可分为有限责任与无限责任。首先,遗产债务的有限清偿责任又被称为有限责任继承或限定继承。它是指继承人以被继承人遗产的实际价值为限承担清偿遗产债务的责任。[①] 例如,在我国,我国《继承法》第33条规定,继承人清偿被继承人生前所欠税款和债务以他的实际遗产价值为限,超过遗产实际价值部分,继承人自愿偿还的不在此限。在国外,根据《日本民法典》的规定,继承人可就承担何种遗产债务清偿责任作出选择。继承人从知道自己的继承开始时起3个月内,应作出单纯承认、限定承认或放弃继承的表示。继承人作出限定承认的,可以仅在继承财产的限度内,清偿被继承人的债务与遗赠,有保留地承认继承。[②] 前述我国法与日本法规定的均是遗产债务清偿的有限责任。其次,遗产债务的无限清偿责任,是指对于遗产债务,不仅要以被继承人的遗产清偿,而且在被继承人的遗产不足以清偿全部债务时继承人要以自己的固有财产进行清偿。对于遗产债务的无限清偿责任,在国外,大陆法系一些国家的继承法中均有规定。继承人对遗产债务的无限清偿责任,又被称为无限责任继承或"单纯继承"或"概括继承"。无限清偿责任可以分为两种情形:意定的无限清偿责任与法定的无限清偿责任。意定的无限清偿责任是由继承人自愿选择承担的无限清偿责任;法定的无限清偿责任是因继承人违反有限清偿责任的条件和程序而被法律强制承担的无限清偿责任。例如,对于意定的无限清偿责任,根据我国《继承法》第33条规定,对于被继承人的债务,超过遗产实际价值部分,继承人可以自愿偿还。根据《法国民法典》第768条规定,继承人可以选择无条件接受继承,或者放弃继承。对于法定的无限清偿责任,根据《日本民法典》规定,有下列情形之一的,视为继承人作出单纯承认,将强制其对遗产债务承担无限清偿责任:(1)继承人已处分继承财产之全部或部分的,但是实行保存行为及不超过第602条所规定的期间租赁的,不在此限;(2)继承人从知道自己的继承开始3个月内,没有表示限定承认或放弃继承的;(3)继承人表示限定承认或放弃继承后,仍隐匿全部或部分遗产,或将其私自浪费或恶意不将其载入财产目录的,但是因该继承人放弃继承而成为继承人的人作出认可的,不在此限。[③]

第三,确定遗产债务清偿的顺序之规则。例如,在国外,《法国民法典》第796条较为集中地规定了遗产债务种类及其清偿顺序:(1)有担保的债权。继承人按照债权人的债权所享有的担保顺位,清偿登记了担保的债权人的债权。(2)普通债权。在通知或公告后报明了债权的其他债权人按照报明债权的顺序接受清偿。(3)遗赠。对于钱款的遗赠在债权人获得清偿之后再行支付。[④] 此外,该法典其他条款的规定还有:(4)赡养费。如健在配偶受领被继承人的全部财产或3/4的财产,死者父母以外的直系尊血亲就先逝者的遗产按需要享有赡养债权,赡养费从遗产中先取,由所有继承人负担。健在配偶的扶养费从遗产中提取,由所有的继承人负担。[⑤] (5)遗产管理费。其包括:一是制作遗产清单与账目以及加封印的费用按照分割遗产时应当优先清偿的费用支付;[⑥]二是管理与出卖遗产所需的费用产生本法

① 陈苇主编:《外国继承法比较与中国民法典继承编制定研究》,北京大学出版社2011年版,第502页。

② 《日本民法典》第915、922条。

③ 《日本民法典》第915、921条。

④ 以上(1)(2)(3)参见《法国民法典》第796条。

⑤ 《法国民法典》第758、767条。

⑥ 《法国民法典》第803条。

典第2331条与第2375条所指的优先权，对遗产享有优先受偿权。[①]（6）优先遗赠与普通遗赠。在遗嘱人声明其欲使某一遗赠较其他遗赠优先给付时，此种优先给付可以成立，仅在其他财产的价值不足法定的特留份数额时，始能减少作为这一优先遗赠给付之标的的财产。[②]（7）优先权债务。[③] 法国法规定的遗产债务清偿顺序可以归纳如下：继承费用（包括管理与出卖遗产所需费用、制作遗产清单与账目的费用、封印费用等）；赡养费；普通债务；特留份；被继承人声明优先给付的遗赠、普通遗赠。此外，有优先权的债务就担保财产优先受偿，不受前述债务清偿顺序的限制。在我国，我国《继承法》对遗产债务的清偿顺序尚无明确的集中规定，而是散见于《继承法》及相关法律法规和司法解释中。根据我国《继承法》的规定，继承遗产应当清偿被继承人依法应当缴纳的税款和债务。执行遗赠不得妨碍清偿遗嘱人依法应当缴纳的税款和债务。[④] 继承开始后，按照法定继承办理；有遗嘱的，按照遗嘱继承或遗赠办理；有遗赠扶养协议的，按照协议办理。[⑤] 对继承人以外的依靠被继承人扶养的缺乏劳动能力又没有生活来源的人，或者继承人以外的对被继承人扶养较多的人，可以分配给他们适当的遗产。[⑥] 我国《执行〈继承法〉的意见》第61条规定："继承人中有缺乏劳动能力又没有生活来源的人，即使遗产不足以清偿债务，也应为其保留适当遗产，然后再按《继承法》第33条和《民事诉讼法》第180条的规定清偿债务。"以上规定确立了以下规则：（1）缺乏劳动能力又没有生活来源的继承人的扶养费债务优先于其他遗产债务受偿；（2）清偿税款和债务的顺序优先于遗赠；（3）遗赠扶养协议之债优先于遗嘱继承和遗赠受偿；（4）酌分遗产之债应当在法定继承时从遗产中受偿，但其受偿的顺位法无明文。

从前述中外立法例可见，由确定遗产债务的范围、区分遗产债务清偿责任的类型和确定遗产债务清偿的顺序之法律规范之总和构成的遗产债务清偿制度，主要具有指导遗产债务的清偿有序进行的功能。该制度指导继承人、遗嘱执行人或遗产管理人对遗产债务依法确定范围、区分责任类型，然后依顺序进行清偿，可以公平合理地分配遗产，提高遗产处理的效率，有利于减少遗产处理纠纷，体现了法律对继承人、遗产债权人和其他遗产利害关系人的平等保护。

6. 遗产分割制度的功能

遗产分割制度，具有指导遗产分割有序、公平进行的功能。遗产分割，是指继承开始后，依遗嘱或依法律在各继承人之间进行遗产分配的法律行为。遗产分割只能发生在数名继承人共同继承时。遗产分割的妥善处理，对于保证实现遗产分割的公平，保障各共同继承人的利益，发挥遗产的效用具有重要的意义。遗产分割制度的主要内容有：遗产分割的标的范围与价额之确定，遗产分割的依据、原则、时间、方法和效力。由于本章的篇幅限制，在此只阐述遗产分割的标的范围与价额之确定制度、遗产分割的依据制度和遗产分割对继承人的效力制度的功能。

---

① 《法国民法典》第810-11条。

② 《法国民法典》第927条。

③ 优先权债务的种类参见《法国民法典》第2332条、第2332-1条、第2332-2条、第2332-3条、第805～816条。

④ 我国《继承法》第33、34条。

⑤ 我国《继承法》第5条。

⑥ 我国《继承法》第14条。

第一，遗产分割标的之范围与价额确定的制度，具有确定指导继承人、遗嘱执行人和遗产管理人依法及时确定遗产分割标的范围与价额的功能。在继承开始后遗产分割前，首先需要确定遗产分割标的范围与价额，为此需要进行共有财产的析产、编制遗产清单或实行财产分离，国外有些国家还规定有遗产归扣[①]，在此基础上才能确定遗产分割标的之范围和价额。例如，我国共有财产的析产制度，我国《继承法》第 26 条规定："夫妻在婚姻关系存续期间所得的共同所有的财产，除有约定的以外，如果分割遗产，应当先将共同所有的财产的一半分出为配偶所有，其余的为被继承人的遗产。遗产在家庭共有财产之中的，遗产分割时，应当先分出他人的财产。"据此处理遗产与夫妻及其他家庭成员的共同财产的析产关系，可以实现被继承人的遗产与夫妻共同财产、家庭共有财产相互分离，然后确定遗产价额。又如，国外的遗产清单与遗产分离制度，根据《法国民法典》的规定，继承人欲表示其仅按遗产清单利益取得继承人资格的声明，应向在其辖区内开始继承的法院提出，并且得自继承开始之日起 2 个月内向法院提交制作的遗产清单。[②] 根据《日本民法典》的规定，被继承人的债权人或受遗赠人，自继承开始时 3 个月内可以向家庭法院提出请求将遗产与继承人的财产进行分离。但继承财产与继承人的固有财产未混合之前，即使此期间已经届满的，亦同。[③] 再如，国外的遗产归扣制度，根据《日本民法典》第 903 条的规定，共同继承人中，有从被继承人处受有遗赠，或因婚姻、收养或者作为谋生的资本而受有赠与的人时，被继承人于继承开始时遗留财产的价额再加上其生前赠与财产的价额，合计为继承财产的总额，然后计算各共同继承人的应继份。从该受赠人的应继份中应当扣除已遗赠或赠与财产的价额后剩余的价额为其应继份，但被继承人有免于归扣的意思表示的除外。

以上共有财产的析产、编制遗产清单、实行财产分离以及遗产归扣制度各自具有在不同方面确定遗产分割标的之范围和价额的功能。

第二，遗产分割的依据制度，具有指导当事人依遗嘱或法律有序分配遗产的功能。继承开始后，遗产应当如何分割，首先必须明确遗产分割的依据。在现代社会，遗产分割的主要依据有二：一是被继承人的遗嘱指定；二是法律的规定。后者又包括法定应继份、继承人的协议和法院的判决或主管机关的分配。例如，在我国，根据我国《继承法》的规定，继承开始后，按照法定继承办理；有遗嘱的，按照遗嘱继承或者遗赠办理；有遗赠扶养协议的，按照协议办理。[④] 可见，我国遗产分割的依据主要有两类：一是遗嘱的指定，包括遗嘱继承、遗赠及遗赠扶养协议，且遗赠扶养协议的适用优先于遗嘱或遗赠，遗嘱或遗赠的适用优先于法定继承。二是法律的规定。关于法律的规定，有法定应继份、继承人的协议和法院的判决。关于我国的法定应继份，我国《继承法》规定，同一顺序继承人继承遗产的份额，一般应当均等。对生活有特殊困难的缺乏劳动能力的继承人，分配遗产时，应当予以照顾。继承人协商同意

---

① 遗产归扣(又称归扣)，是指法定继承中遗产分割时，对于被继承人的子女等共同继承人(国外一些国家法律规定的归扣义务主体的范围不尽相同)在被继承人生前获得的特种赠与财产合并计入遗产总额之中，然后对其在总遗产的应继份额中予以扣除的法律制度。参见陈苇主编：《外国继承法比较与中国民法典继承编制定研究》，北京大学出版社 2011 年版，第 233、237~243 页。

② 《法国民法典》第 787 条、第 790 条第 1 款。

③ 《日本民法典》第 941 条。

④ 我国《继承法》第 5 条。

的，也可以不均等。[①] 对于继承人的协议和法院的判决，我国《继承法》规定，继承人应当本着互谅互让、和睦团结的精神，协商处理继承问题。遗产分割的时间、办法和份额，由继承人协商确定。协商不成的，可以由人民调解委员会调解或者向人民法院提起诉讼。[②] 又如，在国外，根据《瑞士民法典》的规定，遗产的分割应当依据遗嘱或法律的规定。法律的规定包括法定应继份、共同继承人的协议和法院的判决。首先，被继承人在其自由处分权的范围内，可以通过遗嘱或继承合同处分其全部或部分财产，可指定一人或数人继承。为了分割遗产和确定份额，处分人可以通过遗嘱或继承合同向继承人指定遗产的分割规则。[③] 其次，如果被继承人没有立遗嘱，遗产的分割应当按照法律的规定进行。法律的规定，包括依据法定应继份、共同继承人的协议分割和主管机关进行分配。[④] 关于依据法定应继份分割，该法对配偶、直系血亲卑亲属、父母和祖父母及其直系血亲卑亲属的法定应继份及分割规则有明确的规定。[⑤] 关于共同继承人协议分割，该法规定，共同继承人可以自行约定遗产的分割方法，但另有规定的除外。[⑥] 法律另有的规定包括：(1)某些遗产的原物分配、折价补偿及变价分配等。(2)生存配偶应当优先分得住房和家具。(3)不得分离的物品及家族文件。(4)农业财产的分配等。[⑦] 关于主管机关进行分配，该法规定，如果继承人之间不能达成遗产分割协议的，任何一个继承人均可以请求主管机关对遗产按照份额进行分配；主管机关在进行分配时应当考虑当地的习俗、继承人的个人情况以及大多数继承人的意见。[⑧]

第三，遗产分割对继承人的效力制度，即共同继承人对遗产分割的瑕疵担保责任制度，具有在共同继承人之间公平分配遗产的功能。例如，在国外，对于遗产分割后共同继承人之间的瑕疵担保责任，《日本民法典》规定，各共有人，对其他共有人因分割取得的物，按其份额负担与出卖人相同的担保责任。各共同继承人对其他共同继承人，与出卖人相同，按其继承份额负担保责任。各共同继承人，按照其继承份额对其他共同继承人因遗产分割所得债权，担保其分割当时债务人的资力。对于未届清偿期的债权及附停止条件的债权，各共同继承人担保应该提供清偿时债务人的资力。负担保责任的共同继承人中有无偿还资力的人时，其不能偿还的部分，由求偿人及其他有资力的人按各自继承份额分担。但求偿人有过失时，不得对其他共同继承人请求分担。上述规定，在被继承人以遗嘱表示特别意思时，不予适用。[⑨] 在我国，对于共同继承人之间对遗产分割的瑕疵担保责任，我国《继承法》无规定。但根据我国《物权法》第100条规定，共有人分割所得的不动产或者动产有瑕疵的，其他共有人应当分担损失。

以上中外立法例表明，共有财产的析产、制作遗产清单、实行财产分离和遗产归扣等制度都具有确定遗产分割标的之范围与价额的功能，可以为下一步进行遗产分割打下良好的

---

① 我国《继承法》第13条。

② 我国《继承法》第15条。

③ 《瑞士民法典》第481条第1款、第483条第1款、第608条第1款。

④ 《瑞士民法典》第611条。

⑤ 《瑞士民法典》第457～460条、第611条。

⑥ 《瑞士民法典》第607条第2款。

⑦ 《瑞士民法典》第612条、第612a条、第613条、第613a条。

⑧ 《瑞士民法典》第611条第2款。

⑨ 《日本民法典》第261、911～914条。

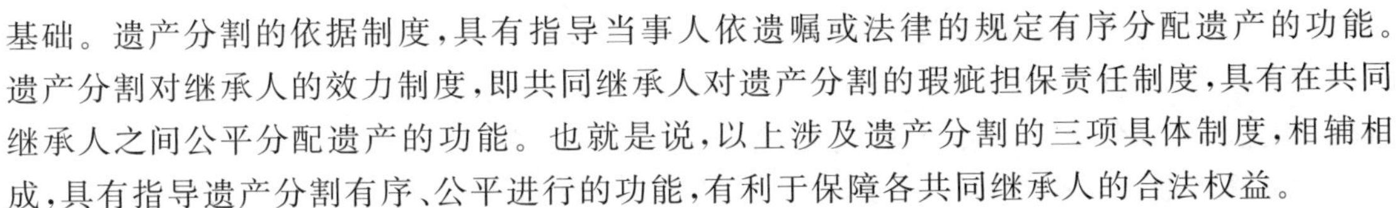

基础。遗产分割的依据制度，具有指导当事人依遗嘱或法律的规定有序分配遗产的功能。遗产分割对继承人的效力制度，即共同继承人对遗产分割的瑕疵担保责任制度，具有在共同继承人之间公平分配遗产的功能。也就是说，以上涉及遗产分割的三项具体制度，相辅相成，具有指导遗产分割有序、公平进行的功能，有利于保障各共同继承人的合法权益。

7. 无人承受遗产的处理制度的功能

无人承受遗产的处理制度，具有指导和规范无人承受遗产的处理之功能。无人承受的遗产，是指在继承开始后，在法定期限内，没有人依法继承或者接受遗赠的被继承人的遗产。[①] 无人承受遗产制度的主要内容包括无人承受遗产的界定、公告程序、制作遗产清单、遗产管理、酌情分配及遗产归属。限于本章的篇幅，在此只阐述无人承受遗产的公告程序制度、酌情分配遗产与遗产归属制度的功能。

第一，无人承受的遗产的公告程序，具有查明有无遗产权利人的功能。无人承受遗产的确定，需要通过公告程序，以期查明有无继承人、受遗赠人和遗产债权人等遗产权利人，只有确实查明没有这些人时，才能最终确定该财产属于无人承受的遗产。因此，进行搜寻继承人、受遗赠人、遗产债权人等的公告程序是法定的必经程序。如果公告期满，无人主张继承或者主张继承之人不能证明其享有继承权，又无受遗赠人的，必须首先清偿被继承人的债务，然后剩余的财产才能依法被确认为无人承受遗产。如果公告期满，虽然没有出现继承人，但有受遗赠人的，那么，经清偿遗产债务、交付遗赠物后剩余的财产才能依法被确认为无人承受遗产。在我国，我国《继承法》对于搜寻继承人、受遗赠人和遗产债权人的公告程序无规定。但是，我国现行《民事诉讼法》第 191 条、第 192 条分别规定："申请认定财产无主，由公民、法人或者其他组织向财产所在地基层人民法院提出。申请书应当写明财产的种类、数量以及要求认定财产无主的根据。""人民法院受理申请后，经审查核实，应当发出财产认领公告。公告满一年无人认领的，判决认定财产无主，收归国家或者集体所有。"可见，凡申请认定无人继承又无人受遗赠的遗产，必须依我国现行《民事诉讼法》第 191 条规定的"申请认定无主财产"的诉讼程序，由人民法院判决认定财产无主后，才能收归国家或者集体所有。如果公告期间有人对财产提出请求的，人民法院应裁定终结特别程序，告知申请人另行起诉，适用普通程序审理。[②] 在国外，根据《德国民法典》规定，关于无人承受遗产的公告程序主要有：(1)公示催告申报继承权。公告的方式和申报期间的长短，必须依照有关公示催告程序的规定。但如果催告费用对于遗产状态为过巨的，可以不催告。在申报期间届满后 3 个月内，不向遗产法院证明存在继承权或已以诉讼方式对国库主张继承权的，继承权仍不予考虑。未进行公开催告的，3 个月的期间自证明继承权或提起诉讼的裁判催告发出时起算。[③] (2)公示催告申报债权。遗产债权人可以被通过公示催告程序的方式催告申报其债权。[④]

第二，无人承受遗产的酌情分配遗产与遗产归属制度，具有以遗产继续扶养生活困难者和报偿特别贡献者与确定遗产最终归属的功能。在我国，我国《继承法》明确规定了酌情分

① 陈苇、宋豫主编：《中国大陆与港、澳、台继承法比较研究》，群众出版社 2007 年版，第 439～440 页。

② 我国 2015 年《关于适用民事诉讼法的解释》第 350 条。

③ 《德国民法典》第 1965 条。

④ 《德国民法典》第 1970 条。

配遗产请求权(以下简称酌分遗产请求权)。我国《继承法》第 14 条规定:“对继承人以外的依靠被继承人扶养的缺乏劳动能力又没有生活来源的人,或者继承人以外的对被继承人扶养较多的人,可以分给他们适当的遗产。”据此,我国酌分遗产请求权人有两种:一是继承人以外的依靠被继承人扶养的缺乏劳动能力又没有生活来源的人;二是继承人以外的对被继承人扶养较多的人。我国《执行〈继承法〉的意见》第 57 条规定:“遗产因无人继承收归国家或集体组织所有时,按《继承法》第 14 条规定可以分给遗产的人提出取得遗产的要求,人民法院应视情况适当分给遗产。”我国《继承法》第 32 条规定:“无人继承又无人受遗赠的遗产,归国家所有;死者生前是集体所有制组织成员的,归所在集体所有制组织所有。”据此,我国无人继承又无人受遗赠的遗产最终只有两种归属:一是归属于国家所有;二是归属于集体所有制组织所有,后者的死者生前必须属于集体所有制组织的成员。在国外,根据《日本民法典》的规定,公告程序包括:(1)选任遗产管理人的公告。对于继承人的无不明的遗产,家庭法院根据利害关系人或者检察官的请求,须选任遗产管理人,并对此予以公告,该期间不得少于 2 个月。[①] (2)催促遗产债权人、受遗赠人申报权利的公告。在发布选任遗产管理人的公告后 2 个月内,继承人的存在不明时,遗产管理人须发布催促遗产债权人、受遗赠人申报权利的公告,该期间不得少于 2 个月。[②] 在催促遗产债权人、受遗赠人申报权利的公告期满后,继承人的存在不明时,法院根据遗产管理人或者检察官的请求,须发布搜寻继承人的公告,该期间不得少于 6 个月。[③] (3)公告期满的效力。其一,遗产债务清偿与遗赠交付。搜寻继承人的公告期满后,不存在主张作为继承人的权利的人,应当首先对已经申报权利的遗产债权人及受遗赠人进行清偿与交付。[④] 其二,遗产酌情分配。搜寻继承人的公告期满后 3 个月内,如果有曾与被继承人共同生活的人、对被继承人的疗养看护尽力的人及其他与被继承人有特别亲属关系的人提出分配遗产的请求,家庭法院认为适当时可分给他们全部或部分财产。[⑤] 如有剩余的财产,则归属于国库所有。[⑥]

以上中外立法例表明,无人承受遗产的公告程序具有查明有无继承人、受遗赠人和遗产债权人等的功能,无人承受遗产的酌情分配与遗产归属制度具有以遗产继续扶养生活困难者和报偿特别贡献者与确定遗产最终归属的功能。也就是说,以上具体制度,相辅相成,具有指导和规范无人承受遗产的处理之功能,以期既能保障相关遗产权利人对无人承受遗产的合法权益,又能保障国家和集体取得无人承受遗产的合法权利。

综上可见,前述有关遗产处理的七种具体制度,包括继承开始的通知与公告、遗产管理、继承与遗赠的接受与放弃、遗赠扶养协议、遗产债务清偿、遗产分割和无人继承遗产的处理等一系列具体制度。这些具体制度在遗产处理中各自具有不同的功能,它们相辅相成,共同作用,从而实现遗产处理制度之保护继承人、遗产债权人以及其他遗产利害关系人的合法权益之立法目的。

---

① 《日本民法典》第 952 条。

② 《日本民法典》第 957 条。

③ 《日本民法典》第 958 条。

④ 《日本民法典》第 957 条第 2 款。

⑤ 《日本民法典》第 958 条之三。

⑥ 《日本民法典》第 959 条。

## 二、我国遗产处理制度的立法体例

遗产处理制度的立法体例，是指继承法对遗产处理制度的立法结构安排。以下对我国遗产处理制度的立法体例进行阐述。

1985年10月1日起施行的我国《继承法》，共五章，分为总则、法定继承、遗嘱继承和遗赠、遗产的处理和附则。其中，第四章"遗产的处理"中具体规定遗产处理的内容包括：遗产的保管、遗产的分离（即遗产与夫妻共同财产和家庭共有财产的分离）、遗赠扶养协议、遗产的分割、遗产债务的清偿和无人承受的遗产的归属等内容。此外，在其他章节中也有关于遗产处理的相关规定。如第二章"法定继承"第15条规定了法定继承时遗产分割的原则和方法；[①]第三章"遗嘱继承和遗赠"第16条规定了遗嘱执行人；[②]第19条规定了必留份即遗嘱处分遗产须保留必要的遗产份额；[③]同时，第四章"遗产的处理"中还规定了与遗产处理相关的遗赠扶养协议。[④] 我们认为，我国《继承法》关于遗产处理制度的立法结构设计，是采取的集中与分散立法相结合。这既发挥了集中型立法的优势，又针对不同情况将遗产处理的部分内容规定在相应章节之中。这样的立法结构针对性强，体现了合理性和科学性。

必须说明，关于遗产处理制度的外国立法体例，对于大陆法系国家的立法体例，我国有些学者认为，大陆法系不同国家或地区的遗产处理制度的立法体例，主要有分散型和集中型两种类型。[⑤] 所谓分散型立法休例，是指将法定继承、遗嘱继承、无人承认遗产等涉及遗产处理的内容分别规定在不同章节，如法国、德国、意大利、日本等民法典的相关遗产处理的内容之规定。上述国家对于涉及遗产处理的制度，采取分散型立法方式，即将遗产处理分别规定在法定继承、遗嘱继承、遗产的接受与放弃、遗产债务的清偿、遗产的分割等制度中。这种立法例可以突出不同继承方式及其遗产处理的特殊性，便于操作。但这种分散型立法例并不是绝对的。其在分散型立法的同时，也有相对集中立法的情况。如在《德国民法典》第五编"继承法"中，第二章第二、三、四节集中规定了继承人对遗产债务的责任问题。[⑥] 所谓集中型立法体例，是指将法定继承、遗嘱继承、无人承认遗产等相关遗产处理的内容专门规定在同一章节，如瑞士、葡萄牙、埃及等国的民法典。其中，瑞士立法在规定遗产处理问题时，采取集中型立法方式，即将遗产处理制度进行集中规定，在法典中通常作为单独的一部分，与法定继承和遗嘱继承并列。这种立法方式可以避免重复立法，符合法律条文的简明与统一的要求。同时，在特殊情况下，也有分别立法的情况。如遗嘱执行人的选任及其权利和义

---

① 《继承法》第15条规定："继承人应当本着互谅互让、和睦团结的精神，协商处理继承问题。遗产分割的时间、办法和份额，由继承人协商确定。协商不成的，可以由人民调解委员会调解或者向人民法院提起诉讼。"

② 《继承法》第16条规定："公民可以依照本法规定立遗嘱处分个人财产，并可以指定遗嘱执行人。"

③ 《继承法》第19条规定："遗嘱应当对缺乏劳动能力又没有生活来源的继承人保留必要的遗产份额。"

④ 《继承法》第31条规定："公民可以与扶养人签订遗赠扶养协议。按照协议，扶养人承担该公民生养死葬的义务，享有受遗赠的权利。公民可以与集体所有制组织签订遗赠扶养协议。按照协议，集体所有制组织承担该公民生养死葬的义务，享有受遗赠的权利。"

⑤ 谭启平、冯乐坤：《遗产处理制度的反思与重构》，载《法学家》2013年第4期。

⑥ 《德国民法典》（第4版），陈卫佐译注，法律出版社2015年版，第576～596页。

务被规定在第一部分“继承人”之中。[①] 其立法体例采取集中与分散的统一，兼顾一般情况与特殊情况，能够满足不同继承情况的需要，具有合理性和科学性。关于英美法系国家的立法体例，在英美法系国家，一般实行间接继承制度，继承开始后，遗产不是直接转归继承人，而是作为独立的遗产法人，由遗嘱执行人或遗产管理人负责管理。[②] 英美法系国家的遗产处理立法是采取遗产管理制度。如果遗嘱已经指定遗嘱执行人，则由遗嘱执行人承担遗产管理职责；如果没有遗嘱或遗嘱中没有指定执行人或遗嘱执行人在未完成处理遗产事务之前自行辞职、被解职或者死亡的，则由相关利害关系人申请法院指定遗产管理人承担遗产管理职责，负责遗产处理的相关事宜，包括管理遗产、清偿债务、将剩余遗产分配给遗产受领人。此种间接继承下的遗产处理制度，其调整的结果与大陆法系遗产处理制度中要求先依法制定遗产清册或请求财产分离，或请求官方清算、遗产管理（即实行遗产分离）、公示催告申报债权、先以遗产清偿死者债务后剩余遗产才进行分配之有条件的限定继承制度，两者能够实现殊途同归的效果。总之，前述大陆法系国家的立法体例中，德国、瑞士实际上都有相对集中立法与相对分散立法的法条。因为凡共性的可以集中立法，凡个性的应当分散立法，二者相辅相成。我国《继承法》采取集中立法与分散立法结合，此遗产处理制度的立法体例是合理的、科学的。

## 三、我国遗产处理制度的立法原则

德国学者拉伦茨教授认为，法律原则不一定由法条直接宣示，部分法律原则被明白地规定在宪法或其他法律中，有些则可以从法律规定中借助“整体类推”或回归法律理由的办法推求出来。法律原则应视为一种“客观的目的论”标准，因为立法者未必自始就意识到这些法律规定内含的原则，它有时是学者嗣后整理出来的。[③] 在现代汉语中，“原则”一般是指说话或行事所依据的法则或标准。[④] 法律原则是指可以作为规则的基础或本源的综合性、稳定性原理和准则，它直接决定了法律制度的基本性质、基本内容和基本价值取向。[⑤] 必须明确，原则是与规则相对而言的。规则一般通过规定具体的权利、义务和责任来构建具体的制度；而原则通常是对规则的高度抽象概括，是制定、实施规则的价值导向和行为准则。继承法的基本原则，作为继承法的根本准则，具有效力上的根本性，贯穿于继承法的始终，对于继承法的制定、实施、遵守与研究都具有重要的作用。[⑥] 同理，遗产处理制度的原则，作为处理被继承人的遗产所应遵循的根本准则，贯穿于遗产处理过程的始终，对遗产处理制度的制

---

① 《瑞士民法典》第 3 编“继承法”第 1 部分“继承人”第 14 章“遗嘱处分”第 5 节“遗嘱执行人”规定了遗嘱执行人的委任及其权利和义务，这也是涉及遗产处理制度的内容。《瑞士民法典》第 518 条规定：(1)遗嘱执行人与官方遗产管理人有相同的权利和义务。但被继承人另有指示的不在此限。(2)遗嘱执行人代表被继承人的意思，并作为受任人负责管理遗产，清偿被继承人的债务，交付遗赠以及根据被继承人的指示或依法律的有关规定分割遗产。(3)如指定的遗嘱执行人为数人，只要被继承人无另行指示，则其共同行使前款的权力。参见《瑞士民法典》，戴永盛译，法律出版社 2016 年版，第 184 页。

② [美]彼得·哈伊：《美国法律概论》，沈宗灵译，北京大学出版社 1998 年版，第 99～100 页。

③ [德]卡尔·拉伦茨：《法学方法论》，陈爱娥译，商务印书馆 2013 年版，第 348 页。

④ 《现代汉语词典》(第 3 版)，商务印书馆 1996 年版，第 1549 页。

⑤ 张文显：《规则·原则·概念》，载《现代法学》1989 年第 3 期。

⑥ 陈苇等：《中国继承法理论与实践研究》，中国人民公安大学出版社 2019 年版，第 1 页。

定、实施、遵守与研究都具有重要的指导作用，体现着遗产处理的基本精神和价值导向。下面，我们以民法和继承法的基本原则为统帅，以遗产处理制度的具体内容为依据，“整体类推”出我国《继承法》之遗产处理制度的三个原则，包括平等保护继承人和遗产债权人利益原则、发挥遗产扶养功能原则、互谅互让和协商处理原则。

（一）平等保护继承人和遗产债权人利益原则

我国《继承法》第 32 条规定：“继承遗产应当清偿被继承人依法应当缴纳的税款和债务，缴纳税款和清偿债务以他的遗产实际价值为限。超过遗产实际价值部分，继承人自愿偿还的不在此限。继承人放弃继承的，对被继承人依法应当缴纳的税款和债务可以不负偿还责任。”该规定首先肯定了遗产债务应当清偿，保护遗产债权人的利益，同时又规定了继承人享有限定继承和放弃继承的选择权。限定继承仅以继承遗产的实际价值为限承担被继承人债务的清偿责任，而放弃继承则不需要承担被继承人债务的清偿责任。这体现了遗产处理制度之平等保护继承人利益和遗产债权人利益的原则，符合民法的平等原则和私法自治理念。因为，在社会主义市场经济条件下，人们参与的经济活动越来越多，经济关系愈加复杂。目前，我国的市场经济是法治经济，不仅要关注静态的财产归属关系，更要注重动态的财产流转关系，实现财产关系静态和动态、公平和效率的有机结合，维护健康、稳定的市场交易秩序。在继承开始后，死者留有遗产的同时，也可能存在一些生前欠下的债务，以及在继承开始后还会因处理遗产而产生一些新的债务。基于诚实信用原则和公平原则，这些遗产债务应当受到清偿。因此，其在保护继承人利益的同时，也要保护遗产债权人的利益，此即为平等保护继承人和遗产债权人利益原则之体现。

（二）发挥遗产扶养功能原则

我国《继承法》有关遗产处理的规定体现了遗产的扶养功能原则，其具体表现为：第一，酌给遗产份额。在法定继承中，对继承人以外的依靠被继承人扶养的缺乏劳动能力又没有生活来源的人，或者继承人以外的对被继承人扶养较多的人，可以分配给他们适当的遗产。[①] 第二，保留必要的遗产份额。在遗嘱继承中，遗嘱人可以根据自己的意愿设立遗嘱，处分个人财产，但是，遗嘱应当对缺乏劳动能力又没有生活来源的继承人保留必要的遗产份额。[②] 第三，保留胎儿的继承份额。在遗产分割时，应当保留胎儿的继承份额。[③] 第四，遗赠扶养协议。为了保障晚年生活，公民可以与扶养人签订遗赠扶养协议。根据该协议，扶养人承担该公民生养死葬的义务，同时又享有受赠遗产的权利。该制度设计有利于发挥遗产的扶养功能。[④] 第五，法定继承时遗产分配的照顾。对生活有特殊困难的缺乏劳动能力的继承人，分配遗产时，应当予以照顾。[⑤] 第六，债务清偿时适当遗产的保留。在清偿被继承人债务时，继承人中有缺乏劳动能力又没有生活来源的人，即使遗产不足以清偿债务，也应

---

① 参见我国《继承法》第 14 条。

② 参见我国《继承法》第 19 条。

③ 参见我国《继承法》第 28 条。

④ 参见我国《继承法》第 31 条。

⑤ 参见我国《继承法》第 13 条第 2 款。

为其保留适当的遗产。[①] 因为，家庭是社会最基本的生产和生活单位，负担着人口再生产、物质生产等职能。尽管在现代社会，家庭的物质生产职能逐渐在弱化，但"家庭依然是人口再生产的基本单位，担负着抚育子女的重任"。[②] 目前，我国家庭成员生活供养的经济需要仍主要通过家庭得以满足和实现，只有在家庭不能履行扶养职能的情况下，才由国家和社会承担此义务，可见，家庭的扶养职能是其经济职能的重要内容。[③] 在现代社会，个人的权利意识不断提高，"私有财产权神圣不可侵犯""意思自治"日益成为人们的共识。个人可以依法对自己的财产进行自由处分，包括生前处分和遗嘱处分。遗嘱处分是通过设立遗嘱的方式对其遗产进行处置。但是，每个家庭成员又都不是孤立的，而是与其他家庭成员相互之间承担着一定的义务和责任。所以，自然人死后，对其遗产的处理，既要尊重死者的生前意愿，保护交易秩序，又要保障家庭成员的基本生活，发挥遗产的扶养功能。

（三）互谅互让、协商处理遗产原则

我国《继承法》第 15 条规定："继承人应当本着互谅互让、和睦团结的精神，协商处理继承问题。遗产分割的时间、办法和份额，由继承人协商确定。协商不成的，可以由人民调解委员会调解或者向人民法院提起诉讼。"此即互谅互让、协商处理遗产的原则。在法定继承时，同一顺序继承人继承遗产的份额，一般应当均等。但是，继承人协商同意的，也可以不均等。通过协商处理遗产问题，既可以解决遗产归属问题，照顾有特殊情况的人，又有利于营造和睦的家庭氛围。因为，遗产的继承主要发生在家庭内部成员之间，这些继承人间具有亲密的血缘和亲情关系，继承人在继承、处理遗产时，既要维护自身利益，也应该注重维护和睦、团结的家庭关系。处理遗产时，应当反映我国亲密家庭关系和优良道德风尚的要求，应该遵循我国《继承法》之互谅互让、协商处理的原则，不能因为遗产的处理不当而破坏家庭的和睦、团结和稳定。

## 四、我国遗产处理制度的基本内容

我国遗产处理制度的基本内容主要包括：(1)继承开始的通知和公告制度；(2)遗产保管与遗产管理制度；(3)继承和遗赠的接受与放弃制度；(4)遗赠扶养协议制度；(5)遗产债务清偿制度；(6)遗产分割制度；(7)无人承受遗产的归属，这七项具体制度。

（一）我国继承开始的通知与公告制度

我国《继承法》第 23 条规定："继承开始后，知道被继承人死亡的继承人应当及时通知其他继承人和遗嘱执行人。继承人中无人知道被继承人死亡或者知道被继承人死亡而不能通知的，由被继承人生前所在单位或者住所地的居民委员会、村民委员会负责通知。"通知的形式可以是书信、电报、电话、口传等，也可以采用公告形式，以便继承人、遗嘱执行人及时前来参加继承，执行遗嘱。如果通知义务人故意隐瞒继承开始的事实，没有履行通知义务，给其他继承人或受遗赠人造成损失的，应当承担赔偿责任。可见，继承开始的通知，是指在被继

---

① 参见我国《执行〈继承法〉的意见》第 61 条。

② 陈苇著：《中国婚姻家庭法立法研究》(第 2 版)，群众出版社 2010 年版，第 12 页。

③ 陈苇主编：《外国继承法比较与中国民法典继承编制定研究》，北京大学出版社 2011 年版，第 55 页。

承人死亡后，由知悉的相关人员或单位等组织将继承开始的情况通知继承人和受遗赠人。这是启动继承程序和处理遗产的首要环节。如果被继承人死亡时，有的继承人可能在外地或国外，那么先知道被继承人死亡的继承人就有义务及时通知其他继承人和受遗赠人。这才能保障其他继承人或受遗赠人的合法权益。

### （二）我国遗产保管与遗产管理制度

我国《继承法》第 24 条规定："存有遗产的人，应当妥善保管遗产，任何人不得侵吞或者争抢。"我国《执行〈继承法〉的意见》第 44 条规定："人民法院在审理继承案件时，如果知道有继承人而无法通知的，分割遗产时，要保留其应继承的份额，并确定该遗产的保管人或保管单位。"该《意见》第 59 条规定："人民法院对故意隐匿、侵吞或争抢遗产的继承人，可以酌情减少其应继承的遗产。"如果有继承人以外的人或组织侵占、损坏遗产的，应该追究其法律责任。可见，我国《继承法》和司法解释对遗产的保管有所规定，但目前尚未建立像域外许多国家那样的较为系统、全面的遗产管理制度。继承自被继承人死亡时开始。由于从继承开始到遗产分割之前，遗产经常会处于无人保管、管理的不稳定状态。尤其是在继承人或受遗赠人为多人时，或者继承人和受遗赠人都放弃继承权或受遗赠权时，或者死者无继承人或受遗赠人时，对遗产的保管和管理，显得更为重要。因此，为了妥善保管、管理遗产，不管是在大陆法系还是英美法系，很多国家都建立了遗产管理制度。① 遗产管理制度主要包括遗产管理人的资格、遗产管理人的确定、遗产管理人的权利和义务及法律责任等内容。

### （三）我国继承和遗赠的接受与放弃制度

我国《继承法》采取当然继承主义。在继承开始时，被继承人的财产由继承人承受。同时，基于现代民法的意思自治原则，任何人不得被强制继承，因此，法律规定继承人享有继承选择权，允许其对遗产有接受和放弃的自由。关于遗产的接受和放弃，我国《继承法》第 25 条规定："继承开始后，继承人放弃继承的，应当在遗产处理前，作出放弃继承的表示。没有表示的，视为接受继承。受遗赠人应当在知道受遗赠后两个月内，作出接受或者放弃受遗赠的表示。到期没有表示的，视为放弃受遗赠。"

1. 遗产的接受

遗产接受，包括继承的接受和遗赠的接受，是指继承人或受遗赠人作出接受遗产的意思表示。继承开始后，继承人或受遗赠人享有是否接受遗产的权利。是否接受遗产，应以继承人或受遗赠人所作出的意思表示为依据。

关于接受遗产的表示方式，在我国继承和遗赠有所不同。接受继承的方式包括明示和默示两种。在继承开始后，继承人既可以明确表示接受继承，也可以采取默示的方式，即不

---

① 在大陆法系国家中，法国、德国、瑞士、日本等国家都建立了遗产管理制度。如根据《德国民法典》第 1981 条规定，遗产法院根据继承人或遗产债权人的申请，可以发布遗产管理的命令。在遗产管理命令发布后，继承人即丧失管理、处分遗产的权能。只有在已知的遗产债务被清偿后，遗产管理人始得将遗产移交给继承人。在英美法系国家中，继承开始后，必须经过遗产管理阶段，遗产管理人或者由被继承人指定并经法院认可之遗嘱执行人担任或在无遗嘱继承场合由遗嘱验证法院指派的人为之。参见周小明：《信托制度比较法研究》，法律出版社 1996 年版，第 24 页。

作意思表示放弃继承而被推定为接受继承。而遗赠的接受，必须采取明示的方式，否则，被视为放弃。

关于接受遗产的意思表示期限，继承和遗赠也存在不同。根据我国《继承法》第25条之规定，作出接受继承的表示时间，应该在继承开始之后遗产分割之前这一期限内。如果没有作出，则视为接受继承。而遗赠的接受，必须在法定期限内（知道受遗赠后2个月内）作出，才具有法律效力。①

2. 遗产的放弃

遗产的放弃，包括继承（遗嘱继承和法定继承）的放弃和受遗赠的放弃，是指继承人或受遗赠人作出不接受遗产的意思表示，其效力追溯到继承开始的时间。继承权或受遗赠权是继承人或受遗赠人依照遗嘱或法律而享有的一项民事权利，其可以根据自己的意愿选择放弃继承或受遗赠。但是，我国法律对放弃继承权也有一定的限制。如果继承人因为放弃继承权，导致其不能履行法定义务，则放弃继承权的行为无效。②

关于放弃遗产的表示方式，继承和遗赠不同。根据我国《继承法》第25条之规定，放弃继承的意思表示，只能是明示的方式，即应当以书面形式向其他继承人表示。如果用口头方式表示放弃继承，且本人承认的，或者有其他充分证据证明的，也应当认定放弃遗产。在诉讼中，继承人向人民法院以口头方式表示放弃继承的，要制作笔录，由放弃继承的人签名。③而受遗赠人放弃遗产，可以采用明示和默示两种方式。

关于放弃遗产的意思表示期限，继承和遗赠也存在不同。根据我国《继承法》第25条之规定，放弃继承的意思表示，应该在继承开始时遗产分割之前这一期限内作出。④

此外，根据我国《执行〈继承法〉的意见》第50条规定，遗产处理前或在诉讼进行中，继承人对放弃继承翻悔的，由人民法院根据其提出的具体理由，决定是否承认；遗产处理后，继承人对放弃继承翻悔的，不予承认。

### （四）我国遗赠扶养协议制度

我国《继承法》第31条规定："公民可以与扶养人签订遗赠扶养协议。按照协议，扶养人承担该公民生养死葬的义务，享有受遗赠的权利。公民可以与集体所有制组织签订遗赠扶养协议。按照协议，集体所有制组织承担该公民生养死葬的义务，享有受遗赠的权利。"根据该规定，遗赠扶养协议是遗赠人与扶养人之间签订的，遗赠人在其死亡后将其个人财产给遗

---

① 我国《继承法》第25条规定："继承开始后，继承人放弃继承的，应当在遗产处理前，作出放弃继承的表示。没有表示的，视为接受继承。受遗赠人应当在知道受遗赠后两个月内，作出接受或者放弃受遗赠的表示。到期没有表示的，视为放弃受遗赠。"

② 我国《执行〈继承法〉的意见》第46条规定："继承人因放弃继承权，致其不能履行法定义务的，放弃继承权的行为无效。"

③ 我国《执行〈继承法〉的意见》第47条规定："继承人放弃继承应当以书面形式向其他继承人表示。用口头方式表示放弃继承，本人承认，或有其他充分证据证明的，也应当认定其有效。"第48条规定："在诉讼中，继承人向人民法院以口头方式表示放弃继承的，要制作笔录，由放弃继承的人签名。"

④ 因为在继承开始之前，继承人享有的是客观意义上的继承权，仅仅是继承遗产的一种资格，因此，就不存在放弃遗产的前提条件。在遗产分割之后，继承人基于继承权对遗产所享有的则是所有权。遗产分割后，继承人表示放弃的已不是继承权，而是对个人财产所有权的抛弃。

赠扶养人所有、扶养人承担遗赠人生养死葬义务的协议。这一制度在目前我国社会保障体系尚未完善的背景下，对解决老年人和其他需要扶养人的扶养问题，具有积极作用。①

(五)我国遗产债务清偿制度

遗产债务的清偿，是指依照法律、合同或遗赠，继承人以被继承人的遗产为基础，清偿与遗产相关的债务。遗产债务清偿制度主要包括遗产债务的范围、遗产债务的清偿顺序、清偿责任等内容。

关于遗产债务的范围，学者们意见不一，主要有广义说、狭义说和折中说。我们认为，依据遗产债务的发生时间和性质来说，遗产债务大体有三种：一是被继承人生前所欠的个人债务(包括被继承人生前所欠的税款及其他个人债务)；二是继承费用(包括丧葬费用、遗产管理费用、死亡宣告费用、公示催告费用、遗产清算费用、遗嘱执行费用、诉讼费用等)；三是继承开始时产生的债务(包括酌给遗产之债、特留份之债和遗赠之债等遗产的负担)。② 我国《继承法》第 33 条仅规定了被继承人债务的范围，包括被继承人依法应当缴纳的税款和债务。但如前所述，应由被继承人的遗产负责清偿或给付的遗产债务的范围比被继承人死亡时遗留的债务的范围要大，前者还包括继承费用、继承开始时产生的债务。

关于遗产债务的清偿顺序，我国《继承法》第 34 条规定，执行遗赠不得妨碍清偿遗赠人依法应当缴纳的税款和债务。可见，清偿税款和债务的顺序优先于遗赠。同时，我国《执行〈继承法〉的意见》第 61 条规定："继承人中有缺乏劳动能力又没有生活来源的人，即使遗产不足以清偿债务，也应为其保留适当遗产。"此规定确立了"缺乏劳动能力又没有生活来源的继承人"的受扶养债务优先于其他遗产债务受偿的原则。③ 这既体现了发挥遗产扶养功能原则，又体现了现代民法对弱者人文关怀的精神。

关于遗产债务的清偿责任，我国《继承法》第 33 条规定："继承遗产应当清偿被继承人依法应当缴纳的税款和债务，缴纳税款和清偿债务以他的遗产实际价值为限。超过遗产实际价值部分，继承人自愿偿还的不在此限。继承人放弃继承的，对被继承人依法应当缴纳的税款和债务可以不负偿还责任。"这说明我国采取有限清偿责任，即实行限定继承原则。限定继承是指继承人仅以继承遗产的实际价值为限承担清偿债务的有限责任，而并不是以其个人的固有财产对遗产债务承担无限清偿责任，这体现了保护继承人利益原则。

(六)我国遗产分割制度

遗产分割是指继承开始后，依法在各共同继承人之间进行遗产分割，从而使遗产转归各个继承人实际占有的法律行为。正如我国学者所言，遗产分割仅发生在复数继承人共同继承的场合，并以各共同继承人的地位及应继份额的确定为前提。④

遗产分割的首要前提就是确定遗产的范围。根据我国《继承法》第 3 条规定，遗产的范

---

① 陈苇主编：《外国继承法比较与中国民法典继承编制定研究》，北京大学出版社 2011 年版，第 489～492 页。

② 陈苇、宋豫主编：《中国大陆与港、澳、台继承法比较研究》，群众出版社 2007 年版，第 408 页。

③ 陈苇：《我国遗产债务清偿顺序的立法构建》，载《法学》2012 年第 8 期。

④ 参见马俊驹、余延满：《民法原论》(下册)，法律出版社 1998 年版，第 974 页。

围仅限于被继承人死亡时遗留的个人所有合法财产。可见,遗产是被继承人个人所有财产,其需要与夫妻共同财产、家庭共有财产相区分。当被继承人是共有财产权利人之一时,其对共有财产享有的一定份额的财产,在其死亡后会成为其遗产,成为继承法律关系的客体。我国《继承法》第 26 条规定:"夫妻在婚姻关系存续期间所得的共同所有的财产,除有约定的以外,如果分割遗产,应当先将共同所有的财产一半分出,为配偶所有,其余的为被继承人的遗产。遗产在家庭共有财产之中的,遗产分割时,应当先分出他人的财产。"因此,在分割遗产时,我们应当首先将被继承人的配偶或家庭其他成员的财产与被继承人的遗产各自分立出来,此即遗产与夫妻共同财产和家庭共有财产的分离。

我国《继承法》及《执行〈继承法〉的意见》规定了遗产分割的原则和方法。我国《继承法》第 15 条规定:"遗产分割的时间、办法和份额,由继承人协商确定。协商不成的,可以由人民调解委员会调解或者向人民法院提起诉讼。"这确定了遗产分割问题的解决路径。该法第 29 条规定:"遗产分割应当有利于生产和生活需要,不损害遗产的效用。不宜分割的遗产,可以采取折价、适当补偿或者共有等方法处理。第 58 条规定:"人民法院在分割遗产中的房屋、生产资料和特定职业所需要的财产时,应依据有利于发挥其使用效益和继承人的实际需要,兼顾各继承人的利益进行处理。"这就确立了遗产分割需要遵循的原则和方法。

同时,为了保障胎儿出生后的生活,在分割遗产时,我们应为胎儿预留一定的遗产份额。我国《继承法》第 28 条规定:"遗产分割时,应当保留胎儿的继承份额。胎儿出生时是死体的,保留的份额按照法定继承办理。""当涉及胎儿利益时,母体中的胎儿像活人一样被对待,尽管在他出生以前这对他毫无裨益。"[①]我国《执行〈继承法〉的意见》第 45 条规定,在遗产分割过程中,没有为胎儿保留必要的遗产份额,则应从继承人所继承的遗产中扣回。为胎儿保留的遗产份额,如胎儿出生后死亡的,由其继承人继承;如胎儿出生时就是死体的,由被继承人的继承人继承。

### (七)我国无人承受遗产归属制度

无人承受遗产,又称为无人继承又无人受遗赠的遗产,是指被继承人死亡后,在法定期限内没有人接受继承又没有人受领遗赠的遗产。[②] 也就是说,无人承受遗产,不同于无人承认继承,它是一种事实清晰、结果确定的状态。[③]

我国《继承法》第 32 条规定:"无人继承又无人受遗赠的遗产,归国家所有;死者生前是集体所有制组织成员的,归所在集体所有制组织所有。"在无人承受的遗产归国家或集体组织所有之前,死者生前所欠下的税款和其他债务,应当首先从遗产中清偿。对被继承人债务的清偿,我国目前实行限定继承原则,即清偿债务以死者的遗产实际价值为限,超过部分,国家或集体所有制组织不负偿还责任。同时,根据我国《执行〈继承法〉的意见》第 57 条规定,

---

① 胡长清:《中国民法总论》,中国政法大学出版社 1997 年版,第 60 页。

② 参见陈苇主编:《中国大陆与港、澳、台继承法比较研究》,群众出版社 2007 年版,第 439~441 页。

③ 无人承认继承,亦称为继承人旷缺,是指被继承人死亡时,没有人接受继承,继承人之有无或生死都不确定。无人承认继承只有经过公告程序后,没有找到继承人或受遗赠人的,这时才能视为无人承受遗产。

在遗产因无人继承收归国家或集体组织所有时，如有按我国《继承法》第 14 条①规定可以分给遗产的人提出酌情分配遗产请求的，人民法院应视情况适当分给遗产。

## 第二节 我国遗产处理制度的法律渊源

所谓法律渊源，是指法律规范的表现形式，主要是指具有现行法律效力、体现法律权威性的各种规范性文件。遗产处理制度的法律渊源，就是规定、体现遗产处理内容的规范性文件，主要包括我国宪法、法律、法规和司法解释以及我国缔结和参加的国际条约等具有法律效力的规范性文件。

### 一、我国宪法

在我国，宪法是国家的根本大法，在法律体系中居于统帅地位，具有最高的法律效力。宪法所规定的内容是国家生活中最根本、最重要的原则和制度，是其他法律规范的立法依据和指导原则，因此，宪法也是继承法包括遗产处理制度的法律渊源。我国现行《宪法》第 13 条第 2 款规定："国家依照法律规定公民的私有财产权和继承权。"第 48 条第 1 款规定："中华人民共和国妇女在政治的、经济的、社会的和家庭的生活等各方面享有同男子平等的权利。"第 49 条第 1 款规定："婚姻、家庭、母亲和儿童受国家的保护。"第 56 条规定："中华人民共和国公民有依照法律纳税的义务。"我国宪法确立的保护公民继承权、男女平等、保护家庭和依法纳税等内容是我国遗产处理制度的立法和司法指导思想，是我国《继承法》中遗产处理制度的重要法律渊源。

### 二、我国法律

这里的法律，是指除宪法以外的其他法律。在我国，宪法以外的其他法律主要是指由全国人民代表大会及其常务委员会制定的规范性文件，包括基本法和基本法以外的法律。

作为调整继承法律关系的主要法律，1985 年施行的我国《继承法》是遗产处理制度最重要的法律渊源。该法第四章"遗产的处理"，共计 12 条，占《继承法》内容的三分之一，以专章的形式对遗产处理制度进行了较为系统的具体规定。内容涉及继承开始的通知、遗产的保管、遗产的接受和放弃、遗产的分离、遗产的分割、遗产债务的清偿、遗赠扶养协议、无人继承遗产的归属等。

目前，我国《民法总则》是调整我国民事关系的基本法，对民事活动中一些共同性问题作出了规定。该法第 4 条、第 5 条、第 6 条、第 7 条分别规定的民事主体地位平等原则、自愿原则、公平原则和诚实信用原则是遗产处理需要遵循的基本原则。第 124 条规定："自然人依法享有继承权。自然人合法的私有财产，可以依法继承。"第 178 条关于共同债务人承担连带责任之债的规定，亦是处理遗产分割和遗产债务清偿问题的直接法律依据。

我国现行《婚姻法》在婚姻家庭领域起基本法的作用，明确了夫妻之间、父母子女之间的继承关系。该法第 24 条规定："夫妻有相互继承遗产的权利。父母和子女有相互继承遗产

---

① 《继承法》第 14 条规定："对继承人以外的依靠被继承人扶养的缺乏劳动能力又没有生活来源的人，或者继承人以外的对被继承人扶养较多的人，可以分配给他们适当的遗产。"

的权利。”①

此外，我国现行《妇女权益保障法》《未成年人保护法》《老年人权益保障法》《物权法》《农村土地承包法》《公司法》《合伙企业法》《著作权法》《商标法》《企业破产法》等法律中涉及遗产继承的规定，也是我国遗产处理制度的法律渊源。

### 三、我国行政法规、部门规章

我国国务院所属部门可以在各自的权限内制定部门规章。部门规章中有关继承问题的规定，也是我国遗产处理制度的渊源。国务院制定的《中华人民共和国著作权法实施条例》第 15 条第 2 款规定：“著作权无人继承又无人受遗赠的，其署名权、修改权和保护作品完整权由著作权行政管理部门保护。”我国司法部制定的 1991 年《关于办理涉台遗产继承公证若干问题的通知》、1995 年《关于涉台继承时效的通知》、1999 年《关于办理香港遗产继承的程序和应注意问题的介绍》及我国财政部 1978 年制定的《关于集体所有制企业和事业单位职工死亡后遗留无人继承的财物应归集体所有的复函》等，这些规范性文件中也涉及遗产的处理问题。

### 四、我国民族自治地方的变通或补充规定

根据我国现行《宪法》第 116 条、我国《继承法》第 35 条的相关规定，民族自治地方的人民代表大会可以根据我国《继承法》的原则，结合当地民族财产继承的具体情况，制定变通的或者补充的规定。阿坝藏族羌族自治州 1989 年施行的《〈中华人民共和国继承法〉的变通规定》，峨边彝族自治县 1991 年施行的《〈中华人民共和国继承法〉的补充规定》，马边彝族自治县 1995 年施行的《〈中华人民共和国继承法〉的补充规定》。这些变通或补充规定中关于遗产处理的规定，是民族自治地方处理遗产问题的重要法律渊源。

### 五、我国司法解释

我国最高人民法院作为我国的最高审判机关，为指导司法实践工作，有权根据宪法、继承法的基本精神，在总结审判实践经验的基础上，制定关于继承法的司法解释，这些规范性文件也是遗产处理问题的重要法律渊源。

目前，我国最高人民法院制定的关于继承法的司法解释主要是我国《执行〈继承法〉的意见》，该《意见》的第四部分专门对遗产处理的具体内容进行了规定，是我国遗产处理问题的主要法律渊源。同时，最高人民法院制定的其他司法解释也有涉及遗产处理的相关规定，如我国 2011 年《婚姻法解释（三）》第 15 条规定，婚姻关系存续期间，夫妻一方作为继承人依法可以继承的遗产，在继承人之间尚未实际分割，起诉离婚时另一方请求分割的，人民法院应当告知当事人在继承人之间实际分割遗产后另行起诉。

## 第三节　我国遗产处理的热点难点问题

遗产处理制度研究的热点难点问题主要包括设立遗产管理制度、确立遗产分离制度、确

① 我国《继承法》第 10 条和第 11 条分别规定了祖孙之间和兄弟姐妹之间的继承关系。

立遗产归扣制度、确定遗产债务清偿顺序、确立有条件的限定继承制度和确立继承合同制度等内容。

## 一、设立遗产管理制度，实现遗产公平分配和保障交易安全

遗产管理制度，是指在继承开始后遗产交付前，有关主体依据法律的规定或有权机关的指定，以维护遗产价值和遗产权利人合法利益为宗旨，对被继承人的遗产实施管理、清算的制度。[①] 根据该制度之立法目的，需要设立遗产管理人，由遗产管理人接管遗产、编制清册、追讨遗产债权、清偿遗产债务、分配剩余遗产等。遗产管理制度的设立，有利于管理和保全遗产，维护遗产权利人的利益，实现遗产公平分配，保障交易安全。[②]

目前，我国《继承法》第16条[③]和第24条[④]以及我国《执行〈继承法〉的意见》第44条[⑤]原则性地规定了遗嘱执行和遗产保管的部分内容，但尚未建立系统、完善的遗产管理制度。从社会现实生活看，遗产管理制度的缺失，容易导致遗产无人管理的状况，可能会损害遗产的价值，进而影响继承人和遗产债权人的利益；同时，还有可能发生某些继承人转移、隐藏遗产，侵害共同继承人和遗产债权人利益的情况。[⑥]

基于遗产管理制度的功能和社会的现实需要，我国《继承法》需要建立较为全面、系统的遗产管理制度，这是我国不少学者已经提出的观点。[⑦] 因此，我国在编纂《民法典・继承编》时，应该建立较为全面、系统的遗产管理制度，其内容涉及遗产管理人的资格、选任、权利义务、法律责任、遗产管理费用和报酬及遗产管理终止的原因等。

## 二、确立遗产分离制度，实现遗产与其他人财产的分离

遗产分离制度，是指在继承开始后将遗产从夫妻共有财产、家庭共有财产以及其他第三人的共有财产中析出，使遗产与他人财产各自保持独立，以便此后进行债务清偿和遗产分割，即遗产分离是遗产处理的前提和基础。在现代社会，民事责任上的一个重要原则就是"自己责任原则"，即人们只需承担自己行为的法律后果，而无须为他人的行为承担责任。因此，被继承人生前所欠的税款、债务及因继承而发生的其他债务都需要以遗产来清偿，而继承人无须被强制用自己固有财产来承担遗产债务的清偿责任。在概括继承下，继承人对遗

---

① 薛宁兰、邓丽：《构建我国遗产管理制度的若干思考》，载《中国继承法修改热点难点问题研讨会论文集》，西南政法大学民商法学院、外国家庭法及妇女理论研究中心内部编印2012年版，第238页。

② 陈苇、石婷：《我国设立遗产管理制度的社会基础及其制度构建》，载《河北法学》2013年第7期。

③ 我国《继承法》第16条第1款规定："公民可以依照本法规定立遗嘱处分个人财产，并可以指定遗嘱执行人。"

④ 我国《继承法》第24条规定："存有遗产的人，应当妥善保管遗产，任何人不得侵吞或者争抢。"

⑤ 我国《执行〈继承法〉的意见》第44条规定："人民法院在审理继承案件时，如果知道有继承人而无法通知的，分割遗产时，要保留其应继承的遗产，并确定该遗产的保管人或保管单位。"

⑥ 陈苇主编：《外国继承法比较与中国民法典继承编制定研究》，北京大学出版社2011年版，第77页。

⑦ 薛宁兰、邓丽：《构建我国遗产管理制度的若干思考》，载《中国继承法修改热点难点问题研讨会论文集》，西南政法大学民商法学院、外国家庭法及妇女理论研究中心内部编印2012年版，第238页；陈苇、石婷：《我国设立遗产管理制度的社会基础及其制度构建》，载《河北法学》2013年第7期；吴国平：《遗产继承中债权人利益保护问题研究》，载《政法论丛》2013年第2期；李洪祥：《民众继承习惯与〈继承法〉的立法完善》，载《社会科学辑刊》2018年第3期。

产债务承担无限责任，故无须对遗产进行分离。而在有限继承条件下，继承人仅以其所受遗产承担遗产债务清偿的有限责任，这就必须保证继承人固有财产与遗产之分离，即遗产与继承人固有财产须各自保持独立，两者不发生混同。故在有限继承下，必须首先对遗产进行分离。实现继承人或其他第三人的固有财产与遗产的分离，这既是保障继承人承担有限责任的基础，也是保护遗产债权人之公平受偿权及债权之一般担保不被侵吞的重要措施。[①] 在大陆法系国家，遗产分离制度主要包括继承人依法制作遗产清单和遗产债权人或继承人的债权人请求法院进行财产分离两种方式，实现被继承人的遗产与继承人的固有财产各自独立：一方面能够保证以被继承人的遗产首先被用于清偿遗产债务；另一方面，也能够保证继承人仅以遗产清单记载的财产为限清偿遗产债务。

我国《继承法》以限定继承为原则，但对遗产分离制度的规定过于简略，即仅在第26条规定了遗产应从夫妻共有财产和家庭共有财产中分出，而没有具体规定制作遗产清单和请求财产分离的遗产分离制度，如欠缺遗产清单和请求财产分离的主体、制作要求与遗产清单的公示、异议与补正等内容，难以适应日益复杂的财产继承关系，容易出现损害遗产债权人和其他继承人遗产权益的现象。国外大陆法系国家之限定继承的接受继承的方式值得我国借鉴，即选择实行限定继承的继承人，必须依法制作遗产清册。另外，日本、意大利两国还设有遗产债权人和继承人的债权人的请求财产分离制度。[②] 这些立法均可以使遗产保持独立，有利于平等保护债权人的利益和继承人的利益。[③] 因此，为公平保障继承人和遗产债权人的合法权益，保障遗产继承活动的顺利进行，减少遗产处理纠纷，我国正在编纂"民法典 · 继承编"之际，设立遗产分离制度已成为当务之急。

## 三、确立遗产归扣制度，实现在共同继承人之间公平分配遗产

遗产归扣，又被称为遗产的扣除、冲算、合算等，一般是指被继承人采取赠与形式给予继承人的应继份之预付，继承人于继承开始实现其应继份时，应予以合算或扣除的制度。[④] 也就是在继承开始之后，将被继承人生前赠与特定继承人的特定赠与财产归入遗产，由全部继承人共同分割的制度。[⑤] 该制度能够实现在共同继承人之间公平分配遗产，彰显法的平等、自由、公平和效率价值。[⑥] 遗产归扣制度起源于古罗马法，后为法国、德国等国立法继承并逐渐发展为一种现代社会较为成熟的法律制度。我国《继承法》尚未确立遗产归扣制度。对于是否设立遗产归扣制度，我国学术界有不同观点，主要有"肯定说"和"否定说"。可见，此为有待深入研究的热点问题之一。因此，我国需要充分考虑我国的社会现实，包括现行立法和民众的经济收入、生活水平、继承习惯等内容，在考察借鉴国外有益立法经验的基础上，从中国实际出发决定我国"民法典 · 继承编"中是否确立遗产归扣制度。

---

① 杜江涌：《遗产债务法律制度研究》，群众出版社2013年版，第230页。

② 参见《日本民法典》第941～950条；《意大利民法典》第512～518条。

③ 陈苇主编：《外国继承法比较与中国民法典继承编制定研究》，北京大学出版社2011年版，第125页。

④ 史尚宽：《继承法论》，中国政法大学出版社2000年版，第230页。

⑤ 李洪祥：《遗产归扣制度的理论、制度构成及其本土化》，载《现代法学》2012年第5期。

⑥ 陈苇、杜志红：《我国设立归扣制度的基础与制度构建研究》，载《政法论丛》2013年第2期。

## 四、确定遗产债务清偿顺序，实现依法保护不同权利类型的继承人与遗产债权人的目标

遗产债务是指应以遗产承担清偿责任的债务，即属于遗产清算时遗产上之负担，其内涵与外延较之被继承人生前所欠债务更为宽泛。[①] 其不仅包括被继承人生前所欠债务，还包括继承开始时产生的债务和继承费用等。这些遗产债务不仅发生时间不同，而且其种类、性质、目的也存在差异，故清偿顺序有先后之别。如果遗产足够清偿所有的遗产债务，则不需确定清偿遗产债务的顺序。而如果死者遗留下的遗产数额有限，不足以清偿所有的遗产债务，明确遗产债务的清偿顺序则至关重要。确定遗产债务的清偿顺序，不仅可以达到依法保护不同权利类型的继承人与遗产债权人的目的，而且还可以减少因清偿遗产债务而发生的纠纷，维护稳定的交易秩序，符合法律之公平、效率的价值取向。

我国《继承法》及其司法解释对遗产债务的清偿顺序尚无全面、系统的规定，仅有一些分散的规定。我国《继承法》第33条第1款规定："继承人依法应当缴纳的税款和债务，缴纳税款和清偿债务以他的遗产实际价值为限……"第34条规定："执行遗赠不得妨碍清偿遗嘱人依法应当缴纳的税款和债务。"我国《执行〈继承法〉的意见》第61条规定："继承人中有缺乏劳动能力又没有生活来源的人，即使遗产不足以清偿债务，也应为其保留适当遗产……"从上述规定可以看出，遗产债务的清偿顺序问题尚无全面、系统的规定。

关于遗产债务的清偿顺序，究竟应当如何确定，我国学者已对此进行了较为深入的探讨和研究。然而，其观点甚多，可谓"百家争鸣"，尚未达成共识。其主要观点可分别归纳为"三顺序说"[②]、四顺序说"[③]、"五顺序说"[④]、"六顺序说"[⑤]、"八顺序说"[⑥]、"十顺序说"[⑦]。可见，如何确立我国的遗产债务清偿顺序，这是我国编纂"民法典·继承编"时需要研究解决的难点问题之一。

## 五、确立有条件的限定继承制度，平等保护继承人与遗产债权人的利益

根据继承人对被继承人债权人承担责任的性质不同，继承分为概括继承和限定继承。限定继承制度源于古罗马法，是继承人以遗产范围为限对外承担清偿遗产债务的责任。从概括继承发展到限定继承，这是世界多数国家和地区继承立法发展的共同趋势。相较于概括继承，限定继承更加注重对继承人人格独立的尊重，使其不受"子承父债"而影响人格的自

---

① 陈苇主编:《中国继承法修改热点难点问题研究》，群众出版社2013年版，第485页。

② 梁慧星主编:《中国民法典草案建议稿附理由·侵权行为编、继承编》，法律出版社2004年版，第252～262页。

③ 杨立新、朱呈义:《继承法专论》，高等教育出版社2006年版，第255～256页；张玉敏主编:《中国继承法立法建议稿及立法理由》，人民出版社2006年版，第7页。

④ 刘春茂主编:《中国民法学·财产继承》，中国人民公安大学出版社1990年版，第568～570页。

⑤ 郭明瑞、房绍坤、关涛:《继承法研究》，中国人民大学出版社2003年版，第159页；王利明(项目主持人):《中国民法典学者建议稿及立法理由(人格权编、婚姻家庭编、继承编)》，法律出版社2005年版，第624～625页。

⑥ 陈苇主编:《外国继承法比较与中国民法典继承编制定研究》，北京大学出版社2011年版，第568页。

⑦ 陈苇:《我国遗产债务清偿顺序的立法构建》，载《法学》2012年第8期。

由发展,有利于保护继承人的利益。[①]

为了贯彻限定继承制度的立法宗旨,平等保护继承人和遗产债权人双方的合法利益,很多国家和地区根据自身的实际情况,对限定继承附加了相应的条件和程序,创制了一系列制度,如英美法系国家的遗产管理制度,德国的遗产管理和遗产破产制度,法国的放弃继承和接受继承制度,瑞士的公式财产清单和官方清算制度等,以保障实行有条件的限定继承制度。

为顺应现代立法趋势,实现现代民法的"自己责任原则",我国《继承法》明确规定了限定继承原则,即第 33 条第 1 款规定"继承遗产应当清偿被继承人依法应当缴纳的税款和债务,缴纳税款和清偿债务以他的遗产实际价值为限。超过遗产实际价值的部分,继承人自愿偿还的不在此限"。也就是说,继承人只要接受继承,无须履行其他程序和条件,其就以继承遗产的实际价值为限,对遗产债务承担有限清偿责任。可见,我国《继承法》实行的是无条件的限定继承制度。然而,无条件的限定继承简便易行,虽然其能够保护继承人的利益,但却已经无法适应我国经济关系日益复杂的社会现实情况。由于我国《继承法》没有规定保证用遗产首先偿还被继承人债务的遗产清册制度,也没有继承开始的公告制度,即欠缺催告未知的遗产债权人申报权利等具体措施,还没有规定系统的遗产管理制度,这就可能出现继承人不如实制作遗产清册、隐匿或转移遗产等情况,不能保障实现私法上的公平和诚信原则,往往可能会损害遗产债权人的利益。

基于此,我国限定继承制度的改革已成为理论界关注的热点问题。学者们普遍认为,我国《继承法》应该确立有条件的限定继承制度,并提出了不同观点。[②] 我国在编纂《民法典·继承编》之际,需要根据本国的实际情况,在借鉴不同国家具体制度立法经验的基础上,设计限定继承的法定条件和程序等具体制度,以确立适合我国国情的有条件的限定继承制度。

## 六、确立继承合同制度,满足被继承人和扶养人各自的需要

我国《继承法》第 31 条规定:"公民可以与扶养人签订遗赠扶养协议。按照协议,扶养人承担该公民生养死葬的义务,享有受遗赠的权利。公民可以与集体所有制组织签订遗赠扶养协议。按照协议,集体所有制组织承担该公民生养死葬的义务,享有受遗赠的权利。"此条确立了我国遗赠扶养协议制度。该制度是我国土生土长的具有中国特色的法律制度。在我国已进入老龄社会和社会保障制度还不完善的社会背景下,遗赠扶养协议在解决老年人赡养问题上具有重要作用,弥补了我国社会保障制度之不足。但是,我国遗赠扶养协议还存在着不足,主要有:将法定继承人排除于遗赠扶养协议主体范围之外而导致适用范围较窄,未明确规定遗赠扶养协议订立的形式要件,没有规定对遗赠人生前处分财产行为的限制、协议解除的事由及其后果等,无法满足社会民众的现实需要。故此,我国编纂"民法典·继承编"时,修改完善我国遗赠扶养协议制度是必然要求。

目前,国内学者针对遗赠扶养协议制度的立法完善展开了深入的研究,并提出不同的观

---

① 于晓:《论我国限定继承制度的完善——以我国台湾地区"民法"继承编为参照》,载《东岳论丛》2015 年第 6 期。

② 张玉敏:《论限定继承制度》,载《中外法学》1993 年第 2 期;王丽萍:《债权人与继承人利益的协调平衡》,载《法学家》2008 年第 6 期;冯乐坤:《限定继承的悖理与我国〈继承法〉的修正》,载《政法论丛》2014 年第 5 期;陈汉:《限定继承刍议》,载《苏州大学学报》(法学版)2014 年第 4 期。

点。国内学者对与我国遗赠扶养协议制度相近似的国外继承合同制度[①]进行立法考察后，部分学者积极倡导我国继承立法移植国外的继承合同制度；而部分学者则认为国外继承合同制度与我国遗赠扶养协议制度存在相当大的差异，故此反对引入国外的继承合同制度，主张进行遗赠扶养协议制度的自我完善。例如，对于继承合同，从我国继承法学者建议稿看，梁慧星等学者建议稿采取“否定说”，该稿对我国遗赠扶养协议的内容进行了补充完善，但仍将继承人排除在遗赠扶养协议的主体之外。而徐国栋等学者建议稿、王利明等学者建议稿、张玉敏等学者建议稿、陈苇等学者建议稿和杨立新等学者建议稿均采取“肯定说”，主张法定继承人可以依协议成为被继承人的扶养人。[②] 我们认为，引入域外的继承合同制度符合我国民众意愿和现实生活的需要，其能够更好地彰显自由价值，其引进不存在理论障碍，能够弥补我国遗赠扶养协议制度之不足，应当结合我国实际进行合理移植。

---

① 所谓继承合同是指被继承人与继承人、其他自然人、法人和其他组织等就继承权或者受遗赠权的取得或消灭等而达成的合意。转引自陈苇主编：《外国继承法比较与中国民法典继承编制定研究》，北京大学出版社 2011 年版，第 433 页。

② 参见梁慧星等学者建议稿第 1997～2000 条，载梁慧星（课题负责人）：《中国民法典草案建议稿附理由·继承编》，法律出版社 2013 年版；徐国栋等学者建议稿第四分编第 503～523 条，载徐国栋主编：《绿色民法典草案》，社会科学文献出版社 2004 年版；王利明等学者建议稿第 642 条及立法理由说明，载王利明（项目主持人）：《中国民法典学者建议稿及立法理由·人格权编、婚姻家庭编、继承编》，法律出版社 2005 年版；张玉敏等学者建议稿第 54～57 条，载张玉敏（课题负责人）：《中国继承立法建议稿及立法理由》，人民出版社 2006 年版；陈苇等学者建议稿第 61～67 条，载陈苇（项目负责人）：《中华人民共和国继承法》修正案（学者建议稿），本建议稿全文摘自陈苇主编：《外国继承法比较与中国民法典继承编制定研究》，北京大学出版社 2011 年版。载陈苇主编：《中国继承法修改热点难点问题研究》，群众出版社 2013 年版；杨立新等学者建议稿第 66～69 条，载杨立新、杨震等：《〈中华人民共和国继承法〉修正草案建议稿》，载《河南财经政法大学学报》2012 年第 5 期。

# 第二编

# 法条评注

# 第二章
# 评注《继承法》第二十三条(继承开始的通知与公告制度)

【我国《继承法》第二十三条　继承开始后，知道被继承人死亡的继承人应当及时通知其他继承人和遗嘱执行人。继承人中无人知道被继承人死亡或者知道被继承人死亡而不能通知的，由被继承人生前所在单位或者住所地的居民委员会、村民委员会负责通知。】

## 第一节　立法目的

继承开始的通知与公告制度，是指在继承开始后，由特定的主体，通常包含知道被继承人死亡的继承人和利害关系人，或者其他权力机关，采取发出通知或张贴公告的方式，通知其他继承人、遗嘱执行人以及相关遗产利害关系人因被继承人死亡而继承开始的事实，以便遗产债权人及时申报权利，继承人及时参加继承的制度。由于继承的开始是继承人行使继承选择权的起点，是继承诉权保护期的起算时间，是确定继承人范围、继承能力和应继份额的时间标准，是确定遗产范围和价值的时间标准，是继承人放弃继承权应当溯及的时间点，是确定遗嘱生效的时间标准，是确定遗产所有权转移的时间标准等，因此，在继承法中设立继承开始的通知与公告制度具有重要的立法意义。其立法目的主要在于依法启动继承程序、保护遗产权利人的利益、确保遗产分配公平、保障交易安全等。

### 一、依法启动继承开始程序

继承开始的通知与公告制度作为遗产处理制度的重要内容，能够指导当事人依法启动遗产继承开始的程序。在实际生活中，被继承人死亡后，有的继承人和其他利害关系人由于主观原因或客观原因可能不知道被继承人已经死亡而继承开始的事实。因此，当被继承人已经死亡即继承开始后，其应将被继承人死亡的事实通知继承人等其他利害关系人，并对未知的继承人或利害关系人予以公告。这是启动遗产继承程序的第一步，便于继承人及遗产的其他利害关系人及时参与处理有关继承问题。

### 二、保护遗产权利人利益

遗产继承，既涉及继承人的利益，也涉及遗产债权人的利益。因此，继承开始的通知与公告制度，对于维护遗产继承人、受遗赠人和遗产债权人的利益意义甚大。继承开始后，如果有部分继承人和其他利害关系人不知道被继承人已经死亡，其也就不知晓继承开始的事实，其相关的遗产权益就可能会有受损害的风险。法律规定继承开始的通知与公告程序，就可以避免此种情况的发生，还有利于预防遗产被藏匿或转移，达到保护遗产权利人利益的目的。

### 三、确保遗产分配公平

继承开始的通知与公告制度，能确保遗产分配公平。由于该制度的存在，可以通过继承开始的通知或公告，使得所有具有遗产利益的权利人及时参与到遗产分配关系中来，依法律或依遗嘱实现各自的遗产权利，这样既能保护继承人的利益，又能实现其他遗产权利人的利益，确保遗产分配的公平。

### 四、维护交易安全

通过继承开始的通知与公告制度，由通知或公告的义务主体对遗产权利人进行通知与公告，使其在第一时间知晓继承开始的事实，从而自行决定是否行使遗产权利，这既能保障被继承人生前与其债权人及债务人之间的交易安全，也能保障继承人与其债权人之间的交易安全，还可以为继承人和其他遗产权利人利益的实现打下基础，从而达到维护交易安全和市场经济秩序的目的。

## 第二节　本条的地位、价值与意义

### 一、本条的地位

继承开始的通知与公告制度主要是针对继承开始后常常存在继承人或相关利害关系人无法知晓继承开始的状态，法律规定由通知或公告的义务主体对被继承人死亡的事实进行通知与公告，使得继承人和其他遗产利害关系人能及时地知晓继承开始的情况并参与到继承关系中来，以达到依法启动继承开始程序、保护遗产权利人利益、确保遗产分配公平、维护交易安全等目的。继承开始的通知与公告制度体现了从法律层面对继承开始后所有继承人、遗产债权人以及其他遗产利害关系人利益的平等保护，是继承法中遗产处理制度的重要组成部分。

### 二、本条的价值

#### （一）公平价值

公平是指平等地对待不同的人或者相同的事物。通过法律制度上的安排实现公平，这是法律所追求的重要价值之一。亚里士多德说，公正“是交往行为上的总体的德性”。为实现社会成员之间的平等，他将公平划分为分配的公正与矫正的公正。前者强调社会公共财富、主力的分配因人而异；后者强调由法律评判、保证私人交易关系的平等。[①] 继承法中的继承开始的通知与公告制度的确立，就反映了以公平为价值取向，平等保护继承人和其他遗产权利人的利益。现实生活中，被继承人死亡后，有的继承人和其他利害关系人可能不知道被继承人已经死亡，即其不知道继承开始的事实。而本制度明确规定在继承开始后由通知或公告的义务主体通知遗产相关人，包括继承人、遗产债权人、受遗赠人以及其他遗产利害

---

① [古希腊]亚里士多德：《尼各马可伦理学》，廖申白译注，商务印书馆2008年版，第130、134～138页。

关系人,使他们能够及时参与到继承关系中,这有利于避免以上情况的出现,以实现公平地保障各主体的遗产权益。这反映出继承法在保障被继承人私有财产权和继承人的遗产继承权的同时,又保护遗产债权人和其他利害关系人的利益,彰显了法律的公平价值。

(二)效益价值

效益是法律分配权利和义务需要考虑的一个重要的标准,效益是法律追求的重要价值之一。现代社会的经济发展目标之一是对效益的追求。法的效益价值是指法具有的使社会主体以较少或较小的投入获取较多或较大的产出,以满足人们对效益的需要的意义。① 在继承法中确立继承开始的通知与公告制度,有利于及时通知继承人和其他遗产权利人参与到继承事务中来,为继承财产的有效分配奠定基础,有利于顺利实现遗产分配的价值效益。因为继承开始后,如果继承人和其他遗产权利人不能第一时间知道被继承人死亡的事实,就无法及时参加继承事务,会阻碍继承程序的启动,损害遗产权利人的利益。因此,通知或公告的义务主体以书面通知、口头通知或公告的方式,告知遗产权利人尽快主张权利,及时参与继承事务,可以使遗产的分配更有效和便捷,实现法律的效益价值。

(三)秩序价值

法律是社会生活的调节器,它指导和规范人们的社会生活,保障社会的正常运行。美国学者认为法律有两大价值:一个是追求秩序的价值,另一个是追求正义的价值。② 我国学者认为,在一定意义上,法律就是为建立和维护某种秩序而建立起来的,法为秩序提供预想模式、调解机制和强制保证,秩序是法的价值和直接追求……③继承开始的通知与公告制度对于继承秩序的维护具有重要的意义。从继承的开始之法律意义看,继承的开始,是继承人行使继承选择权的起点,是继承诉权保护期的起算时间,是确定继承人范围、继承能力和应继份额的时间标准,是确定遗产范围和价值的时间标准,是继承人放弃继承权应当溯及的时间点,是确定遗嘱生效的时间标准,是确定遗产所有权转移的时间标准等。所以,继承开始的通知与公告制度能够依法启动继承开始程序,确保各遗产权利人及时参与继承事务,依遗嘱或依法律处理遗产债务清偿和遗产分配问题,有利于稳定继承秩序,以彰显法律的秩序价值。

(四)安全价值

安全价值是指维护交易的安全和财产的秩序。④ 安全价值也是法律的重要价值之一。法哲学家雷加森斯·西克斯指出,安全是法律的首要目标和法律存在的主要原因。如果法律秩序不代表一种安全的秩序,那么它就不是一种法律。⑤ 毫无疑问,继承开始的通知与公

---

① 付子堂、时显群:《法理学》,重庆大学出版社2011第3版,第204页。

② [美]E·博登海默:《法理学:法律哲学与法律方法》,邓正来译,中国政法大学出版社1999年版,第205页。

③ 卓泽渊:《法的价值论》,法律出版社2006年第2版,第390～394页。

④ 王利明:《民法典体系研究》,中国人民大学出版社2008年版,第348页。

⑤ [美]E·博登海默:《法理学:法律哲学与法律方法》,邓正来译,中国政法大学出版社1999年版,第196页。

告制度,有利于保障市场经济的发展,对于维护交易安全具有十分重要的意义。继承关系中,通常会存在继承人、遗产债权人、遗产债务人、受遗赠人以及其他遗产利害关系人等诸多主体,这些遗产利害关系人的权利与义务的实现或履行与市场交易的安全息息相关,因此,有必要使他们尽快参与到继承关系中。继承开始的通知与公告制度就是保障这些主体遗产权利实现或遗产义务履行的第一步,确立该制度不仅是保护遗产利害关系人个体利益的需要,同时也是确保社会交易安全的需要。

### 三、本条的意义

#### (一)告知遗产利害关系人及时申报权利义务

继承开始的通知与公告制度是启动继承开始程序的依据。在被继承人死亡后,通过通知或公告的义务主体,包含知道被继承人死亡的继承人和利害关系人,或者其他权力机关,及时告知其他继承人、遗产债权人、受遗赠人以及相关利害关系人被继承人死亡而继承开始的事实,使其及时参与到继承事务中来,申报自己对遗产的权利及义务,从而保障遗产继承程序的依法启动,有利于平等地保护各种遗产利害关系人的合法权益。

#### (二)预防和减少遗产纠纷的发生

确立继承开始的通知与公告制度,可以使得继承人、遗产债权人以及其他利害关系人及时地参与到继承关系中,以遗产权利人的身份保护享有遗产的利益,防范部分继承人或遗产占有人私吞、转移、隐匿遗产的行为,这可以预防和减少遗产纠纷的发生。反之,如果没有确立继承开始的通知与公告制度,遗产继承开始后,合法继承人、遗产债权人以及遗产利害关系人无法知晓继承开始的事实,就很难发现可能存在的遗产实际占有人对遗产进行的私吞、转移、隐藏等现象,导致遗产权利人的利益受到损害,从而引起后续遗产纠纷的发生。

## 第三节　继承开始的通知与公告制度的演变

在古罗马时期,古罗马法中对继承开始的通知与公告,并没有具体的规定。但是关于继承开始的通知与公告的具体做法,主要有以下四方面:其一,关于任意继承人,古罗马法规定,其接受继承的具体期间和方式,作为外来继承人的任意继承人在帝政以后,如要继承遗产,除遗嘱人没有指示外,该继承人应于继承开始后 100 天内宣布接受继承,否则被视为丧失继承权。如果任意继承人想对遗产实行占有,必须向大法官递交"遗产占有的申请"。大法官收到申请后,作简略的调查传呼利害关系人。经查明后,大法官颁发遗产占有令状,继承人根据占有令状,占有被继承人的遗产。其后,大法官对符合谕令规定条件的申请人除利害关系人提出抗议外,即直接授予占有遗产的令状,不再进行事实上的调查。到优帝时,只要继承人有接受继承的意思表示时,就视为接受继承,不再拘泥于具体形式。其二,关于继承人接受继承的期间①,对于继承人接受继承,当继承开始后,享有继承权的继承人可以表示是否接受继承,但其无须在一定期限内表示接受继承。这样的无期限的规定使继承容易

① 周枏:《罗马法原论(下册)》,商务印书馆 2001 年版,第 560、563～568 页。

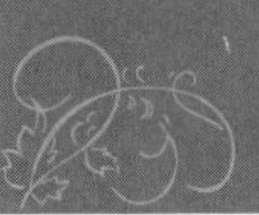



处于不确定状态的情况，因此，遗嘱人、法学家和大法官等都设法纠正和补救，以期获得妥善的解决。起初，遗嘱人为防止其死后继承人却不及时表示接受继承，致使家祀中断，并影响其声誉，便在遗嘱中规定以继承人必须在一定期间内(依习俗为100天)表示接受继承为条件，逾期即视为废除其继承资格。帝政以后，大法官法遗产占有制规定，被继承人的直系亲属，不分尊亲或卑亲，接受继承的期限为一年，其他继承人接受继承的期限为100天，逾期未为遗产占有的申请的，即丧失占有遗产的权利。此外，大法官法还规定，当享有继承权的继承人不及时接受继承，影响到被继承人之债权人的利益时，被继承人的债权人可于继承开始后，用提出质询继承人的办法，如果被继承人的所有继承人在100天的考虑期内都未接受继承，大法官即令债权人占有并拍卖被继承人的遗产，从所得价金中清偿自己的债权。[①] 其三，关于拒绝继承的方式和时间，古罗马法起初并没有限制，但这必然会损害其他继承人、受遗赠人、被继承人的债权人等的利益，使他们不能及时行使权利。所以，后来大法官法规定，在规定的接受继承期间内未表态的，或者继承人经被继承人的债权人质询之后，仍未在法定100天内的考虑期间表示承认继承的，即视为拒绝继承。优帝一世时改为继承人在满9个月考虑期内未表态的，视为承认继承。[②] 其四，无人继承遗产的处理。依据古罗马大法官法规定，在无人继承的情况下，债权人应当首先向官厅提出申请，获得批准后，可以占有和变卖被继承人的遗产，使自己的债权受到清偿。[③]

在中国古代社会，通常情况下，被继承人还在生存期间就进行分家析产，即分家析产式的继承就已开始，可以说是一种特殊的“生前继承”。中国古代社会的继承，通常是以父命为主导因素，而以财产的处分能够有利于家族的整体利益、有利于家族的稳定为基本原则。[④] 由于我国古代家庭财产采取共同共有的形式，所以，继承制度主要不是财产继承，而是继承被继承人所独有的人身权利，政治身份如官职、爵位、封号、食封等，私人身份如宗子、房宗等。因此，对于继承开始的通知常常是由宗族家庭主导的，由其担任通知的角色，如在未成年男子亡故或夫妻双亡的条件下的命继，就是由族长召集同族会议，确定宗祧继承人的制度。《明清律·户婚门》云：“命继者，谓夫妻俱亡，则其命也，当惟近亲尊长。”[⑤]

至近现代社会，在我国，对于继承开始的通知与公告制度，1911年编纂完成的《大清民律草案》第1556条第3款规定：“遗产管理人之职务如下：(一)编制继承财产目录；(二)为保存遗产必要之处置；(三)声请审判衙门依公示催告程序，公告债权人及受遗人，令为债权及愿否受遗赠之声明；(四)依债权人或受遗人之请求，报告继承财产之状况；(五)清偿债权或交付遗赠物；(六)实行欠款职务时，遇有必要情形时，得拍卖继承财产；(七)有继承人或承受人出而承认，或遗产归国库时，清算交代。前项第三款之债权人及受遗人，如为管理之所知者，并须由管理人另行通知第五款之次序，先偿债，次及遗赠。”1926年编撰完成的《民国民律草案》第1363条规定：“遗产继承人，经前条之核准后，须于五日内请法院依公示催告程序公告继承债权人及受遗人业为有限承认，令在一定期间内为债权及愿否受遗赠之说明。其

---

① 周枏：《罗马法原论(下册)》，商务印书馆2001年版，第565～568页。

② 周枏：《罗马法原论(下册)》，商务印书馆2001年版，第571页。

③ 周枏：《罗马法原论(下册)》，商务印书馆2001年版，第595页。

④ 郭建：《中国法制史》，浙江大学出版社2006年版，第188～189页。

⑤ 陈晓枫：《中国法制史新编》，武汉大学出版社2011年版，第318、320页。

公告期间不得在二个月以下。"[①]至民国时期1930年颁布的《民法继承编》,第1157条规定:"继承人依前条规定呈报法院时,法院应依公示催告程序公告,命被继承人之债权人于一定期限内报明其债权。前项一定期限,不得在三个月以下。"[②]在国外,对继承开始的通知与公告制度,不少国家也以不同的形式在其各自的立法中予以规定,以此确保继承开始程序的依法启动。如《德国民法典》规定了公开催告申报继承权,其规定,继承人在与情事适当期间内无法查明的,遗产法院必须确定不存在除国库以外的继承人,应公开催告继承权的申报,公告的方式和申报时间的长短,依照公示催告程序的规定进行。[③] 日本立法也确定了继承人有无不明时的公示催告规则。依据《日本民法典》规定,家庭法院选任继承财产管理人并公告后2个月内,继承人有无仍然不明确时,管理人须毫不迟缓地对所有的继承债权人及受遗赠人发出以应在一定期间内提出自己的请求为内容的公告。[④]

1949年中华人民共和国成立后,我国《继承法》第23条规定,继承开始后,知道被继承人死亡的继承人应当及时通知其他继承人和遗嘱执行人。继承人中无人知道被继承人死亡或者知道被继承人死亡而不能通知的,由被继承人生前所在单位或者住所地的居民委员会、村民委员会负责通知。此条规定了继承开始的通知义务主体,但对继承开始的公告制度未予规定。

## 第四节 本条的构成要件

### 一、继承开始的通知与公告的主体

继承开始的通知与公告制度,首先应确定的是通知与公告的义务主体。在被继承人死亡后一定的期间内,应当及时地通知与公告不知晓继承开始事实的继承人、遗产债权人、受遗赠人以及其他遗产利害关系人。确定继承开始通知与公告的义务主体,是因为其及时地履行通知职责,是开启继承程序的第一步,可以为遗产公平、有序地分配打下基础,是继承权、遗产债权和遗产取得权实现的前提。通常情况下,继承开始的通知与公告的义务主体,包括遗嘱执行人、遗产管理人、继承人、法院或者负责处理被继承人死亡事件的部门或基层组织。在我国,如果在继承人中无人知道被继承人死亡或者知道被继承人死亡而不能通知的,就可以由被继承人生前所在单位或者住所地的居民委员会、村民委员会通知。如果其他利害关系人知道继承开始的,也可以通知继承人或遗嘱执行人继承的开始。

### 二、继承开始的通知与公告的对象

继承开始的通知与公告制度设立的主要目的就是使得遗产权利人以及相关的利害关系人知道继承开始的事实,从而及时地参与到继承关系中来,因此,继承开始的通知与公告对象是该制度规范构成的必要条件之一。继承程序的顺利启动,与被通知与告知的对象的知

---

① 杨立新主编:《中国百年民法典汇编》,中国法制出版社2011年版,第369页。

② 杨立新主编:《中国百年民法典汇编》,中国法制出版社2011年版,第514页。

③ 《德国民法典》第1964～1965条。

④ 《日本民法典》第957～958条。

晓情况密切相关,对于该对象的确立,我们有必要明确其范围,通常情况下被通知与告知的对象应包含继承人、遗产债权人、遗产债务人、受遗赠人、遗嘱执行人以及其他与遗产相关的利害关系人。

### 三、继承开始的通知与公告的期间

在继承开始的通知与公告制度中,由通知与公告主体告知遗产权利人及相关利害关系人在一定期间内选择参与继承关系,享有继承利益或者履行继承中的相关职责,是由现实情况决定的。因为在继承开始后很有可能出现继承人有无不明,或者一部分继承人知晓被继承人死亡的事实,另一部分继承人不知道继承已开始的情况,或者受遗赠人、遗产债权人等与遗产有利害关系人都不知晓继承开始的情况等,继承开始的通知与公告主体对这些主体进行告知,需要一定的期限,从而保障遗产权利人和利害关系人有充足的时间自愿选择是否参与继承,因此,继承开始的通知与公告期间是该制度的必要组成部分。

### 四、继承开始的通知与公告的方式

继承开始的通知与公告制度中,应当规定通知与公告的方式,以最合适、最便捷的方式对继承权利人和利害关系人进行有效的告知,使其能尽快参与到继承关系中来。对于继承开始的通知与公告的方式,我们有必要根据实际情况而定,如果继承人、遗产债权人数量较少且明确,可以直接采用口头的通知方式或者在村或社区公告栏里进行公告;如果遗产权利人以及相关利害关系人较为复杂,无法知晓其具体情况的,可以向法院申请采用司法公告的方式或者刊报的方式对这些主体进行催告,以催促继承人、遗产债权人或其他利害关系人及时参与继承。

## 第五节　重要学术观点与争议

自我国立法机关于 2002 年提出制定《中国民法典·继承编》之后,继承法学界在检讨我国现行《继承法》的基础上,结合我国司法实践,继续探讨继承法若干制度的完善。其中,先后发表的六部继承法的学者建议稿是具有代表性的成果,它们包括:梁慧星教授主持完成的《中国民法典草案建议稿附理由:继承编》(以下简称"梁慧星等学者建议稿")①;徐国栋教授主持完成的《绿色民法典》(以下简称"徐国栋等学者建议稿")②;王利明教授主持完成的《中国民法典学者建议稿及立法理由·人格权编、婚姻家庭编、继承编》(以下简称"王利明等学者建议稿")③;张玉敏教授主持完成的《中国继承法立法建议稿及立法理由》(以下简称"张

① 梁慧星(课题负责人):《中国民法典草案建议稿》,法律出版社 2003 年版;梁慧星(课题负责人):《中国民法典草案建议稿附理由·继承编》,法律出版社 2013 年版。本书以下以其 2013 年版为研究对象,简称"梁慧星等学者建议稿",本书所引用的"梁慧星等学者建议稿"条文均出自此书。

② 徐国栋主编:《绿色民法典草案》,社会科学文献出版社 2004 年版,以下简称"徐国栋等学者建议稿",本书所引用的"徐国栋等学者建议稿"条文均出自此书。

③ 王利明(项目主持人):《中国民法典学者建议稿及立法理由·人格权编、婚姻家庭编、继承编》,法律出版社 2005 年版,以下简称"王利明等学者建议稿",本书所引用的"王利明等学者建议稿"条文均出自此书。

玉敏等学者建议稿")[1];陈苇教授主持完成的《中华人民共和国继承法修正案学者建议稿》(以下简称"陈苇等学者建议稿")[2];杨立新教授等主持完成的《中华人民共和国继承法修正草案建议稿》(以下简称"杨立新等学者建议稿")[3]。这些学者建议稿对继承开始的通知与公告问题均有规定。本节拟对这些学者建议稿中有关继承开始的通知与公告的学术观点进行考察。

## 一、重要学术观点

梁慧星等学者建议稿之主要观点如下:关于继承开始的通知,被规定在该学者建议稿"遗产的处理"一章。该建议稿第 2001 条【继承开始后的通知】规定,知道被继承人死亡的继承人为继承开始通知的义务人。继承人中无人知道被继承人死亡或者知道被继承人死亡而不能通知的,被继承人生前所在单位或者住所地的居民委员会、村民委员会为继承开始通知的义务人。其他利害关系人知道继承开始的事实的,也可以通知继承人或遗嘱执行人。关于继承开始的公告,则在第 2017 条【对遗产债权的公告】有所涉及,规定继承人和遗产管理人应当于知道继承开始后 3 个月内向人民法院递交遗产清册,由人民法院依公示催告程序催促债权人申报债权。公示催告程序的期间不得少于 3 个月。[4]

徐国栋等学者建议稿之主要观点如下:关于继承开始的通知,被规定在该学者建议稿第二题"遗嘱继承"的第十三章"遗嘱执行人"的第三节"遗嘱执行人的职责和报酬"之中。其第 383 条【通知继承的方式】规定,一切遗嘱执行人对继承的开始负通知义务,此等通知应在遗产所在地的报刊上,无此等报刊时在省会的报刊上刊登 3 次。"[5]

王利明等学者建议稿之主要观点如下:关于继承开始的通知,被规定在该学者建议稿第五编第一章"通则"的"继承的开始"一节中。第 547 条【继承开始后的通知】规定,继承开始后,知道被继承人死亡的继承人应当采用适当的方式及时通知其他继承人。继承人中无人知道被继承人死亡或者知道被继承人死亡而不能通知的,由被继承人生前所在单位或者住所地的居民委员会、村民委员会负责通知。负有通知义务的继承人或单位,如果故意隐瞒继承开始的事实,造成其他继承人或受遗赠人损失的,应当承担损害赔偿责任。继承人有无不明的,按照本编第五章第三节执行。第五章为"遗产的处理",其第三节为"无人承受的遗产的处理",其中的第 661 条和第 662 条规定的是继承开始的公示催告程序。第 661 条【非诉程序】规定,继承开始时,有无继承人不明时,由村委会或居委会作为遗产管理人。遗产管理

---

① 张玉敏(课题负责人):《中国继承立法建议稿及立法理由》,人民出版社 2006 年版,以下简称"张玉敏等学者建议稿",本章所引用的"张玉敏等学者建议稿"条文均出自此书。

② 陈苇(项目负责人):《中华人民共和国继承法》修正案(学者建议稿),本建议稿全文摘自陈苇主编:《外国继承法比较与中国民法典继承编制定研究》,北京大学出版社 2011 年版;载于陈苇主编:《中国继承法修改热点难点问题研究》,群众出版社 2013 年版,以下简称"陈苇等学者建议稿",本书所引用的"陈苇等学者建议稿"条文均出自此书。

③ 杨立新、杨震等:《中华人民共和国继承法》修正草案建议稿,载《河南财经政法大学学报》2012 年第 5 期,第 14～26 页,以下简称"杨立新等学者建议稿",本书所引用的"杨立新等学者建议稿"法律条文均出自此文。

④ 参见梁慧星等学者建议稿第 2001 条、第 2017 条。

⑤ 参见徐国栋等学者建议稿第四分编第 383 条。

人应该从速申请人民法院按公示催告程序,公告和通知可能存在的继承人、受遗赠人、债权人等其他利害关系人前来法院申报登记。第662条【公告】规定,人民法院决定受理申请,应在3日内发出公告,催促继承人、受遗赠人、债权人等其他利害关系人申报登记。公示催告的期间,由人民法院根据情况决定,但不得少于60日。此外,在第五章第二节"被继承人债务的清偿"中,第652条还对遗产债权公告进行了专条的规定,要求继承人和遗产管理人应当于知道继承开始后3个月向人民法院递交遗产清册,由人民法院依公示催告程序催告债权人申报债权。公示催告的期间不得少于3个月。①

张玉敏等学者建议稿之主要观点如下:关于继承开始的通知,被规定在该学者建议稿第67条【继承人有无不明】规定,继承开始后,继承人有无不明的,被继承人居所地的居民委员会、村民委员会或其所在单位,应于继承开始后尽快报告法院。法院在接到报告后,应当按照本法第24条的规定指定遗产管理人,并公示催告继承人和利害关系人于指定期限内主张权利,公告期限不得少于6个月。②

陈苇等学者建议稿之主要观点如下:关于继承开始的通知,被规定在该学者建议稿第一章"总则"中,该建议稿第5条【继承开始的通知】规定,知道被继承人死亡的继承人为继承开始通知的义务人。在无继承人知道被继承人死亡,或继承人无民事行为能力等不能通知的情形下,被继承人生前所在单位或者住所地的居民委员会、村民委员会为通知义务人。被继承人异地死亡的,被继承人死亡地的居民委员会、村民委员会为通知义务人。被继承人死亡后,继承开始通知的义务人应当通知继承人、遗嘱执行人、受遗赠人、遗嘱保管人、遗产债权人等利害关系人。关于继承开始的公示催告程序,该建议稿在第二章"遗产管理"中,明确规定遗产管理人负有"发出继承公告,催促相关债权人和债务人,申报继承债权和债务"的义务。同时,在第十一章"遗产债务清偿"中也有涉及,第70条【遗产债务的清偿程序】规定,被继承人死亡后,继承开始通知的义务人应当书面通知或发布通知与公告,告知继承人、遗嘱执行人、受遗赠人、遗嘱保管人、遗产债权人等利害关系人,在2个月的期限内申报权利或履行义务。此外,该建议稿第十三章"无人承受的遗产"中规定了继承开始的公示催告程序,第85条【公告程序】规定,遗产管理人可以视遗产价值的多少,选择不予公告、在村或社区公告栏公告、在省一级报纸登报公告或申请人民法院发布公告。人民法院在受理遗产管理人的公告申请后,应公示催告继承人和遗产利害关系人于规定期限内主张权利。公告期为6个月,自发布公告之日起算。③

杨立新等学者建议稿之主要观点如下:关于继承开始的通知与公告,被规定在该学者建议稿第四章"遗产的处理"中。该建议稿第70条【继承开始的通知】规定,继承开始后,知道被继承人死亡的继承人应当及时通知其他继承人和遗嘱执行人。继承人和遗嘱执行人均不知道被继承人死亡或者无能力通知的,由负责处理被继承人死亡事件的部门或基层组织通知。恶意隐瞒被继承人死亡事实的继承人,给他人造成损害的,应当承担损害赔偿责任。同时,根据该建议稿第55条和第74条的规定,遗嘱执行人和遗产管理人负有"查明并通知遗产承受权利人、被继承人的债权人、债务人"的职责。此外,第四章"遗产的处理"中的第92

① 王利明等学者建议稿第547条、第652条、第661条、第662条。

② 张玉敏等学者建议稿第67条。

③ 陈苇等学者建议稿第5条、第70条、第85条。

条【寻找公告】规定，遗产管理人应当在接受指定后十日内发出寻找遗产承受权利人、遗产债权人的公告，催促权利人于规定期限内主张权利，公告期限不得少于6个月。①

## 二、重要学术观点之争议

### （一）继承开始的通知与公告的主体

通过对前述学者建议稿的考察可以得知，诸学者建议稿对继承开始的通知与公告义务主体的规定，各有相同之处，但它们也有不同之处，主要存在以下观点：

第一，继承人。梁慧星、王利明、陈苇、杨立新这四份学者建议稿主张继承人为通知义务人。

第二，遗嘱执行人。徐国栋、陈苇、杨立新这三份学者建议稿主张遗嘱执行人为通知或公告的义务主体。

第三，遗产管理人。陈苇等学者建议稿规定遗产管理人负有发出继承公告，催促相关债权人和债务人，申报继承债权和债务的义务。杨立新等学者建议稿规定，遗产管理人负有“查明并通知遗产承受权利人、被继承人的债权人、债务人”的职责。

第四，被继承人生前所在单位或者住所地的居民委员会、村民委员会。梁慧星、王利明、陈苇这三份学者建议稿主张，继承人中无人知道被继承人死亡或者知道被继承人死亡而不能通知的，由被继承人生前所在单位或者住所地的居民委员会、村民委员会通知。此外，陈苇等学者建议稿还主张，被继承人异地死亡的，应由死亡地的居民委员会、村民委员会进行通知。

第五，法院。梁慧星、王利明、张玉敏、陈苇这四份学者建议稿均主张法院负有公告通知义务，继承人、受遗赠人、债权人等其他利害关系人前来法院申报登记。张玉敏等学者建议稿主张继承人有无不明的，法院在接到居民委员会、村民委员会或其所在单位报告后应公示催告继承人和利害关系人于指定期限内主张权利。

第六，负责处理被继承人死亡事件的部门或基层组织。杨立新等学者建议稿主张继承人和遗嘱执行人均不知道被继承人死亡或者无能力通知的，由负责处理被继承人死亡事件的部门或基层组织通知。

第七，其他利害关系人知道的。梁慧星等学者建议稿主张，其他利害关系人知道继承开始的，也可以通知继承人或遗嘱执行人继承的开始。

我们认为，对于继承开始的通知与公告的义务主体的确定，应该尽可能地扩大可以通知继承开始的人的范围，因为继承开始的通知是启动遗产继承程序的第一步，对继承关系当事人的意义甚大。但为避免重复无效工作，我们应当根据不同的情况，分别规定不同的主体在何种情况下承担通知或公告义务。

### （二）继承开始的通知与公告的对象

通过对前述学者建议稿的考察可以得知，除徐国栋等学者建议稿没有规定继承开始通知与公告的对象外，其他学者建议稿都有相应的规定，只是在具体的对象上存在一定的差异

---

① 杨立新等学者建议稿第55条、第70条、第74条、第92条。

之处,同时也有相同之处,主要有如下观点:

第一,继承人。梁慧星、王利明、张玉敏、陈苇、杨立新这五份建议稿都主张继承开始通知与公告的对象包含继承人。

第二,遗嘱执行人。梁慧星、陈苇、杨立新这三份学者建议稿主张遗嘱执行人应在被通知与公告之列。但王利明等学者建议稿未规定将遗嘱执行人列为继承开始通知与公告的对象。

第三,受遗赠人。王利明、陈苇这两份学者建议稿主张应告知受遗赠人继承的开始。

第四,遗产债权人。梁慧星、王利明、陈苇、杨立新这四份学者建议稿主张应告知遗产债权人继承开始的事实,梁慧星学者建议稿主张法院应催告遗产债权人申报债权。

第五,遗产债务人。杨立新等学者建议稿主张遗嘱执行人和遗产管理人负有"查明并通知遗产债务人的义务"。

第六,遗嘱保管人。陈苇学者建议稿主张继承开始的通知对象应包含遗嘱保管人。

第七,其他利害关系人。王利明、张玉敏这两份学者建议稿主张其他利害关系人都应该被通知继承的开始。

我们认为,继承开始通知与公告的对象,其中最主要的就是继承人、遗产债权人和受遗赠人。此外,其他有关的利害关系人如遗嘱保管人、遗嘱执行人、遗产债务人等都应该在被通知的范围内。

### (三)继承开始的通知与公告的期间

通过对前述学者建议稿的考察可以得知,关于继承开始的通知与公告,除徐国栋等学者建议稿没有规定外,其他学者建议稿都有相应的规定。

对于继承开始的通知期间,陈苇等学者建议稿主张为 2 个月。其他学者建议稿如梁慧星等学者建议稿、王利明等学者建议稿只规定有通知义务,而无通知的期间。

对于公示催告债权人申报债权的期间,梁慧星、王利明这两份学者建议稿主张法院公示催告期间不得少于 3 个月;杨立新等学者主张不少于 6 个月。

对于继承人有无不明时的催告期间,王利明等学者建议稿主张期间不得少于 60 日;张玉敏、陈苇、杨立新这三份学者建议稿都主张公告期限不得少于 6 个月。

我们认为,对于继承开始的通知与公告期间,应该结合实际现状区分不同的情形,给予不同的期间:第一种是通常情况下继承开始的通知义务人的通知期限;第二种是法院在依据相关申请后公示催告遗产利害关系人的期间;第三种是无人继承情况下的催告期间。

### (四)继承开始的通知与公告的方式

通过对前述学者建议稿的考察可以得知,对于继承开始的通知与公告的方式,学者建议稿都有相应的规定。

对于继承开始的通知与公告方式,徐国栋等学者建议稿主张,继承开始的通知应在遗产所在地的报刊上,无此等报刊时在省会的报刊上刊登 3 次;梁慧星、杨立新这两份学者建议稿主张继承开始采用通知的形式;陈苇等学者建议稿主张继承开始的通知应以书面通知或发布通知与公告,遗产管理人也可在村或社区公告栏公告或在省一级报纸登报公告或申请人民法院公告。此外,杨立新等学者建议稿主张遗产管理人应当在接受指定后十日内发出

寻找遗产承受权利人、遗产债权人的公告。

对于法院催促利害关系人申报权利，梁慧星、王利明、张玉敏、陈苇这四份学者建议稿都主张采用公示催告的方式。

我们认为，对于继承开始的通知与公告方式，应区分情况：如是通知继承开始，应该采用书面的方式，或者采用登报的方式公告；如是法院发出的告示，应按照公式催告程序进行催告。

#### （五）不履行继承开始的通知与公告义务的法律后果

对于不履行继承开始的通知与公告的法律后果，只有王利明和杨立新这两份学者建议稿有所规定，其主张恶意隐瞒被继承人死亡事实的继承人，给他人造成损害的，应当承担损害赔偿责任。

我们认为，有必要规定不履行继承开始的通知与公告的法律后果，但是应该针对的是负有通知义务的当事人，对于不负义务的主体可不予以规定。因为这样可以对违反通知义务所造成的损失采取救济措施，提高通知义务的严肃性。

## 第六节　相关联的法条与典型案例

继承开始的通知与公告制度作为遗产处理制度的重要内容，除本章评注的我国《继承法》第23条规定外，该制度在我国《继承法》、我国《执行〈继承法〉的意见》及其他法律的相关条文中也有所体现。

### 一、相关联的法条

#### （一）继承开始时间的相关联法条

我国《继承法》第2条规定，继承从被继承人死亡时开始。我国《执行〈继承法〉意见》第1条规定，继承从被继承人生理死亡或被宣告死亡时开始。失踪人被宣告死亡的，以法院判决中确定的失踪人的死亡时间，为继承开始的时间。

#### （二）继承开始通知的相关联法条

我国《继承法》第23条规定，继承开始后，知道被继承人死亡的继承人应当及时通知其他继承人和遗嘱执行人。继承人中无人知道被继承人死亡或者知道被继承人死亡而不能通知的，由被继承人生前所在单位或者居住地的居民委员会、村民委员会负责通知。

#### （三）继承开始的通知与公告的期间及后果的相关联法条

我国《继承法》第25条规定，继承开始后，继承人放弃继承的，应当在遗产处理前，作出放弃继承的表示。没有表示的，视为接受继承。受遗赠人应当在知道受继承后两个月内，作出接受或者放弃受遗赠的表示。到期没有表示的，视为放弃受遗赠。我国《执行〈继承法〉意见》第49条规定，继承人放弃继承的意思表示，应当在继承开始后、遗产分割前作出。遗产分割后表示放弃的不再是继承权，而是所有权。第50条规定，遗产处理前或在诉讼进行中，

继承人对放弃继承翻悔的，由人民法院根据其提出的具体理由，决定是否承认。遗产处理后，继承人对放弃继承翻悔的，不予承认。第51条规定，放弃继承的效力，追溯到继承开始的时间。第52条规定，继承开始后，继承人没有表示放弃继承，并于遗产分割前死亡的，其继承遗产的权利转移给他的合法继承人。

## 二、涉及继承开始的通知的典型案例

### 继承开始的通知

——何某乙、何某甲、何某丙继承纠纷案①

**基本案情简介：**

王某与丈夫何某英生育子女三人，即大儿子何某甲、二儿子何某乙及女儿何某丙。2008年3月，王某与丈夫何某英离婚，2010年4月23日王某去世，去世后其丧事由二儿子何某乙与王某单位料理。何某乙通知了其妹何某丙及其父何某英，何某英向王某单位表示后事由何某乙全权处理，何某乙并未通知另一继承人即何某甲。此后，何某乙向甲单位领取了丧葬补助费、一次性抚恤金、一次性困难补助费以及王某在工商银行的存款80000元，同时在2010年3月，何某乙通过房屋中介出租王某名下为60平方米的房屋，已收取租金3000元。后何某甲和何某丙起诉至法院，要求重新分割60平方米的房屋与租金、丧葬补助费、一次性抚恤金、一次性困难补助费以及王某在工商银行的存款80000元。

审理法院认为，何某乙认为何某甲和何某丙没有对其母王某尽到做子女的责任，自己对被继承人王某尽了主要扶养义务，但均没有提供相关的证据，因此，王某的遗产应按照法定继承，由其同一顺序继承人何某乙、何某丙、何某甲均等继承。

**适用法律评析：**

本案的焦点主要是继承人何某乙负有通知其他继承人而未通知的，是否应当承担相应的法律后果。对于继承开始的通知，我国《继承法》第23条规定："继承开始后，知道被继承人死亡的继承人应当及时通知其他继承人和遗嘱执行人。继承人中无人知道被继承人死亡或者知道被继承人死亡而不能通知的，由被继承人生前所在单位或者住所地的居民委员会、村民委员会负责通知。"确立继承开始通知的目的，在于及时地通知继承人与其他权利人及时知晓继承开始的事实，从而作出接受继承、放弃继承或者受遗赠的意思表示，避免遗产分割产生纠纷。但是，对于负有通知义务的人，没有按照法律规定履行通知义务，是否应该承担法律责任，我国法律并没有规定。在本案中，受理法院认为，虽然何某乙认为何某甲和何某丙没有对其母王某尽到做子女的责任，自己对被继承人王某尽了主要扶养义务，但均没有提供相关的证据，因此，王某的遗产应按照法定继承，由其同一顺序继承人何某乙、何某丙、何某甲均等继承。至于何某乙是否应该对没有通知继承开始的行为承担相应的责任，由于法律没有规定，受理法院没有做出处理。由此案可见，我们认为，我国《继承法》对继承开始的通知和公告之主体、程序、期限等内容尚无完善规定，此为立法之不足。

---

① 本案例来源于北大法宝网，本文在引用时对其内容有所删减。

## 第七节　国外立法现状

现代财产继承制度均认为继承因被继承人死亡而开始，但有关继承开始后的通知与公告的具体法律规定，因各国或地区在历史、文化、风俗习惯等方面的差异而有所不同。本节拟分别对大陆法系之法国、德国、日本、意大利四国民法典，以及英美法系之英国、美国两国继承法律中有关继承开始的通知与公告制度进行考察。

### 一、大陆法系国家立法例

#### (一)法国立法例

《法国民法典》没有专条明文关于继承开始的通知与公告的规定，但在继承人接受或者放弃继承以及无人继承遗产的管理方面的规定，其有一定的体现。

依据《法国民法典》的规定，继承人应在继承开始起 4 个月期限届满之前做出接受继承或者放弃继承的选择。继承开始后 4 个月期限届满，没有表示的，可以由遗产债权人、共同继承人、后一顺序的其他继承人或者国家采取行动，申请以司法文书催告继承人作出决定。继承人在受到催告后 2 个月之内应当做出选择决定，有特殊情况的可以向法院申请延期。如继承人在 2 个月期限终止或者同意延长的期限经过之后仍未表示的，得为无条件继承。继承人选择权的时效期间为 10 年，自继承开始起计算。在此期间内没有做出选择决定的继承人，视为放弃继承。① 对于继承人接受或放弃继承以及对无人继承遗产的管理或国家主张接收无人继承遗产时，法国立法对其进行了公示公告的规定：

第一，继承人限定接受继承。继承人仅以遗产净资产为限取得继承人资格，应向继承开始地所在辖区的大审法院作出声明。该项声明应进行登记并在国内进行公示，公示可以为电子公示方式。②

第二，继承人放弃继承。全部概括继承人或部分概括继承人放弃继承，应当向继承开始地的大审法院书记室为之，才能对抗第三人。③

第三，无人继承遗产的管理。遗产债权人、为死者的利益负责管理其全部或一部概括财产的任何人、有利益关系的任何其他人或者检察院向法院提出申请，请求法官委托负责公产管理的行政机关管理无人继承遗产时，法院作出的对无人继承遗产管理的裁定应当公示。④

其四，国家接收遗产。国家主张接收死亡时无继承人的被继承人的遗产或者接收继承人抛弃继承的遗产时，应当向法院请求对遗产实行占有。⑤

#### (二)德国立法例

《德国民法典》对继承开始的通知与公告的规定，主要体现在以下两个方面：

---

① 《法国民法典》第 772 条、第 780 条。

② 《法国民法典》第 787 条、第 788 条。

③ 《法国民法典》第 804 条。

④ 《法国民法典》第 809-1 条。

⑤ 《法国民法典》第 811 条。

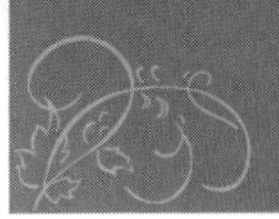



第一,继承人接受或拒绝遗产。继承开始后继承人就可以接受或拒绝遗产。遗产的拒绝期间自继承人知悉遗产的归属和有资格做继承人的原因时起算6周之内。拒绝遗产应向遗产法院表示,同时拒绝的形式必须以遗产法院的记录或以公证认证的形式做出。继承人在接受遗产前处理遗产事务的准用关于无因管理的规定,像无因管理人一样享有权利和负有义务。遗产法院在需要的限度内必须致力于保全遗产,直到遗产被接受。①

第二,公开催告申报继承权。当继承人在于情事适当期间内无法查明的,遗产法院必须确定不存在除国库以外的继承人,应公开催告继承权的申报,但催告费用超过遗产价值的,可不催告。公告的方式和申报时间的长短,依照公示催告程序的规定进行。在申报期间届满后3个月内,不向遗产法院证明存在继承权或证明已经通过诉讼对国库主张继承权的,就确定不再承认继承人的继承权。在经过遗产法院确定不存在其他继承人后,由作为法定继承人的国库主张权利。②

### (三)日本立法例

日本立法对继承开始的通知与公告无特别的条文予以规定,但在继承人承认或放弃继承,以及在继承人有无不明时的公示催告规定有一定的体现。

第一,继承人承认继承或放弃继承。继承人自其知道自己的继承已经开始之时起3个月以内,须就继承表示单纯或限定的承认,或者放弃。但此期间,可以根据利害关系人或检察官的请求,由家庭法院予以延长。继承人在对继承表示承认或放弃以前,可以对继承财产进行调查。已放弃继承的人,在因其放弃而成为继承人的人可以开始管理继承财产以前,须以对自己财产同一的注意,继续管理继承财产。③

第二,继承人有无不明时的公示催告。依据《日本民法典》,家庭法院根据利害关系人或检察官的请求,须为无人承受的遗产选任管理人。遗产管理人选任后,家庭法院须毫不迟缓地予以公告。家庭法院选任继承财产管理人并公告后2个月内,继承人有无仍然不明确时,管理人须毫不迟缓地对所有的继承债权人及受遗赠人发出以应在一定期间内提出自己的请求为内容的公告。此公告的期间不能少于2个月。遗产管理人若怠于为债权人及受遗赠人公示催告之申请,应对因此所生之损害承担赔偿责任。该公告期间届满后,继承人的有无仍不明确时,家庭法院根据管理人或检察官的请求,须发出以如果有继承人则应在一定期间内主张权利为内容的公告。此公告期间不能少于6个月。在此公告期间内,没有出现作为继承人主张权利的人时,不为继承人及管理人所知的继承债权人及受遗赠人,不能行使其权利。剩余遗产归国库所有。④

### (四)意大利立法例

意大利立法对继承开始的通知无明确规定,但对继承开始后继承人接受或放弃继承、对待继承遗产指定保佐人以及公示催告债权人、受遗赠人申报债权则有较详细的规定。

---

① 《德国民法典》第1944~1946条

② 《德国民法典》第1965~1966条

③ 《日本民法典》第915条、第940条。

④ 《日本民法典》第952条、第957~959条。

第一，以遗产清单利益接受继承。继承人以享有遗产清单利益的方式接受继承的，应当在公证人面前或者继承开始地初审法院书记员面前作出声明，并将声明放入由初审法院保管的继承登记册中。自该声明放入继承登记册之日起 1 个月内，由初审法院书记员负责将声明在继承开始地的不动产登记处进行登记。登记完成之日起，经过 1 个月，如果遗产债权人或受遗赠人对遗产清单主张异议的，继承人不得进行清偿，而应当为全体债权人和受遗赠人的利益对遗产进行清算。为执行清算，继承人应当自接到异议通知之日起 1 个月内，通过继承开始地的公证人召集债权人和受遗赠人，在公证人确定的、不低于 30 日的期限内进行债权申报。如果继承人知晓债权人和受遗赠人的住所或居所，则申报债权的通知应当用挂号信直接送达，同时，还应当将申报债权的通知刊登在省级法律公报上。继承人接受继承的权利经过 10 年不行使而消灭。①

第二，放弃继承。继承人放弃继承应当在公证人面前或者在继承开始地初审法院书记员面前声明，并且应当将这一声明载入由该初审法院保管的继承登记册中。如做出的无条件放弃遗产的声明，未按此规定的方式进行的无效。②

第三，对待继承遗产指定保佐人。有权取得遗产的人没有接受继承并且未对遗产实行占有的，继承开始地的初审法院法官可以根据利害关系人的请求或者依职权指定一名遗产保佐人。指定保佐人的决定由初审法院书记员负责在省级法律公报上公示，并且在继承登记册上进行登记。没有其他继承人的遗产，归国家所有但无须做出接受继承的声明。③

## 二、英美法系国家立法例

### (一)英国立法例

在英国，继承开始的通知与公告制度主要被规定在《财产法》、《遗产管理法》、1995 年《〈继承法〉改革法》④、《信托法》等法律之中。

在英国，被继承人死亡后，其遗产不是直接转归继承人，而是经过遗产的清点、完税、法院验证、执行遗嘱和承办管理、申请、汇集、分割等一系列法定程序后剩余遗产归属于继承人。因此，从继承开始到继承人接受继承这段时间里，遗产的状况直接关系到继承人的继承权益，对遗产的管理和保护尤为重要。英国的《遗产管理法》《信托法》等法律详细地规定了遗产代理人⑤和继承人各自的权利和义务。在确认被继承人死亡之后，确定遗产代管人之前，法院有权传召遗嘱所指明的任何遗嘱执行人申请或放弃遗嘱认证，即向可能的遗产代理人作出继承开始的通知。在确定遗产代理人之后，负责继承开始通知的人是遗产代理人。遗产代理人负责领取被继承人死亡证明书，向继承人发出继承通知。

---

① 《意大利民法典》第 480 条、第 484 条、第 498 条。

② 《意大利民法典》第 519 条。

③ 《意大利民法典》第 528 条、第 586 条。

④ Law Reform (Succession) Act 1995，http://www.opsi.gov.uk/Acts/acts1995/ukpga_19950041_en_1/2009/3-16.转引自陈苇主编:《外国继承法比较与中国民法典继承编制定研究》，北京大学出版社 2011 年版，第 112 页。

⑤ 遗产代理人(personal representative)是“遗嘱执行人”(executor/executrix)和“遗产管理人”(administrator/administratrix)的统称。

根据《遗产管理法》第46条的规定,如果一个人无遗嘱死亡,又没有最近的亲属而且无人对遗产有优先的权利,则遗产作为无人承认继承的遗产归属于王室或者公爵领地继承。财产律师或者公爵领地的律师将代表王室或公爵领地,申请获得无人继承的遗产管理的授权。一旦财产律师或者公爵领地的律师对无人继承的遗产提出请求,有关机关将对遗产进行安全管理并进行公告。遗产代理人可以通知其分配死者遗产的意向,并要求相关利害关系人在一定期限内(自通知或公告发出之日起不少于2个月)提出要求,申报债权。通知必须符合下列要求:(1)在伦敦报纸上公告;(2)如果遗产包括土地,那么在该土地所在地流通的报纸上公告;(3)遗产代理人还可以使用其他被法院指示的方式,如果遗产代理人对发出合适的通知有疑问,他也可以向法院寻求指导。在法定的通知或公告期限届满后,遗产代理人在清偿完所有提出请求的债务后,开始分配遗产,其对期限届满之后提出请求的债权人不再承担责任。①

(二)美国立法例

美国之继承开始的通知与公告制度主要被规定在美国的《统一同时死亡条例》和《统一遗嘱检验法典》之中。

在美国,遗产继承采取剩余财产交付主义,遗产管理和保护制度相当完备。除当被继承人仅留下转移给生存配偶的豁免财产或只留下唯一有权分割遗产的人作为继承人时,一般无须进行遗产管理程序外,在通常情况下,继承开始后继承人接受继承前,需要指定遗产代理人来管理遗产。如果是遗嘱继承,首先应进行遗嘱检验程序,即在被继承人生前居住的作为"遗嘱认证法院"的当地法院对遗嘱的合法性进行认证。在确认遗嘱检验后,遗嘱执行人获取遗嘱执行人授权书,享有处理遗产的权利,遗嘱中指定的执行人被正式任命。万一他比死者先死或无法胜任执行人,法院将在无遗嘱继承情况下按照优先规则指定遗产管理人。管理人必须提出一份保证书,保证正确履行其义务,除非遗嘱明确免除了对他的这一要求。② 美国《统一遗嘱检验法典》第三章规定了遗产代理人的确定和权责等遗产管理事宜。通常情况下,请求指定代理人的人须提出遗产管理请求书,然后预先通知全部能参与遗产继承的人。死者遗嘱委任的遗嘱执行人、被继承人的近亲属、遗产的债权人和公共管理人都可以担任遗产代理人。在被继承人无遗嘱死亡的情况下,通常由主管遗嘱检验的法官指定遗产管理人。遗产代理人必须始终以高度的注意履行管理遗产的职责,收集被继承人的遗产和债权,制作遗产目录,查明并清偿被继承人的所有债务,向继承人分配遗产等。③ 遗产代理人做好遗产清册后,将其提交法院,并由法院或遗产代理人进行公告,要求债权人在规定的期限内申报债权、主张遗赠,期限届满后,遗产代理人按照法律规定的顺序清偿遗产的债务。④

① Trustee Act,s 27(1).

② [美]彼得·哈伊:《美国法律概论》,许庆坤译,北京大学出版社1983年版,第99～100页。

③ Uniform Probate Code,Article Ⅲ.

④ Uniform Probate Code,s 3-104.

## 第八节　立法发展趋势

通过前述大陆法系四国立法例及英美法系两国立法例的考察，可以得知，两大法系的国家对继承开始的通知与公告虽没有专节条文的规定，但两大法系的前述国家根据本国的具体国情，在与继承法的其他制度相衔接的同时，规定了具有本国特色的继承的通知与公告制度。如实行直接继承制度的大陆法系国家都规定了继承开始后继承人应在一定期间内主动向法院作出放弃或接受继承的意思表示，以此可以达到替代有关机关对继承人参与继承催告的目的。但在特殊情况下，通常是继承人有无不明时，则设有公示催告程序，包括催告主体、催告方式、催告期间以及不申报的后果等，如德国、日本的立法。实行间接继承制度的英美法系国家，首先由法院确定遗产代理人，然后由遗产代理人履行告知继承人或其他遗产权利人继承开始的职责。由此可见，设立继承开始的通知与公告制度，保障继承程序的依法启动和正常运行，注重对所有继承人和其他遗产权利人利益的平等保护，以遗产的公平分配为实现目标，已是当前继承开始的通知与公告制度立法的必然趋势。目前，我国关于继承开始的通知的规定，仅见于我国《继承法》第 23 条这一条文，对于继承开始的公告程序却未予规定。我们认为，此公告程序制度有待补充。因为继承开始后，由于种种原因，有的继承人和其他利害关系人可能不知道被继承人已经死亡，不知道继承开始的事实，无法及时参与有关的继承事务，这不利于遗产权利人的保护。正因为继承开始的通知与公告是启动遗产继承程序的一个重要环节，在“民法典 · 继承编”的编纂中，我国有必要在现有规定的基础上，结合本国现有的继承制度，补充并完善我国继承开始的通知与公告制度立法。

# 第三章 评注第二十四条(遗产管理制度)

【我国《继承法》第二十四条　存有遗产的人,应当妥善保管遗产,任何人不得侵吞或者争抢。】

## 第一节　立法目的

遗产管理制度作为一项综合性的制度,是指在继承开始后遗产分割前,由特定的主体担任保护和管理遗产职责的制度。设立该条制度的立法目的,主要在于使遗产在未交付继承人或继承人抛弃继承前免受毁损,保障遗产权利人的利益免受侵害,确保遗产分配公平,维护社会的交易安全等。

### 一、保全遗产

通过设定遗产管理制度,确定遗产管理人管理遗产,具有保全遗产的功能。遗产管理人在接管遗产后,对遗产进行清点和盘存、编制遗产清册、确认遗产的范围和价值。在管理过程中,遗产管理人应当尽善良管理人的义务,忠实、妥善地保护和管理遗产,从事有利于遗产的使用或改良的行为,对不宜保存的遗产进行变卖,能使遗产在未交付继承人或继承人抛弃继承前免受侵害和毁损,达到保全遗产的目的。

### 二、保护遗产权利人的利益

通过设定遗产管理制度,遗产管理人在接管遗产后理清遗产范围、编写遗产清册、确定遗产价值,可以避免部分遗产继承人对遗产进行藏匿或转移,达到保护遗产权利人利益的目的。[①] 遗产管理人在接管遗产后,通知遗产的债务人和债权人在规定的期间内偿还债务和申报遗产债权,可以实现对遗产权利人利益的保护。

### 三、确保遗产分配的公平和效率

遗产管理制度中,遗产管理人通过编制遗产清册、催告遗产权利人申报权利、清偿遗产债务,可以在保全遗产的基础上,对遗产债权人和遗赠人的遗产债务进行清偿,然后就剩余的遗产在继承人间进行分配,这样既能保护遗产继承人的利益,又能实现其他遗产权利人的利益,确保遗产分配的公平和效率。

---

① 梁慧星:《中国民法典草案建议稿附理由·侵权行为编·继承编》,法律出版社2004年版,第233页。

### 四、保障交易安全

通过设定遗产管理制度，遗产管理人对遗产债权进行追偿，使得被继承人的生前债权得以实现，这既保障了被继承人和遗产债务人间的交易安全，同时也为继承人和其他遗产权利人利益的实现打下基础。遗产管理人通过对遗产的管理，使得遗产在未交付继承人或抛弃前免受毁损，确保了遗产债权人的权利得以顺利实现，从而保障了被继承人与其生前债权人之间的交易安全。同时，遗产管理人在遗产清算后对剩余的遗产在继承人间进行分配，也保障了继承人与其债权人之间的交易安全，维护了市场经济秩序。

## 第二节　本条的地位、价值与意义

### 一、本条的地位

针对继承开始后遗产分割前这段时间中遗产常常处于无人管理或管理欠缺的状态，遗产管理制度主要规定由特定的主体担任保护和管理遗产的职责，使得遗产在未交付继承人或抛弃继承前免受毁损，以达到保障遗产权利人的利益免受侵害、确保遗产分配公平、维护社会的交易安全等目的。遗产管理制度体现了从法律层面对继承人、遗产债权人以及其他遗产利害关系人的利益同等加以保护，为保护遗产债权免受侵害和遗产权利人对遗产的取得提供了法律依据。其属于继承法中遗产处理制度的重要组成部分。

### 二、本条的价值

任何法律活动都应该以一定的法律价值作为行动依据。遗产管理制度作为继承法中遗产处理制度的组成部分，彰显着以保护民事主体权利为己任的私法所追求的自由、平等、安全、公平、效益等法律价值。

（一）自由价值

自由是法律的核心价值。继承法作为调整继承关系的法律，理应以自由为基本价值目标，保护继承关系中当事人的自由权利。正如英国学者洛克所言，法律就其真正的含义而言，与其说是限制还不如说是指导一个自由而有智慧的人去追求他的正当利益……法律的目的不是废除或限制自由，而是保护和扩大自由。[①] 在遗产管理制度中，首先，被继承人享有以遗嘱指定遗产管理人的权利，以尊重被继承人对其个人财产的处分权，保障其根据自己的意愿处理遗产，彰显了法律的自由价值。其次，在无遗嘱指定遗产管理人时，则尊重继承人的自由选择权，由其自愿决定是否担任遗产管理人，或在有多个继承人的情况下由他们协商推选遗产管理人，体现了法律对继承人自由权利的保障，是法律自由价值的表现。再次，继承开始后遗产管理人应公示催告遗产债权人于一定期限内申报其对遗产的权利，即遗产债权人享有是否申报遗产权利的自由。这反映了法律对遗产债权人意思自治的尊重。并且，法律规定遗产管理人有正当理由的可以自行辞任，这是对遗产管理人自由权利的保障，

---

① ［英］洛克：《政府论》（下册），叶启芳、瞿菊农译，商务印书馆1996年版，第35～36页。

也是法律自由价值理念的体现。[①]

（二）平等价值

任何法律只有以必要的平等为条件，才能够主持正义、维护正义，成为正义的法律。[②]平等是法律重要的价值之一。继承法为平等保护继承人和遗产债权人的利益，在对其职责进行分配时，应当以平等为指导原则，保障所有遗产权利人的利益。美国学者博登海默指出，“所谓平等就是指凡是被法律视为相同的人，都应当以法律所确定的方式对待”。[③] 遗产管理制度中，遗产管理人有制作遗产清单、报告管理账目的职责，如日本法规定，遗产管理人应制作遗产清册，其在继承人、遗产债权人或受遗赠人有请求时，须向提出请求的人报告继承财产的状况。[④] 通过遗产管理人编制遗产清册，并向相关遗产权利人公示清册，既可以明确遗产的范围和价值，也可以防止继承人或其他利害关系人侵吞、转移或者隐匿遗产，有利于平等地保护继承人和遗产权利人的利益，体现了法律平等的价值取向。此外，如果继承人有不当管理遗产的行为，法律规定其他继承人和遗产债权人有向法院申请指定遗产管理人由其履行管理遗产的权利，这也体现了法律平等地保护继承人和遗产债权人的利益，彰显了法律的平等价值取向。

（三）安全价值

遗产管理制度的安全价值，是指通过指定中立而专业的遗产管理人以及相关的遗产管理措施的实施，最大限度地保持遗产转移过程中社会财产体系的稳定，维护并平衡遗产权利人的利益。美国学者博登海默认为，安全价值如同自由价值、平等价值一样，都根植于人性的个人主义成分之中。它有助于尽可能持久的稳定和使人们享有其他价值，如生命、财产、自由和平等等。[⑤] 遗产管理制度具有克服遗产转移过程中遭受侵害风险的能力，使得遗产的转移和与遗产相关的交易赢得一种稳定而有秩序的状态，避免和减少遗产纷争的发生，彰显了法律的安全价值。

（四）公平价值

公平是法律的重要价值之一。遗产管理制度是由特定主体在继承开始后对遗产进行一系列管理行为的法律规范的总和。一方面，该制度对遗产管理人的资格、产生方式、管理职责、法律责任、管理费用和报酬以及管理终止原因等都进行了具体规定，其目的在于保障遗产免受侵害和毁损、保护继承人和遗产权利人的利益、公平地进行遗产分配。这对确保交易安全、维护社会的公平正义有着重要的意义，是法律公平价值的彰显。正如我国有学者所言，如果遗产管理制度欠缺，既可能会使遗产的分配不够合理，还可能出现侵害被继承人的

---

① 陈苇、石婷：《我国设立遗产管理制度的社会基础及其制度构建》，载《河北法学》2013年第7期。

② 卓泽渊：《法的价值论》，法律出版社1999年版，第289页。

③ ［美］E.博登海默：《法理学：法律哲学与法律方法》，邓正来译，中国政法大学出版社2004年版，第308页。

④ 《日本民法典》第27条、第645条、第918条、第926条、第954条。

⑤ ［美］E·博登海默：《法理学：法律哲学与法律方法》，邓正来译，中国政法大学出版社2004年版，作者致中文版前言。

债权人利益之问题。[①] 另一方面，在法律责任方面，对于限定继承人作为管理人时如有侵害遗产行为的应承担无限债务清偿责任和其他遗产管理人之赔偿责任的规定，不仅能促使遗产管理人及时妥善地处理遗产管理事务，依顺序清偿遗产债务后，依遗嘱或依法律进行遗产分配，这也体现出法律对其他继承人和遗产权利人利益的平等保护，彰显了法律的公平价值。

（五）效益价值

效益是法律的重要价值之一。法律必须以有利于提高效率的方式分配资源，并以权利和义务的规定保障资源的优化配置和使用。[②] 财产继承涉及继承人和其他遗产债权人的利益，在保护合法权利人的利益不受侵害的基础上，对有效地分配财产，实现遗产的价值效益，具有重要的意义。美国学者波斯纳认为，“法本身的规范、程序和制度极大地注重于促进经济效益”。[③] 继承开始后，一方面，遗产管理人应发布通知或公告尽快地告知遗产债权人申报遗产债权，超过期限才申报债权的债权人只能对剩余财产主张权利，剩余财产不足的，可以向权利已得到满足的受遗赠人提出求偿。这样的规定能促使遗产债权人积极地申报权利，提高遗产债务清偿工作的效率。另一方面，遗产管理人通过遗产管理可以实现对遗产的全面、有效的保管和利用；通过编制遗产清册和明确遗产债务清偿顺序，可以使遗产债权人要求清偿债务更有效和便捷。[④] 然后，其依遗嘱或依法律对继承人进行遗产份额的分配，这也彰显了法律效益价值。

## 三、本条的意义

（一）保障遗产的安全和增值

遗产管理制度作为一项综合性的制度，在继承开始后遗产分割前，由特定的管理人担任保护和管理待继承遗产的职责，通过其对遗产采取清算、保全、编制清册的方式以及实行公示催告、破产、分配方案等措施，使遗产在未被接受或被抛弃前免受毁损，能确保遗产的安全转移，保障与遗产相关交易行为的安全，同时对于遗产中的企业可以保障在有效管理下实现保值、增值。

（二）确保遗产公平、有序的分配

遗产管理制度能保护遗产权利人的合法利益，确保遗产公平、有序的分配。在实际社会生活中，继承开始后，往往会存在一部分继承人占有遗产，一部分继承人不占有遗产，一部分继承人不在继承开始地，或者甚至不知道继承已经开始的情况。如果在遗产分割前已经占有遗产的部分继承人对遗产进行转移、隐匿、挥霍、私分等情形，不但会阻碍另一部分继承人

---

① 杨立新：《继承法修订入典之重点问题》，中国法制出版社 2015 年版，第 15 页。

② 张文显：《当代西方法哲学》，吉林大学出版社 1987 年版，第 242 页。

③ ［美］理查德·A.波斯纳：《法律的经济分析》，蒋兆康译，中国大百科全书出版社 1997 年版，第 28 页。

④ 薛宁兰、邓丽：《中国大陆遗产管理制度构建之探讨——兼论无条件限定继承原则的修正》，载《月旦民商法》2012 年第 9 期。

之继承权的实现,也无法保障债权人的利益。因此,在继承开始后,确定遗产管理制度,由遗产管理人对遗产进行清理、编制遗产清册、清偿遗产债务,然后对剩余遗产依遗嘱或法律进行分配,能够避免遗产不受违法侵犯,使遗产在分配之前保持继承开始时的状态,促进遗产的公平、有序分配。

(三)预防和减少遗产纠纷的发生

遗产管理制度能预防和减少遗产纠纷的发生。继承开始后,很可能会出现遗产实际占有人对遗产的私吞、转移、隐藏等情况,引起遗产纠纷的发生,从而导致继承人的继承权被侵害,遗产债权人的债权不能实现。这种现象发生的主要原因在于,继承开始后没有对遗产进行妥善的管理,使得继承人、受遗赠人、遗产债权人的合理期待利益得不到有力的保护,导致遗产权利人之间利益的失衡,引发各种遗产纠纷。然而,通过确立遗产管理制度,遗产管理人可以中立者的身份保护和管理遗产,有效地防止继承人私吞、转移、隐匿遗产的行为,防止欺诈遗产债权人的行为,预防和减少遗产纠纷的发生,从而公平地保护各遗产权利人的合法权益。

## 第三节　遗产管理制度的演变

在我国古代社会,已经有遗产管理制度的萌芽,而且民国时代的法律已经制定有遗产管理制度。总结我国古代社会有关主体对遗产进行管理的现象,主要有以下情况:

其一,男性家长对遗产的管理。中国古代实行宗法家长制度,家庭是家族成员生产消费的共同体。宗族家庭中的家长一般由家族中辈分最尊的男性担任,如该男性不愿或者不能管理家庭事务的,则由次于该男性的长者担任。如果家族中辈分最尊者为未成年人,则由成年的卑亲者代理。① 家长去世,则意味着家族管理人的更换,通常由下任家长对包括遗产在内的家产进行管理。② 可见,我国古代家长对遗产的管理,与现代意义上的遗产管理人制度有所不同,当时的遗产管理是家长的特权。

其二,守志寡妇对遗产的有条件管理。我国古代妇女没有继承家产的权利,不能像男性那样直接继承或参与析分,而是以间接的方式对遗产进行继管。③ 如在清末民初时期,依据《大清现行刑律》民事有效部分的"立嫡子违法"条例二,"妇人夫亡无子守志者,合承夫分",但须为夫立继,由继绝子孙承继遗产。④ 如果"父亲死亡之后有儿子的,遗产应该归其儿子继承。但是如果其儿子没有成年,则应该由其母亲代为管理。如果其儿子已经成年,则除该

① 至于女性能否担任家族的家长,其没有明确规定的条例,也没有明文禁止的条例。但依据《大清国亲属法草案理由书》第12条的规定,如果家族中没有男性,或者家族中男性相继去世,且没有男性成年者的时候,为了延续家族的发展,可以由女性担任家长,掌管一切家政事务。参见卢静仪:《清末民初家产制度的演变——从分家析产到遗产继承》,元照出版公司2012年版,第153～155页。

② [日]滋贺秀三:《中国家族法原理》,张建国、李力译,法律出版社2003年版,第239～241页。

③ 守志寡妇对亡夫遗产在儿子没有成年或者没有确立子嗣之前享有代管遗产的权利,也就是女子继续管理夫家家产的一种方式,称之为"继管"。参见邢铁:《家产继承史论》,云南大学出版社2012年版,第76～77页。

④ 陈苇主编:《婚姻家庭继承法学》,法律出版社2002年版,第409页。

子自愿让其母亲管理该继承财产的一部分或者全部，或者有其他法律理由外，管理继承财产的权利应该属于该儿子，而非其母亲。"[①]也就是说，我国古代丧偶未再婚的寡妇只是拥有有条件的遗产管理权。

其三，户绝财产的管理。在我国古代的"户绝"通常是指没有男性子孙继承宗族的家庭。在唐代，对于户绝财产的处理，唐开元二十五年令规定："诸身丧户绝者，所有部曲、客女、奴婢、店宅、资财，并令近亲（亲依本服，不以出降）转易货卖，将营葬事及量营功德之外，余财并与女；无女均入以次近亲；无亲戚者，官为检校。若亡人存日，自有遗嘱处分，证验分明者，不用此令。"[②]至明代，明律（户令）规定："户绝财产，果无同宗应继者，所有亲女承分，无女者，入官；清律沿袭明律规定，《户律、户役门、卑幼私擅用财条例》规定：户绝财产，果无同宗应继人，所有亲女承受；如无女者，听地方官详明上司，酌拨充公。"我国有学者指出，在清代，实际上这种财产都归于亲戚，没收充公是最后处置。[③] 至清末的1911年《大清民律草案》第1555条规定，无人承认继承的遗产作为法人，由亲属会议选定遗产管理人管理遗产。此立法内容被后来1926年完成的《民国民律草案》[④]所承袭，直到民国十九年（1930年）的"民法继承编"才放弃法人主义，该民法第1184条规定，在法定期间内继承人承认继承时，遗产管理人在继承人承认继承前，所为的职务上的行为，视为继承人的代理。[⑤] 在民国初期的法律中已有遗产管理人的规定。如《民国民律草案》规定有遗产管理人的产生依据（依遗嘱或法律）与顺序、亲属会议选定管理人、遗产管理人的职责、报酬与职责的终止等。[⑥]

其四，继承人未定时遗产的管理。在清末民初时期，对于被继承人死亡后，无人承认继

---

① 大理院四年上字第1710号判例，参见黄源盛：《大理院民事判例全文编》（未刊稿），第253～266页。

② ［日］仁井田升：《唐令拾遗·丧葬令》，贾劲等译，长春出版社1989年版，第720页。

③ 戴炎辉、戴东雄：《继承法》，顺清文化事业有限公司2004年版，第311页。

④ 《民国民律草案》第1408条规定："继承开始时，无人出而承认不能明其有无者，其遗产作为法人，由亲属会选定管理人管理之"，载杨立新主编：《中国百年民法典汇编》，中国法制出版社2011年版，第375页。

⑤ 林秀雄：《继承法讲义》，元照出版社2006年版，第179页。

⑥ 《民国民律草案》第1396条（遗产管理人的产生与顺序）规定："继承开始后，继承人如未立定，其遗产除所继人别有遗嘱指定管理人外，依下列此序，定应管理遗产之人：（一）守志之妇；（二）所继人之直系尊属；（三）所继人之亲兄弟；（四）所继人之同居旁系亲属。前项亲属应管理遗产时，以亲等近者为先。亲等同，以男子为先。同系男子，以年长为先。"第1397条（亲属会选定管理人）规定："无前条之管理人者，须由亲属会选定管理人。"第1398～1406条（遗产管理人的职责、报酬与职责的终止）："管理人，视为继承人之代理人。管理人就职后，须在三个月调查遗产，编制财产清册，并将遗产妥为清理。管理人，遇有与所继人宗祧有关之必要费用时，得在遗产内支付之。有志之妇自为管理人，或所继承人别有指定管理人时，以在生活上有必要费用为限，得在遗产内支付或请求支付。亲属会遇有必要情形，得使选定管理人供相当之担保。亲属会得参酌所继人与选定管理人之关系或其他情形，由遗产内给选定管理人以相当之报酬。继承债权人或受遗人，如请求报告遗产状况或为必要说明时，管理人有报告或说明之义务。选定管理人管理遗产时，亲属会亦得请求为前项之报告或说明。第一千三百九十九条期满后，继承人如尚未立定，管理人须速依公示催告程序，公告继承债权人或受遗人，令在一定期间内为债权及愿否受遗赠之声明。其期间不得在二个月以上。前项情形，准用第四十五条法人解散规定、第一千三百六十四条至第一千三百七十条之规定。但第一千三百六十七条但书规定，除有志之妇为管理人外，不在准用之列。管理人职务，于继承人立定时终止。前项情形，管理人须速对继承人清算账目，将所管遗产交还，并准用第六百三十八条急迫处分、第六百三十条告知义务之规定"，载杨立新主编：《中国百年民法典汇编》，中国法制出版社2011年版，第373～374页。

承的遗产,1911年的《大清民律草案》第1555条、第1556条分别规定:“继承开始时无继承人,或第一千四百六十八条承受人出而承认不能明其有无者,其继承财产作为法人,由亲属会选定管理人,管理遗产。”“管理人之职务如下:(一)编制继承财产目录;(二)为保存遗产必要之处置;(三)声请审判衙门依公示催告程序,公告债权人及受遗人,令为债权及愿否受遗赠之声明;(四)依债权人或受遗人之请求,报告继承财产之状况;(五)清偿债权或交付遗赠物;(六)实行前款职务时,遇有必要情形,得拍卖继承财产;(七)有继承人或承受人出而承认,或遗产归国库时,清算交代。前项第三款之债权人及受遗人,如为管理之所知者,并须由管理人另行通知第五之次序,先偿债权,次及遗赠。”[①]

到我国近现代社会,民国时期的1930年“民法继承编”摒弃了我国古代以身份继承为主的继承制度,确定了以财产继承为标的的近代继承制度。该继承编规定了遗产管理制度的内容,如关于遗产管理等费用,由遗产支付,但因继承人之过失而支付者除外。[②] 关于共有遗产的管理,共有的遗产由继承人推选一人进行管理。[③] 关于胎儿的遗产之分割,以其母为代理人。[④] 关于无人承认继承的遗产,继承人有无不明时,应由亲属会议推选出遗产管理人,遗产管理人有制作遗产清册、公示催告遗产债权人和接受遗赠人限期内申报权利的职责和遗产状况报告义务及管理报酬请求权等。[⑤]

1949年中华人民共和国成立后,废除了民国时期的旧法律制度。在新中国建立初期,调整继承关系的一些法律性文件和司法解释已经规定有遗产管理制度的内容,如1951年6月5日《关于无人继承的遗产处理问题的批复(司三批字第218号)》、1951年10月9日《最高人民法院关于对外侨遗产继承的代管处理原则等问题的复函》等。1985年实施的我国《继承法》中,已经分别规定了指定遗嘱执行人保管遗产以及无人承受遗产的归属等内容[⑥],但还欠缺较为系统、全面的遗产管理制度。

## 第四节 本条规范的构成要件

遗产管理制度作为一项综合性的制度,在继承开始后遗产分割前,由特定管理人担任保护和管理待继承遗产的职责,通过其对遗产采取保全、编制清册、公示催告、破产、分配方案等措施,使遗产在未被接受或抛弃前免受毁损,保障遗产公平、有序分配。本节主要阐述遗产管理制度规范的构成要件,包括遗产管理的主体、遗产管理的标的、遗产管理的内容、遗产

---

① 杨立新主编:《中国百年民法典汇编》,中国法制出版社2011年版,第216～217页。

② 1930年《民法继承编》第1150条规定:“关于遗产管理、分割及执行遗嘱之费用,由遗产中支付之。但因继承人之过失而支付者,不在此限”,载杨立新主编:《中国百年民法典汇编》,中国法制出版社2011年版,第514页。

③ 1930年《民法继承编》第1152条规定:“前条公同共有之遗产,得由继承人中互推一人管理之”,载杨立新主编:《中国百年民法典汇编》,中国法制出版社2011年版,第514页。

④ 1930年《民法继承编》第1166条,载杨立新主编:《中国百年民法典汇编》,中国法制出版社2011年版,第515页。

⑤ 1930年《民法继承编》第1177条、第1180条、第1183条,载杨立新主编:《中国百年民法典汇编》,中国法制出版社2011年版,第517～518页。

⑥ 该法在第16条、第24条、第32条。

管理的期间。其具体内容如下：

## 一、遗产管理的主体

遗产管理制度作为一项综合性的制度，其主体是遗产管理人，由遗产管理人对遗产进行全面的保全和管理，并根据被继承人生前的意愿和法律规定，在继承人之间、继承人与其他遗产利害关系人之间公平地分配遗产。遗产管理主体主要有以下三种产生方式：其一，遗嘱指定遗产管理人。其二，推选遗产管理人。如果被继承人没有设立遗嘱或所立遗嘱无效，继承人有两人以上的，继承人应当及时协商从继承人中推选遗产管理人。其三，在某些特定的情况下，经继承人、遗产债权人等与遗产有利害关系人的申请，法院可以依照职权指定遗产管理人。设立遗产管理人，在客观上是由遗产的总括性和复杂性决定的，在主观上则是由管理人的中立性和专业性决定的。[①] 遗产管理人作为遗产管理制度的核心主体，其忠实、谨慎地履行管理职责，公平、有序地分配遗产，它是保持遗产的完整和保障继承权、遗产债权和遗产取得权实现的前提。

## 二、遗产管理的标的

遗产管理的标的，是指被继承人死亡时，其所遗留的那些可以作为遗产而转归合法继承人所有的合法财产。依据我国《继承法》第3条的规定，可由合法继承人依法继承的死者个人所有的财产，包括七个方面的内容：一是公民的收入即公民的所得，在法律上特指公民个人通过合法手段取得的各项财产。二是公民的房屋、储蓄和生活用品。公民的房屋是指归公民个人所有的生产或生活用房。公民的储蓄在狭义上，仅指公民个人在国家银行、信用合作社或其他金融机构的存款；在广义上，还包括公民个人购买的各种金融债券，例如，国库券、公债券、奖券、股票等。公民的生活用品的范围是指用于满足公民日常生活需要的各种物品。三是公民的林木、牲畜和家禽。公民的林木是指依法应归公民个人所有的各种森林和树木。公民的牲畜是指依法归公民个人所有的各种家畜。公民的家禽是指依法归公民个人所有的各种家禽。四是公民的文物、图书资料。公民的文物，是指依法归公民个人所有或者归公民个人收藏的各种文物。公民的图书资料是指归公民个人所有并由公民个人收藏的各种版本的中外文书籍、报纸杂志以及其他形式的文字、录音、录像等材料。五是法律允许公民所有的生产资料。六是公民的著作权、专利权中的财产权利。七是公民的其他合法财产，是指除上述六个方面以外，公民通过别的合法途径所取得的各项财产。常见的有：因接受他人赠与而取得的财产；因遗产继承而取得的财产；因进行投资而取得的红利、股息；因投稿、翻译所取得的稿酬等。

## 三、遗产管理的内容

遗产管理的内容主要包含遗产管理人的权利和义务，以及违反法律规定应当承担的责任。遗产管理人的权利和义务主要包含以下内容：其一，清算和保全遗产。遗产管理人应尽善良管理人的义务对遗产进行收集、清理、估价，并通过保存、利用、改良或适当的处分和变卖等行为实现对遗产的保全。其二，编制遗产清册。遗产管理人接管遗产后，对遗产的净资

---

① 付翠英：《遗产管理制度的设立基础和体系架构》，载《法学》2012年第8期。

产进行清点、估价,就遗产的性质、数量、形式以及价额等分类列计,装订成遗产清单。其三,公示催告。在遗产清算和保全程序结束之后,遗产管理人向法院申请,法院就已选任为遗产管理人和与遗产管理相关的事项,以及通知遗产继承人、债权债务人、受遗赠人等利害关系人在规定的期限内申报权利或义务等内容进行公告。其四,遗产破产。在遗产管理过程中,发现遗产不足以清偿遗产债权,相关主体因此向法院申请,由法院宣告遗产用以清偿债务的破产程序,以维护遗产权利人的利益。其五,遗产分配。其包含两方面的内容,一是遗产管理人通过依法制定遗产分配方案,对遗产管理费用、遗产的债务、受遗赠人的遗赠份额等进行清偿;二是遗产管理人在清偿继承费用、遗产债务等之后,仍有遗产剩余的,则遗产管理人应依照继承法的相关规定或有效的遗嘱,将剩余遗产移交给遗嘱继承人或法定继承人,没有继承人的,则遗产移交国库。另外,遗产管理人如在遗产管理的过程中违反法律规定,未尽到善良管理人的职责,因自己的故意或过失导致遗产毁损,或者损害遗产权利人合法利益的,应当承担相应的法律责任。

### 四、遗产管理的期间

遗产管理的期间始于继承开始后止于遗产分割结束这一特定的时间段。因为从被继承人死亡时起,继承就已经开始,在直接的当然继承情况下,原属于被继承人的一切财产均转归继承人所有。但是继承人对全部遗产往往并非实际取得,而在间接继承的情况下,遗产为待继承财产,因此,在继承开始后遗产分割之前,遗产的归属尚未明确,具体权属仍处于不稳定的状态。很有可能出现无继承人或者有无继承人不明,或者继承人欠缺民事能力又无法定代理人的情况;或者一部分继承人占有遗产,一部分继承人不占有遗产,另一部分继承人不在继承开始地点,甚至不知道继承已开始的情况;或者继承人、受遗赠人、遗产债权人等与遗产有利害关系者都不在遗产所在地的情况等。在上述情况存在的状况下,遗产很有可能出现无人管理和保护的局面,从而容易使得遗产存在被占有者私分、转移或者隐匿的风险,或者遗产之一部分或全部因无人管理或管理不善而被损坏、盗窃、灭失等,给后续的遗产债务清偿、遗产分割造成困难,这不但无法保障继承人本身的利益,更容易使受遗赠人、遗产债权人等相关权利人的利益受到侵害。因此,我国有必要设立遗产管理制度,由遗产管理人在继承开始起至遗产分割完毕时止这一时间段管理遗产,对遗产进行有效管理和保护。

## 第五节　重要学术观点与争议

本节主要以梁慧星、王利明、张玉敏、陈苇和杨立新等教授分别主持撰写的"继承法学者建议稿"中有关遗产管理制度的立法建议为例,阐释我国学界关于遗产管理制度的主要观点与争议。目前,对于遗产管理问题,我国学者们针对遗产管理人的资格、遗产管理人的产生、遗产管理人的职责、遗产管理的报酬、遗产管理人的法律责任、遗产管理的终止等方面的学术观点有共性,也有差异。

### 一、重要学术观点

对遗产管理制度重要学术观点的考察,以下主要考察目前我国学者发表的"继承法立法建议稿"中有关遗产管理制度的内容,这些建议稿主要包括梁慧星等学者建议稿、徐国栋等

学者建议稿、王利明等学者建议稿、张玉敏等学者建议稿、陈苇等学者建议稿、杨立新等学者建议稿。

梁慧星等学者建议稿之主要观点如下：(1)遗产管理人的资格。遗嘱执行人作为遗产管理人应是完全民事行为能力人。① (2)遗产管理人的产生方式。遗产管理人按其产生方式分为遗嘱指定、继承人担任或推选和法院指定三种情况。② (3)遗产管理人的职责。遗产管理人有保管遗产、编制遗产清册、公告申报遗产债权、清偿遗产和其他一些与遗产处理有关的义务等。③ (4)遗产管理的报酬。遗产管理人有取得报酬的权利，且该报酬有优先受偿权；遗嘱执行人的报酬由遗嘱人指定，没有指定的，其不得请求报酬，但继承人或受遗赠人自愿支付的除外。④ (5)遗产管理人的法律责任。遗产管理人违反法律的有关规定，对遗产债权人和受遗赠人造成损害的，应当负赔偿责任；遗嘱执行人因故意或者重大过失给利害关系人造成损失的，应当承担赔偿责任，为有偿执行的，应对一切过失承担赔偿责任。⑤

徐国栋等学者建议稿之主要观点如下：(1)遗产管理人的资格。遗产保佐人(遗产管理人)的资格适用第一分编“保护人的无资格”的规定，有身体缺陷、道德缺陷、年龄未满25周岁以及存在对立利益和宗教差异的人不得担任保佐人；无行为能力人、品行不端以及长期在住所地外工作的人不得担任遗嘱执行人(包含继承人担任遗嘱执行人)。⑥ (2)遗产管理人的产生方式。遗产管理人主要有遗嘱指定、继承人担任和法院指定三种产生方式。⑦ (3)遗产管理人的职责。遗产保佐人有编制财产清单、妥善保存和管理遗产、提起与遗产相关的诉讼或者应诉、报告管理账目等义务，保佐人经法院允许可以对遗产债务和遗赠进行清偿以及处理遗产。⑧ (4)遗产管理的报酬。待继承财产的保佐人的报酬由法院确定；遗嘱执行人的报酬由遗嘱人确定，没有确定的，由法院确定。⑨ (5)遗产管理人的法律责任。除特别规定外，遗嘱执行人适用上述有关保佐人的规定。被褫夺的保佐人应充分赔偿被保护人的损失，有不法行为的，还应受到刑事追诉；遗嘱执行人对法律规定的事务承担轻过失责任，对债权人遭受的一切损害承担赔偿责任，拥有完全行为能力的现实继承人作为遗嘱执行人的，负相同的义务和责任；遗嘱执行人因故意情形被免职的，不得在继承中取得份额，应赔偿利害关系人的一切损失，归还全部酬金。⑩ (6)遗产管理的终止。遗产保佐职务因保佐人被褫夺、遗产被继承人接受、遗产的变卖收益上缴国库或完全灭失而终结。遗嘱执行人无能力、担任亡夫的遗嘱执行人的寡妇再婚，遗产管理职务终止。⑪

---

① 参见梁慧星等学者建议稿第1988条。

② 参见梁慧星等学者建议稿第2002条。

③ 参见梁慧星等学者建议稿第2004条、第2005条、第2017条。

④ 参见梁慧星等学者建议稿第1995条、第2003条。

⑤ 参见梁慧星等学者建议稿第1996条、第2019条。

⑥ 参见徐国栋等学者建议稿第一分编第254～263条，第四分编第362条。

⑦ 参见徐国栋等学者建议稿第四分编第359～361条、第376条。

⑧ 参见徐国栋等学者建议稿第一分编第234条、第238～239条，第四分编第379～380条、第383～385条、第387～396条。

⑨ 参见徐国栋等学者建议稿第一分编第292条，第四分编第397条。

⑩ 参见徐国栋等学者建议稿第一分编第299条，第四分编第375条、第381～382条。

⑪ 参见徐国栋等学者建议稿第一分编第247条、第293条，第四分编第363～364条。

王利明等学者建议稿之主要观点如下:(1)遗产管理人的资格。此稿无规定。(2)遗产管理人的产生方式。遗产管理人主要有遗嘱指定、继承人担任或推选和村民委员会或居民委员会担任三种产生方式。① (3)遗产管理人的职责。遗产管理人有编制遗产清册并向公证机关公证的责任。② (4)遗产管理的报酬。遗嘱执行人的报酬由遗嘱人指定,没有指定的,其不得请求报酬,但继承人或受遗赠人自愿支付的除外。③ (5)遗产管理人的法律责任。遗产管理人不当履行义务给遗产债权人造成损害的,遗产管理人应承担民事责任,遗产管理人是继承人的,继承人须对遗产债务承担无限责任;遗嘱执行人因故意或者重大过失给利害关系人造成损失的,应当承担赔偿责任,为有偿执行遗嘱的,应对一切过失承担赔偿责任。④ (6)遗产管理的终止。法定继承人、村委会、居委会为遗产管理人时不得辞任,但继承人放弃继承权者不在此限,遗产管理人的行为已经或将要损害其利益的,继承人、遗产债权人可以申请法院更换遗产管理人,经遗嘱继承人、受遗赠人允许,遗嘱执行人可以辞任。⑤

张玉敏等学者建议稿之主要观点如下:(1)遗产管理人的资格。遗嘱执行人作为遗产管理人须是完全民事行为能力人。⑥ (2)遗产管理人的产生方式。遗产管理人的产生有遗嘱指定、应召继承人担任和法院指定三种方式。⑦ (3)遗产管理人的职责。遗产管理人担负制作遗产清单、催告债权人申报债权、清偿遗产债务、交付遗产等职责。⑧ (4)遗产管理的报酬。此稿无规定。(5)遗产管理人的法律责任。遗产管理人对遗产债权人承担不当清偿的责任,继承人违反法律规定的,如制作不实的遗产清单、擅自处分遗产的,对被继承人的债务承担无限责任;遗嘱执行人因故意或重大过失给利害关系人造成损失的,应承担赔偿责任,有偿执行遗嘱的,应对一切过失承担责任。⑨

陈苇等学者建议稿之主要观点如下:(1)遗产管理人的资格。遗嘱执行人必须具有完全民事行为能力。⑩ (2)遗产管理人的产生方式。按照产生方式,其分为遗嘱指定、继承人推选和法院指定三种方式。⑪ (3)遗产管理人的职责。为了有效地管理遗产,遗产管理人有忠实且谨慎地管理和保护遗产、编写财产清单、公告遗产债权和债务、向继承人报告管理账目、清偿遗产债务(含管理费用)、合法分配遗产、负责与待继承遗产相关的起诉和应诉、承担损害赔偿责任、享有报酬请求权(继承人除外)等权利和义务。⑫ (4)遗产管理的报酬。遗产管理人在一定条件下享有报酬请求权。非继承人担任遗产管理人的,应支付相应的报酬,其报

① 参见王利明等学者建议稿第549条。
② 参见王利明等学者建议稿第551条。
③ 参见王利明等学者建议稿第639条。
④ 参见王利明等学者建议稿第551条、第637条、第654条。
⑤ 参见王利明等学者建议稿第552条、第638条。
⑥ 参见张玉敏等学者建议稿第48条。
⑦ 参见张玉敏等学者建议稿第2～3条、第24条。
⑧ 参见张玉敏等学者建议稿第16～19条、第49条。
⑨ 参见张玉敏等学者建议稿第16～20条、第23条、第25条、第50条。
⑩ 参见陈苇等学者建议稿第36条第1款。
⑪ 参见陈苇等学者建议稿第7条。
⑫ 参见陈苇等学者建议稿第8条。

酬从遗产内支付，遗产不足时，由接收继承的继承人负担。[①] (5)遗产管理人的法律责任。遗产管理人因故意或过失未尽遗产管理义务，从而造成遗产毁损或灭失的，应当承担损害赔偿责任。继承人未在法定期间内依法制作遗产清偿的，应当对遗产债务承担无限清偿责任。[②] (6)遗产管理的终止。如果遗嘱执行人不履行遗嘱执行职责，法院可以根据利害关系人的申请免去遗嘱执行人的职务。[③]

杨立新等学者建议稿之主要观点如下：(1)遗产管理人的资格。遗产管理人须是完全民事行为能力人。[④] (2)遗产管理人的产生方式。遗产管理人的产生有三种方式，分别是遗嘱指定、继承人担任或推选和法院指定。[⑤] (3)遗产管理人的职责。遗产管理人的职责包括其负有查明遗嘱及其真实性、通知遗产债权人和债务人、制作遗产清单、清偿遗产债务、交付遗产、以诉讼等方式保全遗产等职责。[⑥] (4)遗产管理的报酬。此稿无规定。(5)遗产管理人的法律责任。继承人违反法律规定，不当管理遗产的，在制作遗产清单并公证后，仍应对全部遗产债务承担责任。[⑦] (6)遗产管理的终止。除继承人指定的遗产管理人不得辞任外，继承人以外的遗产管理人可以向继承人辞任，继承人可以解任或者请求人民法院解任遗产管理人，同时受遗赠人、遗产债权人或其他利害关系人也可以请求继承人或人民法院解任遗产管理人。[⑧]

## 二、重要学术观点之争议

由上可见，我国诸学者建议稿都主张在我国设立遗产管理制度，并对遗产管理人的权利和义务进行设定，但是在具体制度的内容上存在一定的差异，主要表现如下：

### (一)遗产管理人的资格

对于遗嘱执行人作为遗产管理人的资格，上述多数学者建议稿认为，其须有行为能力，其中大部分学者建议稿认为其应具备完全民事行为能力。徐国栋等学者建议稿认为具备限制民事行为能力亦可，而且还主张品行不端和长期在住所地外工作的人不得担任遗嘱执行人。其他建议稿对遗产管理人的资格没有规定，如王利明、陈苇等学者建议稿。此外，对于其他主体包括继承人作为遗产管理人的资格，徐国栋等学者建议稿主张有身体缺陷、道德缺陷、年龄未满25周岁以及存在对立利益和宗教差异的人不得担任保佐人，其他上述学者建议稿对此则没有规定。

通过对学者建议稿中对遗产管理人资格观点的分析，我们认为，为了保障遗产管理人有效地履行管理职责，对无论是遗嘱执行人还是其他遗产管理人的主体的资格都应当设定一定的资格限制性要求，上述学者建议稿规定的遗产管理人应具备完全民事行为能力的主张

① 参见陈苇等学者建议稿第9条。

② 参见陈苇等学者建议稿第10条、第69条。

③ 参见陈苇等学者建议稿第36条第6款。

④ 参见杨立新等学者建议稿第54条第4款。

⑤ 参见杨立新等学者建议稿第72条。

⑥ 参见杨立新等学者建议稿第74条。

⑦ 参见杨立新等学者建议稿第80条。

⑧ 参见杨立新等学者建议稿第75条。

具有合理性。但对于徐国栋等学者建议稿规定的有身体缺陷、道德缺陷、年龄未满25周岁、存在对立利益和宗教差异的人、品行不端和长期在住所地外工作等人的资格限制,我们认为应持保留态度,"年龄未满25周岁"的要求过高,在我国,年满18周岁者就为完全民事行为能力人,所从事的相关民事行为就可以产生法律效果。其他的限制性规定,如道德缺陷、品行不端等,在现实生活中难以操作和把握,作为直接认定的依据不科学,但可以作为法院指定遗产管理人的考量因素。

(二)遗产管理人的产生

对于遗产管理人的产生方式,上述学者建议稿都认为,遗产管理人的产生有三种方式,其中多数主张有遗嘱指定、继承人担任或推选和法院指定三种方式,少数主张有遗嘱指定、继承人担任或推选和村民委员会或居民委员会担任三种方式,如王利明等学者建议稿。其认为应该结合我国的具体国情,如现阶段人民法院非诉程序机制不发达且诉讼审判负担过重,不可能过多地介入继承活动等,因此应重视被继承人生前所在单位、村委会、居委会在继承活动中的地位,赋予其遗产管理人的职责。①

通过对学者建议稿中对遗产管理人产生观点的分析,我们赞成遗产管理人有三种产生方式:一是被继承人指定有遗嘱人执行的由遗嘱执行人担任遗产管理人;二是如果没有遗嘱执行人的,由继承人担任,如有多个继承人的,由其协商推选遗产管理人;三是继承人协商不成的,可以请求法院指定遗产管理人。至于村(居)民委员会担任遗产管理人的情况,我们认为,其作为群众组织,不适合独立担任遗产管理职责,但可以辅助遗产管理人的管理。对于杨立新等学者建议稿主张的由民政局指定遗产管理人的观点,我们认为,因为民政局作为主管社会行政事务的职能部门,日常事务繁杂,由其指定遗产管理人可能会影响指定效率,而且其机构性质决定其指定的结果不具有公权强制性,如果指定遗产管理人后出现利益争议等继承纠纷,相关当事人还可能会诉诸法院,会因此造成国家资源的浪费。

(三)遗产管理人的职责

上述学者建议稿都对遗产管理人的职责作了较为具体的规定,并且都认同遗产管理人有妥善保管遗产、编制遗产清册、清偿遗产债务和交付遗产的主要职责,但是在其他职责的认定上存在不同的观点:(1)查明被继承人是否留有遗嘱,并且确定遗嘱是否真实合法,如杨立新等学者建议稿;(2)公告通知遗产权利人申报权利,如梁慧星、王利明、张玉敏、陈苇、杨立新这五份学者建议稿;(3)向继承人报告管理账目,如徐国栋、陈苇这两份学者建议稿;(4)负责与待继承遗产相关的起诉和应诉,如徐国栋、陈苇、杨立新这三份学者建议稿。

通过对学者建议稿中遗产管理人职责观点的分析,我们认为,对于遗产管理人的职责的设定应以确保"遗产和遗产权利人的利益"为中心,应当依法定期限制作遗产清册,妥善保管遗产,发布债权申报公告、及时清偿遗产债务、合理地分配遗产,保障各遗产权利人利益的实现。

---

① 王利明(项目主持人):《中国民法典学者建议稿及立法理由·人格权编·婚姻家庭编·继承编》,法律出版社2005年版,第451页。

(四)遗产管理的报酬

对于遗产管理费用,上述多数学者建议稿认为,因管理遗产支付的费用,应作为遗产债务,享有优先偿还权。少数学者建议稿对此没有规定,如徐国栋等学者建议稿。

对于遗产管理的报酬,上述多数学者建议稿认为遗产管理人应享有管理报酬权,张玉敏、杨立新这两份学者建议稿则对此无规定。主张享有报酬的学者建议稿在具体规定上也存有差异:(1)主体:多数学者建议稿认为,遗产管理报酬应区分遗嘱执行人和其他主体担任管理人的情况,少数学者建议稿对此没有区分,如王利明等学者建议稿仅规定了遗嘱执行人的报酬,陈苇等学者建议稿统一规定遗产管理人有报酬请求权;(2)遗嘱执行人的报酬:多数学者建议稿认为遗嘱执行人的报酬由遗嘱人确定,如不确定的,则有两种意见,其一认为由法院确定(徐国栋等学者建议稿),其二认为遗嘱执行人不得请求报酬,继承人或受遗赠人自愿支付的除外(如梁慧星、王利明这两份学者建议稿);(3)其他主体担任遗产管理人的报酬:有三种不同的主张,其一认为由法院确定(徐国栋等学者建议稿),其二认为报酬从遗产中支付(继承人除外),不足的由继承人担负(陈苇等学者建议稿),其三认为继承人以外的遗产管理人享有报酬请求权,对由谁确定则没有规定(梁慧星等学者建议稿)。

通过对学者建议稿中遗产管理的报酬观点的分析,我们认为,遗产管理人的报酬,应规定除继承人外的遗产管理人有取得报酬的权利。遗嘱执行人由于是遗嘱指定,因此为尊重遗嘱人的意愿,可以遗嘱的规定为确定标准。

(五)遗产管理人的法律责任

对于遗产管理人的法律责任,上述学者建议稿均有规定,但是在具体的责任制度设计上存在一定的差异。(1)责任主体:大多数学者建议稿都主张责任主体应该区分遗嘱执行人和其他主体担任遗产管理人的情形,少数学者建议稿没有区分,如陈苇等学者建议稿只规定遗产管理人的责任后果,杨立新等学者建议稿则只规定了继承人不当管理遗产的责任后果;(2)遗嘱执行人承担的责任:上述多数学者建议稿认为,遗嘱执行人因故意或者重大过失给利害关系人造成损失的,应当承担赔偿责任,有偿执行的则对一切过失承担赔偿责任。少数学者建议稿认为遗嘱执行人就轻过失对利害关系人承担赔偿责任,因故意情形被免职的不得在继承中取得份额(继承人担任遗嘱执行人的),并要归还全部酬金,如徐国栋等学者建议稿;(3)关于继承人担任遗产管理人的责任,部分学者建议稿认为,如其遗产管理中有不当行为的,应当承担赔偿责任,但有王利明等学者建议稿、杨立新等学者建议稿认为,其应对遗产债务承担无限责任。

通过对学者建议稿中遗产管理人法律责任观点的分析,我们认为,有必要加强对遗产管理人的责任设置,无论是遗嘱执行人还是继承人、指定的主体担任遗产管理人时,在其违反法律有关规定,对遗产权利人利益造成损害的情况下,都应当负赔偿责任;如其违反法律其他规定的,还应承担相应的法律责任。

(六)遗产管理的终止

上述学者建议稿有的规定了遗产管理的终止原因,有的则没有规定。终止的原因,归纳起来,主要有以下五种:(1)丧失资格:认为遗嘱执行人无能力或者担任亡夫的遗嘱执行人的

寡妇再婚的,遗产管理职务终止,如徐国栋等学者建议稿。(2)自己辞任:王利明等学者建议稿认为,继承人放弃继承权、遗嘱执行人经继承人和受遗赠人允许的,可以辞任;杨立新等学者建议稿认为,继承人以外的遗产管理人可以向继承人辞任。(3)被撤销:遗产保佐人被褫夺保佐地位、遗产管理人被继承人或法院解任的,遗产管理职务终止,如徐国栋、王利明、杨立新这三份学者建议稿。(4)遗产分配结束:认为遗产管理因遗产被继承人接受而终止,如徐国栋等学者建议稿。(5)遗产不存在:认为遗产管理因遗产的变卖收益上缴国库或完全灭失而终结,如徐国栋等学者建议稿。

通过对学者建议稿中遗产管理终止的观点分析,我们认为,遗产管理终止的情况应当结合现实情况而具体规定,应包括遗产管理因管理人的自身原因而出现的暂时中止,或者是因遗产管理程序的完成或者遗产的不存在而完全终止。

## 第六节　相关联的法条与典型案例

遗产管理制度作为一项综合性的制度,是指在继承开始后遗产分割前,由特定的主体担任保护和管理遗产职责的制度。除本章评注的我国《继承法》第 24 条外,该制度在我国《继承法》《执行〈继承法〉的意见》及其他的相关条文中也有所体现。

### 一、相关联的法条

#### (一)我国有关主体资格相关联的法条

关于遗产管理人的主体资格,通常要求遗产管理人具有完全民事行为能力,能够妥善地履行遗产管理的职责,保护遗产的完整和遗产权利人的合法利益。根据我国《民法总则》第 17 条规定,对于主体资格,18 周岁以上的公民是成年人,具有完全民事行为能力,可以独立进行民事活动,是完全民事行为能力人。

#### (二)我国有关遗产保管相关联的法条

对于由相关主体对遗产进行保护、报告和管理的规定,在我国相关法律中有所体现。根据我国《执行〈继承法〉的意见》第 44 条的规定,人民法院在审理继承案件时,如果知道有继承人而无法通知的,分割遗产时,要保留其应继承的遗产,并确定该遗产的保管人或保管单位。

根据《最高人民法院关于如何处理农村五保对象遗产问题的批复》(2000 年 6 月 30 日最高人民法院审判委员会第 1121 次会议通过法释〔2000〕23 号)的规定,农村五保对象死亡后,其遗产按照国务院《农村五保供养工作条例》第 18 条、第 19 条的有关规定处理。第 18 条规定,五保对象的个人财产,其本人可以继续使用,但是不得自行处分;其需要代管的财产,可以由农村集体经济组织代管。第 19 条规定,五保对象死亡后,其遗产归所在的农村集体经济组织所有;有五保供养协议的,按照协议处理。

#### (三)我国有关遗产权利人利益相关联的法条

我国《执行〈继承法〉的意见》第 6 条规定,遗嘱继承人依遗嘱取得遗产后,仍有权依继承

法第13条的规定取得遗嘱未处分的遗产。我国《执行〈继承法〉的意见》第19条规定，被收养人对养父母尽了赡养义务，同时又对生父母扶养较多的，除可依《继承法》第10条的规定继承养父母的遗产外，还可依继承法第14条的规定分得生父母的适当的遗产。我国《执行〈继承法〉的意见》第21条规定，继子女继承了继父母遗产的，不影响其继承生父母的遗产。继父母继承了继子女遗产的，不影响其继承生子女的遗产。我国《执行〈继承法〉的意见》第45条规定，应当为胎儿保留的遗产份额没有保留的应从继承人所继承的遗产中扣回。为胎儿保留的遗产份额，如胎儿出生后死亡的，由其继承人继承；如胎儿出生时就是死体的，由被继承人的继承人继承。

我国《执行〈继承法〉的意见》第62条规定，遗产已被分割而未清偿债务时，如有法定继承又有遗嘱继承和遗赠的，首先由法定继承人用其所得遗产清偿债务；不足清偿时，剩余的债务由遗嘱继承人和受遗赠人按比例用所得遗产偿还；如果只有遗嘱继承和遗赠的，由遗嘱继承人和受遗赠人按比例用所得遗产偿还。

(四)我国有关无人继承遗产相关联的法条

我国《执行〈继承法〉的意见》第57条规定，在遗产管理制度中，存在遗产无人继承时的管理情况。对于无人继承遗产的处理，我国法律有相关规定。遗产因无人继承收归国家或集体组织所有时，按《继承法》第14条规定可以分给遗产的人提出取得遗产的要求，人民法院应视情况适当分给遗产。

(五)我国有关遗产分配相关联的法条

我国《执行〈继承法〉的意见》第37条规定，我国相关法律对遗产分配的处理方法有所规定。遗嘱人未保留缺乏劳动能力又没有生活来源的继承人的遗产份额，遗产处理时，应当为该继承人留下必要的遗产，所剩余的部分，才可参照遗嘱确定的分配原则处理。继承人是否缺乏劳动能力又没有生活来源，应按遗嘱生效时该继承人的具体情况确定。我国《执行〈继承法〉的意见》第58条规定，人民法院在分割遗产中的房屋、生产资料和特定职业所需要的财产时，应依据有利于发挥其使用效益和继承人的实际需要，兼顾各继承人的利益进行处理。我国《执行〈继承法〉的意见》第59条规定，人民法院对故意隐匿、侵吞或争抢遗产的继承人，可以酌情减少其应继承的遗产。

## 二、涉及遗产管理人的典型案例

### 遗产管理人的认定与责任

——被继承人俞某、应某与债权人王某的债务清偿纠纷案[①]

**案情简介：**

被告俞某和被告应某系死者蒋某的母亲、女儿。2012年4月15日起，蒋某因经营纺织品缺资，陆续向原告王某借款，截至2016年2月16日，双方核对，蒋某确认尚欠原告借款本

① 本案例来源于浙江省××市中级人民法院(2018)浙××民终××号判决书，本文引用时对其内容有所删减。

金 790000 元，并立下借条一份，约定借款到 2018 年 2 月 16 日归还，借期利息按银行同期同类贷款利率 4 倍计算等。后原告王某获悉蒋某因病于 2017 年 7 月 13 日死亡，另其已于 2013 年 2 月 6 日离婚，唯一法定继承人为母亲俞某和女儿应某。另查明：蒋某与应大某在离婚协议书上约定“浙 D×××××奔驰 C20 轿车归女方(即蒋某)所有……男方于协议签订时支付女方现金 30 万元，实付 24 万元，6 万元由应叶锋付”。两被告在一审答辩状中明确表示放弃继承蒋某的遗产，其不负责偿还遗产债务。

原告王某认为，两被告应在继承蒋某遗产范围内支付原告借款 790000 元及该款自 2016 年 2 月 26 日起至判决确定的履行日止按银行同期同类贷款利率 4 倍(原告认可以年利 24%为限)计算的利息。原告认为即使两被告放弃继承遗产，也有义务协助原告处理蒋某的遗产以偿还债务。

一审法院认为，被告俞某、应某应当清偿债务。蒋某生前欠原告借款 790000 元，事实清楚，证据充分。鉴于蒋某已于 2017 年 7 月 13 日死亡，两被告作为蒋某的第一顺序继承人，理应在继承遗产的范围内承担清偿责任。虽两被告明确表示放弃继承蒋某的遗产，但鉴于两被告与蒋某的身份关系，两被告应系蒋某遗产的当然管理人，对遗产具有尽职妥善保管的义务，且为了保证债权人的权益，两被告有义务以被继承人蒋某的实际财产为限清偿相应债务。故原告的请求，理由正当，该院予以支持。至于蒋某是否留有遗产，可在实际履行中核实，原告也负有举证责任。两被告经该院传票传唤，无正当理由拒不到庭参加诉讼，依法可作缺席判决。因此，依照《中华人民共和国民法通则》第 108 条、《中华人民共和国继承法》第 10 条、第 33 条及《中华人民共和国民事诉讼法》第 144 条规定，被告俞某、应某以被继承人蒋某的实际财产为限清偿原告王某借款 790000 元及支付自 2016 年 2 月 16 日起至判决确定的履行日止按中国人民银行同期同类贷款利率的 4 倍(以年利率 24%为限)计算的利息，款限判决生效之日起 10 日内付清。案件受理费 11700 元，减半收取 5850 元，由被告俞某、应某。

一审被告俞某和被告应某不服一审民事判决，提起上诉。二审法院驳回上诉，维持原判。

**适用法律评析：**

本案的争议焦点主要是被告应某是否为遗产管理人、继承人放弃继承权后是否应该承担被继承人债务的清偿责任两个问题。

争议焦点一：被告应某是否为遗产管理人。对于遗产管理的内容，我国现行法律的规定，仅仅只有我国《继承法》第 24 条，该条规定，“存有遗产的人，应当妥善保管遗产，任何人不得侵吞或者争抢。”在本案中，俞某和应某认为，根据《继承法》第 24 条规定，表明只有存有遗产的人才是遗产管理人，才负有妥善管理遗产的责任。本案蒋某无遗产，也无证据证明应某处存有遗产，故无遗产管理人。一审法院在蒋某是否存有遗产都未查清的情况下，就认定应某是蒋某的遗产管理人不当。王某则认为，即使俞某和应某两人放弃继承，也负有管理遗产的责任，有以蒋某的遗产承担清偿责任的义务。至于蒋某是否有遗产，可以在实际履行或执行中处理。

争议焦点二：放弃继承权后是否应该承担被继承人债务的清偿责任。我国《继承法》第 33 条规定，继承遗产应当清偿被继承人依法应当缴纳的税款和债务，缴纳税款和清偿债务以他的遗产实际价值为限。超过遗产实际价值部分，继承人自愿偿还的不在此限。继承人

放弃继承的，对被继承人依法应当缴纳的税款和债务可以不负偿还责任。本案中当事人双方围绕被继承人放弃继承权后是否应该承担清偿责任，展开争议。俞某和应某认为，她们虽是第一顺位继承人，但应某已明确表示放弃继承，故应某不再是继承人，应某无须对蒋某的债务承担清偿责任。但是，王某认为蒋某与其之间存在借贷关系，事实清楚，证据充分。现蒋某已死亡，根据《继承法》之规定，应某与俞某作为第一顺序继承人，负有在继承蒋某遗产范围内承担债务清偿责任。

我们认为，目前我国没有设立遗产管理制度，司法实践中常因遗产管理人缺乏而引起继承纠纷以及清偿被继承人债务纠纷。因此，建议我国《继承法》中设立遗产管理制度，遗产管理人在接管遗产后理清遗产范围、编写遗产清册，确定遗产价值，可以避免部分遗产继承人对遗产进行藏匿或转移，达到保护遗产权利人利益的目的。遗产管理人在接管遗产后，通知遗产的债务人和债权人在规定的期间内偿还债务和申报遗产债权，可以实现对遗产权利人利益的保护。本案中，继承人放弃的应为对遗产继承的实体权利，但若蒋某有遗产，在缺乏遗产管理制度的情况下，为保护债权人利益，继承人仍负有对蒋某遗产范围内财产的管理义务，并以蒋某的财产清偿债务。至于蒋某是否留有遗产以及遗产的范围等并非本案审查范围，故一审和二审法院认定应某、俞某以蒋某的财产为限清偿债务并未违反法律规定，也未损害应某和俞某的权益。

## 第七节　国外立法现状

本文以下将考察大陆法系主要国家中德国、瑞士、日本的遗产管理制度①，以及英美法系之英国、美国、澳大利亚有关遗产管理制度的规定，主要从遗产管理人的资格、产生、职责、报酬、法律责任以及遗产管理的终止六个方面进行考察。

### 一、遗产管理人的资格

关于遗产管理人的资格，大陆法系国家的立法有所规定。例如，《德国民法典》规定，遗产执行人在就职时不能为无行为能力或限制行为能力者，或为处理自己财产事务需有保佐人者。② 又如，《瑞士民法典》规定，被继承人在其遗嘱中委任的遗嘱执行人应是有行为能力的人。③ 再如，《日本民法典》规定，无能力人及破产人，不得为遗嘱执行人。④

关于遗产管理人的资格，英美法系国家的立法也有规定。例如，英国法律规定，遗产管理人原则上须具备完全民事行为能力，担任遗产管理职责时，人数不得超过4人。但是，如

---

① 大陆法系主要国家的民法典主要包括罗结珍译：《法国民法典》，北京大学出版社2010年版；陈卫佐译：《德国民法典（第4版）》，法律出版社2015年版；于海涌、赵希璇译：《瑞士民法典》，法律出版社2016年版；王爱群译：《日本民法典》，法律出版社2014年版；费安玲等译：《意大利民法典》，中国政法大学出版社2004年版；黄道秀译：《俄罗斯联邦民法典》，北京大学出版社2007年版。

② 《德国民法典》第2201条。

③ 《瑞士民法典》第517条。

④ 《日本民法典》第1009条。

指定未成年人为遗产管理人的,由其父母或监护人行使管理权。[①] 又如,美国《统一遗嘱检验法典》对遗产管理人的资格进行了明确规定,规定有两种人不能担任遗产管理人:其一是未满21岁的人;其二是正式诉讼中不合格的当事人。[②] 再如,澳大利亚的法律规定,通常在某主体具有以下情况下不能被指定为遗产管理人:某个人生理或精神上有缺陷而不履行指定的义务;或是为未成年人;或某个公司不是信托公司;或者是破产者。另外,法院在决定是否批准就死者财产进行遗产管理之前,将考察申请者对遗嘱人财产的先前行为,以确定其是否适合担任遗产管理人。[③]

## 二、遗产管理人的产生

关于遗产管理人的产生,大陆法系国家的立法有所规定。例如,《德国民法典》规定,遗产管理人有遗嘱指定、继承人担任、法院选任这三种方式。如有被继承人的指定,由遗嘱执行人担任遗产管理人。没有遗嘱执行人的,继承人如无因管理人般对遗产享有权利和负担义务。多个继承人则共同享有管理遗产的权利。德国遗产法院可根据继承人或遗产债权人的申请,发布遗产管理命令,指定遗产管理人管理遗产,在继承人不明或不能肯定其是否已接受遗产的情况下,依法为待继承遗产选任遗产管理人。[④] 又如,《瑞士民法典》规定,遗产管理人有遗嘱指定、继承人担任、监护人担任、主管官厅选任、国家担任这五种方式。被继承人在其遗嘱中委任一名或若干名有行为能力的人为其遗嘱执行人管理遗产的,则该遗嘱执行人为遗产管理人。没有遗嘱执行人的,则由有资格的法定继承人对遗产进行管理。被监护人(被继承人)死亡时,遗产管理权归属监护人(保佐人)。主管官厅选任遗产管理人,是在继承人不在且无代理人,或继承人无法证明其继承权,或继承人生死不明,或未知悉被继承人的全部继承人,或法律规定的特别情况时,由主管机关指定遗产管理人。官方清算由主管机关或其委任的遗产管理人一人或数人为之,编制财产目录、公示催告债权申报,遗产管理人在主管机关监督下进行遗产管理和清算。当遗产归属州或市镇时,则由接受遗产的公共政治团体担任遗产管理人,对遗产进行清算和分配。[⑤] 再如,《日本民法典》规定,遗产管理人有遗嘱指定、继承人担任、法院选任这三种方式。被继承人可以遗嘱指定遗嘱执行人管理遗产,没有遗嘱执行人的,继承人或限定遗产继承人应当以对其固有财产相同的注意管理继承财产。继承人为数人时,家庭法院须从继承人中选任继承财产的管理人。在继承人有无不明时,家庭法院根据利害关系人或检察官的请求,选任遗产管理人或改任遗产管理人。[⑥]

关于遗产管理人的产生,英美法系国家的立法也有规定。例如,英国法律规定,遗产管理人的产生主要有两种方式:其一,被继承人在遗嘱中指定了遗嘱执行人的,由遗嘱执行人承担遗产管理的职责;其二,在没有遗嘱执行人或者遗嘱执行人无法完成遗产管理的情况

---

① Section114-Section118,The Supreme Court Act 1981;In b Haynes(1842),3 Curt 75;Re Rankine(1918),P134.

② Section 3-203,Uniform Probate Code(UPC)。

③ [澳]肯·马蒂、马克·波顿:《澳大利亚继承概要》,陈苇等译,西南政法大学外国家庭法及妇女理论研究中心2007年内部印刷,第286～288、305～308页。

④ 《德国民法典》第1959～1961条、第1981条、第2032条、第2038条、第2197条、第2205条。

⑤ 《瑞士民法典》第517条、第551～554条、第585条、第592条、第595条。

⑥ 《日本民法典》第25～26条、第918条、第926条、第936条、第952条、第1006条、第1012条。

下，法庭有权指定死者的遗产管理人。[①] 又如，美国《统一遗嘱检验法典》规定，遗产继承应在财产所在地进行。在遗嘱继承时，先确认遗嘱，然后正式任命遗嘱中指定的具有遗产管理权的遗嘱执行人为遗产管理人，如果此人先于被继承人死亡，或无法胜任，法院则根据请求指定遗产代理人的申请，通知能参与遗产继承的人到场，指定遗产代理人对遗产进行管理。遗产代理人的担任者可以是被继承人的近亲属、遗产的债权人和公共管理人。[②] 再如，澳大利亚法律规定，遗嘱明确指定遗嘱执行人管理遗产的，则由遗产管理人在接受法院的遗嘱检验批准后，管理遗产。在死者留有遗嘱但未指定遗嘱执行人，或者如果遗嘱执行人不能或不愿承担职责时，法院将指定遗产管理人，以附属遗嘱授予遗产管理权。在未留遗嘱的情况下，法院将批准一般遗产管理。法院应重视该授权遵循的最大权益原则，遗产管理权利一般要让位于尚存配偶或享有更大权利的近亲属，死者的配偶一般被认为是优先于近亲属和第三人对死者财产享有更大的权益。[③]

## 三、遗产管理人的职责

关于遗产管理人的职责，大陆法系国家的立法有较为全面的规定。例如，《德国民法典》规定，其职责主要有：编制遗产清册、公示催告遗产债权人并答复其询问、申请支付不能程序(破产程序)、清偿遗产债务、交付遗产等。具体而言：其一，遗产管理人对遗产的管理如无因管理人般享有权利和负有义务，其有编制遗产清册的义务。其二，任何可信的具有法律上利益的人都有权查阅遗产清册，遗产管理人对遗产债权人进行公示催告并对其就遗产状态的询问进行答复。其三，遗产管理人在清偿遗产债务后，将遗产移交给继承人。[④] 其四，在遗产支付不能或负债过度的情况下，遗产管理人应申请遗产支付不能程序。又如，《瑞士民法典》规定，其职责主要有：其一，制作财产清单，将继承财产及债务分项列记，对财物应逐个标明估价；其二，结算被继承人的日常业务；其三，公示催告被继承人的债务人、债权人以及担保权利人在规定的期限内申报债权及债务；其四，清偿被继承人的债务，交付遗赠；其五，根据被继承人的指示或依法分割遗产。此外，当遗产归属国家时，其可依职权催告债权人提出债权。接受遗产的州或市镇公共政治团体仅在其遗产的限度内对遗产的债务负责。[⑤] 再如，《日本民法典》规定，其职责主要有：制作清单目录、适当管理和处分遗产、公示催告遗产债权人、公告搜索继承人、报告遗产处理状况、清偿遗产债务等。具体而言：其一，在选任为遗产管理人后，须向遗产债权人和受遗赠人就已选任为遗产管理人和在一定期间内要求其请求申报权利等内容进行公告，限定继承人还需对其已作出限定承认的事项进行公告。其二，遗产管理人以对其固有财产同样的注意义务妥善管理遗产，制作遗产清单。其三，因遗产之保管或清偿债务需要，可以对遗产进行适当的处分或变卖，在管理遗产过程中收取的金钱和孳息等物，应归入遗产。其四，遗产管理人在继承人和遗产权利人请求时，有报告遗产

---

① In b Adamson(1875)，LR3 P&D304.

② Section 3-108、Section 3-202-Section 3-322，Uniform Probate Code(UPC)。

③ [澳]肯·马蒂、马克·波顿：《澳大利亚继承概要》，陈苇等译，西南政法大学外国家庭法及妇女理论研究中心2007年内部印刷，第273～295、299～308页。

④ 《德国民法典》第1959条、第1970条、第1978条、第1980条、第1985～1986条、第1993～1996条、第2010条、第2012条。

⑤ 《瑞士民法典》第581～582条、第585条、第595～596条。

处理状况的义务。其五,遗产管理人首先对在催告期间内提出申报的债权人以及其他已知的被继承人的债权人进行债务清偿,然后,再对受遗赠人进行交付,未在公告期内申报的遗产债权人和受遗赠人,仅可以就剩余的遗产行使其权利。①

关于遗产管理人的职责,英美法系国家的立法也有规定。例如,英国法律规定,遗产管理人的职责主要有如下内容:其一,占有并清理遗产,并制作遗产清册,确定遗产的范围。其二,对被继承人的遗产进行恰当的管理和处分。其三,应该就被继承人的债权进行回收,要求遗产债务人偿还债务。但遗产管理人有权决定遗产债务人还款的方式与期间的权利。②其四,有义务通知遗产债权人申报债权,然后对其进行清偿。如果遗产管理人不能尽责地通知债权人,在遗产被分配以后,他可能要为未知的债权人的未清偿债权负责。其五,在清偿遗产债务之后,遗产管理人应制作遗产账目,报告剩余遗产的受益人。其六,清偿了遗产债务并缴纳完遗产税后,遗产管理人才能依据死者留下的遗嘱条款,或者无遗嘱时依照法律的规定,对有资格继承遗产的继承人分配剩余的遗产。③ 又如,美国法律规定,遗产管理人享有一定的权利并承担一定的义务。其权利主要是在一定期间内占有被继承人的遗产,排除他人对遗产的侵害。其义务则主要是收集被继承人的遗产,编制遗产目录,收集被继承人的债权,并在必要时向债权人提起诉讼,查明和清偿被继承人的债务,交纳遗产税(包括联邦遗产税、州遗产税、死亡税、继承税),向继承人分配遗产。遗产管理人的权利和义务始于任命之时,并且在有些情况下,遗产管理人的权力还可溯及任命之前其从事的有益于维护遗产的行为。④ 再如,澳大利亚法律规定,在管理死者遗产过程中,遗产管理人应尽到如下职责:一是确认被继承人已死亡;二是如果留有遗嘱,未拒绝遗嘱执行职务的遗嘱执行人通常自遗嘱人死亡时起的一段时期内应进行遗嘱检验;三是遗产管理人在考虑遗产的性质和范围内安排葬礼;四是遗产管理人有义务尽所有合理的注意义务收集并维护死者的遗产;五是遗产管理人应遵循法律规定的程序,通知并催告遗产债权人在一定的期限内申报债权;六是遗产管理人应确认并清偿死者的债务以及因遗产管理产生的费用,以便最后确定死者的账目;七是遗产管理人有义务在被继承人去世1年内,根据遗嘱或在无遗嘱继承的情况下依法分配死者的剩余遗产;八是遗产管理人应将有关遗产管理情况的详细记录提交法院。⑤

## 四、遗产管理人的报酬

关于遗产管理人的报酬,大陆法系国家的立法有明确的规定。例如,《德国民法典》规定,遗产管理人可以为其职务的执行而请求适当的报酬,遗嘱人另作规定的除外。⑥ 又如,

---

① 《日本民法典》第918条、第926～932条、第934～936条、第1012条。

② 英国《1925年信托法》第15条。

③ [英]F·H.劳森、B.拉登:《财产法(第2版)》,施天涛等译,中国大百科全书出版社1998年版,第210～211页。

④ Section 3-316-Section 3-319、Section 3-701-Section 3-711、Section 3-801-Section 3-915,Uniform Probate Code(UPC)。

⑤ [澳]肯·马蒂、马克·波顿:《澳大利亚继承概要》,陈苇等译,西南政法大学外国家庭法及妇女理论研究中心2007年内部印刷,第315～341、347～351页。

⑥ 《德国民法典》第1987条、第2221条。

《瑞士民法典》规定，遗嘱执行人为管理执行遗产任务付出的劳务，有获得相当报酬的权利。① 再如，《日本民法典》规定，家庭法院可以从死者的财产中付给遗产管理人相当的报酬，遗嘱已经确定报酬的除外。②

关于遗产管理人的报酬，英美法系主要国家的立法也有规定。例如，英国法律规定，遗产管理人可根据其工作量和工作难易程度收取适当的报酬。③ 又如，美国法律规定，遗产管理人有权请求支付遗产管理费用和报酬。④ 再如，澳大利亚法律规定，遗产管理人无权获得报酬，但是遗嘱特别规定给予遗产管理人的报酬或获得报酬的权利得到法院许可的情况除外。⑤

## 五、遗产管理人的法律责任

关于遗产管理人的法律责任，大陆法系国家的法律有较为明确的规定。例如，《德国民法典》规定，在遗产支付不能或负债过度的情况下，遗产管理人没有申请遗产支付不能程序的，对因此而发生的损害向债权人承担责任。继承人在编制遗产清册时有法定不当行为的，对遗产债务的清偿承担无限责任。⑥ 又如，《瑞士民法典》规定，被继承人的债权人因错过期限而未将其债权登载于财产清单的，则继承人不负任何责任。如错过期限，而非债权人过失造成的，或已提出而未登载于财产清单的，继承人仅以其继承财产所得的利益负责。继承人在拒绝期限届满前，干预遗产事务，或者实施非单纯的管理遗产的行为，或者实施不属于被继承人营业之继续所必要的行为，或者将遗产物占为己有，或者藏匿遗产物者，不得再为拒绝继承。此即强制的概括继承，该继承人须承担无限清偿债务的责任。⑦ 对于此外其他主体担任遗产管理人的法律责任，其则没有规定。再如，《日本民法典》规定，遗产管理人怠于实施公告或催告，或者违反法律的规定不当清偿的，对因此所产生的损害负赔偿责任。继承人处分继承财产的全部或部分，或在限期内做出限定继承或放弃继承后，隐匿继承财产全部或部分，私自消费或恶意不将其记载于继承财产目录的，视为继承人已做出单纯承认，⑧即强制其对遗产债务承担无限清偿责任。

关于遗产管理人的法律责任，英美法系国家的立法也有规定。例如，英国法律规定，遗产管理人在管理遗产的过程中，没有合理地行使管理行为，以至于危害遗产的行为或者遗产权利人利益的，应承担一定的法律责任：一是遗产管理人擅自挪用或私自挥霍遗产；二是不恰当地处理遗产如浪费遗产、不合理偿还遗产债务等；三是遗产管理人不妥善保护遗产的，

---

① 《瑞士民法典》第 517 条、第 584 条。

② 《日本民法典》第 1021 条、第 918 条、第 1018 条。

③ [英]威廉·格尔达特：《英国法导论》，张笑牧译，中国政法大学出版社 2013 年版，第 123～125 页。

④ [美]彼得·海：《美国法概论》（第三版），北京大学出版社 2010 年版，第 225 页。

⑤ [澳]肯·马蒂、马克·波顿：《澳大利亚继承概要》，陈苇等译，西南政法大学外国家庭法及妇女理论研究中心 2007 年内部印刷，第 317 页。

⑥ 《德国民法典》第 1985 条、第 2005 条。

⑦ 《瑞士民法典》第 571 条、第 590 条。

⑧ 《日本民法典》第 921 条、第 934 条。

人为地造成遗产价值减少的。[①] 再如,美国法律规定,遗产管理人得对因违反其应遵守的严格谨慎义务所导致的遗产损失承担责任。又如,澳大利亚法律规定,遗产管理人在管理遗产的过程中,必须谨慎地行使管理权,否则将由遗产管理人本人对违反管理义务以及对未能尽合理注意义务所造成的财产损失,承担赔偿责任。[②]

## 六、遗产管理的终止

关于遗产管理的终止,大陆法系国家的法律有相关规定。例如,《德国民法典》规定,在遗产支付不能程序开始时,或者明显不存在与费用相当的财产的,遗产管理终止。遗嘱执行人自行辞任、因重大原因被免职、死亡或其任命不生效的,其管理职务终止。[③] 又如,《日本民法典》规定,在无人继承遗产的管理下,遗产管理人的代理权因继承人承认继承消灭。遗嘱执行人怠于执行任务或有其他正当事由时,利害关系人可以请求家庭法院将其解任,遗嘱执行人经家庭法院的许可,也可以辞去管理职位。[④]

关于遗产管理的终止,英美法系国家的立法也有规定。例如,英国法律规定,遗产管理终止的情况主要有,遗产管理人自动放弃或被解除管理权,以及遗产管理任务的完成。遗产管理人权利的放弃和解除具体包含以下两种情况:一是,遗产管理人在被指定后,可以放弃遗嘱检验权,以解除遗产管理权;二是,依照1981年英国《高等法院法》第116条规定,在遗嘱执行人破产、丧失履行职责的能力、因杀害遗嘱人而被判处终身监禁、不能完成执行遗产管理的职责、品德败坏而不适宜担任遗嘱执行人、失踪、因犯侵占公款罪而畏罪潜逃等情况出现时,法院依法解除遗产管理人的管理权。[⑤] 又如,美国法律规定,遗产管理终止的主要情况是,对遗产管理人解除任命和遗产管理任务的完成。其中,遗产管理人解除的原因有:遗产管理人辞职,遗产管理人丧失行为能力或死亡。在解除对遗产管理人的任命之后,如有必要,还可以任命继任的遗产管理人,继任的遗产管理人享有与前任遗产管理人同等的权利并承担同等义务。[⑥] 再如,澳大利亚法律规定,遗产管理人自动放弃或被解除权利以及遗产管理任务的完成,遗产管理终止。其中,遗产管理人被法院撤销授权的情况是:不适当授权的遗产管理人,或者授权给不适当的人,或者是遗产管理人缺乏管理资格而不能或不愿意执行遗产管理任务。[⑦]

---

① [英]F·H.劳森、B.拉登:《财产法(第2版)》,施天涛等译,中国大百科全书出版社,1998年版第209~212页。

② [澳]肯·马蒂、马克·波顿:《澳大利亚继承概要》,陈苇等译,西南政法大学外国家庭法及妇女理论研究中心2007年内部印刷,第352~355页。

③ 《德国民法典》第1988条、第2225~2227条。

④ 《日本民法典》第956条、第1019条。

⑤ 1925年英国《财产法》第170条。

⑥ Section 3-608-Section 3-612,Uniform Probate Code(UPC)。

⑦ [澳]肯·马蒂、马克·波顿:《澳大利亚继承概要》,陈苇等译,西南政法大学外国家庭法及妇女理论研究中心2007年内部印刷,第296、342~345页。

## 第八节 立法发展趋势

从遗产管理制度自古代社会到近现代社会的发展历程来看，发展到近现代社会，现有的遗产管理制度呈现出遗产管理人必须由特定身份主体担任、明确遗产管理人的职责内容及不依法履职的法律责任、有条件地确定遗产管理人的报酬三个方面的立法趋势。

### 一、遗产管理人由特定身份主体担任

对于遗产管理人必须由特定主体身份担任的立法发展趋势，最早可追溯至古代社会。在古罗马社会，在以家长奴隶制经济为基础的宗法社会中，生产力发展水平低，以身份继承为主，财产主要是身份继承的附属物，因此对遗产的管理也仅限于继承人本人或者是代理继承人的奴隶。之后，随着社会的发展，社会宗法观念日益淡化，财产继承逐步取代身份继承，此时期不具备市民权和财产权以及立遗嘱权的市民，可指定罗马市民为其继承人，委托其管理遗产，并将遗产交给所指定的第三人，这种做法此后在罗马社会得以广泛推广。[①] 我国古代社会实行封建宗法家长制度，主要由男性家长对遗产进行管理，特殊情况下由守志寡妇、亲属会指定的管理人对遗产进行管理，但仍然离不开身份特性。到了近现代社会，大陆法系国家和英美法系国家的立法普遍设立了遗产管理制度。例如，前述大陆法系国家的德国法规定，如有遗嘱指定遗嘱执行人的，则由其担负遗产管理的责任。如无遗嘱指定管理人的，由继承人或其委托的代理人进行管理；在不能确定有无继承人或者管理人违反法律的规定时，由法院指定遗产管理人。而前述英美法系国家的英国法和美国法均规定，继承开始后，遗产不直接转归继承人，而是移交给遗嘱执行人或法院指定的遗产管理人，由遗嘱执行人或遗产管理人承担管理遗产与清偿遗产债务的责任。可见，两大法系国家有关遗产管理制度的规定虽然有一定的差异，但其目的都是为了妥善管理遗产、及时清偿遗产的债务、依遗嘱或依法律分配遗产，以维护继承人和其他遗产权利人的合法利益。总之，在遗产管理制度中，遗产管理人须由具有特定身份的主体担任，或是遗嘱执行人，或是继承人与继承人委托的遗产管理人，或是法院指定的遗产管理人，这已是现代遗产管理制度的立法趋势之一。

### 二、明确遗产管理人的职责内容及法律责任

在古代社会并没有现代意义上的遗产管理制度，因此，古代法在涉及遗产管理的事项中没有遗产管理人的职责内容及法律责任，通常法定继承人就是管理遗产的人，其主要是对遗产进行保全、清偿遗产债务和分配剩余遗产。至近现代社会，许多大陆法系国家和英美法系国家的遗产管理制度中，对遗产管理人的职责都有详细的规定。在大陆法系许多国家的立法中，遗产管理人的职责包括对遗产进行清理和保全，在法定期限内制作遗产清册，公示催告遗产权利人等在限期内申报权利或义务，追讨遗产债权和清偿遗产债务，分配剩余遗产等。如前所述《瑞士民法典》规定，遗产管理人有制作遗产清单、将继承财产及债务分项列记、对遗产标明估价、清偿遗产债务等职责。《德国民法典》规定，遗产管理人有编制遗产清册、公示催告遗产债权人并答复其询问、申请支付不能程序、清偿遗产债务、交付遗产等职

① 石婷：《遗产管理制度研究》，群众出版社 2017 年版，第 75 页。

责。我们认为,制定全面、系统的遗产管理制度,明确规定遗产管理人的职责是十分必要的。因为,遗产的清理和保全可以使遗产免受不法侵害和损毁;编制遗产清册可以明确遗产的具体种类和价值,有利于使遗产利害关系人了解和掌握遗产的实际状况,可以预防其遗产受到不法侵害,有利于清偿遗产债务和分配剩余遗产;公示催告程序可以催促遗产债权人及其他遗产利害关系人及时申报权利,有利于保证其从遗产中受偿。因此,遗产管理制度中明确规定遗产管理人的职责内容是十分必要的,也是立法趋势之一。

关于遗产管理人的法律责任,目前,两大法系的许多国家都在遗产管理制度中设立了遗产管理人的法律责任。遗产管理人的法律责任,可以分为以下两个方面:(1)强制继承人承担清偿遗产债务的无限责任。限定继承人为其责任主体。如果限定继承人没有依法制定遗产清单或制作不忠实的遗产清单,其将依法强制承担无限清偿遗产债务的责任。如前述日本立法明确规定,继承人隐匿继承财产的全部或部分,私自消费或恶意不将财产计入继承财产目录的,视为继承人已做出单纯承认。这就是法律针对其侵害遗产的违法行为给予的处罚,即强制其对遗产债务承担无限清偿责任。(2)遗产管理人的损害赔偿责任。凡担任遗产管理人的继承人和非继承人均为责任主体。如果他们在遗产管理过程中有故意或者重大过失损害遗产的行为,应承担损害赔偿责任。如前所述,《德国民法典》规定,遗产管理人在遗产支付不能或负债过度的情况下,没有申请遗产支付不能程序的,对因此发生的损害向债权人负赔偿责任。上述国外立法的目的在于,敦促遗产管理人依法忠实地履行管理职责,以平等地保护继承人和遗产债权人及其他遗产利害关系人的合法权益。

## 三、有条件地确定遗产管理人的报酬

对于遗产管理人的报酬,在以身份继承为主的古罗马时期和我国古代社会,通常继承人的身份(如家长)与遗产管理人的身份相互融合,因此对遗产管理的报酬没有规定。但到了后期,随着社会发展,遗产的种类和价值增加,遗产管理制度逐渐形成,遗产管理人的报酬也以法律条文的形式予以规定。如在我国古代社会,1911 年清朝的《大清民律草案》规定遗嘱执行人不得请求报酬,但遗嘱中有特别之意思表示,或由亲属酌定给与者,不在此限。[①] 至近现代社会,许多国家的法律都规定遗产管理人享有报酬请求权,但同时应该结合遗产管理人的产生情况,依据遗产管理人的工作量、管理的难易程度以及遗产的数额及诸相关因素进行衡定。关于遗嘱执行人的报酬,在前述两大法系国家中,德国和日本的立法均规定原则上遗嘱执行人可以获得适当的报酬,但遗嘱有例外规定的除外,而澳大利亚立法规定法院允许的除外。关于遗产管理人的报酬,英国立法规定遗产管理人可根据其工作量和工作难易程度收取适当的报酬。因为,遗产管理人在遗产管理过程中付出了精力,根据权利和义务相一致原则,其有获得遗产管理报酬的权利,这才符合法律的公平价值取向。所以,前述德国、日本、英国、美国四个国家的立法都规定遗产管理人可以从遗产中获得管理报酬。也就是说,遗产管理人有条件地享有报酬请求权,这也是现代遗产管理制度的立法趋势之一。

---

① 《大清民律草案》第 1534 条,载杨立新:《中国百年民法典汇编》,中国法制出版社 2011 年版,第 214 页。

# 第四章

## 评注《继承法》第二十五条（继承和遗赠的接受与放弃制度）

【我国《继承法》第二十五条　继承开始后，继承人放弃继承的，应当在遗产处理前，作出放弃继承的表示。没有表示的，视为接受继承。

受遗赠人应当在知道受遗赠后两个月内，作出接受或者放弃受遗赠的表示。到期没有表示的，视为放弃受遗赠。】

### 第一节　立法目的

继承和遗赠的接受与放弃制度，是指在继承开始后，继承人和受遗赠人有权自愿选择是否接受继承和遗赠的制度。“接受继承或遗赠指的是继承开始后，继承人或受遗赠人依照法定方式表示接受继承或遗赠的单方法律行为。继承人表示接受继承的，享有接受继承的权利，并负有承担被继承人债务的义务。”[①]与接受继承不同，受遗赠人表示接受遗赠的，只享有受遗赠的权利，不承担为被继承人清偿债务的义务。[②] 放弃继承或遗赠是指继承开始后，继承人依法定方式表示拒绝继承或遗赠的单方法律行为。继承人表示放弃继承的，即溯及继承开始之时不为继承人，不享有继承人的权利，也不承担继承人的义务。受遗赠人表示放弃遗赠的，即不享有遗赠利益。设立该制度的目的，主要在于尊重继承人和受遗赠人的意愿，尽快确定继承人和受遗赠人的范围，平等地保护继承人、受遗赠人及遗产债权人的利益等。

#### 一、尊重继承人和受遗赠人的意愿

我国学者指出：“我国古代实行宗祧继承，继承样态采用当然继承主义，但是，不允许放弃。我国历史上有‘父债子还’的习惯，子对其父生前所负的债务，无论是否大于遗产，都负无限责任。然而，这种制度对继承人束缚过甚，有违现代民法精神，不符合意思自治原则。”[③]在古罗马，也存在强制继承人继承的法律。“罗马的继承制度最初是采取概括继承主义，即继承一种概括的权利或权利和义务的整体，一个人接受了另一个人的法律外衣，一方面要承担其全部义务，另一方面享有其全部权利。”[④]这种强制概括继承的制度对继承人利益保护极为不利。自进入近现代社会以来，意思自治成为民法的基本原则，而继承法作为民

① 陈苇主编：《外国继承法比较与中国民法典继承编制定研究》，北京大学出版社 2011 年版，第 85 页。

② 当然，只有在清偿完被继承人的债务后，遗产有剩余的，才能执行遗赠。

③ 张玉敏：《继承法律制度研究》，法律出版社 1999 年版，第 305 页。

④ [英]梅因：《古代法》，沈景一译，商务印书馆 1984 年版，第 101 页。

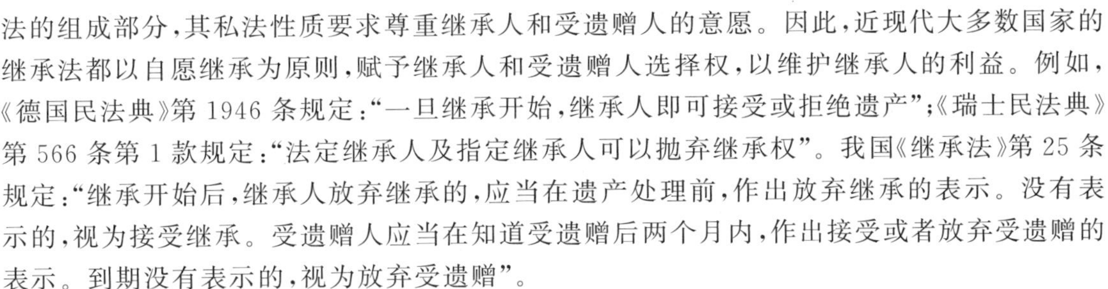
法的组成部分,其私法性质要求尊重继承人和受遗赠人的意愿。因此,近现代大多数国家的继承法都以自愿继承为原则,赋予继承人和受遗赠人选择权,以维护继承人的利益。例如,《德国民法典》第 1946 条规定:"一旦继承开始,继承人即可接受或拒绝遗产";《瑞士民法典》第 566 条第 1 款规定:"法定继承人及指定继承人可以抛弃继承权"。我国《继承法》第 25 条规定:"继承开始后,继承人放弃继承的,应当在遗产处理前,作出放弃继承的表示。没有表示的,视为接受继承。受遗赠人应当在知道受遗赠后两个月内,作出接受或者放弃受遗赠的表示。到期没有表示的,视为放弃受遗赠"。

## 二、尽快确定继承人和受遗赠人的范围

基于现代民法强调民事主体的个体人格独立,各自承担权利和义务的理念,法律赋予继承人和受遗赠人一定的考虑期间,让其自愿决定是否接受继承或遗赠。由于"财产之利用,在权属明确状况下最具效率。为减少继承溯及力的影响,使遗产归属及早确定,须对继承承认与放弃予以期限的限制。"①故继承人和受遗赠人的范围越早确定,遗产的权属关系就越早明晰,对财产的管理和分割就越有利。如《日本民法典》第 915 条明确规定:"继承人自知悉自己的继承开始时起三个月以内,应作出单纯承认、限定承认或放弃的表示。"《德国民法典》第 1944 条规定:"拒绝只可以在六周之内为之。上述期限自继承人得知遗产归属和继承资格之依据时开始。"《瑞士民法典》第 567 条规定:"抛弃继承权的期限,以三个月为限,自法定继承人知悉被继承人死亡时开始计算,但如其能证明以后知悉的,不在此限。"我国《继承法》第 25 条规定:"继承开始后,继承人放弃继承的,应当在遗产处理前,作出放弃继承的表示。没有表示的,视为接受继承。受遗赠人应当在知道受遗赠后两个月内,作出接受或者放弃受遗赠的表示。到期没有表示的,视为放弃受遗赠。"

## 三、平等地保护继承人、受遗赠人及遗产债权人的利益

接受和放弃继承、遗赠制度的立法宗旨就是平等地保护继承人、受遗赠人及遗产债权人的利益。就继承人而言,现代的接受和放弃继承、遗赠制度使继承人摆脱了古代社会的强制继承制度,使继承人在一定期限内有权自由选择是否接受继承。继承人可以根据自主意愿,自愿选择概括继承或以编制遗产清单为条件的限定继承。如果遗产的债务过重,继承人还可选择放弃继承遗产。这两种方式都可保证继承人不会因继承而背上沉重的债务。就遗产债权人而言,该制度可以保证遗产能够充分用于清偿被继承人的债务。即法律通过对放弃继承和限定接受继承规定严格的期限和形式,以及对违反者强制其概括接受继承,从而防止继承人利用其有利地位诈害被继承人的债权人,保证遗产债权人能够就遗产优先获得清偿。而在遗赠法律关系中,执行遗赠,必须首先偿还被继承人的债务,有剩余财产的才能执行遗赠。若遗产不足以清偿债务的,受遗赠人则不能取得遗赠财产。如《德国民法典》第 2047 条第 1 款规定:"在清偿遗产债务后的剩余遗产按各应继份的比例归属于继承人。"《瑞士民法典》第 486 条第 1 款规定:"遗赠超过遗产数额或超过执行遗赠义务人取得的生前赠与的数额,或超过被继承人可处分的部分时,得请求按比例减少遗赠。"我国《继承法》第 33 条、第 34 条分别规定:"继承遗产应当清偿被继承人依法应当缴纳的税款和债务,缴纳税款和清偿

① 郭明瑞、房绍坤、关涛:《继承法研究》,中国人民大学出版社 2003 版,第 35～36 页。

债务以他的遗产实际价值为限。超过遗产实际价值部分,继承人自愿偿还的不在此限。继承人放弃继承的,对被继承人依法应当缴纳的税款和债务可以不负偿还责任。""执行遗赠不得妨碍清偿遗赠人依法应当缴纳的税款和债务。"

## 第二节　本条的地位、价值与意义

继承人和受遗赠人之继承权与受遗赠权的实现和限制,遗产的占有和转移都与接受和放弃继承、遗赠制度有着密切的关联,可见,接受和放弃继承、遗赠制度在继承法律制度中居于十分重要的地位。接受和放弃继承、遗赠制度也体现了法律所追求的自由、公平、安全、效率的价值。通过对接受和放弃继承、遗赠制度立法价值取向的分析,我们可以明确接受和放弃继承、遗赠制度之设计是为了平等地保护继承人、受遗赠人及遗产债权人的利益。本节主要阐述接受和放弃继承、遗赠制度的地位、价值和意义。

### 一、本条的地位

继承开始后,继承人能否得到遗产,应以依法或依遗嘱享有继承资格的继承人是否表示接受继承为依据;受遗赠人能否实际取得遗产,也应以其是否表示接受遗赠为前提。"在继承法律制度中,关于继承的接受和拒绝,涉及继承权能否实现、遗产所有权是否移转的根本问题。"①因此,接受和放弃继承、遗赠制度在遗产处理制度中处于重要的枢纽地位,承前启后,后续的遗产处理以其为前提。

### 二、本条的价值

一定的法律价值是法律制度得以制定的依据所在。"任何值得被称之为法律的制度,必须关注某些超越特定社会结构和经济结构相对性的基本价值。"②接受和放弃继承、遗赠制度彰显了作为民法重要组成部分的继承法所追求的自由、公平、安全、效率的价值。

(一)自由价值

私法自治是民法重要的基本原则。作为民法重要组成部分的继承法,亦应以自由为基本价值目标,保护继承关系中诸方当事人的自由权利。德国学者认为,"人只有一种天赋的权利,即与生俱来的自由。自由是独立于别人的强制意志,而且根据普遍的法则,它能够和所有人的自由并存,它是每个人由于他的人性而具有的与生俱来的权利。"③对于继承人来说,接受和放弃继承制度使继承人能在法定期限内根据遗产的状况自由选择接受或放弃继承。如果继承人选择接受继承,对于继承的效力,继承人也可以选择以制作遗产清单的方式而限定接受继承,即承担遗产债务的有限清偿责任;或选择概括接受继承,即承担遗产债务的无限清偿责任。对于受遗赠人而言,遗赠虽为单方民事法律行为,不问受遗赠人意思如

---

① 龙斯荣:《罗马法要论》,吉林大学出版社 1991 年版,第 216 页。

② [美]博登海默:《法理学法律哲学与法律方法》,邓正来译,中国政法大学出版社 1999 年版,第 5 页。

③ [德]康德:《法的形而上学原理》,沈叔平译,商务印书馆 1991 年版,第 50 页。

何,均可发生效力,然而,不能强制受遗赠人接受遗赠,受遗赠人在法定期间内依法享有表示接受或放弃的自由。法律赋予继承人和受遗赠人享有自愿选择是否接受继承或遗赠的权利,体现了法律尊重继承人和受遗赠人的意愿,赋予其是否取得遗产的选择权,其有权根据对被继承人的财产及债务进行考量后,自愿选择是否接受继承或遗赠,从而保障其意思自治的实现,彰显了法律的自由价值。例如,在我国,我国《继承法》第25条规定:“继承开始后,继承人放弃继承的,应当在遗产处理前,作出放弃继承的表示。没有表示的,视为接受继承。受遗赠人应当在知道受遗赠后两个月内,作出接受或者放弃受遗赠的表示。到期没有表示的,视为放弃受遗赠。”又如,在国外,《德国民法典》第1946条规定:“继承开始时,继承人即可接受或拒绝遗产。”《瑞士民法典》第566条第1款规定:“法定继承人及指定继承人可以抛弃继承权。”

(二)公平价值

尊重继承人和受遗赠人的自由意愿,并不意味着他们的自由意愿不受任何限制。美国学者指出,“正义是社会制度的首要价值,正像真理是思想体系的首要价值一样。……某些法律制度,不管它们如何有效率和有条理,只要它们不正义,就必须加以改造和废除。每个人都拥有一种基于正义的不可侵犯的权利,这种不可侵犯的权利即使以社会整体之名也不能逾越,因此,正义否认为了一些人分享更大利益而剥夺一些人的自由是正当的,不承认许多人享有的较大利益能绰绰有余地补偿强加于少数人的牺牲。”[①]继承法在保障继承人和受遗赠人接受或放弃继承、遗赠选择权实现的同时,也要保护其他遗产继承人和债权人的利益,体现了法律的公平价值理念。正如我国学者指出的那样:“公平是民法的精神,尽管民法的各种规定千头万绪,复杂万端,如果要对其作一言以蔽之的说明,必须用得着‘公平’二字。舍却公平,民法将不称其为民法。”[②]就继承人之间的关系而言,若允许继承人和受遗赠人只享有承受遗产的权利,而不负担遗产上的义务,就可能损害其他继承人的利益。在财产继承关系中,根据权利义务相一致的原则,继承人既享有继承遗产的权利,也有承担清偿遗产债务的义务。即财产继承关系的内容是继承人对遗产权利和义务的全面承受,是取得遗产权利和履行遗产义务的统一。除遗嘱继承外,法律不允许继承人只享受遗产权益,而不负担遗产上的义务。在遗赠法律关系中,执行遗赠时,必须首先偿还被继承人的债务,如有剩余财产的才能执行遗赠。例如,《德国民法典》第1967条第1款规定:“继承人对遗产债务承担责任。”我国《继承法》第33条规定:“继承遗产应当清偿被继承人依法应当缴纳的税款和债务,缴纳税款和清偿债务以他的遗产实际价值为限。超过遗产实际价值部分,继承人自愿偿还的不在此限。继承人放弃继承的,对被继承人依法应当缴纳的税款和债务可以不负偿还责任。”第34条规定:“执行遗赠不得妨碍清偿遗赠人依法应当缴纳的税款和债务。”我国《执行〈继承法〉的意见》第62条规定:“遗产已被分割而未清偿债务时,如有法定继承又有遗嘱继承和遗赠的,首先由法定继承人用其所得遗产清偿债务;不足清偿时,剩余的债务由遗嘱继承人和受遗赠人按比例用所得遗产偿还;如果只有遗嘱继承和遗赠的,由遗嘱继承人和受遗赠人按比例用所得遗产偿还。”概而言之,公平价值指的就是接受继承的同时须承担债务清

---

① [美]约翰·罗尔斯:《正义论》,何怀宏等译,中国社会科学出版社1988年版,第68页。

② 徐国栋:《民法基本原则解释——成文法局限性之克服》,中国政法大学出版社2001年版,第66页。

偿责任;而放弃继承的,不承担债务清偿责任。接受遗赠的须清偿遗产债务后才能执行遗赠,若遗产不足以清偿债务的,受遗赠人则不能取得遗赠。也就是说,执行遗嘱继承或遗赠须以清偿遗产债务后有剩余遗产为前提,这既保护了遗产债权人的利益,也保护了遗赠人的利益,彰显了法律的公平价值。

(三)安全价值

法律的安全价值是指法律能为法律行为主体提供一定的法律秩序,应对各种行为的法律后果,使该法律行为的后果有可预见性。在现代社会,随着社会经济的发展,家庭基于生产、生活的需要,对外交易越来越频繁,市场交易的安全性愈发重要。"法律建立良好社会秩序的目的归根到底是要创造一种安居乐业的条件,即法律建立一种物质的、精神的生产方式和生活方式的社会固定形式,使人们的行为能够相对地摆脱单纯偶然性和任意性,实现人们的安居乐业。"[①]在继承法律制度中,被继承人死亡后,其遗产转移不仅涉及继承人和受遗赠人的利益,还涉及遗产债权人的利益。因此,继承立法必须具有维护第三人利益和交易安全的价值取向。"继承制度的存在根据之一,便是保护交易的安全。"[②]为保护遗产债权人的利益,接受和放弃继承、遗赠制度通过设立放弃继承和限定接受继承的后果,以及对违反者强制其概括接受继承的规定,以此来防止继承人利用其有利地位欺诈债权人,保证遗产债权人能够就遗产优先获得清偿。在国外,有的国家的继承法明确规定,如果继承人选择继承接受中的概括继承方式,即其实行自愿概括继承,就必须承担清偿被继承人全部债务的责任。例如,《日本民法典》第920条规定:"继承人表示单纯承认后,即无限地承受被继承人的权利义务。"但如果他选择继承接受中的限定继承,则他必须在规定的期间内制作忠实、准确的遗产清单,以其遗产实际价值为限清偿被继承人的债务。《法国民法典》第793条规定:"意图为限定承认的继承人,应向继承开始地的第一审法院提出声明。此项声明应登录于为受理抛弃继承声明书而置备的登记簿。"如果继承人选择放弃继承,其将退出继承法律关系,遗产将按规定清算。但是,如果继承人有隐匿、毁损、私自转移遗产或私自消费等欺诈债权人并损害其利益的行为时,即依法丧失限定继承的利益,产生强制概括继承的法律后果。这就从制度上保证了被继承人的财产首先被用于清偿被继承人的债务,从而使遗产债权人的债权得到有效保障。《法国民法典》第792条规定:"继承人,侵吞或隐匿遗产中的某些财务,即丧失放弃继承的权利;侵吞或隐匿遗产的人,尽管表示放弃继承,仍然为无条件的继承人,但对其侵吞或隐匿的财产不得主张享有任何继承份。"《意大利民法典》第527条规定:"扣留或者隐匿遗产的根据遗嘱或法律有权取得遗产之人丧失继承的权利,即使上述人员声明放弃继承,也同样被视为单纯接受继承。"我国《执行〈继承法〉的意见》第46条规定:"继承人因放弃继承权,致其不能履行法定义务的,放弃继承权的行为无效。"

(四)效率价值

美国学者认为,"法本身的规范、程序和制度极大地注重于促进经济效益。"[③]法律的效

---

① 《马克思恩格斯全集》第25卷,人民出版社1994年版,第894页。

② 林秀雄:《继承法讲义》,元照出版公司2005年版,第4～5页。

③ [美]理查德·A.波斯纳:《法律的经济分析(上)》,蒋兆康译,中国大百科全书出版社1997年版,第28页。

率价值是指以有利于提高效益的方式分配资源,并以权利和义务的规定保障资源的优化配置和使用,以最大限度地增加社会财富为目的。继承法在调整社会资源的分配上,应当以制度保障提高社会资源的利用效率,使有限的社会资源产生更多的效益。所以,在接受和放弃继承、遗赠制度中,继承法的效率价值就体现在对继承人和受遗赠人接受或放弃遗产的意思表示的法定期间之规定上。继承开始时,继承人和受遗赠人接受或放弃遗产意思表示必须在法定期间内作出,否则遗产的归属将迟迟没有定论,这不利于遗产的管理,将降低社会资源的利用率。例如,《德国民法典》规定,继承的拒绝只可以在六周之内为之。上述期限自继承人得知遗产归属和继承资格之依据时开始。[①] 如果继承人选择了限定继承,但又没有在法定期限内以制作遗产清单的方式接受继承的,则视为无条件地接受继承,其将承担被继承人的全部财产权利、义务和责任。并且该法还规定:"经债权人申请,遗产法院应当为继承人规定一个遗产清册期限。如果未在期限届满之前制作遗产清册,则在期限届满后,继承人即对遗产债务承担无限责任。"[②]《瑞士民法典》第 567 条规定:"抛弃继承权的期限,以三个月为限,自法定继承人知悉被继承人死亡时开始计算,但如其能证明以后知悉的,不在此限。"对于受遗赠人是否接受遗赠的考虑期间,我国《继承法》第 25 条规定:"受遗赠人应当在知道受遗赠后两个月内,作出接受或者放弃受遗赠的表示。到期没有表示的,视为放弃受遗赠。"以上国外立法和我国立法都是为了敦促继承人或受遗赠人尽快决定是否参加继承或接受遗赠,以尽早确定遗产的承受人,体现了法律的效率价值。

## 三、本条的意义

接受和放弃继承、遗赠制度的立法宗旨是尊重继承人、受遗赠人的意愿,维护继承人、受遗赠人和遗产债权人各方利益和交易安全,既不让继承人清偿超过遗产的债务、让受遗赠人得到受遗赠的财产,又要保证遗产能够首先用于清偿死者的债务,不致因继承人的隐匿、不当处分等行为或遗产未清偿完债务就实行遗赠从而损害遗产债权人的利益。

### (一)尊重继承人和受遗赠人的意愿及维护其利益

在古罗马,最初实行的是以身份继承为主的概括继承,"继承人是宗亲集团或家族最高权利的继承人,并且仅仅是作为结果也才作为财产的继承人,其宗旨是使宗亲集团或家族的统一不会因该集团或家族首脑的死亡而发生解体,因此,古代的继承主要是身份继承。"[③]此即强制继承,继承人继承被继承人的法律地位。也就是说,在近现代继承法之接受和放弃继承、遗赠制度出现之前,无论出现什么情况,继承人都须对被继承人的债务承担无限清偿责任,由此导致被继承人的遗产与继承人自身的财产发生混同。如果被继承人的遗产不足以清偿其债务,继承人就应以自己的固有财产来偿还被继承人的债务。这对继承人是不公平的,也与现代法律倡导的民事主体人格独立、自己责任、责任自负的理念相悖。现代继承法基于私法自治原则,通过对继承人赋予继承选择权,使得继承人可以在遗产债务负担过重的

---

① 参见《德国民法典》第 1944 条。

② 参见《德国民法典》第 1994 条第 1 款。

③ [意]彼德罗·彭梵得:《罗马法教科书》(2005 年修正版),黄风译,中国政法大学出版社 2005 年版,第 421 页。

情况下，自愿选择限定接受继承或放弃继承，从而避免因继承而背上沉重的债务，陷入困境。例如，《意大利民法典》规定："遗产可以单纯地简单接受，也可以以享有遗产清单利益的方式接受。无论遗嘱人以何种方式作出禁止，继承人都可以以享有遗产清单利益的方式接受继承。"①该法还规定："遗产清单利益的效力在于将被继承人的财产与继承人的财产相分离。继承人对于超过遗产价值的遗产债务和遗赠不承担清偿责任。""继承开始时，继承人即可接受或拒绝遗产。"②

（二）维护第三人利益和交易安全

安全是法律的重要价值之一，也是法律对人类社会生活秩序的重要保障。维护第三人利益和交易安全，是市民社会稳定发展的必然要求。"市民社会并没有借助安全这一概念而超越自己的利己主义。相反地，安全却是这种利己主义的保障。"③按照继承的接受和放弃以及遗赠制度的目的要求，必须保证遗产能够首先被用于清偿被继承人的债务。其一，如果继承人选择限定接受继承，则继承人只须以继承的财产为限为被继承人清偿债务；其二，如果受遗赠人选择接受遗赠，受遗赠人只有在清偿债务以后遗产有剩余时才能取得受遗赠财产，即遗产债务优先于遗赠受偿；其三，如果当事人选择放弃继承或遗赠，继承人和受遗赠人将退出继承法律关系，遗产将依法实行清算用于偿还被继承人的债务。这就从制度上保证了被继承人的遗产首先用于清偿被继承人的债务，从而使债权人的债权得到有效保障，维护交易安全。例如，《德国民法典》规定："清偿遗产债务后的剩余遗产按各应继份的比例归属于继承人。"④我国《执行〈继承法〉的意见》第 62 条规定："遗产已被分割而未清偿债务时，如有法定继承又有遗嘱继承和遗赠的，首先由法定继承人用其所得遗产清偿债务；不足以清偿时，剩余的债务由遗嘱继承人和受遗赠人按比例用所得遗产偿还；如果只有遗嘱继承和遗赠的，由遗嘱继承人和受遗赠人按比例用所得遗产偿还。"

## 第三节　继承和遗赠的接受与放弃制度的演变

古代社会的继承，以身份继承为主，财产继承仅为身份继承的附属物。身份继承的继承人是没有选择权的，只能强制接受，不能放弃。英国学者指出，"罗马的继承制度最初是采取概括继承主义，即继承一种概括的权利或权利和义务的整体，一个人接受了另一个人的法律地位，一方面要承担其全部义务，另一方面享有其全部权利。"⑤可见，在古代社会，是以强制继承为原则的。所谓强制继承，是指不论继承人是否愿意，都必须依照法律的规定或被继承人的指定进行继承，不得拒绝。强制继承制度反映了古代社会继承的性质和目的。随着社会的发展，"到罗马共和国时期，大法官赋予继承人以拒绝继承的不参与遗产权，即在有遗产不足以清偿债务危险时，继承人可以声明不参与处理遗产，通过将遗产交由遗产债权人处理

---

① 参见《意大利民法典》第 470 条。

② 参见《德国民法典》第 490 条、第 1946 条。

③ 《马克思恩格斯全集》第 1 卷，人民出版社 1956 年版，第 439 页。

④ 参见《德国民法典》第 2047 条第 1 款。

⑤ ［英］梅因：《古代法》，沈景一译，商务印书馆 1984 年版，第 101 页。

的方法,免除承担责任。"[①]但是,"家内继承人(heres domesticus)和必然继承人(heres necessarius)都没有选择拒绝接受继承的权利。即使被继承人遗留的是纯粹的债务,继承人也必须接受继承,且是实行的无限责任继承。此即强制的无限责任继承。只有自权继承人(Suus heres)可以对是否接受继承进行选择。这被认作是后世接受与放弃继承制度的渊源。"[②]此后,查士丁尼进行继承法律改革时,首次明确规定,家内继承人和家外继承人都可以自由选择接受或放弃继承,只要在一定的期限内发表弃权声明,放弃继承的家内继承人便不再对死者的债务负责。至于家外继承人则享有选择接受或拒绝负有债务遗产的权利,且有充分的时间对此加以考虑。后来,查士丁尼确定了财产清册照顾制度,首次规定所有的继承人(包括家内继承人和家外继承人)均可要求将死者的财产与本人的财产区分开来,并且不对超过遗产清偿力的债务负责,只要他按照财产清册向死者的债权人作出清偿保证。[③]此即有限责任继承。

到近现代社会,大多数国家的继承法沿袭古罗马立法,都以自己责任为出发点,以自愿继承为原则,赋予继承人接受或放弃继承的选择权。许多国家的现代继承法确立继承选择权的立法,反映了现代民法的意思自治基本原则,彰显着现代继承法的继承人之人格独立、责任自负的理念。如《日本民法典》规定:"继承人表示单纯承认后,即无限地承受被继承人的权利义务。"[④]如果他选择继承接受中的限定继承,则他必须在规定的期间内制作忠实、准确的遗产清单,以其为限清偿被继承人的债务。《法国民法典》规定:"意图为限定承认的继承人,应向继承开始地的第一审法院提出声明。此项声明应登录于为受理抛弃继承声明书而置备的登记簿。"[⑤]我国《继承法》第25条规定,继承开始后,继承人放弃继承的,应当在遗产处理前,作出放弃继承的表示。没有表示的,视为接受继承。受遗赠人应当在知道受遗赠后两个月内,作出接受或者放弃受遗赠的表示。到期没有表示的,视为放弃受遗赠。我国《执行〈继承法〉的意见》第46条规定:"继承人因放弃继承权,致其不能履行法定义务的,放弃继承权的行为无效。"[⑥]

综上可见,继承的接受与放弃制度,经历了从强制的无限责任继承到自愿的有限责任继承的发展演变过程,这反映了现代民法的意思自治原则和自己责任原则的要求,有利于平等地保护继承人和遗产债权人等利害关系人的利益。现代遗赠制度也以自愿接受与放弃为原则,以彰显私法自治精神。

## 第四节 本条规范的构成要件

接受和放弃继承、遗赠制度,是现代继承法贯彻继承自愿原则的产物。法律对继承人或

---

① [英]巴里·尼古拉斯:《罗马法概论》,黄风译,法律出版社2000年版,第253页。

② 史尚宽:《继承法论》,中国政法大学出版社2000年版,第325页。

③ [意]彼得罗·彭梵得:《罗马法教科书》,黄风译,中国政法大学出版社1992年版,第438~441页。

④ 《日本民法典》第920条。

⑤ 《法国民法典》第793条。

⑥ 对于继承人放弃继承的行为,被继承人的债权人能否以侵害其债权为由予以撤销?对此我国立法尚无明文。我们认为对此问题的答案应是否定的。其具体理由参见陈苇、王巍:《论放弃继承行为不能成为债权人撤销权的标的》,载《甘肃社会科学》2015年第5期。

受遗赠人，赋予其接受或放弃继承或遗赠的选择权。同时，由于接受遗产亦事关遗产债权人及其他利害关系人的利益，故法律亦对继承人接受或放弃继承、受遗赠人接受或放弃受遗赠的行为设定了法定的程序和条件。接受和放弃继承、遗赠制度，旨在平等地保护继承人和受遗赠人及遗产债权人利益，以彰显继承自愿原则和公平、诚信原则。鉴于本章主要评注我国《继承法》之接受和放弃继承、遗赠制度，以下仅限于阐述有关我国接受和放弃继承、遗赠条文规范的构成要件。

## 一、继承和遗赠的接受与放弃的主体

### (一)继承接受与放弃的主体

继承接受与放弃的主体为继承人。所谓继承人，是指在法定继承或遗嘱继承中基于继承权承受被继承人遗产的自然人。其具有以下特征：第一，继承人是于继承开始时的自然人，而不能是法人或其他组织，也不能是国家。第二，继承人的产生依据是由法律规定或是遗嘱指定，而不是由继承人本人决定的。第三，继承人是有权继承被继承人遗产的自然人，既不具有法定丧失继承权的事由，也不具有被遗嘱剥夺继承权的情形。

此外，在我国，继承的放弃一般不适用代理。我国《继承法》第 33 条明确规定："继承遗产应当清偿被继承人依法应当缴纳的税款和债务，缴纳税款和清偿债务以他的遗产实际价值为限。"也就是说，即使继承人未放弃继承，也只是在遗产实际价值范围内清偿被继承人生前所负的债务，如果遗产实际价值不足以清偿遗产债务，继承人也不必以自己固有的财产对被继承人的债务承担无限责任，故接受继承对继承人的利益没有任何损害。所以，我国无民事行为能力人和限制民事行为能力人的法定代理人可以为其代为作出接受继承的意思表示。但对于法定代理人代其放弃继承，则须以不损害被代理人利益为前提，否则，其代理放弃继承的行为无效。我国《执行〈继承法〉的意见》第 8 条规定："法定代理人代理被代理人行使继承、受遗赠权，不得损害被代理人的利益。法定代理人一般不能代理被代理人放弃继承、受遗赠权。明显损害被代理人利益的，应认定其代理行为无效。"

### (二)遗赠接受与放弃的主体

遗赠接受与放弃的主体为受遗赠人，是指根据遗赠人的遗嘱有权接受遗赠的人。在我国，受遗赠人的范围具有特定性，我国《继承法》第 16 条规定："公民可以立遗嘱将个人财产赠给国家、集体或者法定继承人以外的人。"由此可见，受遗赠人只能是继承人以外的人，包括自然人、法人、其他组织和国家。此外，对于无民事行为能力人和限制行为能力人，如系单纯无负担的遗赠，因为纯获法律上的利益，则不需其法定代理人同意；如系附负担之遗赠，对于无民事行为能力人，应由其法定代理人代为接受或放弃。对于限制行为能力人，其接受或放弃行为如经其法定代理人允许或追认的，该行为有效，否则，其行为可被撤销。

## 二、继承和遗赠的接受与放弃的时间

### (一)继承接受与放弃的时间

我国《继承法》第 25 条规定："继承开始后，继承人放弃继承的，应当在遗产处理前，作出

放弃继承的表示。没有在遗产处理前表示的,视为接受继承。"可见,在我国,继承的接受没有具体期限,只要继承人在遗产处理前未表示放弃继承,即认为其接受继承。与继承的接受不同,继承的放弃是有期限约束的,即依我国法律规定放弃继承的期限是继承开始后至遗产分割前。放弃继承的期限起算点是继承开始之时。放弃继承的表示应于遗产处理前作出,遗产分割后,继承人再表示放弃,已经不是放弃遗产继承,而是放弃其已实际取得的财产所有权了。如果在遗产分割之前继承人没有表示放弃的,即被推定为接受继承。

(二)遗赠接受与放弃的时间

遗赠是单方法律行为,继承开始后,遗赠即生效,受遗赠人即取得受遗赠权。受遗赠权作为受遗赠人的一项权利,受遗赠人当然可以选择接受或者放弃,但如果其意思表示无时间限制,则可能无休止地拖延,势必危害到其他继承人和遗产债权人的权益。为了促使受遗赠人尽快做出决定,我国《继承法》第25条规定:"受遗赠人应当在知道受遗赠后两个月内,作出接受或者放弃受赠的表示。到期没有表示的,视为放弃受遗赠。"即受遗赠人必须在知道受遗赠后两个月之内明确表示是否接受遗赠,超过这一期间则法律推定受遗赠人放弃接受遗赠的权利。

## 三、继承和遗赠的接受与放弃的方式

(一)继承接受与放弃的方式

在我国,接受继承是不要式行为,无须任何特定方式便可认定为接受继承,明示或默示则在所不论。放弃继承为要式行为,须有继承人积极的意思表示,不得以默示方式为之。我国《执行〈继承法〉的意见》第47条规定:"继承人放弃继承应当以书面形式向其他继承人表示。用口头方式表示放弃继承,本人承认,或有其他充分证据证明的,也应当认定其有效。"第48条规定:"在诉讼中,继承人向人民法院以口头方式表示放弃继承的,要制作笔录,由放弃继承的人签名。"

(二)遗赠接受与放弃的方式

如前所述,在我国的遗赠制度中,遗赠的接受只有明示一种,即受遗赠人必须以口头或者书面形式向遗嘱执行人或遗产管理人明确表示接受遗赠,否则将被认定为放弃遗赠。而放弃遗赠可以采取明示和默示两种方式,即受遗赠人可以在知道受遗赠后以口头或者书面形式明确表示放弃,也可以超过法定期限(知道受遗赠后两个月内)不作任何接受或放弃的意思表示而被推定为放弃遗赠。

## 四、继承和遗赠的接受与放弃不得附条件

虽然法律上没有明文规定,但如允许继承人附条件接受继承,则会使继承的效力不易确定,从而害及其他顺序继承人及被继承人之债权人等利害关系人之利益,因此,继承之接受须具有确定性,不得附加条件。具体而言,其主要有两种情况:第一,不得以不履行法定义务为条件而放弃继承。如以不履行对父或母之赡养义务为条件而放弃继承的,因为该赡养义务为法定之义务,所以不管有无遗产可供继承,该赡养义务之放弃都是无效的。我国《执行

〈继承法〉的意见》第46条规定："继承人因放弃继承权，致其不能履行法定义务的，放弃继承权的行为无效。"第二，不得为相对的放弃。相对的放弃是指继承人以将其应继份归属于特定的继承人或继承人以外之其他人为条件而放弃继承。这实际上是接受了继承后，把自己的应继份额转让给了特定的继承人，其实就是对应继份额之所有权的处分，并非是放弃，而是所有权的转移。同样，遗赠是在继承开始时就发生效力了，如果允许受遗赠人在是否接受遗赠上附条件，则会使遗赠的财产利益之归属处于不确定状态，从而影响遗产债权人及其他继承人的权益，因此，遗赠的接受也不得附条件。

### 五、继承和遗赠的接受与放弃不得部分接受与放弃

继承接受或放弃的标的是继承，而"继承是权利客体，不是某项单一的财产，而是整个遗产中所占的一定比例，继承是权利义务的统一体。"[①]如果允许继承人部分接受、部分放弃，则继承人可以选择只继承积极财产，放弃消极财产，这就会损害遗产债权人的利益，亦违反了公平原则。对于遗赠而言，遗赠的标的虽然只能是财产利益，但不排除遗赠人可以对遗赠附加某种负担。[②] 故如果允许受遗赠人部分接受遗赠，其就很可能只选择接受利益，而不负担义务。根据我国《继承法》第21条规定："遗嘱继承或者遗赠附有义务的，继承人或者受遗赠人应当履行义务。没有正当理由不履行义务的，经有关单位或者个人请求，人民法院可以取消他接受遗产的权利。"可见，遗赠的接受也是不能部分接受的。

### 六、继承和遗赠的接受与放弃的效力

#### （一）继承接受与放弃的效力

继承人表示接受遗产，则继承人取得其应继份的所有权。继承人表示放弃遗产的，放弃遗产的效力，追溯至继承开始之时。我国《执行〈继承法〉的意见》第51条规定："放弃继承的效力，追溯到继承开始的时间。"放弃继承后，继承人视为无继承权人，不享有任何继承权利，亦不负担任何继承义务。放弃继承，不影响继承人对遗产的其他财产权利。如继承人享有对被继承人的债权，则仍可向遗产主张债权。

#### （二）遗赠接受与放弃的效力

受遗赠人接受遗赠的，遗赠的效力溯及于继承开始时发生。受遗赠人一旦接受遗赠，不得再放弃，亦不得撤回其接受遗赠的意思表示。受遗赠人放弃遗赠的，溯及于继承开始时，遗赠不发生效力。遗赠的财产仍为遗嘱人的遗产。除遗赠人在遗嘱中已设候补受遗赠人外，其应依我国《继承法》第27条之规定，适用法定继承。

## 第五节　重要学术观点与争议

本节主要考察目前我国学者撰写发表的"继承法立法建议稿"中有关接受或放弃继承、

---

① 陈苇、宋豫主编：《中国大陆与港、澳、台继承法比较研究》，群众出版社2007年版，第125页。

② 但这并不构成遗赠的对价，因此，并不影响遗赠的无偿性。

遗赠制度的建议，这些学者建议稿包括梁慧星等学者建议稿、徐国栋等学者建议稿、王利明等学者建议稿、张玉敏等学者建议稿、陈苇等学者建议稿和杨立新等学者建议稿。

## 一、重要学术观点

梁慧星等学者建议稿的主要观点如下：(1)关于继承和遗赠接受与放弃的期限，继承人放弃继承的，应当在知道继承开始后两个月内以书面形式作出放弃继承的意思表示；逾期未表示的，视为接受继承。受遗赠人接受遗赠的，应当在知道受遗赠后两个月内作出接受遗赠的意思表示；逾期未表示的，则视为放弃遗产。[①] (2)关于继承接受与放弃不得附条件与期限，继承的接受或放弃不得附有条件或期限，部分接受或放弃继承的意思表示无效。[②] (3)关于继承接受与放弃意思表示的方式与效力，继承人放弃继承的，应当在知道继承开始后两个月内以书面形式作出放弃继承的意思表示；逾期未表示的，视为接受继承。[③] 放弃继承的效力，追溯到继承开始的时间。[④] (4)关于继承接受与放弃意思表示的撤销，接受或放弃继承的意思表示一经作出，不得撤销，但在受欺诈、胁迫情况下作出的例外。[⑤] 继承人放弃继承损害其债权人利益的，债权人可以在知道或者应当知道继承人放弃继承之日起六个月内申请人民法院作出放弃继承无效的裁定，但继承人提供充分担保的除外。[⑥]

徐国栋等学者建议稿之主要观点如下：(1)关于继承和遗赠接受与放弃的期限，一切相续人应依任何利害关系人的请求表示接受或抛弃继承；此等表示应在接受请求之日后的40天内做出。在相续人失踪或财产处于远地的情形下，或者在有其他重大事由时，法院可延展这一期限，但绝对不得超过1年。[⑦] (2)关于继承接受与放弃不得附条件与期限，接受或抛弃继承不得附条件，也不得附始期或终期。[⑧] (3)关于继承接受与放弃意思表示的方式与效力，接受遗产可以是明示或默示的。采用继承人名义的，为明示的接受；如继承人从事某一必然被推知其接受意图的行为，而这种行为除非以继承人的身份无权实施，为默示的接受。如相续人以任何方式向他人出售、赠与或转让已向其提交的物品或继承该物品的权利，他被理解为已以继承人行为接受继承。在公文书或私文书中作为继承人缔结债的，或在司法文书中使用继承人名义的人，被认为已作为继承人行使。单纯的保存行为、检查行为以及紧急情况下的暂时管理行为，不构成依其自身可推知接受意图的行为。即使处于紧急情况下的管理目的转让任何属于遗产的物件或权利，如继承人未请求法院许可而实施，以声明其并无以继承人的身份为自己缔结债的意图，该转让行为是继承人的行为。未事先做成要式财产清单即实施继承人行为的人，即使死者的一切可移转的债务强加给他的负担超过其他继承的财产的价值，也应按其遗产份额的比例继承此等债务。已预先做成要式清单的人享受清

① 梁慧星等学者建议稿第2008条。

② 梁慧星等学者建议稿第2009条。

③ 梁慧星等学者建议稿第2008条。

④ 梁慧星等学者建议稿第2011条。

⑤ 梁慧星等学者建议稿第2008条。

⑥ 梁慧星等学者建议稿第2012条。

⑦ 徐国栋等学者建议稿第四分编第323条。

⑧ 徐国栋等学者建议稿第四分编第320条。

单利益。相续人如迟延作出接受或抛弃继承的表示，视为接受继承。[①] (4)关于继承接受与放弃意思表示的撤销，一旦按法定要件作出接受，不得撤销，但有胁迫或诈欺情事的，以及根据在为接受时尚不知晓的遗嘱处分遭受显示公平之结果的，不在此限。任何人均无权取消其抛弃，本人或其法定代理人因受胁迫或诈欺作出抛弃的除外。[②]

王利明等学者建议稿之主要观点如下：(1)关于继承和遗赠接受与放弃的期限，继承人放弃继承的，应当在知道或应当知道继承开始两个月内，向遗产管理人、遗嘱执行人或人民法院作出书面的放弃继承的表示。到期没有表示的，视为接受继承。受遗赠人应当在知道或应当知道受遗赠后两个月内，作出接受或者放弃受遗赠的意思表示；到期没有表示的，视为放弃遗赠。[③] (2)关于继承接受与放弃不得附条件与期限，继承人不得部分接受或放弃继承。接受或者放弃继承不得附有期限或条件。[④] (3)关于继承接受与放弃意思表示的方式与效力，继承人放弃继承的，应当在知道或应当知道继承开始两个月内，向遗产管理人、遗嘱执行人或人民法院作出书面的放弃继承的表示。到期没有表示的，视为接受继承。[⑤] 放弃继承的效力，溯及于继承开始之时。[⑥] 放弃继承者，就其所管理之遗产，于其他继承人或遗产管理人开始管理前，负有以处理自己事务的同样的注意继续管理之义务。[⑦] (4)关于继承接受与放弃意思表示的撤销，继承人不得单方撤销承认或放弃继承的意思表示，但在受欺诈、胁迫、重大误解情况下除外。[⑧] 继承人放弃继承损害其债权人利益的，债权人可以在知道或者应当知道继承人放弃继承之日起六个月内申请人民法院撤销继承人的放弃行为。[⑨]

张玉敏等学者建议稿之主要观点如下：(1)关于继承和遗赠接受与放弃的期限。自继承人知道自己为应召继承人时起，或者自遗嘱开启时起 2 个月内，继承人可以以制作遗产清单的方式接受继承(限定继承)。继承人在国外的，期限为 6 个月。继承人没有在上述期限内声明放弃继承或者以制作遗产清单的方式接受继承的，视为单纯接受继承(无限责任继承)。单纯继承人承受被继承人的全部财产权利、义务和责任，但是，专属于被继承人自身，因继承开始而消灭者除外；受遗赠人可以自遗嘱开启时起 2 个月内，向继承人或者遗产管理人表示接受继承。受遗赠人未明确表示放弃遗赠的，视为接受遗赠。[⑩] (2)关于继承接受与放弃不得附条件与期限。接受和放弃继承不得附有条件和期限，继承人不得放弃一部分遗产，而接受另一部分遗产。部分放弃、部分接受视为接受继承。(3)关于继承接受与放弃意思表示的方式与效力。放弃继承的声明须以书面的形式向已经接受继承的继承人作出，有遗产管理人时，应当向遗产管理人作出。放弃继承者应当将放弃继承的声明告知所有已知的继承人。如果已经有继承人向法院声明以制作遗产清单的方式接受继承，或者没有继承人接受继承，

---

① 徐国栋等学者建议稿第四分编第 326～331 条、第 337 条。

② 徐国栋等学者建议稿第四分编第 330 条、第 340 条。

③ 王利明等学者建议稿第 554 条。

④ 王利明等学者建议稿第 559～560 条。

⑤ 王利明等学者建议稿第 554 条。

⑥ 王利明等学者建议稿第 558～561 条。

⑦ 王利明等学者建议稿第 563 条。

⑧ 王利明等学者建议稿第 558 条。

⑨ 王利明等学者建议稿第 562 条。

⑩ 张玉敏等学者建议稿第 9 条。

放弃继承的声明必须以书面的方式向法院作出。[①] 放弃继承的人视为从继承开始时起就不是继承人。被放弃的继承份额按照放弃继承的人在继承开始前死亡的情形处理。继承人在放弃继承后应当继续管理遗产,直到因其放弃而有权接受继承的继承人接受继承时为止。放弃继承的人此前对遗产的管理按无因管理处理。继承人在放弃继承的期限内,隐匿遗产中的物品,或者对遗产实施不必要的处分行为的,丧失放弃继承的权利,但接受继承的人表示了解的除外。[②] (4)关于继承接受与放弃意思表示的撤销。接受和放弃继承的意思表示不得撤销。但是,因受欺诈或胁迫而作出的接受或放弃继承的表示可以撤销。撤销应当在知道有撤销事由时起 60 天内向法院提出。因受胁迫而表示接受继承的,撤销的期限自胁迫终止时起计算。自接受继承时起经过 10 年,不得再提起撤销之诉。[③]

陈苇等学者建议稿之主要观点如下:(1)关于继承和遗赠接受与放弃的期限。继承人可以在继承开始前或继承开始后行使继承选择权,表示接受继承或放弃继承。继承开始后,自继承人知道自己为继承人时起或自遗嘱开启时起 2 个月内,继承人可以声明接受或放弃继承。继承人在国外的,此期限为 6 个月。受遗赠人在继承开始后,可表示放弃接受遗赠,放弃的效力溯及继承开始之时。受遗赠人表示放弃遗赠的意思表示应该在知道或应当知道受遗赠后 1 年内作出,1 年内未作出的视为接受遗赠。遗赠义务人及其他利害关系人可以催告受遗赠人在 2 个月内作出接受或放弃的表示,受遗赠人在此期间没有表示的,视为接受遗赠。[④] (2)关于继承接受与放弃不得附条件与期限。接受与放弃继承不得附条件或期限。部分放弃继承或部分接受继承的意思表示无效,仍视为继承人接受继承。[⑤] (3)关于继承接受与放弃意思表示的方式与效力。继承开始后,继承人可以采取制作遗产清册的方式接受继承,如果继承人没有在上述期限内提出声明接受或放弃继承,也没有以制作遗产清册的方式接受继承的,视为无条件的概括继承。继承人放弃继承的声明,须以书面的形式向所有已知的接受继承的继承人作出,有遗产管理人时,应当向遗产管理人作出。如果已经有继承人向法院声明以制作遗产清册的方式接受继承,或者没有继承人接受继承,放弃继承的声明必须以书面形式向法院作出。放弃继承的效力,溯及继承开始之时。被放弃的继承份额按照放弃继承的人在继承开始前死亡的情形处理。继承人在放弃继承后应当继续管理遗产,直至因其放弃而有权接受继承的继承人接受继承为止。放弃继承的人此前对遗产的管理为无因管理。[⑥] (4)关于继承和遗赠接受与放弃意思表示的撤销。接受与放弃继承的意思表示不得被撤回,但因受欺诈或胁迫而作出的,可以被撤销。撤销应当在继承人知道撤销事由时起 60 天内向法院提出。因受胁迫而表示接受继承的,撤销的期限自胁迫终止时起计算。自接受继承时起经过 20 年,不得再提起撤销之诉。[⑦] 受遗赠人对遗赠接受或放弃作出的意思表示,不得撤销。[⑧]

---

① 张玉敏等学者建议稿第 12 条。

② 张玉敏等学者建议稿第 12～14 条。

③ 张玉敏等学者建议稿第 11 条。

④ 陈苇等学者建议稿第 11 条、第 59 条。

⑤ 陈苇等学者建议稿第 11 条。

⑥ 陈苇等学者建议稿第 12 条、第 13 条。

⑦ 陈苇等学者建议稿第 14 条。

⑧ 陈苇等学者建议稿第 59 条。

杨立新等学者建议稿之主要观点如下：(1)关于继承和遗赠接受与放弃的期限。继承人应当自知道或者应当知道继承开始并有资格继承遗产之日起三个月内，作出是否接受继承的表示。逾期未表示或者已经接受遗产分配的，视为接受继承。继承开始后，受遗赠人在知道或者应当知道受遗赠后未作出放弃表示的，视为接受遗赠。接受遗赠后，取得遗赠财产之前，可以放弃受遗赠。[①] (2)关于继承接受与放弃不得附条件与期限，接受或放弃继承的表示附条件、附期限的无效。[②] (3)关于继承接受与放弃意思表示的方式与效力，接受或者视为接受继承后不得再放弃继承。放弃继承、受遗赠的效力，溯及继承开始之时。相应遗产份额归属于其他继承人。放弃继承、受遗赠的表示应当以书面形式向其他继承人、遗产管理人或遗嘱执行人作出。用口头方式表示放弃继承，本人承认，或有其他证据证明的，应当认定为有效。没有或者不知其他继承人、遗产管理人或遗嘱执行人的，放弃继承、受遗赠的意思表示向民政部门作出或者以公证的方式作出。[③] (4)关于继承接受与放弃意思表示的撤销，接受或者放弃继承的意思表示不得撤销。但下列情形除外：(一)因欺诈、胁迫、乘人之危或重大误解而作出的；(二)遗产分配前，经济状况严重恶化的。前款规定的撤销，应当自知道或应当知道可撤销事由之日起三个月内提出。因受胁迫而表示放弃继承的，撤销的期限自胁迫消除时起计算。[④] 被继承人生前通过赠与或明显不合理的价格进行交易，导致遗产不当减少，对债权人造成损害的，债权人可以行使撤销权。[⑤]

## 二、重要学术观点之争议

通过对上述六部学者建议稿观点的考察，我们可以看出，学者们都建议继承和遗赠的接受或放弃不得附条件或期限；接受与放弃不得仅限于遗产的一部分，对部分遗产的接受与放弃无效；继承和遗赠的接受与放弃须在法定期间内为之；继承的接受与放弃不得撤销，但因受欺诈或胁迫而作出的，可以被撤销。但学者们的观点也有如下争议之处：

### (一)能否在继承开始之前表示接受和放弃继承

"肯定说"认为，我国之《继承法》并无禁止继承契约[⑥]之规定，而且家庭成员之间通过继承契约安排将来遗产的继承问题并不违背继承人和被继承人之意愿，也不影响家庭的和睦团结，更不会损害社会公共利益，所以，只要其内容合法，应允许在继承开始之前继承人作出接受或放弃继承的意思表示。继承人可以在继承开始前或继承开始后行使继承选择权，表示接受继承或放弃继承。[⑦] "否定说"认为，继承人应当自知道或者应当知道继承开始并有

---

① 杨立新等学者建议稿第12条。

② 杨立新等学者建议稿第12条。

③ 杨立新等学者建议稿第12～13条。

④ 杨立新等学者建议稿第12～14条。

⑤ 杨立新等学者建议稿第82条。

⑥ 继承契约，指的是被继承人与继承人、其他自然人、法人和其他组织等就继承或者受遗赠权的取得或消灭等而达成的合意。参见陈苇主编：《外国继承法比较与中国民法典继承编制定研究》，北京大学出版社2011年版，第427页。

⑦ 陈苇主编：《外国继承法比较与中国民法典继承编制定研究》，北京大学出版社2011年版，第140页。

资格继承遗产之日起三个月内,作出是否接受继承的表示。① 放弃继承的表示必须要在继承开始后作出才有效,这是出于保护继承人利益的目的,使继承人能在遗产状况确定之后慎重地作出是否放弃继承的意思表示。后者的观点与我国现行法规定是一致的。②

我们认为,能否在继承开始以前接受或放弃继承,在于立法价值取向的侧重点不同。"否定说"只允许在继承开始之后接受或放弃继承,侧重于保护继承人的利益,使继承人能在遗产状况确定以后慎重地作出接受或放弃继承的意思表示。而"肯定说"允许继承人在继承之前就接受或放弃继承,则侧重于体现当事人的自由意志。从我国实际生活看,我国人口众多,现在老年人口比例更是逐年上升,社会面临着严峻的人口老龄化压力,保障老年人合法权益应当受到国家和社会的重点关注。目前,"在现实生活中,几个继承人与被继承人协商约定,由其中一个或某些继承人赡养照料被继承人,其他没有承担赡养照料义务的继承人自愿放弃继承权,被继承人的遗产由实际履行赡养义务的继承人取得的事例并不鲜见。"③根据我国学者的调查,"对于'几个继承人共同协商,由某位继承人为老人养老送终,则老人的所有遗产由该继承人全部继承'的事情,被调查地区的民众表示并不陌生,在被调查者中表示有此现象的,北京市占四成以上,武汉市和重庆市占七成以上,山东省占六成以上,而且大多数被调查者即北京市有 85.3%的被调查者,重庆市有 76.4%的被调查者,武汉市有 67.2%的被调查者,山东省有 72.3%的被调查者——都表示能够接受这样的继承合同。"④可见,在我国,家庭成员之间通过继承契约安排将来遗产的继承问题并不违背继承人和被继承人之意愿,相反,通过订立继承契约,专职负责赡养照料老人的继承人因为能够继承更多的遗产,故更能积极赡养老人,这更有利于保障老人晚年的生活。因此,只要不违背法律和社会的公共利益,就应当充分尊重当事人对自己继承事务的处理,允许被继承人与继承人在继承开始之前通过继承契约的方式约定赡养与接受或放弃继承等事务。

### (二)在法定期间内未为接受或放弃继承与遗赠的意思表示效力

#### 1. 在法定期间内未为接受或放弃继承意思表示效力

有学者建议稿认为,继承人没有在法定期限内声明放弃继承或者以制作遗产清单的方式接受继承的,视为单纯接受继承(无条件接受继承),即概括继承。单纯继承人承受被继承人的全部财产权利、义务和责任,但是,专属于被继承人自身,因继承开始而消灭者除外。⑤也有学者建议稿认为,继承人对遗产债务均负限定责任,任何人都不能强迫继承人偿还超过遗产实际价值的遗产债务。即使共同继承人中的某个继承人愿意承担无限责任,亦不对其他继承人发生效力。⑥ 也就是说,即使继承人没有在法定期限内声明放弃继承或者以制作

---

① 杨立新、杨震等:《中华人民共和国继承法》(修正草案建议稿),载《河南财经政法大学学报》2012年第5期,第12条。

② 我国《继承法》第25条。

③ 陈苇主编:《外国继承法比较与中国民法典继承编制定研究》,北京大学出版社2011年版,第434页。

④ 陈苇(项目负责人):《当代中国民众继承习惯调查实证研究》,群众出版社2008年版,第231、365、477、575页。

⑤ 张玉敏(课题负责人):《中国继承立法建议稿及立法理由》,人民出版社2006年版,第44～45页。

⑥ 梁慧星(课题负责人):《中国民法典草案建议稿附理由·继承编》,法律出版社2013年版,第179页。

遗产清单的方式接受继承的，继承人也以其所接受遗产的实际价值为限对遗产债务承担责任。超过遗产实际价值部分，继承人自愿偿还的不在此限。此观点与我国现行法规定是一致的。①

我们认为，继承开始后，继承人如果担心遗产不足以清偿遗产债务，无限责任继承会使自己的财产利益受到损失，则其可以选择限定继承，同时履行制作遗产清单等一系列义务，以限制自己的清偿责任。继承人也可以选择放弃继承，从而拒绝享受继承人的权利，也不承担继承人的义务。如果继承人在规定的期间内既没有声明放弃继承，也没有声明以享有遗产清单利益的方式接受继承，则应当被视为无限责任继承，承受被继承人的全部财产权利义务，但是，专属于被继承人人身的除外。这样的制度设计，既能保护遗产继承人的利益，又能维护遗产债权人的利益。②

2. 在法定期间内未为接受或放弃遗赠意思表示效力

有学者建议稿主张，受遗赠人如未在法定期限内表示接受遗赠的，即推定为接受遗赠。遗赠标的是纯粹的积极财产，是被继承人给予受遗赠人的一种财产权利。根据私权神圣的原则，权利人没有明确表示放弃的，应当视为接受。③ 也有学者建议稿认为，受遗赠人如未在法定期限内表示接受遗赠的，即推定为放弃受遗赠。④ 此与我国现行法规定是一致的。⑤

我们认为，对于未在法定期限内表示是否接受遗赠意思表示的效力，遗赠是单方法律行为，一旦遗赠人作出遗赠的意思表示，只要遗赠生效，在继承开始后，受遗赠人就当然取得受遗赠权。受遗赠权是被继承人给予受遗赠人的一种财产权利，受遗赠人接受遗赠，仅是对受遗赠权的一种承认或认可；受遗赠人放弃受遗赠，则是对受遗赠权的放弃，属于处分自身的财产权利。而根据私权神圣原则，不允许任何人以任何方式侵犯自然人和法人的权利，更不允许对权利的非法限制与剥夺。因此，只要权利人没有明确表示放弃受遗赠权的，应当视为其接受了受遗赠权。例如，在我国澳门和台湾地区以及国外一些国家，如果受遗赠人在期间届满后无任何表示的，均规定视为承认接受遗赠。⑥

3. 接受或放弃继承的意思表示撤销的事由

关于撤销事由，有学者建议稿认为仅为欺诈和胁迫，⑦有学者建议稿认为重大误解与欺诈、胁迫一样都属于可撤销的意思表示。⑧ 另外，有学者建议稿认为，除了因欺诈、胁迫、乘人之危或重大误解而作出的接受或放弃继承的意思表示可以撤销外，在遗产分配前，经济状

---

① 我国《继承法》第 33 条。

② 陈苇(项目负责人)：《中华人民共和国继承法》修正案(学者建议稿)，载《中国继承法修改热点难点问题研究》，群众出版社 2013 年版，第 550 页。

③ 张玉敏(课题负责人)：《中国继承立法建议稿及立法理由》，人民出版社 2006 年版，第 46 页。

④ 梁慧星(课题负责人)：《中国民法典草案建议稿附理由 · 继承编》，法律出版社 2013 年版，第 164 页。

⑤ 我国《继承法》第 25 条。

⑥ 陈苇、宋豫主编：《中国大陆与港、澳、台继承法比较研究》，群众出版社 2007 年版，第 404 页。

⑦ 梁慧星(课题负责人)：《中国民法典草案建议稿附理由 · 继承编》，法律出版社 2013 年版，第 164 页。

⑧ 王利明(项目主持人)：《中国民法典学者建议稿及立法理由 · 人格权编 · 婚姻家庭编 · 继承编》，法律出版社 2005 年版，第 501 页。

况严重恶化的,也可以撤销接受或放弃继承的意思表示。①

我们认为,对于接受或放弃继承的意思表示撤销之事由,继承人接受或放弃继承的意思表示一经作出而到达相对人,即溯及继承开始时发生效力,这对财产关系的安定极为重要,关系保护其他继承关系当事人的利益,所以,法律应对继承人享有撤销权的情形给予严格限制。在决定是否接受或放弃继承时,法律已经给继承人规定了充分的时间考虑接受还是放弃继承,继承人在作出决定之前有条件对被继承人的财产状况进行充分的调查,而重大误解等主观错误之发生,都是由于继承人主观上的原因,事后不易举证,而且容易滋生纠纷,故不应当将其归入撤销权发生的原因之列。我国澳门地区的《澳门民法典》第 1898 条规定:“遗产之接受得因欺诈或胁迫而撤销,但不得以单纯之错误为依据而撤销。”《意大利民法典》第 482 条规定:“对因错误而作出接受继承表示的人,不能提起无效之诉。”至于能不能因为经济状况严重恶化而撤销接受或放弃继承的意思表示,我们认为,继承人选择接受或放弃继承完全是基于意思自治,行为人应受其意思表示的约束并对其负责,这是维护正常社会经济秩序所必要的。因此,出于对遗产债权人和其他利害关系人利益的保护及维护交易安全的目的,我们应该不允许继承人因为经济状况严重恶化而对接受或放弃继承享有撤销权。由于继承人经济状况严重困难导致的生活困境,应由社会保障等制度予以解决。

4. 被放弃的遗产份额之归属

有学者建议稿认为,被放弃的继承份额按照放弃继承的人在继承开始前死亡的情形处理。如果放弃继承者有晚辈直系血亲,则按代位继承处理,如果放弃继承者没有晚辈直系血亲,则由其他法定继承人按继承法的规定取得遗产,即被放弃的应继份按照放弃继承的人在继承开始前死亡的情形处理。② 也有学者建议稿认为,放弃继承、受遗赠的效力,溯及继承开始之时。相应的遗产份额归属于其他继承人,③即放弃继承的继承人视为自始不为继承人,不发生代位继承。

我们认为,就放弃继承后应继份的归属效力而言,一般规则是遗嘱继承人放弃继承后其应继份按法定继承处理,法定继承人放弃继承后其应继份归属于其他法定继承人。我国继承立法应坚持此规则。而放弃继承的应继份是否可以代位继承,就涉及对代位继承的性质认定问题,我国学界对此主要有代表权说和固有权说两种:固有权说认为,代位继承人参加继承是自己本身固有的权利,代位继承人是基于自己的权利继承被继承人的遗产,代位继承人的继承权不以被代位继承人是否有继承权为转移;代表权说又称代位权说,认为代位继承人继承被继承人的遗产,不是基于自己本身固有的权利,而是代表被代位继承人参加继承,也就是说,代位继承人是以被代为继承人的地位而取得被代位继承人的应继份额的。④ 如依照“固有权说”,即使在被代位人放弃继承权的情况下,代位继承人也得依自己的权利继承被继承人遗产;如依照“代表权说”,在被代位人放弃继承权的情况下,代位继承人则不能继

① 杨立新、杨震等:《中华人民共和国继承法》(修正草案建议稿),载《河南财经政法大学学报》2012 年第 5 期,第 12～14 条。

② 张玉敏(课题负责人):《中国继承立法建议稿及立法理由》,人民出版社 2006 年版,第 55 页。

③ 杨立新、杨震等:《中华人民共和国继承法》(修正草案建议稿),载《河南财经政法大学学报》2012 年第 5 期,第 12 条。

④ 郭明瑞、房绍坤、关涛:《继承法研究》,中国人民大学出版社 2003 年版,第 78～79 页。

承被继承人遗产。目前我国《继承法》对代位继承采取的是“代表权”说，如果继承人放弃继承的，其晚辈直系血亲不能代位继承，这不利于保护继承人晚辈直系血亲的利益。为了在一定程度上弥补我国《继承法》对晚辈直系血亲继承权益保护之不足，更充分地发挥代位继承的作用，我们认为应当修改我国现行代位继承制度，对于被代位人放弃继承的应继份允许其晚辈直系血亲代位继承。

## 第六节　相关联的法条与典型案例

接受或放弃继承、遗赠制度，是指对继承人和受遗赠人接受或放弃继承和遗赠的行为进行规范的法律制度之总和。除本章评注的我国《继承法》第 25 条外，该制度在我国《继承法》、我国《执行〈继承法〉意见》及其他法律的相关条文中也有所体现。

### 一、相关联的法条

#### （一）我国继承和遗赠的接受与放弃主体相关联的法条

1. 法定继承人

我国《继承法》第 10 条规定，遗产按照下列顺序继承：第一顺序：配偶、子女、父母。第二顺序：兄弟姐妹、祖父母、外祖父母。继承开始后，由第一顺序继承人继承，第二顺序继承人不继承。没有第一顺序继承人继承的，由第二顺序继承人继承。本法所说的子女，包括婚生子女、非婚生子女、养子女和有扶养关系的继子女。本法所说的父母，包括生父母、养父母和有扶养关系的继父母。本法所说的兄弟姐妹，包括同父母的兄弟姐妹、同父异母或者同母异父的兄弟姐妹、养兄弟姐妹、有扶养关系的继兄弟姐妹。

我国《继承法》第 11 条规定，被继承人的子女先于被继承人死亡的，由被继承人的子女的晚辈直系血亲代位继承。代位继承人一般只能继承他的父亲或者母亲有权继承的遗产份额。

我国《继承法》第 12 条规定，丧偶儿媳对公、婆，丧偶女婿对岳父、岳母，尽了主要赡养义务的，作为第一顺序继承人。

我国《执行〈继承法〉的意见》第 10 条规定，继承人虐待被继承人情节是否严重，可以从实施虐待行为的时间、手段、后果和社会影响等方面认定。虐待被继承人情节严重的，不论是否追究刑事责任，均可确认其丧失继承权。

我国《执行〈继承法〉的意见》第 11 条规定，继承人故意杀害被继承人的，不论是既遂还是未遂，均应确认其丧失继承权。

我国《执行〈继承法〉的意见》第 13 条规定，继承人虐待被继承人情节严重的，或者遗弃被继承人的，如以后确有悔改表现，而且被虐待人、被遗弃人生前又表示宽恕，可不确认其丧失继承权。

我国《执行〈继承法〉的意见》第 14 条规定，继承人伪造、篡改或者销毁遗嘱，侵害了缺乏劳动能力又无生活来源的继承人的利益，并造成其生活困难的，应认定其行为情节严重。

我国《执行〈继承法〉的意见》第 21 条规定，继子女继承了继父母遗产的，不影响其继承生父母的遗产。继父母继承了继子女遗产的，不影响其继承生子女的遗产。

我国《执行〈继承法〉的意见》第22条规定,收养他人为养孙子女,视为养父母与养子女的关系的,可互为第一顺序继承人。

我国《执行〈继承法〉的意见》第25条规定,被继承人的孙子女、外孙子女、曾孙子女、外曾孙子女都可以代位继承,代位继承人不受辈数的限制。

我国《执行〈继承法〉的意见》第26条规定,被继承人的养子女、已形成扶养关系的继子女的生子女可代位继承;被继承人亲生子女的养子女可代位继承;被继承人养子女的养子女可代位继承;与被继承人已形成扶养关系的继子女的养子女也可以代位继承。

我国《外人在华遗产继承问题处理原则》第3条规定,外人在华遗产继承人范围与我法院处理中国人遗产之继承人范围同。外人用遗嘱将其在华遗产遗赠非合法继承人者,其遗产一般准由中国人受赠。用遗嘱遗赠房屋及巨额动产案,应报外交部批准。

2. 遗嘱继承人与受遗赠人

我国《继承法》第16条规定,公民可以依照本法规定立遗嘱处分个人财产,并可以指定遗嘱执行人。公民可以立遗嘱将个人财产指定由法定继承人的一人或者数人继承。公民可以立遗嘱将个人财产赠给国家、集体或者法定继承人以外的人。

我国《执行〈继承法〉的意见》第43条规定,附义务的遗嘱继承或遗赠,如义务能够履行,而继承人、受遗赠人无正当理由不履行,经受益人或其他继承人请求,人民法院可以取消他接受附义务那部分遗产的权利,由提出请示的继承人或受益人负责按遗嘱人的意愿履行义务,接受遗产。

我国《外人在华遗产继承问题处理原则》第4条规定,外人在华遗产之继承。如遗赠对象与"三"项不相抵触,可按遗嘱执行;但遗嘱人不得剥夺其未成年子女之应继份。如遗嘱遗赠对象与"三"项相抵触,则遗嘱无效。遗产应仍由合法继承人继承。遗嘱无效或无遗嘱者,其遗产在合法继承人间的继承顺序、应继份可与我法院处理中国人遗产的继承顺序、应继份同。

3. 继承人、受遗赠人的法定代理人

我国《执行〈继承法〉的意见》第8条规定,法定代理人代理被代理人行使继承权、受遗赠权,不得损害被代理人的利益。法定代理人一般不能代理被代理人放弃继承、受遗赠权。明显损害被代理人利益的,应认定其代理行为无效。

我国《民法总则》第23条规定,无民事行为能力人、限制民事行为能力人的监护人是他的法定代理人。

我国《执行〈继承法〉的意见》第7条规定,不满六周岁的儿童、精神病患者,可以认定其为无行为能力人。已满六周岁,不满十八周岁的未成年人,应当认定其为限制行为能力人。

### (二)我国继承和遗赠的接受与放弃时间相关联的法条

我国《执行〈继承法〉的意见》第49条规定,继承人放弃继承的意思表示,应当在继承开始后、遗产分割前作出。遗产分割后表示放弃的不再是继承权,而是所有权。

我国《外人在华遗产继承问题处理原则》第6条规定,外人在华遗产,如所有合法继承人及受赠人均拒绝受领,或继承人之有无不明,而在公告继承期间(公告期限六个月)无人申请继承者,即视为绝产,应收归公有。上述遗产之处理,应报外交部批准。

（三）我国继承和遗赠的接受与放弃方式相关联的法条

我国《执行〈继承法〉的意见》第 47 条规定，继承人放弃继承应当以书面形式向其他继承人表示。用口头方式表示放弃继承，本人承认，或有其他充分证据证明的，也应当认定其有效。

我国《执行〈继承法〉的意见》第 48 条规定，在诉讼中，继承人向人民法院以口头方式表示放弃继承的，要制作笔录，由放弃继承的人签名。

（四）我国继承和遗赠的接受与放弃不得附有条件相关联的法条

我国《执行〈继承法〉的意见》第 46 条规定，继承人因放弃继承权，致其不能履行法定义务的，放弃继承权的行为无效。

（五）我国继承和遗赠的接受与放弃不得部分接受与放弃相关联的法条

我国《继承法》第 21 条规定，遗嘱继承或者遗赠附有义务的，继承人或者受遗赠人应当履行义务。没有正当理由不履行义务的，经有关单位或者个人请求，人民法院可以取消他接受遗产的权利。

我国《执行〈继承法〉的意见》第 43 条规定，附义务的遗嘱继承或遗赠，如义务能够履行，而继承人、受遗赠人无正当理由不履行，经受益人或其他继承人请求，人民法院可以取消他接受附义务那部分遗产的权利，由提出请示的继承人或受益人负责按遗嘱人的意愿履行义务，接受遗产。

（六）我国继承和遗赠的接受与放弃相关联的法条

我国《执行〈继承法〉的意见》第 51 条规定，放弃继承的效力，追溯到继承开始的时间。

我国《继承法》第 27 条规定，有下列情形之一的，遗产中的有关部分按照法定继承办理：（一）遗嘱继承人放弃继承或者受遗赠人放弃受遗赠的……

1988 年 8 月 9 日最高院《涉台民事案件的几个法律问题》第 3 条规定，去台人员和台湾同胞的诉讼时效期间问题，根据《民法通则》第 137 条的规定，人民法院可以作为特殊情况予以适当延长。

我国《民法总则》第 188 条规定，向人民法院请求保护民事权利的诉讼时效期间为三年。法律另有规定的，依照其规定。诉讼时效期间从知道或者应当知道权利被侵害时起计算。但是，从权利被侵害之日起超过二十年的，人民法院不予保护。有特殊情况的，人民法院可以延长诉讼时效期间。

## 二、涉及继承的接受和放弃的典型案例

### 继承的接受和放弃

——莫某、卢某甲、卢某乙、卢某丙与卢某丁继承纠纷案①

**基本案情简介:**

卢某楼、陈某英系夫妻关系,共生育三男一女,长子卢某强(2012年9月逝,未婚)、次子卢某德(1992年9月逝,未婚)、三儿子卢某俤(1988年逝)、女儿即原告卢某丁(1987年出嫁),其中卢某强、卢某俤系智力残疾人;卢某俤与被告莫某系夫妻关系,共生育三子女即被告卢某甲、次子卢某丙、长女卢某乙。卢某楼、陈某英去世后,卢某强、卢某德与被告莫某一家共同生活。卢某楼(1981年病故)与陈某英(1959年病故)生前遗留房产三间平房,该房一直由被告占有和使用。2005年10月14日,该房屋被拆迁。根据拆迁补偿安置协议,被拆迁房屋总建筑面积为72.55m²,被安置于某小区5#204、5#305单元,各60m²,共计120m²。

原告卢某丁认为,自己有权按照法律规定继承部分遗产。被告认为,被继承人陈某英于1959年去世,被继承人卢某楼于1981年去世。根据继承从被继承人死亡时开始计算的规定,本案继承开始的时间应是在1959年和1981年先后两次,但该两次继承开始时间距被上诉人的本案起诉均已超过20年。在此期间,遗产都由被告一家占有和使用,并于2005年办理了拆迁安置手续。但原告对此始终未提出异议或主张,应视为放弃继承并且超过诉讼时效,其诉讼请求不能被支持。

一审法院认为:首先,关于原告是否放弃继承的问题。根据我国《继承法》第25条规定,继承开始后,继承人放弃继承的,应当在遗产处理前,作出放弃继承的表示。没有表示的,视为接受继承。本案中原告并未作出放弃继承的意思表示,且被继承人遗产至今未分割,应视为继承人共同共有,故原告有权要求分割被继承人的遗产。其次,关于诉讼时效问题。因2005年10月遗产房屋才被拆迁,卢某丙作为被继承人卢某楼的代理人签订《拆迁补偿安置协议书》,卢某丁此时才知道被继承人遗产房屋的性质因拆迁发生改变,提出继承,根据我国《继承法》第8条规定,原告卢某丁要求继承的主张并没有超过时效。再次,关于继承份额问题。被继承人卢某楼、陈某英共生育三男一女,其二人生前未立遗嘱,故其遗产应由其子女平均分配,各占1/4份额。此后,卢某俤、卢某德、卢某强先后病逝。按照法定继承的规定,原告卢某丁应继承的份额为11/20;被告莫某继承份额为17/80;被告卢某丙继承份额为9/80;被告卢某甲继承份额为1/16;被告卢某乙继承份额为1/16。最后,关于本案遗产的范围,虽然被继承人遗留房屋被拆迁面积为72.55m²,但安置产权系通过产权调换补差价的方式,安置房面积120m²中47.55m²系遗产基础上的添附,其应列入遗产范围由继承人共同分割。继承人在继承遗产的同时必须按继承份额比例承担增补面积差价款。经原审法院组织,原、被告双方协商确定,取得房屋的一方以两套诉争房现值均为每平方米7000元补差价。故判决:(1)某小区5#204单元归原告卢某丁所有;(2)某小区5#305单元归被告莫某、卢某甲、卢某乙、卢某丙按份共有(其中莫某占9/20;卢某甲3/20;卢某乙3/20;卢某丙

① 本案例来源于福建省××市中级人民法院(2014)×民终字第××××号判决书,本文在引用时对其内容有所删减。

1/4);(3)原告卢某丁支付被告莫某、卢某甲、卢某乙、卢某丙房屋产权调换差价款35389.76元。

一审判决后,被告不服,提起上诉。二审法院驳回上诉,维持原判。

**适用法律评析:**

本案的争议焦点主要是继承的接受与放弃、诉讼时效两个问题。

争议焦点一,原告卢某丁的行为是继承的接受还是放弃。现代继承法贯彻自愿继承原则,任何人不得被强制继承。继承的接受与放弃,实际上是继承人行使自己的继承选择权。继承开始后,法律给予继承人一定的考虑期间,让其考虑是否接受继承。其立法宗旨不仅仅是尊重和保障继承人的意思自治,还需寻求继承人及其债权人与遗产债权人利益的最佳平衡点,从而充分体现继承的自愿和公平、诚信原则。[①] 因为,继承的接受与放弃涉及多方利害关系人的权益,因此,继承法需要对行使接受与放弃继承行为的时间、方式、效力等问题进行详细规定。关于行使时间与方式问题,我国《继承法》第25条第1款规定:"继承开始后,继承人放弃继承的,应当在遗产处理前,作出放弃继承的表示。没有表示的,视为接受继承。"同时,我国《执行〈继承法〉的意见》第47条、第49条又对其行使时间和方式进行了详细规定,即继承人放弃继承应当以书面形式向其他继承人表示,用口头方式表示放弃继承,本人承认,或有其他充分证据证明的,也应当认定其有效;继承人放弃继承的意思表示,应当在继承开始后、遗产分割前作出。可见,依据前述规定,继承的放弃应该在继承开始后遗产分割前,并且通过书面或口头等明示方式作出,否则,应认定为继承的接受。本案中,在继承开始后遗产分割前,原告卢某丁并未作出放弃继承的意思表示,被告又不能提供相关证据来证明,因此,根据我国《继承法》第25条之规定,原告卢某丁的行为视为接受继承,并未放弃继承。

争议焦点二,本案是否超过诉讼时效。涉及遗产的诉讼主要分为部分共同继承人否认其他继承人的继承权引起的诉讼(继承权之诉)和共同继承人之间因遗产分配引起的诉讼(遗产分割之诉)。关于继承权案件的诉讼时效,应适用我国《继承法》第8条之规定,即继承权纠纷提起诉讼的期限为2年,自继承人知道或者应当知道其权利被侵犯之日起计算;自继承开始之日起超过20年的,不得再提起诉讼。而关于遗产分割案件的诉讼时效,应适用我国《执行〈民法通则〉的意见》第177条之规定,即继承开始后,继承人未明确表示放弃继承的,视为接受继承,遗产未分割的,即为共同共有。诉讼时效的中止、中断、延长,均适用《民法通则》的有关规定。可见,继承人在继承时效的期间内,可以提起继承权之诉来保护自己的合法权利,继承时效完成后,继承人则可以以共有人的身份提起共有财产分割之诉或共有财产份额返还之诉,以实现取得继承财产之目的。[②] 在本案中,原告卢某丁在继承开始后,未明确表示放弃继承,应视为接受继承,同时遗产还没有分割,仍处于共有状态之中。本案中共同继承人长期不分割遗产的情况在现实生活中也较为普遍,特别在父母一方死亡,另一方健在时,子女一般不要求分割遗产,而形成事实上的遗产共有关系。这种关系可能持续很长时间,甚至超过20年。原告与被告之间的诉讼实为遗产分割之诉,可按析产案件处理,应

---

① 陈苇主编:《外国继承法比较与中国民法典继承编制定研究》,北京大学出版社2011年版,第87页。

② 张玉敏:《继承法律制度研究》,法律出版社1999年版,第80页。

适用我国《执行〈民法通则〉的意见》第 177 条之规定。因此,本案并未超过诉讼时效。

我们认为,根据我国《继承法》第 14 条规定:“对继承人以外依靠被继承人扶养的缺乏劳动能力又没有生活来源的人,或者继承人以外的对被继承人扶养较多的人,可以分给他们适当的遗产。”本案被告莫某及子女卢某甲、卢某乙、卢某丙,在卢某俤死亡后仍然继续与俩兄弟卢某德、卢某强共同生活。其中,卢某强为智力残疾人,自他的父母双亡后的 1981 年起至他本人去世的 2012 年,这 23 年期间均与莫某及子女共同生活,由莫某全家尽扶养义务。卢某德尽管身体无残疾,也许能独立供养本人,但自他父母双亡后的 1981 年至他本人去世的 1992 年的 10 年间,一直与莫某及子女共同生活,由莫某全家尽照顾义务。莫某依我国《继承法》第 14 条规定享有对卢某强、卢某德遗产的酌分请求权且应多分遗产。然而,卢某丁虽然出嫁,其有条件对其兄卢某强尽供养义务而不尽义务,依据我国《继承法》第 13 条第四款规定:“有扶养能力和有扶养条件的继承人,不尽扶养义务的,分配遗产时,应当不分或少分。”其对卢莫强遗产应当不分或少分。这样才能弘扬我国养老育幼的家庭美德,并彰显权利义务相一致的原则,故本案一审、二审法院的判决之正确与否仍有可商榷之余地。

## 第七节　国外立法现状

本节以下将主要考察大陆法系之日本、意大利两国,以及英美法系之英国、美国两国有关接受或放弃继承、遗赠制度的规定,主要从继承的接受与放弃的共同要件,接受继承的方式、期限、程序及效力,放弃继承的方式、期限及效力,接受与放弃继承意思表示的撤回与撤销,遗赠的接受与放弃五个方面对两大法系国家的立法进行考察。

### 一、继承接受与放弃的共同要件

在大陆法系国家中,关于继承接受与放弃的共同要件,例如,《日本民法典》规定:(1)须在继承开始以后接受与放弃继承。(2)接受与放弃继承不得附条件或期限。(3)不得部分接受与放弃继承。(4)须在法定期限内接受与放弃继承。继承人承认或放弃继承的期限,自知悉为自己的继承开始时起 3 个月内,可由家庭法院依请求延长。①

又如,《意大利民法典》规定:(1)须在继承开始以后接受与放弃继承。该法典规定“禁止约定继承”:任何对自己的继承做出安排的约定,均无效。在继承尚未开始之前,任何处分继承的文件,亦均无效。(2)接受与放弃继承不得附条件或期限。对于接受与放弃继承,附条件或者附期限的声明无效。(3)不得部分接受与放弃继承。该法典在接受与放弃继承的相关条文中规定,部分接受和放弃继承的声明无效。(4)须在法定期限内接受与放弃继承。应在一定期限内接受或放弃继承,尤其是对按遗产清册接受继承有严格的期限限制。②

在英美法系国家中,关于继承接受与放弃的共同要件,例如,英国立法规定:(1)无须在继承开始以后接受与放弃继承。英国法律允许通过订立契约在继承开始之间接受与放弃继承。如生前订立的婚姻财产契约是有效的,它可以对配偶一方死后的财产做出接受或放弃的安排。(2)接受与放弃继承不得附条件或期限。根据英国相关判例和法理,继承人不得以

---

① 《日本民法典》第 915～940 条。

② 《意大利民法典》第 458 条、第 475 条、第 482～483 条、第 520 条、第 525～526 条。

拒绝履行法定义务为条件放弃继承,也不得以处分自己的应继份为条件相对地放弃继承。(3)可以部分接受与放弃继承。在英国,遗产为积极的财产或权益,不包括消极财产或债务。所以,不存在只接受积极财产而放弃消极财产的部分接受与放弃继承。继承人部分接受或放弃遗产,实际上是对其继承份额的处分,并不破坏接受与放弃继承的不可分性。(4)须在法定期限内接受与放弃继承。一般而言,接受与放弃继承的期间是继承开始以后到从遗产代理人处受领遗产之时。此外,继承人与被继承人生前在继承契约中接受或放弃继承的意思表示视为有效。[①]

又如,美国立法规定:(1)无须在继承开始以后接受与放弃继承。婚姻协议在美国是一种普遍现象,只要符合婚姻协议的有效要件,大多数州都承认夫妻在婚前或婚后契约中对财产继承做出的安排。(2)接受与放弃继承不得附条件或期限。根据美国相关判例和法理,继承人接受与放弃继承不得附条件或期限。(3)可以部分接受与放弃继承。在美国,不存在只接受积极财产而放弃消极财产的部分接受继承。继承人可以只接受一部分遗产而放弃另一部分遗产。放弃继承时表述不清的,视为全部放弃。(4)须在法定期限内接受与放弃继承。为便于加速遗产处理,接受遗产者的权利受制于法律的限制性规定和时效规定。[②]

## 二、接受继承的方式、期限、程序及效力

在大陆法系国家中,关于接受继承的方式、期限、程序及效力,例如,日本立法规定,接受继承分为限定承认和单纯承认两种大类型,前者为有限责任继承,后者分为自愿的无限责任继承与强制的无限责任继承。(1)限定承认。继承人可以仅于因继承而得财产的限度内,清偿被继承人的债务与遗赠,而有保留地承认继承,即选择限定继承。限定承认的方式是继承人于法定期间内制作财产目录并提交于家庭法院,申述欲行限定承认意旨。限定承认人应于表示限定承认后 5 日内,公告继承债权人和受遗赠人申报债权。继承人有数人时,限定承认只能由全体共同继承人共同实行。限定承认的期限,继承人自知悉为自己的继承开始时起 3 个月内。但是,家庭法院因利害关系人或检察官的请求,可以延长此期间。继承人未表示承认而死亡时,该期间自其继承人知悉为自己的继承开始时起计算。继承人为无能力人时,该期间自其法定代理人知悉为无能力人的继承开始时起计算。限定承认的效力,继承人可以仅于因继承而得财产的限度内,清偿被继承人的债务与遗赠。继承财产与继承人财产分离,限定承认的继承人对被继承人的权利义务视为不消灭。在公告申报债权期间届满后,限定承认人只需以继承财产对期间内申报的债权人及其他已知债权人清偿。未于公告申报债权期间内申报的且为限定继承人所不知的债权人及受遗赠人,只能就剩余财产行使其权利。但是,就继承财产有特别担保者,不在此限。[③] (2)单纯承认。单纯承认,是指继承人不附加任何限制地、全面地接受被继承人的财产法律地位。其一,于下列各项情形,视为继承人自愿表示单纯继承(法定单纯继承):一是,继承人已处分继承财产之全部或一部时。但是,实行保存行为及不超过短期租赁期间的租赁者,不在此限。二是,继承人于法定期间内,未表示限定承认或放弃继承时。其二,继承人须被强制无限责任继承。继承人虽于法定期

---

① 英国之继承的接受与放弃制度主要规定在 1995 年《〈继承法〉改革法》中。

② Uniform Probate Code,s2-212,s3-101.

③ 《日本民法典》第 915～917 条、第 922～925 条、第 927 条、第 929 条、第 935 条。

间内表示限定承认或放弃后，隐匿继承财产之全部或一部，或将其私自消费，或恶意不将其载入财产目录时。但是，因该继承人放弃而承认继承人者表示承认后，不在此限。

再如，在意大利立法中，遗产以接受继承的方式取得，继承人可以按遗产清册接受继承，也可以单纯地接受继承。① 前者为有限责任继承，后者分为自愿的无限责任继承与强制的无限责任继承。(1)按遗产清册接受继承。有权取得遗产的人可以选择按遗产清册接受继承。未成年人和禁治产人、解除监护权的未成年人和准禁治产人、社团法人、财团法人和非法人团体，只能依法按遗产清册接受。② 按遗产清册接受继承的方式，是在公证人面前或者在继承开始地的初审法院书记员面前作出声明，并且将该声明放入由该初审法院保管的继承登记册中。另有一必经程序是在规定期限内完成遗产清册编制工作。遗产清册的效力，其将被继承人的财产与继承人的财产分离。第一，遗产清单的效力有三点：其一，对遗产继承人保留在被继承人死亡前其对被继承人拥有的全部权利和义务，但是因死亡而消灭的权利和义务除外。其二，继承人对超过遗产价值的遗产债务和遗赠不承担清偿责任。其三，被继承人的债权人和受遗赠人优先于继承人的债权人受偿。第二，继承人"丧失遗产清册利益"的法定情形如下：其一，如继承人未经法院准许并且未经《民事诉讼法典》对应的程序转让、质押遗产或者就与上述遗产有关的事宜进行和解；其二，继承人在遗产清册中故意隐瞒属于被继承人的财产或者谎报实际不存在的债务；其三，在债权人或受遗赠人对遗产清册主张异议的情况下，继承人未在规定期限内依法完成清算或编制清偿顺序表；其四，在由继承人提起清算程序的情况下，继承人在通知债权人申报债权之后、清算程序最终确定之前进行了清偿，或者未遵守法定期限。这些情况下，继承人因为其不当行为而不能选择按遗产清册接受继承。(2)单纯接受继承。接受继承的方式，可以是明示或默示。明示接受是指，有权取得遗产的人在公证书或者私证书中声明接受继承或者接受继承人资格。默示接受是指，有权取得遗产的人实施了某种可以明显地推断出有接受继承意思的行为，并且该行为是没有继承人资格的人无权实施的。此外，赠与、出售和转让继承，以及有偿放弃继承或者为了有权取得遗产的人中的某个或若干个人的利益而放弃继承的行为，其放弃无效，而意味着接受继承。第一，自愿单纯接受继承的法定情形有：其一，占有遗产的有权取得遗产的人，若未按期完成遗产清册编制工作，或者未在规定期限内作出接受或者放弃遗产的声明；其二，未占有遗产的有权取得遗产的人，在作出按遗产清册接受继承的声明后，未按期完成遗产清册编制工作的。第二，强制单纯接受继承的法定情形有：未编制遗产清册而作出接受继承声明的；扣留或者隐匿遗产的有权取得遗产的人，丧失放弃继承，即使其声明放弃继承。③ 接受继承的效力溯及继承开始之时。继承人、国家或受遗赠人，自继承开始之时，以接受继承的方式取得遗产。④

在英美法系国家中，关于接受继承的方式、期限、程序及效力，英国立法规定如下：(1)继承开始后遗产先归属于遗产代理人。继承人有权向遗产代理人请求支付的是经清算后的剩余财产，是被继承人的财产在支付了丧葬费、遗产管理费、债务及履行其他所有法律责任之

---

① 《意大利民法典》第 459 条、第 470 条、第 480～481 条。

② 《意大利民法典》第 471～473 条。

③ 《意大利民法典》第 485 条、第 487～488 条、第 527 条。

④ 《意大利民法典》第 459 条、第 470 条、第 586 条、第 649 条。

后，并假设该被继承人是一个完全成年和有行为能力的人，他能依其意志处分的全部财产(包括各种权益)。因此，继承人接受的是剩余的净资产利益，只是积极遗产，即英国只有限定责任继承。继承的接受，实际上是财产交付请求权的行使。接受继承的方式，就是继承人从遗产代理人那里受领遗产。(2)接受继承的方式。其方式就是继承人从遗产代理人那里受领遗产。遗产代理人的同意(assent personal representive)使继承人享有的权利成为完全的权利，如果遗产是特定的，他可以诉请取回原物；如果是金钱继承，他可以就死者遗产管理提起诉讼。① 遗产代理人一般在清偿遗产债务后，公告通知其分配(appropriate)被继承人遗产的意愿，要求利害关系人在一定期限内(自公告之日起不少于2个月)申报债权。期限届满后，遗产代理人对未申报的债权不承担责任。② 遗产代理人有权以其认为公正和合理的方式分配被继承人的剩余遗产，遗嘱有特别指示的除外。③ 分配一旦完成，该遗产就在财产所在地转移于继承人。然而，在涉及绝对利益(absolute interest)和已有授权安排的利益(settled interest)时，遗产的分配需征得受益人的同意(consent)。④ (3)接受继承的效力。在英国，遗产一般是由遗产代理人在清偿遗产债务后再对继承人分配剩余遗产，因此，只有限定接受(有限责任继承)。接受继承的效力就是继承人承受积极的财产利益。无论遗产代理人还是遗产受益人，都不会为超出被继承人财产价值的遗产债务承担责任，除非遗产代理人因自己的失职行为没有取得应取得的被继承人财产，他可能为该部分价值的遗产债务承担责任。⑤

再如，美国立法规定：(1)接受继承无严格的期限限制。原则上，其在继承开始后至遗产分配前均可。但美国法对配偶接受继承形式的选择权的期限有明确的规定，一般自被继承人死亡之日起9个月，或被继承人遗嘱检验后6个月，在两者中较晚到期之日内，还可向法院申请延长。生存配偶行使选择权的方式，或向法院呈交申请书，或者在有遗产代理人的情况下向遗产代理人邮寄或送交申请书。生存配偶可在法院作出最终裁决之前的任何时间撤销其对选择份额的要求。⑥ (2)接受继承的方式。继承人受领遗产代理人分配的遗产即为接受继承，其要求受领的方式可以是正式的申请或非正式的请求，遗产代理人可以以邮寄或送达的方式，向所有有权对遗产分配提出异议的人，送交一份拟进行的遗产分配方案。对于遗产种类或价值有异议的遗产受益人，如果先前没有以书面方式放弃继承，则有权在拟进行的遗产分配方案邮寄或送达之日起30天内，以书面形式向遗产代理人提出异议。该权利不行使则在期限届满后消灭。(3)接受继承的效力。遗产受益人接受继承的，财产所有权自被继承人死亡时转移。被继承人死亡后，不动产的权利可直接转移给继承人，而动产的权利应先转移给遗产管理人，再分配给继承人。由遗产代理人出具的转让种类物的书面文件，是遗产受益人享有财产权的证据。⑦ 即在继承的效力上，美国与英国一样，继承人接受的是被继

---

① 薛波主编：《元照英美法词典》，法律出版社2003年版，第105页。

② Trustee Act，s27(1).

③ Administration of Estates Act，s41.

④ Andrew Iwobi：Essential Succession，武汉大学出版社2004年版，第214～215、225～226页。

⑤ Hayton. D. European Succession Law，European Practice Library，London：Chancery Law Publishing，1991，p.83.

⑥ Uniform Probate Code，s3-906.

⑦ Uniform Probate Code，ss3-101，3-904.

承人的剩余遗产,即属于限定责任继承。在遗产被分配完毕后,其可能存在通过诉讼程序向遗产受益人主张的未清偿债权,任何遗产受益人都不对超出遗产价值(以遗产分配之日计)的债务负责。在被继承人死亡 3 年后,或遗产分配完成 1 年后,其不得主张未受清偿的遗产债权,但有受欺诈的情形除外。

## 三、放弃继承的方式、期限及效力

在大陆法系国家中,关于放弃继承的方式、期限及效力,例如,日本立法规定,继承人放弃继承的期限,自知悉为自己的继承开始时起 3 个月内,可由家庭法院依请求延长。放弃继承,由欲放弃继承者向家庭法院申述其意旨。放弃继承的效力,放弃继承者,视为自始不为继承人。[①] 又如意大利立法规定,放弃继承虽无明文规定的期限,但在实践中,司法机构可因利害关系人请求,为有权取得遗产的人确定一个表示接受或者拒绝接受继承的期限,未在该期限内作出表示的则为放弃继承。放弃继承的方式,是在公证人面前或者在继承开始地的初审法院书记员面前作出声明,并且将该声明载入由该初审法院保管的继承登记册中。放弃继承的效力溯及继承开始之时,放弃继承的人视为自始不曾参加继承。至于放弃继承后应继份的归属效力,该法分别规定了"被放弃的遗产份额在法定继承中的归属"和"被放弃的遗产份额在遗嘱继承中的归属"。其基本规则是:在遗嘱继承中,遗嘱人未指定替补人的,被放弃的遗产份额增添到其他共同继承人的份额上,或分配给法定继承人;在法定继承中,被放弃的遗产份额增添到其他共同继承人的份额上,没有其他共同继承人的,遗产属于在放弃继承的人死亡时有权继承遗产的人。放弃继承之应继份可被代位继承,此外,该法还规定了"由债权人对放弃继承提起的诉讼",承认债权人的代位权。[②]

在英美法系国家,关于放弃继承的方式、期限及效力,例如,英国立法规定,接受与放弃继承的期间是继承开始以后到从遗产代理人处受领遗产之时。此外,继承人与被继承人生前在继承契约中接受或放弃继承的意思表示视为有效。英国的遗产仅指积极财产权益。放弃继承就是继承人不行使财产交付请求权,是放弃自己的利益,对遗产债权人不会造成任何不利影响。所以,英国法律对放弃继承的方式等没有严格的规定,任何继承人或受益人都可以自愿放弃继承利益。除积极的意思表示外,继承人不受领遗产管理人分配的遗产即构成放弃继承。但继承人放弃继承有可能涉及其他继承人或受益人的利益,所以,为了避免日后纷争,遗产代理人一般要求放弃者签署一份弃权的声明。放弃继承的效力,就是继承人既不享有继承人的权利,也不承担继承人的义务,该效力溯及继承开始之时。继承人的财产和被继承人的财产保持独立。至于放弃继承后应继份的归属效力,遗嘱继承人放弃继承后其应继份按法定继承处理,法定继承人放弃继承后其应继份按血亲股和配偶股相区别的规则归属于其他继承人。

又如,美国立法规定,如果放弃继承者可接受财产或权益是依据遗嘱或无遗嘱继承法,那么其必须提交弃权声明。如果是现实权益,须在非遗嘱文件或契约生效之日起 9 个月内提交;如果是将来权益,须在最终确定财产权益接受者及其被不可撤销的赋权之日起 9 个月内提交。若有权放弃继承者不知道该权益的存在,则须在其知悉该权益之日起 9 个月内提

① 《日本民法典》第 915 条、第 939 条

② 《意大利民法典》第 481 条、第 519 条、第 521~523 条。

交弃权声明。可撤销的文件或契约的生效日期为订立者不再有权撤销或向他人转让权益之日。根据美国《统一遗嘱检验法典》规定，继承人可以在被继承人死亡后作出弃权声明而放弃继承。有权接受遗产的人或其遗产代理人可以通过提交书面弃权声明的形式放弃继承。提交弃权声明的方式有两种：第一，如果放弃继承者可接受财产或权益是依据遗嘱或无遗嘱继承法，那么，其必须提交弃权声明。弃权声明必须在已经开始的遗产管理程序中向县法院提交。放弃继承人须向被继承人或指定受赠人的遗产代理人或其他受托人亲自送达或挂号信（附回执）送达弃权声明副本。第二，如果放弃继承者可接受财产或权益是依据非遗嘱文件或契约，那么，其必须提交弃权声明。放弃继承人须向有法定权利的人或占有该财产权益的人亲自送达或挂号信（附回执）送达弃权声明或弃权声明副本。放弃继承者应描述被放弃继承的财产或权益，声明放弃及放弃的程度，并在弃权声明上签名。①

## 四、接受与放弃继承意思表示的撤回与撤销

在大陆法系国家中，关于接受与放弃继承意思表示的撤回与撤销，例如，日本立法规定，在法定期间内可以"撤销"。单纯承认的撤销，只需意思表示表现于外部；限定继承或放弃继承的撤销，则必须向家庭法院陈述相关内容。② 又如，意大利立法规定，接受继承，因受胁迫或者欺诈而作出接受继承表示的人，可以提起无效之诉。提起无效之诉的权利，自停止胁迫或者发现欺诈之日起 5 年不行使而消灭。对因错误而作出接受继承表示的人，不能提起无效之诉。放弃继承，接受继承的时效期限届满以前，在不损害第三人对遗产享有的权利的情况下，如果其他有权取得遗产的人尚未取得被放弃的遗产，则作出放弃继承声明的有权取得遗产的人可以随时接受继承。因受胁迫或者欺诈而作出放弃继承决定的人，可以提起撤销之诉。提起撤销之诉的权利，自停止胁迫或者发现被欺诈之日起 5 年不行使而消灭。即根据该国民事法律行为的基本理论，因受胁迫或欺诈而为的接受继承是无效行为，因受胁迫或欺诈而为的放弃继承是可撤销行为。在不损害他人权利的前提下，其可在时效期间内撤回放弃继承的意思表示。③

在英美法系国家中，关于接受与放弃继承意思表示的撤回与撤销，例如，英国立法规定，接受与放弃继承的意思表示一经作出即不得撤回。但如果该意思表示未满足民事法律行为的有效要件，且在法定期限内，则可由法院判定是否允许撤销。美国立法规定，通常情况下，接受继承的意思表示一经作出即不得撤回。但若因欺诈而为的意思表示可在发现欺诈之日起 2 年内，提起诉讼要求撤销。配偶还可依据非自愿、未公平合理地披露被继承人财产状况等更多的法定原因，诉请法院裁定是否可以撤销其放弃继承的意思表示。④

## 五、遗赠的接受与放弃

在大陆法系国家中，关于接受与放弃继承意思表示的撤回与撤销，例如，日本立法规定，(1)遗赠的接受。对于遗赠，受遗赠人可主动表示接受，其接受的意思表示也可以被推定。

---

① Uniform Probate Code，s2-401.

② 《日本民法典》第 920 条、第 921 条

③ 《意大利民法典》第 482～483 条、第 520 条、第 525～526 条。

④ Uniform Probate Code，ss1-106，2-301.

如果遗赠义务人及其他利害关系人定了一定的期间,催告受遗赠人作出接受或放弃的表示,而受遗赠人在此期间没有表示,则视为接受遗赠。另外,如遗嘱没有另外规定,受遗赠人在没有表示接受或放弃时就死亡的,其继承人可以决定是否接受或放弃遗赠。① (2)遗赠的放弃。由于接受的意思可以被推定,故对受遗赠人而言,最重要的是行使放弃遗赠的权利。受遗赠人在遗赠人死亡之后,可以随时放弃接受遗赠,放弃的效力溯及遗赠人死亡之时。《日本民法典》第986条规定,如果受遗赠人放弃遗赠,除遗赠人另有意思表示外,应当接受此负担利益者可以自为受遗赠人。

又如,意大利立法规定:(1)遗赠的接受。接受遗赠在意大利不需要特别程序,这与接受继承不同。受遗赠权从继承开始就可以直接取得,而接受继承则需要在利害关系人请求司法机关确定的期限内明确表示。如果遗赠标的是属于遗嘱人的,则从继承开始之时转移给受遗赠人。如果该遗赠标的不属于遗嘱人,但遗嘱人知道此情况的,执行遗赠义务人承担将该标的物转移给受遗赠人的责任,其可以通过向受遗赠人支付合理价金的方式履行遗赠义务。② (2)遗赠的放弃。相比接受遗赠,放弃遗赠则需要一定的程序。因为接受遗赠不需要任何表示,如果受遗赠人迟迟不行使权力,将可能影响继承的进程。因此,任何利害关系人都可以请求司法机关为受遗赠人确定一个行使放弃遗赠权力的期限。如果要放弃遗赠,受遗赠人应当在公证人面前或者在继承开始地初审法院书记员面前提交放弃声明,该声明将被放入该初审法院保管的继承登记册中。在期限届满之前没有作出任何表示的,则丧失放弃遗赠的权利。③

在英美法系国家,关于接受与放弃继承意思表示的撤回与撤销,例如,英国法规定:(1)遗赠的接受。立遗嘱人死亡后,遗嘱即进入执行阶段,因为英国的遗产管理制度,遗赠人不需要事先对遗赠表示接受,遗产管理人在清偿遗产债务和负担后会按照遗嘱的要求将遗赠物交与受遗赠人。如果立遗嘱人的遗产不足以支付或分配给所有的权利人,则遗赠的执行按照《遗产管理法》第34条(3)的规定执行。④ (2)遗赠的放弃。根据英国1819年Townson诉tickell案件的判例,法官认为,"法律不得被滥用于强迫他人违背自己意愿接受财产。"因此,一般情况下,遗赠受益人可以放弃遗赠。但在以下三种情况下受益人的放弃权利受到限制:第一,该遗赠曾被受遗赠人明确地表示接受过了;第二,如果一项遗赠是由两项或两项以上财产购成,受遗赠人不能只放弃其中的一项或几项,只能整体接受或放弃;第三,如果一项遗赠是给予2个以上收益人的,那么放弃的决定只能由他们共同作出。如果受遗赠人放弃遗赠之后,在还没有人取代他的位置之前,受遗赠人反悔了,还可以撤回他的放弃声明,该撤回可以恢复受益人的受遗赠人地位。与其他的遗赠执行不能一样,受益人放弃遗赠之后,不论是动产还是不动产,特定遗赠如果执行不能,将转由遗嘱中规定的剩余遗赠的受益人接受遗赠。但如果放弃遗赠的是剩余遗赠的受益人,则该财产转由立遗嘱人的无遗嘱继承人取得。但是,提前收益理论在一些连续遗赠中适用,在前位受益人遗赠不能时,由后位受益人

① 《日本民法典》第985条、第986-1条、第987条、第988条。

② 《意大利民法典》第649条、第650条。

③ 《意大利民法典》第519条、第481条。

④ [英]安德鲁·伊沃比(Andrew Iwobi):《继承法基础》(Essential Succession)(英文版,第2版),武汉大学出版社2004年版,第217页。

提前接受遗赠。

与英国相同，美国法律也不禁止受益人放弃遗赠，受益人接受遗赠不需要特别的要求，放弃遗赠则必须符合法律规定的要件。放弃遗赠的法律要件与继承人放弃继承基本相同。放弃一项有效的遗赠通常要求如下条件：(1)放弃遗赠的受益人必须在书面的放弃声明上签字。(2)放弃遗赠的声明必须在一定期间内向相关机构提出；联邦的法律要求的期限是从立遗嘱人死亡起9个月内，有的州则会宽松一些，要求的期限是从受益人知道立遗嘱人死亡起9个月内。(3)放弃声明的副本必须送达给遗嘱执行人。(4)放弃遗赠不可撤回。(5)放弃部分遗赠被允许。(6)一旦受益人接受了遗赠(哪怕只有一小部分)，就不能再放弃遗赠。(7)放弃必须是无条件的。受益人放弃遗赠的法律后果与受遗赠人先于立遗嘱人死亡的法律后果相同。一般的处理程序为：首先，如果立遗嘱人在指定遗赠受益人时同时指定了遗赠的替补受遗赠人，则被放弃的遗赠转由其接受。其次，如果遗嘱中没有指定替补受遗赠人，则将按照《反遗赠失效法》的规定确定替补受遗赠人。再次，如果不能通过《反遗赠失效法》来确定替补受遗赠人，则该遗赠就按照遗嘱中的剩余遗赠条款执行。最后，如果遗嘱中没有剩余遗赠条款，或者被放弃的就是剩余遗赠，那么该遗赠财产转入无遗嘱继承。[①]

## 第八节　立法发展趋势

由前述域外国家的立法考察可知，接受和放弃继承、遗赠制度的立法宗旨是：尊重继承人和受遗赠人的意愿，平等保护继承人、受遗赠人及遗产债权人，从而充分体现继承自愿原则和公平、诚信原则。接受和放弃继承、遗赠制度之设计，需要在尊重继承人和受遗赠人的意愿基础上，综合考虑如何公平地保护继承人、受遗赠人及遗产债权人的利益。

### 一、建立有条件的限定继承制度

继承和遗赠的接受与放弃制度的立法趋势之一，是建立有条件的限定继承制度。如前述大陆法系国家立法，均已设立有条件的限定继承制度。在上述大陆法系国家的日本和意大利，接受限定继承的程序一般是继承人先向法院或主管机关提出声明，再在法定期限内依法制作遗产清册，然后向法院提交或登记，其接受限定继承的声明才可能有效。反之，未能履行上述程序或实施了法律规定的某些违法行为时，则可能发生视为自愿接受单纯继承或被依法强制实行单纯继承(即对遗产债务无条件地承担无限清偿责任)的效力。

在我国，古代社会实行“父债子还”，子对其父生前所负的债务，一律承担无限清偿的责任。这种制度有损继承人的财产权益，有违现代民法精神，不符合自己责任原则。而1985年颁行的我国《继承法》，其规定了无条件的有限责任继承，即继承人只须以遗产的实际价值为限来清偿遗产债务，如果遗产债务大于实际的遗产价值，继承人也无须以自身的固有财产来清偿遗产债务。这种制度有利于保护继承人利益：只要继承人没有表示放弃继承的，不需要任何条件和手续，就可仅以所继承的遗产价值为限，对被继承人的债务承担有限清偿责任，而且，即使继承人有违法行为(隐匿、侵吞遗产)，其对遗产债务的有限责任利益也不会丧

① Gerry W.Beyer, Wills, Trusts and Estates(Second Edition), Beijing: Citic Publishing House, 2003, pp.134-135.

失，此对继承人保护过度。目前我国《继承法》尚无编制遗产清册等规定，这可能会导致遗产的状况不明，债权人往往难以证明遗产的数量及价值等。如果继承人有故意隐瞒遗产不报等行为，对遗产债权人的利益保护非常不利。也就是说，我国的无条件有限责任继承制度，严重地忽视了对遗产债权人利益的保护，不符合有限责任继承制度应当平等地保护继承人和遗产债权人的立法趋势。纵观上述外国的立法例可见，我国《继承法》应该补充立法，建立有限责任继承的条件，对于自愿选择实行有限责任继承的继承人，明确规定制作遗产清册的期限、方式、程序等限制性条件。继承人必须满足这些条件和程序才能享受有限责任继承利益，否则，就应被视为自愿选择无限责任继承。

## 二、建立无限责任继承制度

继承和遗赠的接受与放弃制度的立法趋势之二，是建立无限责任继承制度。如前述大陆法系国家立法，均建立有自愿选择的与强制承受的单纯承认继承（无条件概括继承）制度。因为，在继承开始之后，继承人虽享有选择接受或放弃继承的权利，但继承人接受或放弃遗产的考虑期间不可能无期间限制，否则遗产的归属将迟迟没有定论，这不仅不利于遗产的管理，也降低了社会资源的利用率。“事实上积极的为单纯承认的表示，殆为鲜见，其因限定继承及继承放弃期间的经过为单纯承认之时最多。”[①]法律为督促继承人尽快实施其继承选择权，早日稳定继承法律关系，前述日本和意大利的立法均规定了没有在法定期间内选择放弃继承或选择有条件的有限责任继承的，即可推定为无限责任继承。而且，由于一般情况下，遗产都在继承人的实际掌控之中，或者继承人对遗产真实情况较债权人更加了解，因此，继承人极有可能借用此优势侵害债权人或其他继承人利益，如隐匿财产、于遗产清册上虚假记载、财产混同等。我国《继承法》对此类行为并无特别规制。从上述国家的立法例可见，前述大陆法系国家的日本、意大利都建立起了无限责任继承制度，包括自愿的无限责任继承和强制的无限责任继承。无限责任继承的法律后果，即继承人的财产和被继承人的财产混同，继承人必须对被继承人生前所欠债务负全部清偿责任。这样一种责任方式免除了遗产债权人对具体损害的举证责任，也简化了司法程序，效率更高。当然，无限责任继承可以基于继承人的自由选择而发生。依照一般趋利避害之观念，继承人往往会更倾向于选择有限责任继承方式，但也不排除在某些情况下，某些继承人可能因个人情感或家族荣誉等原因，自愿选择无限责任继承而承担清偿全部遗产债务的责任。此外，某些继承人也有可能因为担心因制作遗产清册并提交法院会暴露其家庭隐私而自愿承担无限清偿责任。所以，为了尊重继承人的意思自治，并且预防和制裁继承人侵害遗产债权人的利益之行为，我国有关的接受制度应该在我国《继承法》第 33 条规定的自愿选择的无限责任继承制度的基础上，增加强制的无限责任继承制度。

## 三、逾期未表示接受遗赠应推定为接受遗赠

继承和遗赠的接受与放弃制度的立法趋势之三，是建立逾期未表示接受遗赠应推定为接受遗赠制度。如前述日、意、英、美四国立法，均规定逾期未表示接受遗赠应推定为接受遗赠。这有利于保护受遗赠人的财产权利。例如，日本立法规定，对于遗赠，受遗赠人可主动

---

① 史尚宽：《继承法论》，中国政法大学出版社 2000 年版，第 308 页。

表示接受,其接受的意思表示也可以被推定。如果遗赠义务人及其他利害关系人定了一定的期间,催告受遗赠人作出接受或放弃的表示,而受遗赠人在此期间没有表示,则视为接受遗赠。目前,我国《继承法》第25条将受遗赠人未在法定期限两个月内表示接受遗赠的,推定为放弃遗赠。我们认为,此规定不尽合理,不利于充分地保护被继承人自由处分其个人财产的权利。其主要理由有三:一是受遗赠人承认遗赠仅起到维持遗赠效力的作用,未表示承认遗赠的,并非遗赠未生效,只要受遗赠人未放弃遗赠,应视为承认遗赠;二是在接受与放弃的方式上,将继承人与受遗赠人区别对待,可能有违死者的遗愿,而且也没有充分的理由;三是与我国国情并不相符,根据我国学者的实证调查研究,被调查的多数民众认为遗赠的接受不需要作出明确表示,只要没有表示放弃就行了。[①] 因此,基于保护自然人的私有财产权和维护受遗赠人财产权益的理念,我们应将受遗赠人对遗赠接受与否的沉默,在经过法定期间后,视为接受遗赠。

---

① 陈苇(项目负责人):《当代中国民众继承习惯调查实证研究》,群众出版社2008年版,第223、361、472、573页。

# 第五章

# 评注《继承法》第二十七条<br>（遗产处理中法定继承的适用制度）

【我国《继承法》第二十七条　有下列情形之一的，遗产中的有关部分按照法定继承办理：(一)遗嘱继承人放弃继承或者受遗赠人放弃受遗赠的；(二)遗嘱继承人丧失继承权的；(三)遗嘱继承人、受遗赠人先于遗嘱人死亡的；(四)遗嘱无效部分所涉及的遗产；(五)遗嘱未处分的遗产。】

## 第一节　立法目的

在遗产处理制度中，法定继承的适用制度是一项确定被继承人遗产在没有遗嘱或不能依遗嘱进行分配的情况下，依法定的方式移转给其法定继承人的制度。设立该制度的目的，是在遗产处理过程中发现被继承人依意思自治处分其遗产的目的不能实现的情况下，为确保被继承人创造的财富在法定继承人范围内流传，保障家庭内依赖被继承人扶养之法定继承人的生活，保证遗产在法定继承人之间的公平分配，法律规定由其法定继承人继承遗产的制度。该制度的立法目的主要如下：

### 一、尊重被继承人的生前意愿

遗嘱是被继承人生前依意思自治处分其死后遗留财产的一种方式。被继承人作为财产的所有权人，其有充分的意思自由对死后财产的分配和移转做出安排，这是近代以来民法意思自治原则的体现。只有在被继承人未立遗嘱或无有效遗嘱或因为法律事件或行为导致不能依遗嘱处理遗产的情况下，法定继承制度才能被适用。由于法定继承制度是对被继承人处理遗产意愿的推定而设计的，如被继承人认为该制度安排的继承事项，不符合其意愿，则可设立遗嘱处分其遗产，从而排除法定继承制度的适用，所以，就此意义而言，法定继承制度的设立，也体现了尊重被继承人的生前意愿。

### 二、确保遗产在法定继承人范围内分配

私有财产的保护是社会财富创造的动力。保护个体私有财产在近亲属之间的传承，确保被继承人的遗产在其近亲属之间得以分配，这是激励个体创造并积累财富的动力之一。因此，法律规定被继承人一定范围的亲属（主要是血亲、配偶）为法定继承人。同时，继承是变更社会财产资源的一种工具，在无遗嘱或遗嘱不成立或无效的情况下，法定继承对遗产资源的移转起到指导性规范的作用。

### 三、保障实现遗产的家庭扶养职能

家庭是以婚姻和血缘为纽带的共同生产、共同消费的人类生活共同体，家庭财产为家庭成员共同创造，亦应为家庭成员共同分享，这种分享的表现方式之一为家庭成员生前相互间的扶养照顾。某家庭成员的死亡，使得共享模式被打破，相互间的扶养照顾被中断，那些需要受死者扶养的家庭成员会受到更大影响，甚至可能因为扶养人的死亡难以维持此后的生活。法定继承的适用，可以使被继承人留下的遗产在其法定继承人尤其是家庭成员之间分配，尤其是照顾受被继承人扶养的人能够适当多分遗产或享有对特殊遗产的居住权、使用权等，提供基本的生活保障，或者使受扶养人能够维持先前的生活水平，保障实现遗产的家庭扶养职能，实现遗产的家庭养老育幼功能。

### 四、尽快确定遗产归属，发挥遗产的最大效用

被继承人的死亡启动了继承的开始，不同的继承方式将为遗产确定不同的遗产权利人。在遗产权利人明确之前，遗产的归属处于不确定状态，可能会使待定的权利人对期待的遗产利益相互争夺，损害原本和谐的亲属关系。并且，遗产归属的不明确也使财产效用的发挥处于暂停状态，不利于发挥遗产的经济效益。本制度的立法目的之一，便是在遗产处理过程中，尽快确立遗产归属的权利人，避免财产的不稳定状态，以有利于发挥遗产的最大效用。

## 第二节　本条的地位、价值与意义

“法定继承”一词，最早源于古罗马法“succession ab itestate”，原意为无遗嘱继承。罗马法的无遗嘱继承，是指在死者于死亡前没有立遗嘱，或者虽然立了遗嘱但因不符合法定要件而没有法律效力，或者因遗嘱被撤销而无效，或者出于被继承人拒绝接受遗产而导致遗嘱实际没有发生法律效力情况下，死者的遗产由法定继承人继承的一项法律制度。①

我国《继承法》第 27 条规定：“有下列情形之一的，遗产中的有关部分按照法定继承办理：(一)遗嘱继承人放弃继承或者受遗赠人放弃受遗赠的；(二)遗嘱继承人丧失继承权的；(三)遗嘱继承人、受遗赠人先于遗嘱人死亡的；(四)遗嘱无效部分所涉及的遗产；(五)遗嘱未处分的遗产。”可见，其以例举式的体例，指出在遗产处理过程中，如有上述情形，则适用法定继承分配死者的遗产。此规定的意义包括：一是明确了法定继承与遗嘱继承、遗赠的关系；二是为遗产的分配次序提供了明确规则；三是有利于遗产归属的及时确定，以避免遗产处于无主状态或不稳定状态。

### 一、本条的地位

我国《继承法》第 27 条规定了在遗产处理时若存在无遗嘱或遗嘱无效或不能依遗嘱继承时，适用法定继承的具体情形，这衔接了我国《继承法》“总则”部分第 5 条“关于继承开始时遗嘱继承与遗赠优先于法定继承”的规定，是对该第 5 条更细化的规定。同时，其将该法第 7 条“丧失继承权”“遗嘱继承与遗赠”部分有关遗嘱无效的规定、第 25 条“有关继承人放

① 费安玲：《罗马继承法研究》，中国政法大学出版社 2000 年版，第 157 页。

弃继承或受遗赠人放弃受遗赠"以及我国《执行〈继承法〉的意见》第38条"遗嘱人就无权处分的财产订立遗嘱无效"等条款的内容归纳到该条中的统一规定在上述情形出现时,适用法定继承处理遗产。此条将法定继承适用的分散式情形进行归纳和列举,从法律适用上对民众起到明晰的指引作用,同时也增强了我国《继承法》在体系结构上的紧密度和逻辑性。

关于遗嘱继承或遗赠与法定继承的关系,现代各国继承法均规定遗嘱继承或遗赠的适用优先于法定继承。但关于法定继承是否为遗嘱继承的补充或限制,一方面,法定继承只是遗嘱继承的补充,只有在无遗嘱时,或遗嘱无效时,才能适用法定继承;另一方面,法定继承不仅为遗嘱继承的补充,也是对遗嘱继承的限制,被继承人不得以遗嘱自由处分其全部遗产,须受法定之特留份额的限制。关于限制的理由,主要有以下观点[①],一种观点认为,继承是由于家族协同生活而发生的,家族中的个人死亡后,其财产应传于一定的家族或亲属,即使被继承人设立遗嘱,也必须为法定继承人保留一定的份额。这一份额也就是法定的特留份。例如,《意大利民法典》规定了特留份制度,要求死者生前即使依遗嘱自治处分其留下的遗产,也要为其子女、尊亲属以及配偶保留法定的份额。[②] 另一种观点认为,法定继承的根据在于死者的扶养责任。依这种理论,被继承人虽得设立遗嘱,但遗嘱不能违反其应负的扶养责任,应为受扶养人留下一定的遗产份额供扶养之用。我国《继承法》第16条规定,被继承人得设立遗嘱处分个人财产,但该法第19条同时规定:"遗嘱应当对缺乏劳动能力又没有生活来源的继承人保留必要的遗产份额。"此被称为必留份制度。本条及其相关联的法条的内容,正反映了法定继承对遗嘱继承的补充地位和限制作用。

## 二、本条的价值

### (一)自由价值

自由是人按照自己的意志进行活动的权利,是法律首要维护和保障的价值目标之一。遗嘱是被继承人按照自己的意愿处分身后财产所有权的意思表示,继承法作为私法,维护当事人的意思自治是其首要遵循的基本原则,各国或各地区也都有在遗产处理时,遗嘱继承优先于法定继承的通例,我国亦如此。我国《继承法》第27条的规定,反映了对继承人和被继承人意思自由的充分尊重。其一,在被继承人留有遗嘱时,遗产处理首先依遗嘱进行;其二,作为继承人或受遗赠人,可以选择放弃继承或放弃受遗赠,体现出对继承人或受遗赠人意思自由的肯定;其三,遗嘱继承人、受遗赠人先于遗嘱人死亡时,被继承人希望由该继承人或受遗赠人取得其遗产份额的目的已不能实现,其意思表示的目的落空,此时法律推定被继承人的意愿是由其他法定继承人依法继承;其四,受欺诈或胁迫所立的遗嘱以及伪造或篡改的遗嘱,均非出于被继承人的内心真意,甚至是歪曲被继承人的意思表示,将之认定为无效遗嘱,而适用法定继承,捍卫了被继承人的意思自由免受他人干预;其五,继承人虐待被继承人情节严重的,或者遗弃被继承人的,如以后确有悔改表现,而且被虐待人、被遗弃人生前又表示宽恕,可不确认其丧失继承权。此时被继承人的宽恕反映了其内心对虐待、遗弃者的原谅,他仍然愿意立下遗嘱将生前个人财产交给虐待或遗弃他的继承人,是其对悔改者的接纳表

① 郭明瑞:《完善法定继承三题》,载《法学家》2013年第4期。

② 《意大利民法典》第536～552条。

现，法律尊重这种宽容，有利于构建和谐的家庭关系。

（二）秩序价值

秩序是一种稳定有序的状态，作为法的基本价值之一，与法永相伴随。在继承法领域，被继承人死亡前，其对自己的财产拥有所有权，明确的产权保证了财产关系的有序流动，无论该财产用于家庭生活还是用于生产经营。而被继承人一旦死亡，遗产的权利归属待定，在权利人明确以前，财产的有序流动被中断，暂时处于无序状态。我国《继承法》第 27 条的规定，开启了遗产处理过程中权利人的确定之旅，寻找有无遗嘱，发现被指定的遗嘱继承人或受遗赠人是否可能或是否有资格或有意愿接受遗产，证明遗嘱的有效性，直至证实遗产无法依遗嘱确定权利继受人时，适用法定继承的方式确定遗产的最终权利人，结束遗产归属的不稳定状态，恢复财产的正常流转。本条规定使死者的权益能够先依死者的意愿过渡到被指定的继承人，或者在无指定或指定不生效及无效的情况下平稳地移转给被继承人的法定继承人，创设了良好的遗产继承秩序，维护了财产的有序流转，实现了法对秩序价值的追求。

（三）效率价值

效率是资源的有效配置，追求效率的制度设计能够激发个体的创造力，活跃社会经济，促进社会繁荣。继承权是一种很自然的权利，这是由于一般所假设的父母或近亲的同意，并由于人类社会的公益，这种同意和公益都要求人们的财富分给他们最亲的人，借以使他们更加勤奋和节俭。① 继承是增值资本、增加生产及财富的必不可少的条件，因为一个人如果不能确信他能以财产遗传给他的家庭，能处分他的财产，他就失去了努力工作、任劳耐苦的推动力。② 法律让财产所有权人预知到其在生前积累的财富，死后仍能按其意愿由其指定的权利人取得，或由与其有亲属关系的法定继承人取得，这有利于激励财产所有权人生前不断地去创造财富，促进和提高整个社会的效率。

（四）正义价值

继承人若实施了丧失继承权的行为，即使被继承人留有遗嘱，法律仍以强制性规定剥夺其继承遗产的资格，改由其他继承人依法定继承分配被继承人的遗产，这维护了法律的公平正义。日耳曼法谚语曰："染血之手，不能为继承人。"任何人不得因自己的恶而获利，任何人得因自己的恶而受到惩罚。根据我国《继承法》第 7 条的规定，故意杀害被继承人的，为了争夺遗产而故意杀害其他继承人的，遗弃以及虐待被继承人情节严重的，伪造、篡改或销毁遗嘱情节严重的继承人，因其实施的不法行为或不道德行为，应当依法失去继承资格，才能使有此恶行的继承人受到惩罚，发挥法的制裁功能，使被违法犯罪行为扭曲了的正义得以矫正；才能使有此恶意的继承人远离上述恶行。因此，有关丧失继承权法定事由的规定能够发挥法的预防作用，有利于保障其他继承人和遗产债权人的财产权益，彰显法律的正义价值。

① ［英］休谟：《人性论》，关文运译，商务印书馆 1980 年版，第 551 页。

② ［意大利］密拉格利亚：《比较法律哲学》，朱敏章译，中国政法大学出版社 2005 年版，第 552 页。

## 三、本条的意义

### (一)保障继承制度立法目的得以实现

继承制度存在的目的,从设立之初始的古代社会旨在将家庭身份地位及权力传给有资格之人,到现代旨在将被继承人财产尽量地留给其指定之人或与其有亲属关系的继承人。在被继承人未就遗产设立遗嘱指定继承人时,在被继承人依遗嘱指定的继承人先于其死亡、丧失继承权或放弃继承遗产时,在遗嘱因某些原因不成立或无效时,遗产因没有被指定权利人或指定目的无法实现而处于无主状态,对此遗产,根据家庭观念或传统伦理,可以推定被继承人的一般意思应该是将其移转给与其关系亲密的亲属。法定继承的适用制度正是这种意思推定的结果,保障了被继承人的财富在家族内的传递。

### (二)平衡个体的意思自由与社会的公平正义

本制度建立在遗嘱继承优先于法定继承的基础之上,只有遗嘱不能适用时,才适用法定继承制度分配遗产。法定继承作为遗嘱继承的补充,充分体现出继承法对被继承人意思自治的尊重,反映了其作为私法的本质属性。但私法自治也有被滥用的危险,因而招致某些学者的质疑。对私法自治提出批判的学者,主要是怀疑私法自治取得的效果是否具有社会公正性。[①] 被继承人以遗嘱指定继承人,而该继承人却实施了以下不法或不道德行为:故意杀害被继承人,为争夺遗产杀害其他继承人,遗弃被继承人或虐待被继承人情节严重(除得到宽恕外),伪造、篡改或销毁遗嘱以致侵害缺乏劳动能力又无生活来源的继承人利益并造成其生活困难时,放任有此恶行的继承人取得遗产有悖社会的公平正义,因此,继承法强制使之丧失继承权,由其他继承人依法定继承方式取得遗产。

### (三)维护善良的人伦道德与和谐的家庭秩序

第一,遗嘱继承人因不法行为丧失继承权,这种对恶行的惩罚既制裁了违法犯罪行为,又能够有效预防恶的动机和行为,激励善良的人伦道德之形成;第二,被继承人依意思自治订立遗嘱,不能罔顾家庭中受其扶养的其他家庭成员生活所需,应为其预留必要的份额。如意大利的特留份制度、我国的必留份制度,均体现出法定继承对遗嘱继承的限制。这样的制度设计考虑到了家庭的身份特质和伦理价值,协助家人成长,促进家庭和谐。

# 第三节　法定继承的适用制度的演变

在古代社会,罗马王政时代,继承方式就分为遗嘱继承和法定继承。《十二表法》确认以遗嘱继承为主,法定继承为辅。两种继承方式的关系主要表现为:

第一,法定继承不得与遗嘱继承同时并用,对同一项遗产,若被继承人用遗嘱方式指定继承人,但只给他一部分遗产,而对其他遗产没有表意或明确表意其余按法定继承,此时的罗马法就被视为被继承人用遗嘱处分了全部遗产且均由该指定继承人继承。这一规则的著

---

① 王歌雅:《论继承法的修正》,载《中国法学》2013年第6期。

名公式是:“按份设立的遗嘱继承人不能同无遗嘱继承人兼容(Nemo pro parte testatus, pro parte intestaus decdere potest)。”[①]这点与现代继承法有显著不同,现代继承法对被继承人以遗嘱处置部分遗产,未处置的部分以及遗嘱部分无效所涉及的遗产,都直接适用法定继承。罗马法对被继承人将自己的特定财产遗赠给受赠人,其余按法定继承,则予以许可。[②]其原因在于,遗嘱产生之初其主要功能不是分配死亡者财产,而是把家族代表权移转给一个新族长的方法。因为那个时期的人从来都不是独立的个人,而是家族或氏族的人,家长是一个家族的代表,家族的权利义务集于其身,他死亡后原先附着于其身的家族权利义务须得另有家族代表承袭。被继承人的指定实际上承载了家庭人格延续的意旨,所以,遗嘱继承的标的不能是部分指定而须视为包括全部。此情况直到后来才发生改变。随着经济社会的发展,原有的家长制经济逐渐瓦解,宗法社会让位于商业社会,身份继承丧失存在的客观基础,使得继承人不再继承对宗族集团成员的权力,而只继承财产。[③] 而遗赠因为仅涉及财产,不涉及被继承人的人格,故允许特定财产的遗赠,而其余财产适用法定继承。[④] 此外,遗嘱指定的继承人如果实施了丧失继承权的行为或者放弃继承遗产的,古罗马法时期,只有任意继承人可以放弃继承,而当然继承人和必然继承人无权拒绝,只能接受继承,因为这时期的继承是概括继承,包括权利,也承担被继承人生前的义务。罗马法时期,则该无继承资格或拒绝继承者的应继份,增加给遗嘱中指定的其他继承人。如果遗嘱中没有指定其他继承人,对该应继份才适用法定继承;全体遗嘱继承人都拒绝继承,则法定继承开始。

第二,遗嘱继承优先于法定继承。只有在肯定不发生遗嘱继承的情况下,方可实施无遗嘱继承。[⑤] 肯定不发生遗嘱包括,死者根本没有立遗嘱,死者立了遗嘱但无效,“继承人先于遗嘱人死亡”会导致遗嘱因没有指定的继承人而失去效力,死者立了遗嘱但全部继承人拒绝接受继承或丧失继承能力。有一种观点认为,指定和控制死亡后财产处分的权利,是财产所有权本身的一种必然或自然的结果,遗嘱处分是自然法的结果,是死亡者财产应该首先遵照的移转方式。[⑥] 法定继承只是立法者的规定,以履行由于财产的所有者因疏忽而不幸未执行财产移转的职能。[⑦] 遗嘱继承是通例,无遗嘱时的法定继承只是一种补充,是按照一般被继承人的意思来推定继承人的范围。可见,这时的法定继承也可以说是一种法律推定的默示的遗嘱继承。不过,关于先有遗嘱继承还是先有法定继承,还有一种观点认为,在早期的法律学中,是不准许或根本没有考虑过遗嘱权的,只有在法律发展的后来阶段,才准许在许多限制之下使财产所有者的意志能胜过他的血亲的请求。[⑧]

第三,法定继承对遗嘱继承的限制。出于保护依赖被继承人扶养的亲属之目的,罗马法亦有“遗嘱逆伦之诉”的规定,遗嘱人的近亲对违背人伦道德的遗嘱提起诉讼,请求予以撤销,以保护他们的继承权的一种诉讼。“遗嘱逆伦之诉”,是对遗嘱自由原则的进一步限制,

---

① [意]彼德罗·彭梵得:《罗马法教科书》,黄风译,中国政法大学出版社1996年版,第432页。

② 周枏:《罗马法原论》(下),商务印书馆2001年版,第473页。

③ [意]彼德罗·彭梵得:《罗马法教科书》,黄风译,中国政法大学出版社1996年版,第420页。

④ 周枏:《罗马法原论》(下),商务印书馆2001年版,第473页。

⑤ 华东政法学院继承法资料选辑组:《继承法资料选辑》,华东政法学院1980年版,第176页。

⑥ 费安玲:《罗马继承法研究》,中国政法大学出版社2000年版,第11页。

⑦ 华东政法学院继承法资料选辑组:《继承法资料选辑》,华东政法学院1980年版,第29页。

⑧ [英]梅因:《古代法》,沈景一译,商务印书馆1984年版,第101页。

旨在迫使遗嘱人处分其死后财产时,给法定继承人的近亲属保留一定的财产,以尽养老抚幼的义务。①

在中国古代,继承主要是以身份继承为主的宗祧继承,财产继承只是身份继承的附属物。为了家族的财富传承,其主要实行的是以法定继承为主的宗法继承制度。但自汉以来亦有遗命等类似遗嘱的萌芽,遗嘱亦受宗法观念限制,不得违反立嫡、立嗣制度的规定。遗嘱内容若不符合宗法观念或制度的要求,经当事人请求,官府可以部分或全部改变遗嘱处分遗产的内容,使之部分或全部无效。遗嘱的内容很广,不以财产处分为限,可包括死者身后诸事的处理。② 在我国,遗嘱继承作为一项较为完整的法律制度被规定入法典则始于民国时期的1930年《民法继承编》。该法第1186条至第1225条对遗嘱继承制度作了较为全面系统的规定,其主要内容包括:遗嘱人的资格;遗嘱处分的限制;遗嘱继承权的丧失;遗嘱的形式;遗嘱的执行;遗嘱的撤销和特留份。③ 但民间仍然习惯于传统的法定继承(宗祧继承)。1949年中华人民共和国成立后,立法机关先后颁布了一系列民事法律和政策,对遗嘱继承予以承认和保护。1985年,《继承法》对法定继承和遗嘱继承以及两者在遗产继承中的适用作了较为详细的规定。④ 其第27条规定,有下列情形之一的,遗产中的有关部分按照法定继承办理:(一)遗嘱继承人放弃继承或者受遗赠人放弃受遗赠的;(二)遗嘱继承人丧失继承权的;(三)遗嘱继承人、受遗赠人先于遗嘱人死亡的;(四)遗嘱无效部分所涉及的遗产;(五)遗嘱未处分的遗产。

## 第四节　本条规范的构成要件

法定继承的适用,是在被继承人死亡后,遗产处理时其没有留下遗嘱,或者遗嘱不成立或无效,或者遗嘱继承人放弃继承、受遗赠人放弃受遗赠,或者遗嘱继承人丧失继承权,此时,其遗产权利人处于待定状态,法律以一个理性的家庭成员的角度,推定被继承人愿意其遗产由有亲密关系的家人取得。该条规范具体有以下方面的构成要件:

### 一、法定继承的适用主体

法定继承的适用主体,是被继承人的所有法定继承人(丧失继承权的除外)。遗产处理过程中,如果有我国《继承法》第27条规定的五种情形之一的,遗产的有关部分就按法定继承办理。在我国法定继承的主体,包括作为第一顺序的配偶、父母、子女、对公婆尽了主要赡养义务的丧偶儿媳以及对岳父母尽了主要赡养义务的丧偶女婿,第二顺序的兄弟姐妹、祖父母、外祖父母,还有作为代位继承人的晚辈直系血亲。⑤

---

① 周枏:《罗马法原论》(下),商务印书馆2001年版,第524页。

② 陈苇、宋豫主编:《中国大陆与港、澳、台继承法比较研究》,群众出版社2007年版,第5页。

③ 杨立新主编:《中国百年民法典汇编》,中国法制出版社2011年版,第518～522页。

④ 陈苇主编:《外国继承法比较与中国民法典继承编制定研究》,北京大学出版社2011年版,第263页。

⑤ 我国《继承法》第10条、第11条。

## 二、法定继承的适用情形

法定继承的适用情形，是在遗产处理时出现我国《继承法》第27条所列举的以下五种情形之一，即可适用法定继承制度：

### （一）无遗嘱和遗赠的则适用法定继承

遗嘱继承人放弃继承或受遗赠人放弃受遗赠的，适用法定继承。在古代社会，罗马市民法时，以继承人是否是被继承人的家子为标准，继承人的资格类型包括必然继承人（家子或被指定继承的奴隶）和任意继承人（家外人）。[①] 在当时，必然继承人对于被继承人的遗产，不能选择放弃继承，只能接受。因为继承除了意味着接受被继承人的权利外，还包括承受被继承人的义务。必然继承的设立，可以让死者的身份顺利移转以维护家庭利益；或者使死者免受因无力偿还债务而遭受不良名誉的危险。作为家外人的任意继承人，才可以根据自己的意愿决定接受或放弃继承，有权拒绝接受遗产。盖尤斯的《法学阶梯》对遗嘱继承人接受继承的意思表示期限作了详细规定，拒绝接受遗产或期限届满后不做出决定者，其将被排除在继承人外。优士丁尼时代法律规定的不同在于，对如果在期限内没有作出接受继承的明示，法律推定继承人接受继承。这一推定沿用至今，既体现了对遗嘱人意愿之尊重，也赋予了遗嘱继承人选择接受或放弃遗产的权利。到古罗马裁判官法时期，作为必然继承人的家子也被允许在符合某些条件的情况下放弃继承权。直至宗法社会向商业社会转型，继承的内容已主要是财产继承，概括继承已演变为限定继承时，遗嘱继承人都有放弃继承的权利。当遗嘱继承人放弃继承且遗嘱没有指定替补继承人时，则由法定继承人依法实施继承行为。

### （二）遗嘱继承人丧失继承权的则适用法定继承

遗嘱继承人丧失继承权的，适用法定继承。所谓不配者制度，是罗马法中创设的一个对侵犯死者生命、名誉或实施诈欺、胁迫等行为的人给予制裁的法律制度。这是法律对错误者的一种谴责。其作为制裁继承中不法行为的法律后果，不配者将丧失继承权或受遗赠权。设立该制度的目的，并不是使设立继承人的遗嘱行为无效，而是由于继承人存在成为不配者的行为，导致其被排除在继承人之外，为避免本应属于特定继承人的财产不会因主体的缺位而成为权利归属不明之财产，法律规定此时适用法定继承。所谓不配，针对的是继承人主观上故意或过失的行为。这既可以维护死者的权益，也对实施侵犯死者生命、名誉或诈欺、胁迫的行为予以制裁。与不配者制度相关，近现代继承法的丧失继承权制度是其发展的结果，对那些有被法律所不许行为者进行惩罚，同时维护被继承人的真正意愿并保护有权获得遗产之继承人的利益。

### （三）遗嘱继承人、受遗赠人先于遗嘱人死亡的则适用法定继承

遗嘱继承人、受遗赠人先于遗嘱人死亡的，适用法定继承。要使遗嘱发生法律效力，遗嘱人就必须在遗嘱中指定继承人，如果没有指定继承或被指定的人先于被继承人死亡，则该

---

① 费安玲：《罗马继承法研究》，中国政法大学出版社2000年版，第70～97页。

遗嘱便因无有效的继承人而完全失效。[①] 这一规则沿袭至今，遗嘱是被继承人意思自治的表现，当依其意思指定的继承人先于其死亡时，其意思自治的目的已落空，遗嘱因缺乏继承人而失去效力。

(四)遗嘱无效部分所涉及的遗产则适用法定继承

遗嘱无效部分所涉及的遗产，适用法定继承。古罗马的遗嘱是被继承人据以指定继承人并据以通过遗赠处分自己的财产、任命监护人、解放奴隶或做出其他处置的要式的临终行为。设立继承人是遗嘱的实质性目的，任何影响该目的的实现的行为或障碍都将导致遗嘱无效。包括立遗嘱时无行为能力或未遵守法定形式、遗嘱人因人格减等丧失行为能力等。近现代继承法基本继受了罗马法有关遗嘱无效适用法定继承的规则。然而，所不同的是，不同历史时期遗嘱无效的法定情形存有差异。我国《继承法》第 27 条的规定，即是继受的具体表现，在遗嘱全部或部分无效时，无效部分所涉及的遗产适用法定继承。

(五)遗嘱未处分的遗产则适用法定继承

遗嘱未处分的遗产，适用法定继承。根据罗马法的原则，当有一名继承人是通过遗嘱设立时，即便死者只让这位继承人继承其遗产的一部分，也绝对出现不了无遗嘱继承人，这位按份设立的唯一继承人取得全部遗产，不可能让无遗嘱继承人去继承其余部分。这种遗嘱继承与法定继承的不兼容在罗马人的思想中是根深蒂固的。[②] 这时，只有完全没有立遗嘱或没有指定继承人时，才适用法定继承。当时，针对只处分了部分遗产的遗嘱，其余没有处分的遗产也仍然适用遗嘱继承，只处分了部分遗产的遗嘱所指定的继承人仍依遗嘱继承。其原因在于，当时的继承更多的是资格的授予、权力的交接，指定了一位继承人就是将权力给予了该人，不可能再给其他继承人。这种遗嘱继承与法定继承的不兼容规则，在继承法由身份继承向财产继承发展的过程中不断被侵蚀，以致最终被摧毁。在近现代继承法中，这一规则完全不能适用。只要是遗嘱未处分的遗产，不管是全部未处分还是部分未处分，对未处分的遗产都适用法定继承。

## 三、法定继承的适用时间

继承，从被继承人死亡时开始。由于法定继承是在无遗嘱继承时才能适用，故我国法定继承适用的具体时间，应当依据我国《继承法》第 27 条规定的法定继承适用的前述五种具体情形来确定：

第一，被继承人没有立下遗嘱，则法定继承的适用时间，始于被继承人死亡之时；

第二，被继承人留有遗嘱，若遗嘱继承人丧失继承权或放弃继承、受遗赠人放弃受遗赠或遗嘱无效，由于其效力溯及继承开始之时，故就该涉及的遗产适用法定继承的时间，始于被继承人死亡而继承开始之时；

第三，遗嘱继承人、受遗赠人先于遗嘱人死亡的，则法定继承的适用时间，始于被继承人死亡之时。

---

① 周枏：《罗马法原论》(下)，商务印书馆 2001 年版，第 478 页。

② [意]彼德罗·彭梵得：《罗马法教科书》，黄风译，中国政法大学出版社 1996 年版，第 454 页。

### 四、法定继承的适用效力

法定继承具有法定性，继承人的范围、继承的顺序、继承的份额以及遗产分配的原则都属法律的强行性规定，在遗产处理过程中发现上述情形之一的，即启动法定继承，由法定继承人依照法定继承人的范围、顺序、应继份额及遗产分配原则取得被继承人遗产。

## 第五节　重要学术观点与争议

本节主要考察目前我国一些学者对我国法定继承的适用制度中提出的主要观点和意见，这些观点和意见主要源于各专家学者关于“中国民法典继承编”的学者建议稿。

### 一、重要学术观点

梁慧星等学者建议稿第 1937 条具体规定的“法定继承、遗嘱继承、遗赠、遗赠扶养协议的效力”，与我国《继承法》第 5 条的内容完全相同，指明了遗嘱和遗赠效力优于法定继承，体现优先保护被继承人的遗嘱自由权利。该稿第 1945 条“法定继承的适用范围”继续保持了我国《继承法》第 27 条规定的全部内容，并且增加了“受遗赠人丧失受遗赠权的，遗产的有关部分适用法定继承。”但该 1945 条是被放在第 78 章“法定继承”部分，不同于我国《继承法》放在“遗产的处理”部分的体例安排。其在立法理由中说明，明确规定法定继承的适用范围，有助于司法实务操作。①

根据徐国栋等学者建议稿的内容，第一，从体例上看，该建议稿关于“法定继承的适用”主要被放在第一题“一般规定”和第三题“法定继承”之中。(1)在第一题“一般规定”第一章“继承的依据”第 2 条中指出，“继承依遗嘱或法律进行，在无遗嘱或部分无遗嘱的情况下，适用法定继承。允许存在部分法定继承部分遗嘱继承的情形。”这些规定与我国《继承法》第 5 条的内容相同，遗嘱继承先于法定继承；(2)接着第 3 条“部分适用法定继承的情形”中规定遗产部分适用法定继承的范围，“有下列情形之一的，遗产中的有关部分按照法定继承办理：遗嘱继承人放弃继承或受遗赠人放弃受遗赠的；遗嘱继承人被剥夺继承权的；遗嘱继承人、受遗赠人先于遗嘱人死亡的；遗嘱部分无效导致部分遗产未受遗嘱处分的；遗嘱只处分了部分遗产的。”这些内容基本接近我国《继承法》第 27 条的内容，但其侧重于规范上述情形所涉及的部分遗产的法定继承；(3)在其第三题“法定继承”部分，用第 493 条“法定继承的适用条件”作为该部分的开端，明确规定“死者对其财产未以遗嘱处分，未依法处分或其处分无效时，其遗产的继承依法律规定。”此侧重于规范全部遗产的法定继承。第二，从内容上看，与我国《继承法》第 27 条的差别主要表现在：(1)使用“剥夺继承权”一词，而不采用“丧失继承权”的语词；(2)将“遗产无效部分所涉及的遗产”拆分成了“遗嘱部分无效导致部分遗产未受遗嘱处分”和“死者对其财产未依法处分或其处分无效”；(3)将“遗嘱未处分的遗产”拆分成了“遗嘱只处分了部分遗产的”和“死者对其财产未以遗嘱处分。”②

根据王利明等学者建议稿的内容，从继承开始到遗产分割的体例设置中，并未设专条对

---

① 梁慧星等学者建议稿第 1937 条、第 1945 条。

② 徐国栋等学者建议稿第四分编第 2 条、第 3 条、第 493 条。

法定继承的适用情形加以归纳,只在第一章"通则"第三节"继承的开始"第546条规定有"法定继承、遗嘱继承、遗赠、遗赠扶养协议的效力",其内容与我国《继承法》第5条的内容完全相同,确立了遗嘱优先于法定继承的规则。此外,该建议稿就受遗赠人先于被继承人死亡的,以及遗嘱无效所涉及的相关遗产适用法定继承有单独条文的规定。如该建议稿第608条规定:"继承开始前,受遗赠人死亡的,遗赠无效。"第609条规定:"遗赠不发生效力或因放弃丧失其效力时,受遗赠人所应受的财产,按照法定继承处理。但是,遗嘱人于其遗嘱有另外意思表示时从其意思。"第630条规定:"无效的遗嘱或遗嘱被撤销的,自始没有法律效力。相关遗产按法定继承处理。"而对于遗嘱继承人丧失继承权、放弃继承权、先于被继承人死亡等三种情形没有以条文形式明确指出适用法定继承,而采取了推定认为无须特别指出就理应适用法定继承。对于本条规范所提到的"遗嘱未处分的遗产适用法定继承"之义则应包含在该建议稿第546条之中。①

根据张玉敏等学者建议稿的内容,对于法定继承的适用范围没有设专条加以规定,也不安放在有关"遗产的处理"部分,而是只在第二章"法定继承"第28条"法定继承顺序"中规定,"无遗嘱的情况下,继承按下列顺序进行:第一顺序……"。不过,在"总则"第13条"放弃继承的效力"中规定,放弃继承的人视为从继承开始时就不是继承人。被放弃的继承份额按照放弃继承的人在继承开始前死亡的情形处理。按照我国《继承法》的规定,无论是遗嘱继承人放弃继承还是法定继承人放弃继承,其放弃继承的份额均由死者的其他法定继承人继承。但根据该学者等上述关于放弃继承效力的规定,无论是法定继承人放弃继承还是遗嘱继承人放弃继承,如果放弃者有晚辈直系血亲,则按代位继承处理;如果放弃者没有晚辈直系血亲,则由死者的其他法定继承人继承。②

根据陈苇等学者建议稿的内容,其对法定继承的适用亦没有设专条加以总结归纳,采取的亦是将法定继承的适用情形分散规定在继承法各部分的模式。比如,在"无遗嘱继承"部分的开始,其提出"在无遗嘱或遗嘱不成立、遗嘱无效时,遗产按下列顺序继承:第一顺序……";在"遗嘱的效力"部分提出,"继承开始后,没有遗赠扶养协议或遗嘱的,按照法定继承办理";在"继承合同和遗赠扶养协议"部分提出,"继承合同和遗赠扶养协议的效力优先于遗嘱继承和遗赠,遗嘱继承和遗赠优先于无遗嘱继承"。而法定继承适用的具体情形,则主要包括:第一,放弃继承的效力,溯及继承开始之时。被放弃的继承份额按照放弃继承的人在继承开始前死亡的情形处理。第二,遗嘱无效或不生效时,适用法定继承。其还规定了遗嘱无效的具体情形。其包括"遗嘱继承人或受遗赠人,部分或全部先于遗嘱人死亡的,遗嘱该部分或全部不生效;遗嘱继承人放弃继承或丧失继承权,受遗赠人放弃遗赠或丧失遗赠权的,遗嘱不生效;附条件的遗嘱,指定的继承人或受遗赠人在该条件成就前死亡的,遗嘱不生效;遗嘱被他人故意或过失毁坏涂销致使不能准确完全地确定遗嘱内容的,遗嘱不生效",以上情形都被列举为遗嘱不生效。第三,遗嘱被撤销时,适用法定继承。第四,遗赠不生效时,适用法定继承。遗赠不生效的具体情形如下:受遗赠人丧失受遗赠权,丧失受遗赠权与丧失继承权的事由相同;受遗赠人已经死亡且无替补受遗赠人的;特定的遗赠物已经被遗嘱人生前处分而不再属于其遗产的;遗赠人的遗赠侵害特留份部分;受遗赠人放弃受遗赠的。遗赠

---

① 王利明等学者建议稿第546条、第608条、第609条、第630条。

② 张玉敏等学者建议稿第13条、第28条。

不生效的，视为受遗赠人自始从未接受遗赠，溯及继承开始之时。①

根据杨立新等学者建议稿的内容，第 62 条规定的“法定继承的适用范围”，保留了我国《继承法》第 27 条规定的全部内容，并且增加了一款“继承开始后，没有遗赠扶养协议和遗嘱的，按照法定继承办理”。但是，此条与我国《继承法》的立法体例不同，被放在了“法定继承”一章，而没有放在“遗产的处理”一章。同时，该稿第 46 条规定了遗嘱无效的情形，其中将因受胁迫、欺诈、乘人之危以及因错误订立的遗嘱规定为可撤销遗嘱。②

## 二、重要学术观点之争议

通过对上述六份学者建议稿的主要观点的梳理，我们可以看出，其共性是：第一，被继承人死亡后，遗产处理过程中，遗嘱继承和遗赠优先于法定继承适用；第二，法定继承的适用情形包括无遗嘱、遗嘱无效、遗嘱继承人或受遗赠人先于遗嘱人死亡、遗嘱继承人丧失继承权。但其也存在以下争议之处：

### （一）法定继承的适用制度的体系结构评析

对法定继承的适用制度在体系结构上存有差异。(1)梁慧星、徐国栋和杨立新这三份学者建议稿都没有专条对法定继承的适用情形加以归纳，在体例结构上近似于我国《继承法》第 27 条，但却都没有被放在“遗产的处理”部分。这三者之间又存在些许的差别，又如梁慧星、杨立新这两份学者建议稿将该条放置在“法定继承”一章的开始，而徐国栋等学者建议稿将该条拆分为“部分适用法定继承的情形”(被放在总则“一般规定”部分)和“法定继承的适用条件”(被放在“法定继承”部分)。(2)王利明、陈苇这两份学者建议稿在体例结构上都采取的简单总结加分散式的模式，提出了法定继承的适用情形。比如，王利明等学者建议稿将法定继承的适用情形分别以单条形式放置在“遗嘱处分”部分，而陈苇等学者建议稿中法定继承的适用被分散规定在“遗嘱继承”“无遗嘱继承”“遗赠制度和继承合同”三部分。(3)张玉敏等学者建议稿则只提到了“无遗嘱的情况下，适用法定继承”。对本条规范所涉及的其他情形则没有条文上的列举。

我们认为，法定继承的适用情形宜以专门条文的形式放在“总则”或“法定继承”部分加以规定，其原因主要有：第一，法定继承的适用有很多情形，这些情形可能是有关丧失继承权或受遗赠权的，或者有关放弃继承或放弃受遗赠的，或有关遗嘱等，这些情形虽然可以被分散规定在继承法的各部分，但如果不统一用专条加以归纳，不易于司法操作或民众认知；第二，从立法技术上来看，以一个条文作出总结归纳法定继承的适用情形，可以起到有效衔接分散在相关章节的某一条文的效果；第三，我国《继承法》已被实施有 30 多年之久，其第 27 条规定已在司法实务和民众认知上形成了良好的传统，不宜被删除。

### （二）法定继承的具体适用情形评析

对法定继承的适用范围在内容上存在些微差别。(1)关于放弃继承权，就放弃继承的份额是否适用法定继承的问题，张玉敏等学者建议稿中认为，遗嘱继承人或法定继承人放弃继

---

① 陈苇等学者建议稿第 13 条、第 43 条、第 45 条、第 67 条。

② 杨立新等学者建议稿第 46 条、第 62 条。

承的份额，宜由放弃者的晚辈直系血亲代位继承，若无晚辈直系血亲才由死者的其他法定继承人继承①；梁慧星、徐国栋、陈苇、杨立新这四份学者建议稿都主张，放弃继承的份额按照法定继承办理；王利明等学者建议稿没有明确指明这一点，只是提到“放弃继承的效力，溯及继承开始之时。”(2)关于受遗赠人丧失受遗赠权的，相关遗产适用法定继承的问题，梁慧星、陈苇、杨立新这三份学者建议稿都提出，受遗赠人丧失受遗赠权的，涉及的遗产适用法定继承，丧失受遗赠权的事由与丧失继承权事由相同；其他三份学者的建议稿未提及该问题。(3)关于遗嘱的撤销，对遗嘱被撤销后的应继份处理问题，王利明、陈苇、杨立新这三份学者建议稿提出，将因欺诈、胁迫所立的遗嘱，由原来我国《继承法》所规定的无效遗嘱，修改为可撤销的遗嘱，并由继承人、受遗赠人及利害关系人行使撤销权，撤销权的行使时间为1年。被撤销后的应继份，按法定继承办理。其他学者的建议稿仍然保持与我国《继承法》原来的规定一致，将因欺诈、胁迫订立的遗嘱认定为无效遗嘱，无效后的应继份适用法定继承。

我们认为，除被继承人未立遗嘱处分、所立遗嘱全部或部分无效、遗嘱继承人或受遗赠人先于被继承人死亡以及遗嘱继承人丧失继承权等情形适用法定继承外，第一，应该增加“受遗赠人丧失受遗赠权的，相关遗产适用法定继承。”其理由是：任何人不得从自己的违法行为中获利，这是丧失继承权制度的立法目的之一。当受遗赠人有实施同于丧失继承权的行为，相较于与被继承人有更亲密关系的遗嘱继承人，举重以明轻，作为法定继承人之外的受遗赠人，当然亦应该丧失其获得遗产的资格。第二，应该坚持“遗嘱继承人放弃继承权或受遗赠人放弃受遗赠的，相关遗产适用法定继承”。其主要理由是：遗嘱是死者依自己意愿作出的处分其财产的行为，其指定继承人或受遗赠人的主要目的是将自己的财产在死后移转给这些被指定的特定的继承人，这种指定是受其与指定人的特殊情感或特殊关系影响的，因此，当被指定人作出放弃的意思表示，表明立遗嘱人的意愿已经落空，其主要目的已不能实现，应该视为如同没有指定，所涉及的相关遗产应由立遗嘱人的其他法定继承人继承。第三，应该坚持我国《继承法》第22条有关遗嘱无效的规定②，不应将“因欺诈、胁迫、错误以及不符合法定形式的遗嘱无效修改为可撤销。”其主要理由是：其一，法律行为因欺诈、胁迫而被规定为可撤销行为时，行为的效力涉及的只是行为双方当事人，所以给予被欺诈、胁迫方撤销权，可以纠正其先前的意思表示。但遗嘱设立时受到欺骗的是立遗嘱人，按可撤销民事行为来处理，行使撤销权的就应该是立遗嘱人，因为发生继承时立遗嘱人已死亡。此外，将撤销权赋予继承人、受遗赠人或其他利害关系人，并且有1年的撤销权行使期间，将导致遗产归属处于较长时间的不确定状态，不利于遗产分配，也不利于财产流转。其二，因为受欺诈、胁迫订立的遗嘱，违背了立遗嘱人的内心真意，使之无效正是对这种被违背的矫正。

## 第六节　相关联的法条与典型案例

法定继承的适用，是在被继承人没有遗嘱、遗嘱全部无效或部分无效、遗嘱继承人放弃继承等情况下，由法定的继承人按法定的继承顺序、应继份额等规则继承被继承人遗产，除

① 张玉敏主编：《中国继承立法建议稿及立法理由》，人民出版社2006年版，第55页。

② 我国《继承法》第22条规定，无行为能力人或者限制行为能力人所立的遗嘱无效；遗嘱必须表示遗嘱人的真实意思，受胁迫、欺骗所立的遗嘱无效；伪造的遗嘱无效；遗嘱被篡改的，篡改的内容无效。

本章评注的我国《继承法》第27条外，该制度在我国《继承法》、我国《执行〈继承法〉的意见》及其他法律的相关法律条文中也有所体现。

## 一、相关联的法条

### （一）法定继承与遗嘱继承相关联的法条

我国《继承法》第5条规定，继承开始后，按照法定继承办理；有遗嘱的，按遗嘱继承或者遗赠办理；有遗赠扶养协议的，按照协议办理。

### （二）遗嘱无效相关联的法条

我国《继承法》第22条规定，无行为能力或限制行为能力人所立的遗嘱无效。受胁迫、欺骗所立的遗嘱无效。伪造的遗嘱无效。遗嘱被篡改的，篡改的内容无效。

### （三）继承人或受遗赠人放弃继承或受遗赠相关联的法条

我国《继承法》第25条规定，继承开始后，继承人放弃继承的，应当在遗产处理前，作出放弃继承的表示。没有表示的，视为接受继承。受遗赠人应当在知道受遗赠后两个月内，作出接受或者放弃受遗赠的表示。到期没有表示的，视为放弃受遗赠。

### （四）涉及继承人丧失继承权相关联的法条

我国《继承法》第7条规定，继承人有下列行为之一的，丧失继承权：（一）故意杀害被继承人的；（二）为争夺遗产而杀害其他继承人的；（三）遗弃被继承人的，或者虐待被继承人情节严重的；（四）伪造、篡改或者销毁遗嘱，情节严重的。

我国《执行〈继承法〉的意见》第11～14条规定，继承人故意杀害被继承人的，不论是既遂还是未遂，均应确认其丧失继承权。继承人有故意杀害被继承人或为争夺遗产而杀害其他继承人的行为，而被继承人以遗嘱将遗产指定由该继承人继承的，可确认遗嘱无效，并按继承法第7条丧失继承权的规定处理。继承人虐待被继承人情节严重的，或者遗弃被继承人的，如以后确有悔改表现，而且被虐待人、被遗弃人生前又表示宽恕，可不确认其丧失继承权。继承人伪造、篡改或者销毁遗嘱，侵害了缺乏劳动能力又无生活来源的继承人的利益，并造成其生活困难的，应认定其行为情节严重，丧失继承权。

## 二、涉及法定继承的适用的典型案例

### 法定继承的主体资格与遗产处理

——被继承人李某、何某1、邹某的法定继承纠纷案[①]

**案情简介：**

李某与被继承人何某系夫妻，二人于1992年3月2日登记结婚，婚后没有生育小孩。

① 本案例来源于广东省××市中级人民法院(2016)粤××民终××××号判决书，本文引用时对其内容有所删减。

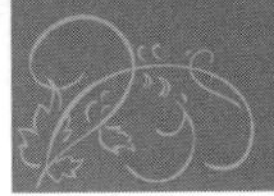



何某婚前有一儿子何某1,何某结婚后,何某1继续在新的家庭中生活,与李某形成抚养教育关系。邹某系何某的母亲,何某的父亲何大某于1998年7月2日死亡,何某于2015年10月18日因病去世,生前未立有遗嘱。经调查得知,1997年10月20日,何某购买了位于从化市街口镇镇北路××号×幢西梯×××房(权利证号:粤房地证字第××号),产权登记人为何某。何某去世后,李某、邹某、何某1无法就涉案房产价格达成一致意见,李某于2016年1月20日申请对房产进行评估,经评估,涉案房产价值为463500元。但是李某认为,该房产是其丈夫何某在婚姻期间购买,应归其所有,可以对邹某和何某1进行适当的经济补偿,邹某和何某1不同意。因此,李某起诉至一审院。

一审法院依照《中华人民共和国继承法》第2条、第3条、第10条、第13条、第26条规定,于2016年7月14日作出如下判决:基于邹某、何某1均在涉案房屋居住,且生活条件较差,故法院确认该房产归何某1所有,由何某1依照各继承人所占房产份额向李某及邹某以现金方式进行补偿,李某及邹某需协助何某1办理房屋权属变更登记。位于从化市街口镇镇北路××号×幢西梯×××房(权利证号:粤房地证字第××号)归何某1所有,何某1自判决发生法律效力之日起30日内补偿李某309000元,补偿邹某77250元;李某和邹某自收到上述款项起10日内协助何某1办理该房屋权属变更登记。如果未按本判决指定的期限履行给付金钱义务,何某1应当依照《中华人民共和国民事诉讼法》第253条规定,加倍支付迟延履行期间的债务利息。

被告李某不服一审民事判决,提起上诉。二审法院认为,一审认定有权继承何某遗产的适格继承人分别是李某、何某1、邹某,及对涉案房屋的价值没有异议,因此驳回上诉,维持原判。

**法律适用评析:**

本案主要涉及法定继承的主体资格、涉案房产的处理两个问题。

首先,对于法定继承的主体资格。依据《中华人民共和国继承法》第2条规定:"继承从被继承人死亡时开始。"第10条规定:"遗产按照下列顺序继承:第一顺序:配偶、子女、父母。第二顺序:兄弟姐妹、祖父母、外祖父母。继承开始后,由第一顺序继承人继承,第二顺序继承人不继承。没有第一顺序继承人继承的,由第二顺序继承人继承。"第13条第1款规定:"同一顺序继承人继承遗产的份额,一般应当均等。"本案中,因何某的父亲何大某已先于何某去世,本案被继承人何某的第一顺序继承人为其配偶李某、儿子何某1、母亲邹某。自被继承人何某死亡起至今,其遗产均未发生继承。综上,有权继承何某遗产的适格继承人分别是李某、何某1及邹某。因此,本案中一二审法院的判决是正确的。

其次,关于涉案房产的处理。依据《中华人民共和国继承法》第3条规定:"遗产是公民死亡时遗留的个人合法财产,包括:(一)公民的收入;(二)公民的房屋、储蓄和生活用品;……"第26条规定:"夫妻在婚姻关系存续期间所得的共同所有的财产,除有约定的以外,如果分割遗产,应当先将共同所有的财产的一半分出为配偶所有,其余的为被继承人的遗产。"本案中,被继承人何某生前拥有一套房产,产权登记时间为1997年,何某与李某于1992年3月2日登记结婚,故该房产属于何某与李某在婚姻关系存续期间所得的共有财产,分割遗产时应先将该房产的一半分出为李某所有,余下的为被继承人何某的遗产,即该房产的1/2为李某所有,1/2为何某的遗产。被继承人何某生前未立有遗嘱,其第一顺序继承人李某、何某1及邹某应当在上述房产的1/2内发生继承,即每人继承1/3的份额。综

上，李某在遗产范围内占有房产的1/3份额，外加其本身占有房产1/2的份额，李某共占有涉案房产的4/6份额；邹某、何某1在遗产范围内各占有房产的1/3份额，在涉案房产内各占有1/6份额。一审法院考虑到邹某、何某1均在涉案房屋居住，且生活条件较差，故法院确认该房产归何某1所有，由何某1依照各继承人所占房产份额向李某及邹某以现金方式进行补偿，李某及邹某需协助何某1办理房屋权属变更登记。因此，本案中，人民法院的一审、二审判决是合法且恰当的。

## 第七节 国外立法现状

本文以下将考察大陆法系之德国、日本、意大利三国，英美法系之英国和美国有关法定继承的适用情形的规定，主要从立法的体系结构和具体内容两方面对两大法系国家的立法进行考察。

### 一、法定继承的适用制度的体系结构

无论是大陆法系之德国、日本、意大利还是英美法系之英国、美国，这些国家的继承法都未设专条概括总结法定继承或称为无遗嘱继承之适用情形，通常对法定继承的适用设定的前提是在"无遗嘱继承"部分规定"被继承人未就遗产设立有效遗嘱时则适用无遗嘱继承"。而就"遗嘱继承人或受遗赠人丧失继承权或受遗赠权、遗嘱继承人放弃继承或受遗赠人放弃受遗赠、遗嘱受益人先于被继承人死亡、遗嘱无效或被撤销"时遗产的分配，被分散规定在继承法的各个章节中。

### 二、法定继承的具体适用情形

根据《德国民法典》的规定，法定继承的适用范围主要包括：第一，继承人抛弃继承，视为在继承开始时不再生存一样；遗产继承被拒绝后，该被拒绝的遗产，归属于假如拒绝人在继承开始之机未曾生存时有资格做继承人的人，遗产法院应该通知该权利人。① 第二，就遗产指定未涉及的部分，依法定继承。第三，婚姻或婚约在被继承人死亡前解除，被继承人据以使配偶或订婚人受益的遗嘱不生效。第四，因错误或胁迫、忽略特留份权利人而作出的终意处分可以被撤销。第五，受益人在继承开始时不再生存的，遗赠不生效。第六，继承人因有法定的不法行为而被认为不够格，因不够格的人出缺而受利益的任何人均有权请求撤销其遗产取得资格。值得一提的是，该法典将继承人以恶意欺诈、不法胁迫促成被继承人作出该死因处分的，认定其是不够继承资格的人。这种不够格的认定同样适用于受遗赠人和特留

① 按《德国民法典》译者陈卫佐先生对继承的抛弃与遗产的拒绝所作的注解，其认为《德国民法典》中继承的抛弃是被继承人的配偶或血亲在被继承人生前与之订立的继承合同为之；而遗产的拒绝是在被继承人死后向遗产法院为之。抛弃的效果是视为其在继承开始时已不再生存一样；拒绝的效果是使对拒绝人的遗产归属视为未发生。国内学者对上述的理解有的认为上述规定衍生的是，抛弃者的直系血亲可以代位继承。我们认为，上述字面表达的更应该是，抛弃继承后，既然其被视为继承开始时不再生存或遗产归属从未发生，那么，相关遗产应是适用法定继承。

份权利人①,因此,涉及的遗产归属于如果继承不够格的人在继承开始时已不生存,有资格继承的人。

根据《日本民法典》第 939 条规定,法定继承的适用情形主要包括:第一,放弃继承的人视为自始即为非继承人。对于放弃继承的份额适用法定继承,由死者的其他法定继承人继承。第二,遗赠的放弃,溯及遗嘱人死亡之时发生其效力。第三,根据该法典第 902 条规定,以遗嘱对继承份额的指定,可以不拘于第 900 条至第 901 条关于法定继承份额的规定,但须为被继承人的子女、直系尊亲属及配偶留下特留份。这体现了遗嘱继承于法定继承的优先性。第四,在遗嘱人死亡以前受遗赠人先于遗嘱人死亡的,遗赠不发生效力。附停止条件的遗赠,受遗赠人在其条件成就以前死亡,遗赠不发生效力,但遗嘱人在其遗嘱中已有另外的意思表示时从其意思。第五,遗赠不发生效力或因放弃而失去效力时,本应由受遗赠人所得之物归属于继承人。但遗嘱人在其遗嘱中已有另外的意思表示时从其意思。此外,以下情形,并不直接适用法定继承:第一,被继承人的子女丧失继承权的,就该子女的应继份,并不因其丧失继承权而转由死者的其他法定继承人继承,而是由其直系卑亲属代位继承。该法典将"故意致被继承人或其他继承人死亡,已知被继承人被杀害而不去告发的,以诈欺、胁迫妨碍或致使被继承人订立、撤回或变更遗嘱的,伪造、销毁或隐匿被继承人遗嘱的"认定为继承人欠缺资格,丧失继承权。第二,被继承人的子女先于被继承人死亡,其应继份由其直系卑亲属代位继承。

根据《意大利民法典》的规定,法定继承的适用情形主要包括:第一,法定继承,不论全部或部分,非在遗嘱继承欠缺时不得实行。遗嘱处分,不得侵害法律为特留份权利人保留的权利。第二,除涉及人身专属性的权益外,在遗嘱继承人不能或不欲承认继承时仍得代位继承。此时并不适用法定继承。第三,即使被代位人放弃继承或不得继承或资格欠缺,亦得代位进行继承。如没有代位继承人,则依该法典第 674 条将本属于该不得或不欲的遗嘱继承人的部分,增加给其他遗嘱继承人或依第 677 条转由法定继承。同时,为了体现出对因不法行为而丧失继承权者的惩罚,其亦规定"因无继承资格而被取消继承权的父母,对子女代位继承的遗产不享有父母用益权和管理权"。第四,对于遗嘱无效,采用当然法定继承的模式,并没有设专条规定遗嘱无效时适用法定继承,而是直接适用第 457 条遗嘱欠缺适用法定继承。第 463 条规定了资格欠缺的人从继承中排除,并具体规定了资格欠缺的情形。②

在英国,无遗嘱继承(法定继承)的适用情形主要包括:第一,如果无有效的遗嘱、遗嘱部分被撤销或遗嘱未处分的遗产部分,则实行无遗嘱继承。第二,遗嘱继承人放弃继承后,其应继份按无遗嘱继承处理,不适用代位继承。第三,遗嘱因被撤销、受益人先于遗嘱人死亡、遗嘱人与受益人婚姻关系解除或婚姻被宣告无效、受益人不法杀害遗嘱人、遗嘱人没有遗嘱能力、遗嘱非其真意、遗嘱见证人为受益人、受益人放弃继承等而无效。在遗嘱因上述原因无效时适用无遗嘱继承。第四,若死者留下的遗嘱没有给由其供养的家庭成员提供合理的经济扶养费,则受扶养人可以向法院申请要求从被继承人的遗产中支付合理的经济供养费。

---

① 《德国民法典》第 2303 条,被继承人的晚辈直系血亲因死因处分而被排除在继承人之外的,该晚辈直系血亲可以向继承人请求特留份。

② 该法典将毁弃、隐匿、变造遗嘱、制作虚伪遗嘱,以诈欺、强迫被继承者订立、变更遗嘱,故意杀害继承人等作为继承人失格的情形。

根据《美国统一遗嘱检验法典》(*Uniform Probate Code*)的规定，无遗嘱继承(法定继承)的适用情形主要包括：第一，无遗嘱继承的适用前提是遗产未被有效的遗嘱予以处理。第二。遗嘱若无效，则视同死者是无遗嘱死亡。第三。遗嘱受益人先于遗嘱人死亡，遗嘱视为自动撤销，若没有替补受益人，则依无遗嘱继承分配相关遗产。第四，故意杀害被继承人的，其应继份按放弃继承对待。第五，若被继承人的遗嘱遗漏了为子女保留特留份的，不发生法律效力。第六，被继承人不能用遗嘱剥夺配偶继承其遗产之特留份权利，若其遗嘱没有分配财产给配偶或分配给配偶的遗产少于其依无遗嘱继承可得的份额，则配偶可以选择要求依无遗嘱继承得到其法定份额或选择服从遗嘱安排。第七，遗嘱须为特定权利人预留宅园特留份、家庭特留份以及豁免财产。这些都体现了对被继承人遗嘱自由的限制。

综上可见，上述各国对于法定继承的适用都建立在无遗嘱的前提下，确立了遗嘱继承优先于法定继承的原则，这与我国《继承法》第 5 条的规定相一致。① 但前述各国都没有类似于我国《继承法》第 27 条有关法定继承的适用之集中性的规定②，前述国外立法都没有将法定继承的具体适用情形以专条加以归纳总结，而是将其分散规定在其法典各处，比如，在继承资格欠缺部分或在遗嘱继承部分，规定因继承人资格欠缺而导致遗嘱无效或被排除在继承人外，规定因遗嘱无效等同于继承开始之初无遗嘱等。我们认为，我国《继承法》对法定继承的适用采取集中性规定的做法，便于民众知法、守法，也便于司法人员执法，故可以继续保持此立法模式。

## 第八节　立法发展趋势

现代继承法应当坚持的是，保护自然人的私有财产的继承权，以激励人们创造更多的财富，留给其后代或指定的人，使被继承人生前创造的财富作为遗产在其死后继续发挥作用。激励的方式则主要表现为在遗产的分配和流转过程中遗嘱继承与法定继承两种遗产转移制度的适用。

### 一、遗嘱继承和遗赠优先于法定继承被适用

从前述国外立法可见，遗嘱继承优先于法定继承被适用，这是现代继承法的基本规则。例如德国民法典规定，就遗嘱指定涉及的部分，依法定继承。可见，法律赋予被继承人以遗嘱或遗赠处分其财产的权利，保障被继承人按自己的意愿处分财产的自由。上述各国立法都坚持被继承人有处分遗产的遗嘱自由这一基本原则，均规定遗嘱继承优先于法定继承被适用。即由古代社会的法定继承为主，到近现代社会的遗嘱继承和遗赠优先于法定继承被适用，这是立法的发展趋势之一。

---

① 我国《继承法》第 5 条规定，继承开始后，按照法定继承办理；有遗嘱的，按照遗嘱继承或者遗赠办理；有遗赠扶养协议的，按照协议办理。

② 我国《继承法》第 27 条规定，有下列情形之一的，遗产中的有关部分按照法定继承办理：(一)遗嘱继承人放弃继承或者受遗赠人放弃受遗赠的；(二)遗嘱继承人丧失继承权的；(三)遗嘱继承人、受遗赠人先于遗嘱人死亡的；(四)遗嘱无效部分所涉及的遗产；(五)遗嘱未处分的遗产。

## 二、法定继承是遗嘱继承的补充,体现了保障实现遗产的扶养功能

从前述国外立法看,无遗嘱继承时,适用法定继承,以保证遗产在被继承人的近亲属范围内分配,这有利于实现遗产的扶养功能。例如,英国法规定,如果无有效的遗嘱、遗嘱部分被撤销或遗嘱未处分的遗产部分,则实行无遗嘱继承。遗嘱继承人放弃继承后,其应继份按无遗嘱继承处理。若死者留下的遗嘱没有给由其供养的家庭成员提供合理的经济扶养费,则受扶养人可以向法院申请要求从被继承人的遗产中支付合理的经济扶养费。可见,被继承人生前没有立遗嘱或所立遗嘱无效时,通过法定继承的适用,保证遗产在与被继承人有亲属关系的家庭成员之间分配,保障财产最大限度地在家族内留传,体现了法定继承对遗嘱继承的补充性地位,有利于发挥遗产保障实现家庭扶养尤其是养老育幼等方面的职能。也就是说,财产继承权的保护与家庭扶养职能的发挥是相生相伴的。扶养家庭成员仍然是家庭的重要职能之一,在家庭成员死后,让遗产继续履行扶养功能,是实现家庭职能的需要。[①] 法定继承在无遗嘱继承时被适用,这是遗产履行家庭扶养职能的表现形式之一。而法律通过制度设计对被继承人的遗嘱自由进行限制,是保障遗产的扶养功能的形式之二。上述各国继承立法均设有类似特留份的相关制度,来保障家庭成员在被继承人死后的生活所需,以避免被继承人在依遗嘱处分遗产时特留份权利人陷于生活困境,减轻对处于生活困境的继承人支持与援助的社会成本,体现出法律对继承人的人文关怀,有利于实现个人与社会之间的资源配置平衡。[②] 总之,法定继承制度针对法定继承人确定其应继份,既有利于保障以遗产实现家庭的扶养职能,也有利于发挥遗产的经济效用。

## 三、遗嘱处分遗产受到法定继承的特留份、必留份等制度的限制

从前述国外立法看,在承认遗嘱人有权以遗嘱处分遗产,但须依法为特留份或必留份权利人保留其应继遗产,否则,遗嘱部分无效。例如,《日本民法典》第 902 条规定,以遗嘱对继承份额的指定,可以不拘于第 900～901 条关于法定继承份额的规定,但须为被继承人的子女、直系尊亲及配偶留下特留份。又如意大利民法典规定,遗嘱处分,不得侵害法律为特留份权利人保留的权利。

综上,继承法作为法,必须坚守法律的公平正义,上述各国遗嘱适用时有关当事人丧失遗嘱继承资格的规定,体现了对不正义行为者的惩罚,维护了继承人之间的公平和社会正义。继承法作为私法,彰显意思自治的私法特性,遗嘱人的遗嘱自由、继承人的放弃继承、受遗赠人放弃受遗赠以及特留份权利人的放弃特留份均彰显了对当事人意思自治的尊重。继承法作为家庭法,维护家庭的团体性和伦理特性,遗嘱继承、法定继承对遗嘱的补充和限制均是维护家庭的具体演绎。

---

① 陈苇主编:《外国继承法比较与中国民法典继承编制定研究》,北京大学出版社 2011 年版,第 49 页。

② 王歌雅:《论继承法的修正》,载《中国法学》2013 年第 6 期。

# 第六章

# 评注《继承法》第二十六条、第二十九条（遗产的分离、遗产分割的原则、方法及效力）

【我国《继承法》第二十六条　夫妻在婚姻关系存续期间所得的共同所有的财产，除有约定的以外，如果分割遗产，应当先将共同所有的财产的一半分出为配偶所有，其余的为被继承人的遗产。遗产在家庭共有财产之中的，遗产分割时，应当先分出他人的财产。第二十九条　遗产分割应当有利于生产和生活需要，不损害遗产的效用。不宜分割的遗产，可以采取折价、适当补偿或者共有等方法处理。】

## 第一节　立法目的

遗产分割制度的立法目的，主要在于尊重继承人和被继承人的意愿，实现遗产与其他共有财产的分离，明确遗产分割的原则、方法和效力，平等地保护各共同继承人与第三人的利益及保障发挥物之效用等。我国《继承法》第 26 条、第 29 条的规定涉及遗产分割制度（以下统一简称为本条）。

### 一、尊重被继承人和继承人的意愿

遗产分割是共同继承人对遗产按照遗嘱或法律规定，对各自的应继份进行分配。第一，尊重被继承人的意愿。在遗嘱继承时，如果被继承人在遗嘱中指定了如何分割或委托第三人予以分割，应当依据被继承人的遗嘱进行分割。例如，《法国民法典》第 967 条规定，任何人均得用遗嘱，或者以指定继承人或遗赠的名义，或者以其他任何适于表示其意思的名称，处分其财产。该法第 1002 条第 1 款规定："遗嘱处分，或为遗产的全部概括处分，或为遗产的部分概括处分，或者为遗产中特定财产的处分。"根据我国《继承法》第 16 条第 2 款规定："公民可以立遗嘱将个人财产指定由法定继承人的一人或者数人继承。"可见，如果遗嘱人指定数名遗嘱继承人的，必须依遗嘱的指定分割遗产。第二，尊重继承人的意愿。在法定继承时，遗产分割的时间、份额、办法，可以由继承人协商确定。首先，遗产分割的时间，继承人可以协商，其次，遗产分割的份额，除遗嘱指定分割的外，继承人应当依照法律的规定协商分割。同一顺序的继承人继承遗产的份额，一般应当均等，但有特殊情况的除外。并且，继承人协商一致的也可以不均等分割。例如，根据我国《继承法》第 13 条规定，同一顺序的继承人继承遗产的份额，一般应当均等。对生活有特殊困难的缺乏劳动能力的继承人，分配遗产时，应当予以照顾。对被继承人尽了主要扶养义务或者与被继承人共同生活的继承人，分配遗产时，可以多分。有扶养能力和有扶养条件的继承人，不尽扶养义务的，分配遗产时，应当不分或少分。继承人协商同意的，也可以不均等。再次，对于遗产分割的具体方法，各共同

继承人可以通过协商达成一致来处理。例如,根据《瑞士民法典》第607条第2款规定,除另有规定外,继承人间得自由约定其分割方法。根据我国《继承法》第15条规定,遗产分割的时间、办法和份额,由继承人协商确定。综上可知,遗产分割必须充分尊重被继承人的意愿和继承人的意愿,以彰显民法的意思自治原则之精神。

## 二、实现遗产与其他共有财产相分离

继承开始后,为防止遗产与继承人的固有财产发生混同,有些国家规定应被继承人的债权人和继承人的债权人之请求,在遗产分割前应将遗产与继承人的固有财产实现分离。例如,在国外,根据《意大利民法典》第512、516条规定,被继承人的债权人和受遗赠人,享有请求将被继承人的遗产与继承人的财产进行分离的权利,从而保证被继承人的遗产清偿其债权人和受遗赠人,然后才清偿继承人的债权人。此遗产分离请求权,应当自继承开始后3个月内行使。同时,许多大陆法系国家还设立有遗产清册制度,以实现遗产保持独立。例如,根据《法国民法典》第787条、第790条的规定,继承人得声明其仅以遗产的净资产为限进行继承。该声明应当向继承开始所在辖区的大审法院作出。在提交声明之日起的2个月内,其应向法院提交遗产清册,并对每一项资产与负债的内容及数额逐项做出估计。其提交的遗产清册,应当与上述声明进行相同的公示。在我国,根据我国《继承法》第26条规定,被继承人的遗产应同夫妻共同财产相分离。在夫妻存在共同财产的情况下,分割遗产之前,原则上,必须首先从共同财产中分出一半归生存的配偶所有,另外一半才能作为被继承人的遗产。遗产在家庭共有财产之中的,遗产分割时,应当先分出他人的财产。这可以实现被继承人的遗产与家庭共同财产相分离。[①] 在现实生活中,除了夫妻可能形成共同财产外,在家庭中一起生活的其他共同成员之间因共同劳动、共同购买等原因也会形成家庭共同财产。在此情况下,被继承人在家庭共有财产中所占有的份额应当分离出来作为其遗产。我们认为,设立遗产分离制度,可以避免被继承人的遗产与继承人的固有财产发生混同,这一方面有利于保证实现被继承人的债权人优先就遗产获得清偿,另一方面,也有利于保证实现继承人的债权人对继承人的财产优先获得清偿。并且,继承人可依法仅以遗产为限对被继承人的债权人承担清偿责任。这有利于平等地保护被继承人的债权人、继承人及其债权人三方的合法权益。

## 三、明确遗产分割的原则、方法和效力

遗产分割只能发生在数名继承人共同继承的场合,共同继承人通过遗产分割,可以尽快结束遗产的暂时共有状态,使自己成为遗产的实际占有和管理人。为了尽快结束这种暂时共有的状态,为了公平地在各继承人之间快速分配遗产,许多国家的继承法均规定了遗产分割的原则、方法和效力。关于遗产分割的原则,例如,《俄罗斯联邦民法典》第1166条确立了保护胎儿利益原则,如继承人已在母腹尚未出生,则遗产的分割只能在该继承人出生后方能进行;第1167条确立了保护未成年人、成年人中无行为能力人和限制行为能力人的利益原则,如继承人中有未成年的公民、成年人中被认为无行为能力或限制行为能力的公民,则遗产的分割应遵守监护和保护的相关规定,其监护人和保护人不经监护和保护机关的批准,无

① 我国《继承法》第26条。

权放弃被监护人和被保护人的继承利益。关于遗产分割的原则和方法，例如，我国《继承法》第 29 条规定，遗产分割的原则包括有利于生产和生活需要，不损害遗产的效用；遗产分割的方法包括实物分割、折价、适当补偿或者共有等方法。关于遗产分割的效力，例如，根据《瑞士民法典》第 634 条规定，遗产分割具有移转或创设的效力，分割以分配份的作成及受领或缔结分割契约，始对继承人产生约束力。该法第 637 条规定，共同继承人，在分割终了后，对遗产互负买方及卖方的义务。且第 638 条规定，对分割契约的撤销，依撤销契约的一般规定处理。可见，上述立法例有关遗产分割的原则、方法和效力的规定具有指引作用，这有利于指导遗产分割公平有序地进行。

## 四、平等保护各共同继承人与第三人的利益

为了在平等条件下，全体共同继承人能够公平地分配遗产，许多国家和地区设立了遗产归扣制度。设立该制度的法理基础在于立法者推定被继承人在生前有平等地对待各共同继承人的愿望。所以，法律规定除被继承人作出免除归扣的意思表示外，各共同继承人参加继承时必须返还其在被继承人生前接受的特种赠与财产，将它归入遗产总额进行财产合算，然后在各共同继承人之间按其应继份，公平地分割遗产。例如，《意大利民法典》第 737 条规定，参加继承的婚生子女、私生子女以及他们的婚生或私生卑亲属和配偶应当交出被继承人生前直接或间接赠与他们的一切财产，被继承人免除合算义务的除外。我国《继承法》第 26 条关于遗产应与夫妻共同财产和家庭共有财产相分离的规定，体现了对继承人和生存配偶及其他家庭成员给予平等保护的理念，并且该法第 29 条关于遗产分割的原则和方法规定，遗产分割应当有利于生产和生活需要，不损害遗产的效用。不易分割的遗产，可以采取折价、适当补偿或者共用等方法处理。这有助于指引各共同继承人公平地分割遗产。该法还规定了遗产分割时在一般情况下的均等分割方法：同一顺序的继承人继承遗产的份额，一般应当均等。[①] 这体现了对各共同继承人平等保护的理念。在国外，一些国家规定了遗产分割后各共同继承人对遗产债务承担连带清偿责任，以平等保护继承人与第三人的利益。[②]

## 五、充分发挥物之效用

遗产分割时除应当注意保障各继承人之间的公平分配外，也应当重视发挥遗产的实际效用。例如，在我国，我国《继承法》第 29 条规定，遗产分割应当有利于生产和生活需要，不损害遗产的效用，对于可以实物分割的，应采用实物分割的方式，不可以实物分割的，可以采取折价、适当补偿或者共有等方法处理。我国《执行〈继承法〉的意见》第 58 条规定，人民法院在分割遗产中的房屋、生产资料和特定职业所需要的财产时，应依据有利于发挥其使用效益和继承人的实际需要，兼顾各继承人的利益进行处理。根据《瑞士民法典》规定，如果对遗产或遗产中的某物即时分割将严重损害其价值，法官应继承人中一人的请求，可以命令暂缓分割。若分割将严重损害物的价值，或者遗产属于性质上结合为一体的物、对家庭有特别纪念意义的物，都不因继承人中一人的异议而分离，应将该物完整地分配给继承人中的一人。

---

① 我国《继承法》第 13 条第 1 款。

② 参见《瑞士民法典》第 639 条；《德国民法典》第 2058 条。必须说明，限于本章的研究对象与篇幅限制，本章不研究共同继承人对遗产分割后的连带责任。

农业经营的用益承租人死亡，且由其继承人中一人继续承租的，出于用益价值的目的，该继承人可请求将所有经营所需的财产(牲畜、工具、储备等)按用益价值划归其继承。[①] 前述立法例均体现了最大限度地发挥遗产的使用价值，以保障家庭的生产和生活，并满足企业生产经营的需要，以促进社会经济的发展。

## 第二节　本条的地位、价值与意义

### 一、本条的地位

继承活动是一个动态的过程，包括很多环节，从被继承人死亡开始，历经继承开始的通知与公告、遗产清册的制定、遗产管理、继承人应继份的确定、遗产债务的清偿、遗产分割等过程。从终极意义上说，遗产继承的目的要求尽快确定遗产的主人，实现物的顺利流转，维持正常的财产秩序。其中，遗产分割发挥着桥梁的作用，通过遗产分割，各共同继承人最终实现了对遗产的实际占有。因此，遗产分割是实现遗产继承制度终极功能的直接手段。而我国《继承法》的第 26 条和第 29 条是调整和指导遗产分割关系的法律条文。因此，它们在《继承法》中具有重要地位。我们认为，遗产分割制度应当包括遗产的分离及遗产分割的原则、方法及效力等具体制度，它们是现代继承法律制度不可或缺的组成部分。

### 二、本条的价值

法的价值是创设任何法律制度都必须考量的重要因素，遗产分割制度立法也不例外。我们认为，遗产分割制度的规定彰显了法的自由、平等、公平、效率和秩序价值。

(一)自由价值

自由是法律的重要价值取向之一。英国学者认为，“个人的行为只要不涉及他人的利害，个人就有完全的行动自由，不必向社会负责”，“只有当个人的行为危害到他人利益时，个人才应当接受社会或法律的惩罚。”[②]自由价值体现在民法领域就是意思自治原则的确立。在国外，许多国家的立法规定，遗产分割时，如果被继承人以遗嘱指定分割方法的，应按遗嘱指定的方法分割遗产。例如，依《瑞士民法典》的规定，有判断能力且已满 18 岁者，得在法律许可的范围内，依法定方式，以遗嘱处分其财产。被继承人，有直系血亲卑亲属、父母、配偶、登记的同性伴侣为继承人者，对其财产，为继承人保留特留份后，得为死因处分。被继承人，无前款所列继承人者，得对其全部财产，为死因处分。[③] 在我国，依我国《继承法》第 15 条规定，继承人应当本着互谅互让、和睦团结的精神，协商处理继承问题。遗产分割的时间、办法和份额，由继承人协商确定。协商不成的，可以由人民调解委员会调解或者向人民法院提起诉讼。以上立法例反映了被继承人的意愿和各共同继承人的意愿之尊重，符合法律的自由价值取向。

---

① 参见《瑞士民法典》第 605 条、第 611～613a 条。

② [英]约翰·密尔:《论自由》，许保骙译，商务印书馆 1959 年版，第 4 页。

③ 《瑞士民法典》第 467 条、第 470 条。

(二)平等价值

平等是法律的重要价值取向之一。法国学者认为,“平等是一种原则、一种信条,这项原则今天已被公认为司法准则,当今社会,从某方面观察,除此原则之外,别无其他基础。”[①]平等原则,它是指民事活动的一切当事人在民事关系中所处的法律地位相同。继承法作为民法的重要组成部分,其遗产分割制度当然也要以实现当事人法律地位的平等为其基本目的。例如,在国外,《意大利民法典》规定,将被继承人的财产与继承人的财产进行分离,保证以被继承人的财产清偿其债权人和受遗赠人,而后再清偿继承人的债权人。对被继承人的财产享有其他担保权的债权人和受遗赠人,也享有请求分离财产的权利。财产的分离不阻却提出这一请求的债权人和受遗赠人用继承人的财产清偿债务的权利。[②] 这体现了对继承人、受遗赠人和遗产债权人的平等保护。在我国,依我国《继承法》第 26 条规定,遗产分割前,应当将遗产与夫妻共同财产和家庭共同财产相分离。这反映了对各共同继承人与生存的夫妻一方及其他家庭成员平等对待与平等保护的理念。即上述立法例将遗产与继承人的财产区分开来,以实现遗产与继承人的财产各自的独立,这有利于平等地保护被继承人的债权人、受遗赠人与继承人及其债权人各自的利益,从而彰显了法律的平等价值。

(三)公平价值

我国学者认为,作为民法意义上的公平主要强调的应是权利和义务、利益和负担在相互关联的社会主体之间合理分配或分担。[③] 美国学者认为,“公平就是分配正义”。[④] 在国外,大陆法系一些国家的遗产归扣制度,可以实现在各继承人间公平分配遗产,反映了法律的公平价值。[⑤] 例如,依《瑞士民法典》第 626 条规定,法定继承人相互间,就其在被继承人生前预先从被继承人那里取得的,应算入应继份的财产,负有归扣义务。被继承人对其直系血亲卑亲属,以婚产嫁资、生计资本、财产让与或债务免除的方式而给予财产时,该直系血亲卑亲属负有归扣义务,但被继承人在其处分中有明示之反对意思者,不在此限。同时,为了保障遗产分割后各共同继承人之间的公平,大陆法系一些国家还规定了遗产分割后共同继承人之间的遗产的瑕疵担保责任。例如,依《日本民法典》第 911 条规定,各共同继承人对其他共同继承人,与出卖人相同,按其继承份额负担保责任。在我国,我国《继承法》规定,同一顺序继承人继承遗产的份额,一般应当均等。对被继承人尽了主要扶养义务或者与被继承人共同生活的继承人,分配遗产时,可以多分。有扶养能力和有扶养条件的继承人,不尽扶养义务的,分配遗产时,应当不分或者少分。[⑥] 上述规定体现了对共同继承人利益平等保护的思

---

① [法]皮埃尔·勒鲁:《论平等》,王允道译,商务印书馆 2005 年版,第 20~27 页。

② 《意大利民法典》第 512 条。

③ 赵万一:《民法的伦理分析》,法律出版社 2003 年版,第 82 页。

④ [美]E·博登海默:《法理学——法哲学及其方法》,邓正来、姬敬武译,华夏出版社 1997 年版,第 255 页。

⑤ 所谓遗产归扣,是指在遗产分割时,被继承人生前给予继承人的特种赠与,除被继承人免于归扣的外,应计入遗产,冲抵继承人的遗产份额。参见陈苇、杜志红:《我国设立归扣制度的基础与制度构建研究》,载《政法论丛》2013 年第 2 期,第 49 页。

⑥ 我国《继承法》第 13 条第 1 款、第 3 款、第 4 款。

想,彰显了法的公平价值。

(四)效率价值

在继承法领域,法的效率价值主要表现为以较少的投入保障实现继承人对遗产的公平分配。美国学者认为,“法本身的规范、程序和制度极大地注重于促进经济效益”。[①] 在遗产分配时,对被继承人的遗产分割时根据有利于生产和生活需要,不损害遗产的效用的原则进行,以期充分发挥遗产的最大效用,减少继承纠纷。例如,在国外,依《俄罗斯民法典》第1168条、第1169条规定,如遗产中的住房等不能实物分割,则在遗产分割时,继承开始前居住在该处而没有其他住房的继承人对于不是住房所有人的其他继承人,享有作为其继承份额取得该住房的优先权;直至继承开始之日,与被继承人共同生活的继承人,在遗产分割时享有作为其继承份额取得家居用品及日常生活用品的优先权。根据《意大利民法典》第720条的规定,不可分物包括不宜原物分割的不动产,或者对该不动产的分割将会损害公共经济利益或者环境卫生的,或者不将不动产拆散就无法进行分割的,或者根据国民生产利益不得分割的财产。对于不可分割物采取的分割方法,根据不同情况将其分配给一人或多人而对其他共同继承人进行补偿。以上立法例均体现了遗产分割时,应当充分发挥遗产的使用价值,同时兼顾保护各共同继承人的利益,这既有利于保障家庭生活的需要,也有利于促进社会经济的发展,从而彰显法律的效率价值。

(五)秩序价值

在继承法领域,法的秩序价值主要表现为遗产分割开始后,各共同继承人能按照遗嘱或法律的规定有序地对遗产进行分割,从而尽快地实现对遗产的占有。古希腊哲学家指出:“法律就是秩序,有好的法律才有好的秩序。”没有秩序,法律根本没有施展的空间,也失去了实施的意义;而没有法律,秩序也就没有了最重要最可靠的保证。在国外,许多国家关于遗产分割的法律均明确规定,如被继承人在遗嘱中有分割指示或指示第三人分割的,按被继承人的指示处理。如被继承人无指示的,则按照法律的规定处理。例如,依《日本民法典》的规定,被继承人可立遗嘱确定遗产的分割方法或者委托第三人确定,或确定自继承开始时其不超过五年的期间内禁止分割遗产。如被继承人未立遗嘱处分其财产,各共同继承人可随时协议分割遗产。遗产分割,如果共有继承人间不能达成协议,各共同继承人可以请求法院分割。[②] 在我国,依我国《继承法》第29条的规定,对于易于分割的遗产,可以分割实物,而不易分割的可选择变价分割、补偿分割或者共有的方法。上述立法例明确了遗产分割方法的基本次序,可以指导遗产分割的有序进行,从而彰显法律的秩序价值。

## 三、本条的意义

遗产继承的目的要求为遗产尽快寻找主人,以维持财产的正常流转,而遗产分割是实现遗产继承制度终极功能的直接手段,其具有以下三方面的意义:

---

① [美]理查德·A.波斯纳:《法律的经济分析》,蒋兆康译,中国大百科全书出版社1997年版,第28页。

② 《日本民法典》第908条、第907条。

(一)指导依法分割遗产,尽快结束遗产暂时共有状态

遗产分割制度具体规定了遗产的分割原则、方法和效力,可以指导各共同继承人依法处理遗产分割事务,使遗产尽量平稳地转移给遗产继承人及其他遗产权利人。为了取得属于自己应继份的遗产的所有权,共同继承人在清偿被继承人的债务及给付遗赠后,依遗嘱或法律分割遗产,可以尽快结束遗产的暂时共有状态,使自己成为遗产的实际占有和管理人。

(二)公平处理遗产事务,平衡共同继承人内部利益关系

遗产的共有关系是基于共同继承在各继承人之间形成的。遗产共有关系,使各继承人围绕着遗产形成了多种法律关系,包括遗产归扣关系、遗产分割关系、共同继承人的遗产分割瑕疵担保关系等。所以,遗产分割制度包括遗产归扣的权利和义务、遗产分割的原则和方法、共同继承人之间的瑕疵担保责任等。这些制度的目的,都是为了公平地处理遗产事务,实现各共同继承人之间的利益平衡,避免因财产分配不公而"伤了和气"。[①]

(三)公平保障被继承人与继承人两者的债权人的财产权益

共同继承不仅涉及共同继承人对遗产的内部共有关系,而且涉及继承人与被继承人两者的债权人之外部关系。遗产分割制度规定的遗产分离制度,可以保证被继承人的遗产必须首先被用于清偿被继承人的债务。如前所述,在国外,日本和意大利立法均规定,被继承人的债权人或继承人的债权人可向法院提出遗产分离的请求,而法国立法和德国立法均规定,继承人应依法制作遗产清册。[②] 这样被继承人与继承人的固有财产两者就被分离开来,被继承人的债权人可就遗产优先受偿;申请财产分离的继承人的债权人可就继承人的固有财产优先受偿,从而实现公平保障被继承人的债权人与继承人的债权人两者的财产权益。

## 第三节 遗产分割制度的演变

我国古代的继承制度的财产继承均以宗祧继承为前提。[③] 宗祧继承包括继承宗祧、继承祭祀、继承地位三项内容,其属于身份继承,财产继承只是宗祧继承的附属物。我国自周代时起确立了嫡长子继承制,嫡长子为宗祧继承人,"有子立长,无子立嗣"成为历代的法例。次子、庶子只能分得部分土地和财物,不能承袭权位。《唐律疏议 · 户婚律》规定:"诸立嫡违法者,徒一年。"在财产继承方面,虽然法定继承与遗嘱继承同时存在,但遗嘱继承受到很大

① 陈苇主编:《外国继承法比较与中国民法典继承编制定研究》,北京大学出版社 2011 年版,第 572~573 页。

② 参见《日本民法典》第 941 条,《意大利民法典》第 512 条,《法国民法典》第 787~790 条,《德国民法典》第 1994 条。

③ 陈苇主编:《婚姻家庭继承法学》,法律出版社 2002 年版,第 407~408 页。

的限制。不仅立遗嘱的人为宗法观念所影响,官方在处理遗嘱纠纷时也为宗法观念所束缚。①

在我国古代,财产继承并不以被继承人死亡为必要条件,而多在被继承人的生前完成,对此民间称为"分家析产"。我国学者认为,所谓分家析产,包括"析分"和"继承"两个意思,前者是指父母在世时,儿子们因长大成婚而分家析产,另立户头;后者是指父母去世后,弟兄们分遗产,这才是与近现代社会继承制度相同意义上的财产继承。而诸子平均析产,即所有儿子平均分配家产的方式,是我国传统家产继承方式的主体内容。②

至近现代社会,1911 年的《大清民律草案》开始采用现代"继承"概念,该继承概念与西方继承制的含义一致,即继承为所继人死亡后财产之移转,别无他义。关于遗产分割,该草案的主要规定包括:遗产分割的依据与遗产分割的限制。③ 此后,北洋政府 1926 年完成的《民国民律草案》对遗产分割的规定,在对《大清民律草案》基本沿用的基础上,增加了以下规定:(1)遗产分割的限制。(2)遗产分割方法的特别规定。(3)遗产的扣还。遗产继承人中,如对所继人负有债务,其债务应从该继承人之应继份中扣还。(4)遗产分割的效力。④ 至南京国民政府时期,1930 年公布《民法继承编》,其对遗产分割的规定在《民国民律草案》的基础上,增补了如下内容:(1)遗产分割的效力。遗产之分割,溯及继承开始时发生效力。⑤

---

① 《宋史·张咏传》所载张咏对一遗产纠纷的处理则为明证。主要案情:死者遗言提出:"以十分之三与子,余七与婿。"张咏认为,死者立此遗嘱,出于明智,否则,儿子早死在女婿之手,因而决定:"以七与其子,余三给婿,人们'服其明断'。"此外,男女之间、亲生子与非亲生子之间、在室女与出嫁女之间的继承权存在明显的不平等。如兄弟在,在室女对父祖遗产不能有任何继承份额。如夫死有子,妻也没有继承权。转引自李志敏:《中国古代民法》,法律出版社 1988 年版,第 56、59、63～65 页。

② 邢铁:《家产继承史论》,云南大学出版社 2012 年版,第 14 页。

③ 《大清民律草案》第 1481 条、第 1483 条、第 1474 条规定,遗产分割依所继人之遗嘱或法律规定为之。如所继人之遗嘱定有分产之法或托他人代定者,须从其遗嘱。如无遗嘱,继承人有数人时,不论嫡子、庶子,均按人数平分。私生子依子量与半分。遗嘱可以禁止继承人分割遗产,但时间以五年为限。如继承人中有失踪者,应酌留遗产之一部分后进行分割,如继承人中有胎儿者,应为其保留应继份后再予分割。参见杨立新主编:《中国百年民法典汇编》,中国法制出版社 2011 年版,第 207～208 页。

④ 《民国民律草案》第 1383 条规定,遗产分割前,必须先清偿遗产债务,如债务未至清偿期,或在诉讼中时,必须保留相当金额以备偿还。第 1384 条规定,如遗嘱禁止分割的,以十年为限。不能分割之物、因分割而其价格显有损失之物、性质上结合为一体之物(有继承人反对分割)应分归一遗产继承人承受。如归何人承受意见不一致者,应将原物出售后分配。原物之变价得履行拍卖程序,但拍卖尽在继承人间按法定程序行之。第 1385 条规定,家谱及其他家之特别记录,或为其家特别纪念的祖先遗传,遗传继承人中有异议者,应分归一遗产承受人承受,不得出售。如继承人间意见不一致,应呈请法院,按照地方习惯或参酌各遗产继承人之个人关系予以裁判。第 1387 条规定,遗产继承人中有分得庄地者,其估价以出产价格为准。第 1389 条规定,遗产分割后,除有遗漏未分之部分,或被隐匿之财产,继承人可请求重分或自愿重分外,遗产不得重分。第 1390 条和第 1391 条规定了一般效力,即共同继承人间的担保责任。各继承人对于遗产,按其所得之分,互负担保责任,与卖主同;对于分得债权者,也按其所得之分,就遗产分割时债务人之资力,互负担保之责。参见杨立新主编:《中国百年民法典汇编》,中国法制出版社 2011 年版,第 372～373 页。

⑤ 参见 1930 年《民法继承编》第 1167 条,载杨立新主编:《中国百年民法典汇编》,中国法制出版社 2011 年版,第 515 页。

(2)遗产归扣。[①]

1949年中华人民共和国成立后，废除了民国时期的一切旧法律，包括前述“民法继承编”，但该法在我国台湾地区仍然被适用。在我国内地，1985年《继承法》规定的遗产分割制度主要有以下内容：(1)遗产分割的依据。[②] (2)遗产的分离。[③] (3)遗产分割自由的限制。[④] (4)法定继承时遗产分割的份额。[⑤] (5)遗产分割的原则和方法。[⑥]

## 第四节 本条规范的构成要件

在继承开始后遗产分割前，需先确定遗产分割的范围，即实行遗产的分离，在此基础上按照遗产分割的原则和方法在各继承人间公平、有序地分配遗产。遗产分割后，根据遗产分割的效力制度，对参与分割的继承人会产生法律约束力，各共同继承人相互间负相应的担保责任。因此，本条规范的构成要件包括遗产的分离、遗产分割的原则、方法和效力。

### 一、遗产的分离

遗产的分离是将遗产与其他财产区分开来，从而保持遗产的独立。遗产的分离，在我国主要是指在共有财产中将被继承人所占的份额分离出来作为遗产；而在外国，主要指的是将被继承人的遗产与继承人财产相互分离，各自保持独立。

我国的遗产分离是指将被继承人的遗产与其存在财产共有关系人的财产相分离。其主要包括夫妻共同财产中遗产的分离与家庭共同财产中遗产的分离。第一，夫妻共同财产中遗产的分离。根据我国现行《婚姻法》的规定，夫妻财产制有法定财产制和约定财产制两种，而按中国的国情，目前绝大多数家庭实行的是夫妻共同财产制，即在婚姻关系存续期间，夫

① 1930年《民法继承编》第1173条规定，继承人中有在继承开始前因结婚、分居或营业，已从被继承人受有财产之赠与者，应将该赠与价额加入继承开始时被继承人所有之财产中。前项赠与价额，应于遗产分割时，由该继承人之应继份中扣除。赠与价额，依赠与时之价值计算，载杨立新主编：《中国百年民法典汇编》，中国法制出版社2011年版，第516页。

② 我国《继承法》第15条规定：“遗产分割的时间、办法和份额，由继承人协商确定。”第16条第1款规定：“公民可以依照本法规定立遗嘱处分个人财产，并可以指定遗嘱执行人。”第27条第5项规定，对于遗嘱未处分的遗产，按照法定继承办理。可见，遗产分割的依据主要是被继承人的遗嘱和法律的规定，但此过程中要充分尊重继承人的意愿。

③ 我国《继承法》第26条规定，夫妻在婚姻关系存续期间所得的共同所有的财产，除有约定的以外，如果分割遗产，应当先将共同所有的财产的一半分出为配偶所有，其余的为被继承人的遗产。遗产在家庭共有财产之中的，遗产分割时，应当先分出他人的财产。

④ 我国《继承法》第28条规定，遗产分割时，应当保留胎儿的继承份额。胎儿出生时是死体的，保留的份额按法定继承办理。

⑤ 我国《继承法》第13条规定，同一顺序继承人继承遗产的份额，一般应当均等。对生活有特殊困难的缺乏劳动能力的继承人，分配遗产时，应当予以照顾。对被继承人尽了主要扶养义务或者与被继承人共同生活的继承人，分配遗产时，可以多分。有扶养能力和扶养条件的继承人，不尽扶养义务的，分配遗产时，应当不分或者少分。继承人协商同意的，也可以不均等。

⑥ 我国《继承法》第29条规定：“遗产分割应当有利于生产和生活需要，不损害遗产的效用。不宜分割的遗产，可以采取变价分割、补偿分割或者共有等方法处理。”

妻双方或一方所得的财产,除法律规定或当事人另有约定外,均归夫妻共同所有,夫妻对共同所有的财产,平等地享有占有、使用、收益和处分的权利。夫妻在婚姻关系存续期间所得的工资、奖金、生产、经营的收益、知识产权的收益、继承或赠与所得的财产(但被继承人明确赠与一方的除外)以及其他应当归共同所有的财产,归夫妻共同所有。因此,在夫妻一方死亡时,应当首先将上述共同所有的财产分出一半为生存配偶所有,其余的一半财产作为被继承人的遗产。但如夫妻之间采用的是约定财产制,在遗产分割时,对于约定为共同所有的财产,需在分割时先分出一半给生存配偶,另一半为遗产;约定为个人所有的财产,如该人为被继承人,则该财产作为其遗产,如该人为生存配偶,则该财产不能计入遗产范围。第二,家庭共有财产中遗产的分离。家庭共有财产是家庭成员在家庭共同生活存续期间共同创造、共同所得的共同财产。[①] 家庭共有财产主要包括:家庭成员共同劳动积累的财产;家庭成员共同购置的财产;家庭成员共同继承、受赠的财产等。家庭成员在家庭共有财产中的份额,应当按照家庭成员的贡献大小、出资多少、应继承或受赠的份额等因素加以确定。某一家庭成员死亡时,该成员在家庭共有财产中享有的份额即为被继承人的遗产。在确定家庭共有财产时,应注意不能将家庭成员的个人财产当作家庭共同财产。如家庭成员没有投入家庭共有的财产;约定家庭成员个人所有的财产;基于家庭成员个人身份的赠与而获得的财产;未成年子女继承、受赠与、知识产权所获得的财产等。这些财产都属于个人财产,当所有人死亡时,可以作为遗产。[②] 因此,遗产在家庭共有财产之中的,遗产分割时,应当先分出属于其他家庭成员的财产,剩余的为被继承人的遗产。此外,除夫妻共同财产、家庭共同财产之外,还存在着其他形式的财产共有,如合伙共有财产等。合伙人之一死亡时,应将被继承人在合伙财产中的财产份额分出,列入其遗产范围。

## 二、遗产分割的原则

遗产分割的原则是遗产分割中应当遵循的基本准则。遗产分割不仅关系到继承人及利害关系人的利益,也对遗产效用的发挥和社会公益产生影响。

根据我国《继承法》规定,遗产分割要坚持以下五个原则:

第一,尊重被继承人和继承人的意愿的原则。从遗产分割的依据看,在遗产分割时,被继承人有遗嘱的应首先尊重被继承人的意愿,被继承人无遗嘱的,由继承人协商。我国《继承法》第16条规定:"公民可以依照本法规定立遗嘱处分个人财产,并可以指定遗嘱执行人。"我国《继承法》第15条规定:"遗产分割的时间、办法和份额,由继承人协商确定。协商不成的,可以由人民调解委员会调解或者向人民法院提起诉讼。"

第二,均等分割原则。我国《继承法》第13条第1款规定:"同一顺序继承人继承遗产的份额,一般应当均等。"此为遗产分割的一般原则。

第三,照顾弱者利益原则。我国《继承法》第13条第2款规定:"对生活有特殊困难的缺乏劳动能力的继承人,分配遗产时,应当予以照顾。"生活有特殊困难的继承人,主要是指无生活来源的未成年人、老人、病残者,由于他们无生活来源,同时又缺乏劳动能力,其生活往

① 王利明等:《物权法论》,中国政法大学出版社1998年版,第346页。

② 马忆南:《婚姻家庭继承法学》,北京大学出版社2011年版,第406页。

往困难，以至于难以维持正常的生活条件。对于这种继承人，在分割遗产时应当给予适当的照顾。[①] 我国《继承法》第28条规定："遗产分割时，应当保留胎儿的继承份额。胎儿出生时是死体的，保留的份额按照法定继承办理。"胎儿尚未出生，尚不是民事主体，但为保障其生存权和发展权，应为其保留应继份额。此为遗产分割的特殊原则。

第四，权利义务相一致原则。我国《继承法》第13条第3款、第4款规定："对被继承人尽了主要扶养义务或者与被继承人共同生活的继承人，分配遗产时，可以多分。有扶养能力和有扶养条件的继承人，不尽扶养义务的，分配遗产时，应当不分或者少分。"即在进行遗产分割时，应考虑各共同继承人与被继承人之间的权利义务关系，这不仅彰显了法的公平价值，而且有利于促进家庭成员间互助团结和发挥遗产养老育幼的家庭职能。

第五，发挥遗产效用的原则。我国《继承法》第29条规定："遗产分割应当有利于生产和生活需要，不损害遗产的效用。"被继承人未指定分割方法的，对于生产资料的分割要从有利于生产的目的出发，要考虑生产的用途和财产的用途，将生产资料尽量分配给具有生产经营能力的人；对生活资料也要考虑继承人的实际需要，尽量分给有特殊需要的人，然后由接受该项遗产的人采取折价付款的方式予以补偿。我国《执行〈继承法〉的意见》第58条指出："人民法院在分割遗产中的房屋、生产资料和特定职业所需要的财产时，应依据有利于发挥其使用效益和继承人的实际需要，兼顾各继承人的利益进行处理。"我们认为，遗产分割恰当与否，关系到遗产效用的发挥，不仅对继承人有利害关系，对社会生产和公共利益的维护也有意义。在被继承人生前未以遗嘱指定明确的遗产分割方法时，无论是协议分割，还是裁判分割，都应该以遗产利用为目的。[②] 这样有利于满足继承人的生产和生活需要，从而促进整个社会财富的增加。

## 三、遗产分割的方法

遗产分割的方法是指继承人取得应继份的具体途径。[③]

我国遗产分割的方法主要有实物分割、变价分割、补偿分割、保持共有四种。一是实物分割。对于易于分割的遗产，可采取实物分割的方式。而对于实物分割的对象，学界有不同的看法。有的认为，对象只能是可分物，如现金、存款等。[④] 有的认为，对象既可以是可分物，也可以是不可分物，如电视机、电冰箱等。[⑤] 而我国《继承法》对什么是宜于分割没有明确界定。因学界通说认为，共同继承人之间为共同共有的关系，因此，我们参照《物权法》第100条共有人对共有物分割的方法，即"共有人可以协商确定分割方式。达不成协议的，共有的不动产或者动产可以分割并且不会因分割减损价值的，应当对实物予以分割"。从上述

① 刘春茂主编：《中国民法学·财产继承》，中国人民公安大学出版社1990年版，第578页。

② 秦志远：《遗产分割：制度与价值》，载《理论与探索》2007年第6期，第153页。

③ 郭明瑞、房绍坤、关涛：《继承法研究》，中国人民大学出版社2003年版，第173页。

④ 李明舜主编：《婚姻家庭继承法学》，武汉大学出版社2011年版，第349页。

⑤ 马忆南：《婚姻家庭继承法学》，北京大学出版社2011年版，第411页。

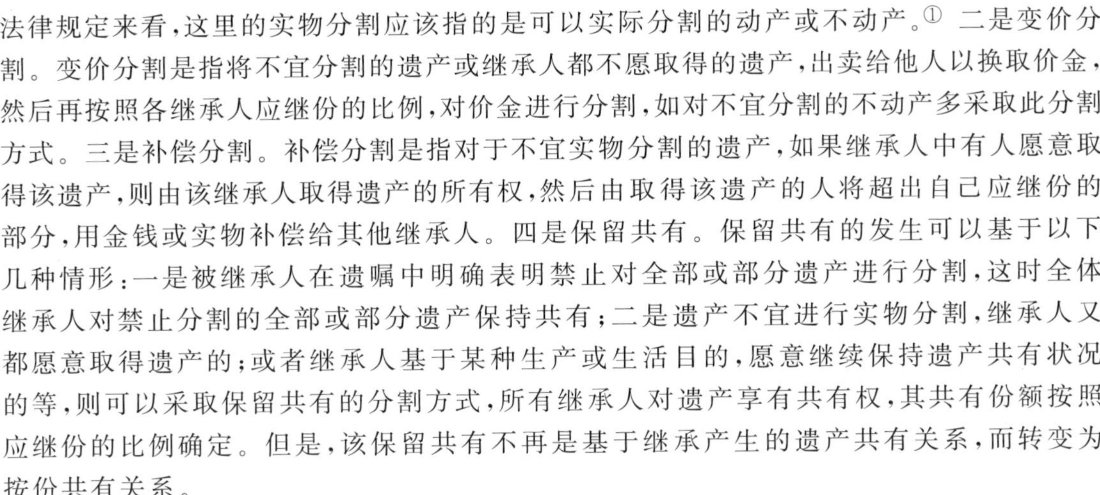
法律规定来看，这里的实物分割应该指的是可以实际分割的动产或不动产。[①] 二是变价分割。变价分割是指将不宜分割的遗产或继承人都不愿取得的遗产，出卖给他人以换取价金，然后再按照各继承人应继份的比例，对价金进行分割，如对不宜分割的不动产多采取此分割方式。三是补偿分割。补偿分割是指对于不宜实物分割的遗产，如果继承人中有人愿意取得该遗产，则由该继承人取得遗产的所有权，然后由取得该遗产的人将超出自己应继份的部分，用金钱或实物补偿给其他继承人。四是保留共有。保留共有的发生可以基于以下几种情形：一是被继承人在遗嘱中明确表明禁止对全部或部分遗产进行分割，这时全体继承人对禁止分割的全部或部分遗产保持共有；二是遗产不宜进行实物分割，继承人又都愿意取得遗产的；或者继承人基于某种生产或生活目的，愿意继续保持遗产共有状况的等，则可以采取保留共有的分割方式，所有继承人对遗产享有共有权，其共有份额按照应继份的比例确定。但是，该保留共有不再是基于继承产生的遗产共有关系，而转变为按份共有关系。

## 四、遗产分割的效力

遗产分割的效力是遗产分割制度不可缺少的组成部分，外国立法有明确规定，我国《继承法》仅对继承开始的时间有明确规定，虽对遗产分割后各共同继承人之间的遗产瑕疵担保责任无明文规定，但《物权法》对共有物的分割效力有规定。《物权法》第 100 条第 2 款规定：共有人分割所得的不动产或者动产有瑕疵的，其他共有人应当分担损失。

外国的遗产分割效力主要包括遗产分割的溯及力和遗产分割后共同继承人之间对遗产的瑕疵担保责任。[②] 第一，遗产分割的溯及力。关于遗产分割溯及力的规定，目前国外主要有两种不同的立法例：一是移转主义。该立法例认为，遗产分割为一种类似于互易的交换，各继承人自遗产分割时互相让与各自的应有部分，而取得分配给自己的财产的单独所有权。即遗产分割具有创设的效力，而不具有溯及力，各继承人对分割所得之遗产的所有权或其他权利，系由分割共同共有的遗产而来，而不是从被继承人处得来。德国、瑞士采此种立法例。二是宣告主义。该立法例认为，因遗产分割而分配给继承人的财产，被视为自继承开始时业已归属于各继承人单独所有，遗产分割不过是宣告既有的状态，仅具有宣告的效力或认定的效力，因此，遗产分割的效力应溯及继承开始时。[③] 法国、日本、意大利采此种立法例。在我国，根据我国《继承法》第 2 条和我国《执行〈继承法〉意见》第 1 条的规定，继承自被继承人死亡时开始。我国有学者认为，此意味着在继承开始后，继承人就取得遗产，因此，遗产的分割只是将继承人的应继份加以特定化而已，并不是重新设立继承人的权利。[④] 也就是说，我国

---

① 上述马忆南教授认为实物分割的对象既可以是可分物，又可以是不可分物，是出于遗产分割中所针对的遗产价值所作出的判断。如电视和冰箱虽然实际无法分割，但如果两个物品价值相当，在进行实际分配时，就可以把电视和冰箱分别分配给不同的继承人。这样理解固然无错，但我们认为这里的实物分割方法的对象特指的是可以实际分割且不减损价值的动产或不动产。

② 陈苇主编：《外国继承法比较与中国民法典继承编制定研究》，北京大学出版社 2011 年版，第 581 页。

③ 史尚宽：《继承法论》，中国政法大学出版社 2000 年版，第 210～211 页。

④ 杨立新、朱呈义：《继承法专论》，高等教育出版社 2006 年版，第 311 页。

也属于宣告主义立法例。[①] 第二,遗产分割后共同继承人之间的担保责任[②]。遗产分割后,共同继承人内部相互之间互负以下担保责任:(1)对遗产瑕疵的担保责任。遗产分割后,各继承人以其分割所得的实际价值为限,对其他继承人因分割所得之遗产,负与出卖人同一之担保责任。(2)对遗产被追夺的担保责任。遗产分割后,各继承人对其他继承人所分得的遗产,承担因遗产被追夺的担保责任。(3)对遗产债权的担保责任。各共同继承人对其他继承人分得的遗产债权应负的担保责任:一是,对未负停止条件而已届清偿期或不定期的债权,各共同继承人就遗产分割时债务人的支付能力承担担保责任;二是,对附有停止条件或尚未到期的债权,各共同继承人对分得此种债权的继承人,仅就条件成立时或清偿期到来时债务人的支付能力承担担保责任。

## 第五节 重要学术观点与争议

本节主要考察我国《继承法》的学者建议稿的学术观点和争议,这些建议稿主要包括梁慧星等学者建议稿、王利明等学者建议稿、徐国栋等学者建议稿、张玉敏等学者建议稿、陈苇等学者建议稿、杨立新等学者建议稿。

### 一、重要学术观点

梁慧星等学者建议稿之主要观点如下:(1)关于遗产分离,该建议稿第 2005 条规定,遗产管理人应当及时清理被继承人的财产,并编制遗产清册。遗产管理人在编制遗产清册时,应当将被继承人财产与夫妻共同财产、家庭共同财产及其他人的财产区分开。第 2017 条规定,继承人和遗产管理人在继承开始后 3 个月内向人民法院递交遗产清册。(2)关于遗产分割的原则,其一,尊重被继承人和继承人的意愿的原则。第 2022 条规定:遗产的分割应当依照遗嘱中确定的遗产分割方法进行。第 1956 条第 4 款:继承人协商同意的,继承份额可以不均等。其二,有利于生产和生活与发挥遗产的效用原则。第 2022 条规定:遗产的分割应当依照有利于生产和生活、不损害遗产的效用的原则进行。其三,均等分配与照顾弱者利益原则。第 1955 条第 1 款规定:同一顺序继承人有数人时,按人数平均继承,但法律另有规定的除外。第 1956 条第 1 款规定:对生活有特殊困难的缺乏劳动能力的继承人,分配遗产时,应当予以照顾,可以多分遗产。其四,权利义务相一致原则。第 1956 条第 2 款、第 3 款规定:对被继承人尽了主要扶养义务的继承人,分配遗产时,可以多分。有扶养能力和有扶养条件的继承人,不尽扶养义务的,分配遗产时,应当不分或者少分,但被继承人因有固定收入和劳动能力,明确表示不要求其扶养的,其继承份额不受影响。其五,保留胎儿应继份原则。

---

① 然而,我国有学者主张,我国对遗产分割的效力应当采取转移主义,此"更能说明共有物分割权利的变化,可为瑕疵担保责任的适用提供基础"。参见刘耀东:《继承法修改中的疑难问题研究》,法律出版社 2014 年版,第 239 页。

② 遗产分割后各共同继承人相互之间对遗产的担保责任分为对内责任和对外责任。对外责任就是对遗产债务的连带责任。继承开始后遗产债务清偿以前,若遗产被分割,各共同继承人则对遗产债权人承担连带清偿责任。参见陈苇主编:《婚姻家庭继承法学(第 2 版)》,群众出版社 2012 年版,第 389 页。必须说明,限于本章的研究范围,不包括债务清偿,故对共同继承人的遗产债务连带责任不予阐述。此问题可参见本书第十一章第四节共同继承人的清偿责任的相关内容。

第2021条第2款规定:胎儿未出生的,请求分割遗产时,应当为胎儿保留其应继份。出生后为死胎的,保留份额依照法定继承处理。其六,遗产分割自由与限制原则。第2021条第1款、第3款规定:继承开始后,继承人可以随时请求分割遗产。但有下列情形之一的除外:遗产债务尚未清偿完毕;遗嘱指定遗产于一定期间内不得分割,但该期间不得超过5年,超过5年的,缩短为5年;继承人协商同意于一定期间内不分割遗产。对特定遗产进行及时分割将会严重损害其价值的,人民法院经继承人申请,可以裁判暂缓分割。(3)关于遗产分割的方法,第2022条规定:遗产的分割应当依照遗嘱中确定的遗产分割方法进行。遗嘱中未指定的,应当依照有利于生产和生活、不损害遗产的效用的原则进行。不宜分割的遗产可以采取折价、适当补偿或者共有等方法处理。(4)关于遗产分割的效力,第2023条、第2025条规定:其一,宣言主义。遗产分割溯及继承开始时发生效力,但不得侵害第三人的利益。其二,继承人的瑕疵担保责任。遗产分割后,各继承人以其所得的遗产份额为限,对其他继承人分得的遗产,承担与出卖人相同的担保责任。

徐国栋等学者建议稿之"第四分编继承法"主要观点如下:(1)关于遗产的分离,第423条规定:遗产清单须在公证人和见证人面前制作。一般应当在40天内制作遗产清单。如由于其配偶的自有财产或盈利、合伙合同、未分割的前继承,或基于其他任何原因,死者的财产与他人的财产发生混合,应依前数条的规定首先分离彼此的财产。(2)关于遗产分割的原则,该建议稿规定如下:其一,尊重被继承人和继承人的意愿原则。第407条规定:如死者已通过生前行为或遗嘱实施分割,在不损害他人权利的限度内,该分割有效。其二,份额均等与照顾弱者利益原则。第499条第5款规定:继承人协商同意的,分配份额也可以不均等。第499条第1款、第2款规定:同一顺位继承人继承遗产的份额,一般应当均等。对生活有特殊困难的缺乏劳动能力的继承人,分配遗产时应予以照顾。其三,权利义务相一致原则。第499条第3款、第4款规定:对被继承人尽了主要扶养义务或与被继承人共同生活的继承人,分配遗产时可以多分。有扶养能力和有扶养条件的继承人不尽扶养义务的,分配遗产时应当不分或者少分。其四,发挥遗产的效用原则。第427条规定:分配给继承人的土地在可能的情况下应是毗连的或是与该人的其他土地尽量毗连,并且为其管理和享用的便利设定必要的役权。第429条规定:对于农地使用权,如有继承人签订了农地使用权转让合同的,该继承人可请求继承经营所需的全部财产。其五,遗产分割自由与限制原则。第406条规定:聚合物或单一物的共同相续人中的任何一人,无义务维持共有状态;只要这些共同相续人未作相反约定,他们随时请求分割分配物,不得就不分割约定5年以上的期限,但该期间届满时,可以更新约定。(3)关于遗产分割的方法,第424~425条、第427~432条、第289条规定如下方式:其一,遗产分割的规范依据和价值基准。遗产分割应遵守法律的规定,也应遵守共同继承人合法而一致的其他约定。分割人以实物形式分割遗产的,应以专家的估价为基准,但继承人一致约定的,以继承人的约定为主。在法律规定的情形下将实物拍卖的,也可采用其他依据。其二,遗产分割的一般方法。对于不能分割的实物,由共同继承人中报价最高者取得该物件或由家外人参与报价后将所得价金在继承人之间按比例分配;无人报价高于专家的估价或约定价格时,如两个以上继承人均想取得该实物,特留份继承人优先于普通继承人;分配给继承人的土地在可能的情况下应是毗连的或是与该人的其他土地尽量毗连,并且为其管理和享用的便利设定必要的役权;对于房地产,在利害关系人同意的情况下,可将用益权、居住权或使用权从所有权中分离出来作为分配份;应分给每个继承人

具有相同性质和数量的物或通过就可分财产的总数划分份额，分配份应尽可能均等且类似；对于不便分割的物，或分割将引起损害的物，应不分割或不分离，但利害关系人合法而一致地达成了协议的，不在此限；已经配好的分配份以抽签的方式分派。在抽签之前，每位利害关系人都可对分配份的组成方式提出异议。其三，特殊遗产的分割方法。对家庭有特别纪念意义的物，继承人中有人提出异议的，不得变卖。在确定物的归属时，由继承人先协商，协商不成，由法院依习惯确定，无习惯时，由法院考虑各继承人的个人关系裁定；对于在遗嘱人死亡后尚未进行遗产分割的期间收取的孳息，实物的继承人可以主张继承开始之时起该实物的孳息和添附，但该分配附有确定终期或停止条件的除外，在此等情形下，只有期限届满前或条件成就前产生的孳息归继承人，但遗嘱人明定了其他安排的除外；种类物的受遗赠人可以主张有义务给付此等物的人构成迟延之时起所产生的孳息，此等孳息的缴付费由迟延的继承人承担；各继承人均有权按其份额的比例分得未分割的遗产总额的一切孳息和添附，但应扣除归属于实物之继承人的孳息和添附；如无人被直接课加给付遗赠的义务，前项所说的扣除应以遗产总额的一切孳息和添附为对象。遗嘱人已课加其继承人之一给付遗赠的负担的，仅由该人的分配份承受此项扣除。如孳息尚未分离的，应视为该相应实物的一部分，并应在评估其价值时计入。其四，特定继承人的优先权。对于农地使用权，如有继承人承担了农地使用权转让合同的，该继承人可请求继承经营所需的全部财产。即使在有其他继承人参加遗产分配的情况下，如果用作居所的房屋和家具的所有权属于被继承人或属于配偶双方，则房屋的居住权以及使用家具的权利属于配偶。上述权利由遗嘱人可任意处分的份额承担；在可处份额不够的情况下，不足部分由配偶的应继份承担；仍然不够的，由子女的应继份承担。(4)关于遗产分割的效力，第433～443条规定：其一，移转主义。遗产分割后，各继承人对分得的物件取得所有权。其二，权利证书的转移。对于取得权利证书有遗嘱指定的从遗嘱；无遗嘱指定的，属于分得该物之大部分的人，其他人有为其利益请求出示这种权利证书以及持有该证书副本的权利；遗产被均分的，取得证书的资格应以抽签的方式决定。其三，遗产被追夺的担保责任。各继承人对分割中所分之物的占有遭受妨碍或被追夺分配物，他应告知其他参与人，以便共同排除妨碍，并且有权主张其他继承人对他承担追夺担保责任。但以下情形排除在外：追夺或妨碍因分割后的事由发生；明示抛弃了追夺担保诉权；因自己的过错遭受追夺或妨碍。因追夺担保产生的偿付，依各继承人各自的份额比例承担。支付不能者的份额，由全部参与分割的继承人按各自的份额比例承担，包括应受赔偿的人。其四，分割的无效及撤销分割的无效及撤销适用法律行为的无效和可撤销的规定。① 若继承人分得的份额的半数以上已遭受损害的，有权以显失公平为由撤销分割。对某些物件的遗漏不构成撤销分割的理由，对这些遗漏物按继承人的应继份额比例继续予以分割。其他

① 根据该规定，违反法律的强制性规定、公序良俗的行为绝对无效。法律仅为保护特定人的利益课加无效之制裁的行为，相对无效。绝对无效的行为，法院可在当事人即使无请求的情况下予以宣告。而相对无效只可应利害关系人的请求宣告撤销。拥有撤销权的当事人自知道或应当知道撤销事由之日起6个月内未行使而消灭。法律行为被确认为无效的，当事人相互返还根据行为或依行为的后果取得的财产。法律行为被撤销后，应返还因该法律行为取得的财产；不能返还或无必要返还的，应折价补偿。有过错的一方应赔偿对方因此遭受的损失。双方都有过错的，各自承担相应的责任。在法律有专门规定的情况下，当事人间行为的有效或无效不得对抗第三人。参见徐国栋主编：《绿色民法典草案》，社会科学文献出版社2004年版，第21～22页。

继承人可以向提出撤销请求的继承人承诺增补其份额并以现金为担保来阻止其提起撤销之诉。已全部或部分转让其份额的参与人不得提起无效或撤销之诉,但分割中存在错误、胁迫或诈欺致其遭受损害的,不在此限。

王利明等学者建议稿之主要观点如下:(1)关于遗产的分离,第652条规定:继承人和遗产管理人应当于知道继承开始后三个月内向人民法院递交遗产清册,由人民法院依公示催告程序催告债权人申报债权。(2)关于遗产分割的原则,该建议稿规定如下:其一,尊重被继承人的意愿和继承人的意愿原则。第646条规定:遗产的分割应按照下列方法进行:按遗嘱确定的方法;按遗嘱确定的第三人确定的方法;全体继承人协商。第579条规定:同一继承顺序的法定继承人,可以协商确定法定继承人的遗产继承份额,但不得违反第576条的规定。其二,均等分配与照顾弱者利益原则。第575条规定:同一顺序的法定继承人继承遗产的份额,应当按照法定继承人的人数,均等分配。第576条规定:对生活有特殊困难的缺乏劳动能力的法定继承人,在同一顺序的法定继承人分配遗产时,应当适当多分。其三,权利义务相一致原则。第577条规定:对被继承人尽了主要赡养义务,或者与被继承人共同生活又尽了主要赡养义务的法定继承人,在不违反前条规定的情况下,可以多分给遗产。第578条规定:有扶养能力的继承人,对被继承人不尽扶养义务的,分配遗产时,应当不分或者少分。如果被继承人明确表示不需要继承人扶养的,不适用本条第1款规定。其四,发挥遗产的效用原则。第647条规定:遗产分割应当有利于继承人、受遗赠人的生活需要和经营活动,不损害遗产的效用。其五,遗产分割自由与限制原则。第645条规定:继承开始后,继承人得随时请求分割遗产,但有下列情况的除外:遗嘱指定遗产于一定期间内不得分割,但此期间不得超过5年;超过5年的,缩短为5年;继承人协商同意于一定期间内不分割遗产;遗产中某项一经分割将会严重损害其价值的,如果继承人对其分割达不成协议,应当整体地分给某一个继承人,并由该继承人按照其他继承人应得的遗产份额进行补偿。(3)关于遗产分割的方法,第646条、第580～581条规定:其一,一般方法。遗产的分割应按照下列方法进行:首先,按遗嘱确定的方法;其次,按遗嘱指定的第三人确定的方法;再次,全体继承人协商。全体继承人不能协商确定的,由利害关系人或继承人申请人民法院裁判分割。无论按哪种方式分割遗产,都可以采用以下三种方法:实物分割、折价分割、拍卖分割。其二,特定继承人的优先权。被继承人的配偶尚生存而没有自己的住房的,如果没有继承被继承人遗产中的房屋,则对遗产中的房屋享有法定用益物权。生存配偶为此需要支付取得房屋所有权的继承人不超过市价的租金。但如被继承人死亡时,因为生存的配偶一方的过错致使被继承人生前已经提出离婚请求的,则此配偶无上述权利。(4)关于遗产分割的效力。其一,关于遗产分割是否具有溯及力,该建议稿采移转主义。其二,关于遗产分割的瑕疵担保责任,第648条、第649条规定:一是,对遗产瑕疵的担保责任。遗产分割后,各继承人以其所得的遗产份额为限,对其他继承人分得的遗产,负与出卖人同样的瑕疵担保责任。二是,对遗产债权的担保责任。各继承人对其他继承人分得的债权,就遗产分割时债务人的支付能力,负担保责任。前项债权如附有停止条件或者未届清偿期的,则各继承人应就清偿时债务人的支付能力负担保责任。三是,担保责任的分担。依前条规定负担保责任的共同继承人中,有无支付能力不能偿还其分担份额的,其不能偿还部分由有请求权的继承人的自身原因所致的,其他共同继承人不负分担责任。

张玉敏等学者建议稿之主要观点如下:(1)关于遗产的分离,第16条规定:应召继承人

应在2个月内制作遗产清单。(2)关于遗产分割的原则,第58～61条、第30条、第35条规定如下原则:其一,遗产分割自由及其限制原则。继承开始后,继承人可以随时请求分割遗产。一个继承人请求分割时,其他继承人有协力的义务。但是,共同继承人另有协议或遗嘱禁止分割的除外。被继承人可以通过遗嘱禁止继承人分割遗产,但是禁止分割的期限不得超过5年,超过5年的,缩短为5年。虽然有禁止分割遗产的遗嘱,任何一个继承人仍然可以基于正当理由请求法院准许分割遗产。其二,公平和效益原则。遗产分割由继承人按照有利于发挥遗产的效用和公平合理的原则,以协商一致的方法分割。其三,保护胎儿利益原则。共同继承人中有尚未出生的胎儿的,分割遗产时应当为胎儿保留其应继份。其四,保护其他关系人利益原则。依靠被继承人扶养的应召继承人以外的人和与被继承人共同生活、关心照料被继承人的人可以在知道继承开始后2个月内,向继承人或遗产管理人请求分给一定数量的遗产。继承人和遗产管理人应当根据请求人受被继承人扶养的程度、与被继承人的关系等因素确定分割遗产的数量。继承人或遗产管理人拒绝分给遗产或请求人对分给遗产不满意,可以请求法院确定。其五,均等分配原则。同一顺序的血亲继承人应继份原则上应当均等,但法律另有规定或共同继承人另有协议的除外。其六,尊重被继承人和继承人的意愿原则。遗嘱人可以在遗嘱中指定继承人,并指示遗产的分配比例,也可以设定负担。在法定继承时,同一顺序的血亲继承人应继份原则上应当均等,但共同继承人另有协议的除外。(3)关于遗产分割的方法,第62条、第32～33条规定:其一,一般方法。遗产的分割以各继承人的地位及应继份额确定为前提,因此,共同继承人间要进行遗产分割,最主要的是确定分配份额。被继承人的财产减去各项遗产债务加上应冲算的赠与财产,应作为遗产分割时计算分配份额的基础。其二,特殊继承人对遗产的权利。一是,被继承人的配偶对遗产中供自己使用的住房和日常生活用品有先取特权。此先取特权不受清偿遗产债务的影响。如果配偶的先取特权超过其应继份,则以先取特权作为其应继份。二是,被继承人的父母因顺序在后未参加继承时,对遗产中供某个人日常生活使用的住房和其他物品有终身使用权。(4)关于遗产分割的效力,第65条规定如下:其一,移转主义。遗产分割后继承人取得所分得的遗产的所有权。其二,继承人的瑕疵担保责任。继承人以其所得遗产的价值为限,按继承比例对其他继承人因分割所得遗产承担与出卖人相同的瑕疵担保责任。继承人以其所得遗产的价值为限,按继承比例对其他继承人因分割所得债权,就债务人在遗产分割时的清偿能力承担担保责任。如果债权未届清偿期,则就债务人在清偿届至时的清偿能力承担担保责任。如有的继承人对这种分担没有支付能力的话,则由除他之外的全体继承人再进行分摊。

陈苇等学者建议稿之主要观点如下:(1)关于遗产的分离,第70条规定:其一,继承开始后2个月内,选择实行有条件限定继承的继承人应当在两个无利害关系的证人在场的情况下制作忠实、准确的遗产清册,遗产清册制作完成后,遗产与继承人的固有财产各自独立,不发生混同。继承人仅以遗产的实际价值为限承担清偿被继承人债务的责任。其二,被继承人的债权人、继承人的债权人在申报债权的同时,可以请求遗产管理人或继承人将遗产与继承人的固有财产分离。(2)关于遗产分割的原则,该建议稿规定如下原则:其一,保留胎儿继承份额的原则。第75条规定,遗产分割,应当保留胎儿的继承份额。如果胎儿出生时是死体的,保留的份额按法定继承办理。应当为胎儿保留的遗产份额而没有保留的,应从继承人所继承的遗产中扣回。为胎儿保留的遗产份额,如胎儿出生后死亡的,由其继承人继承;如

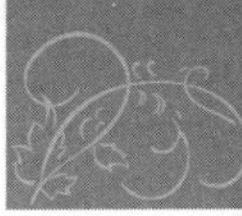



胎儿出生时就是死体的,由被继承人的继承人继承。其二,有利于生产和生活与发挥遗产效用的原则。第75条规定,遗产分割,应当有利于生产和生活需要,不损害遗产的效用。其三,均等分配与照顾弱者利益原则。第49条第1款、第2款规定,配偶之外的其他近亲属继承时,同一顺序继承人继承遗产的份额,一般应当均等。对生活有特殊困难的缺乏劳动能力的继承人,分配遗产时,应当予以照顾。其四,权利与义务相一致原则。第49条第3款、第4款规定,对被继承人尽了主要扶养义务或者与被继承人共同生活的继承人,分配遗产时,可以多分。有扶养能力和有扶养条件的继承人,不尽扶养义务的,分配遗产时,应当不分或者少分。其五,尊重被继承人和继承人意愿的原则。第73条规定,遗产分割,应当按照遗嘱指定的分割方法进行;遗嘱未指定的,共同继承人可以协商确定。同一顺序继承人继承遗产的份额,一般应当均等,但继承人协商同意的,也可以不均分。其六,遗产分割自由与限制原则。第74条规定,继承开始后,继承人可随时请求分割遗产,其他继承人有协助的义务。但有下列情况的除外:被继承人以遗嘱指定在一定期间内不得分割遗产,但被继承人以遗嘱禁止分割遗产的期限不得超过5年;共同继承人协议确定在一定期间内不分割某遗产或永久不分割某遗产;遗产分割将严重损害遗产的价值和功能的,经共同继承人申请,人民法院可判决暂缓分割;继承人中有尚未出生的胎儿的,遗产分割的时间应当延缓至胎儿出生以后;遗产债务尚未清偿的,遗产分割的时间应当延缓至遗产债务清偿完毕以后,但有不能及时清偿该债务的合理理由的除外;继承人身份关系尚未确定的,遗产分割的时间应当延缓至继承人身份关系确定以后。(3)关于遗产分割的方法,该建议稿第76条规定如下:其一,一般方法。遗产分割一般有遗嘱指定、继承人协商、人民法院裁判分割三种。在具体分割过程中,其可以采取实物分割、折价补偿或变价分割的方式。其二,特定继承人的优先权。遗产分割时,生存配偶或其他与被继承人共同生活的继承人,对生活住房、家庭普通陈设、日用品等生活资料,相对于其他继承人有优先权;与被继承人共同经营企业、土地的继承人,对遗产中的该企业、土地,相对于其他继承人有优先权;与被继承人共同对不可分物享有共有权的继承人,对遗产中的该不可分物的权利份额,相对于其他继承人有优先权。行使优先权的继承人对取得遗产中超出其应继份额的部分,应当向其他继承人进行相应的补偿。(4)关于遗产分割的效力,该建议稿第79～81条规定如下:其一,宣言主义。遗产的分割溯及继承开始时发生效力。其二,继承人间的瑕疵担保责任。遗产分割后,各继承人以其所得的遗产份额为限,对其他继承人分得的遗产,承担与出卖人相同的担保责任;各继承人对其他继承人分得的未届清偿期的债权及附停止条件的债权,就清偿时债务人之支付能力,承担担保责任;如继承人中有无支付能力而不能偿还其分担份额的继承人的,其不能偿还部分由其他继承人按比例分担。但如其不能偿还部分是以有请求权的继承人自身原因所致的,其他继承人不承担责任。其三,共有物证书的保管及使用。遗产分割后,各继承人应保存其所得物的证书。遗产分割后,关于共有物的证书,由取得最大部分份额的共同继承人保存。各共同继承人有权请求使用其他共同继承人所保存的证书。其四,遗产分割的无效与撤销。遗产分割时有欺诈或胁迫情形的,继承人可以向法院请求宣告无效。提起无效之诉的请求权,自胁迫或发现欺诈之日起经过2年不行使而消灭。遗产分割后,继承人发现其分得的份额少于其应继份时,可以向法院请求撤销该遗产分割。其撤销请求权自遗产分割之日起经过2年不行使而消灭。被提起撤销之诉的共同继承人,可以补偿原告,以终止遗产分割撤销之诉。

杨立新等学者建议稿之主要观点如下:(1)关于遗产的分离,第78条规定,遗产管理人

应在6个月内编制遗产清单并进行公证。第86条规定:夫妻在婚姻关系存续期间所得的共有财产,除有约定的以外,在分割遗产之前,应当先将共有财产的一半分出为配偶所有,其余的为被继承人的遗产。遗产在家庭共有或其他共有的财产之中的,遗产分割时,应当先分出他人的财产。(2)关于遗产分割的原则,该建议稿的规定如下:其一,份额均等与照顾弱者利益原则。第63条第1款、第4款规定:同一顺序继承人继承遗产的份额,一般应当均等。对生活有特殊困难的缺乏劳动能力的继承人,分配遗产时,应当予以照顾。其二,权利与义务相一致原则。第63条第2款、第3款规定:对被继承人尽了主要扶养义务或者与被继承人共同生活且尽扶养义务较多的继承人,分配遗产时,可以多分。为被继承人生活提供了主要经济来源,或在劳务等方面给予了主要扶助的,应当认定其尽了主要扶养义务。有扶养能力和有扶养条件的继承人,所尽扶养义务较少的,应当少分。不尽扶养义务的,应当不分或者少分。但愿意尽扶养义务,被继承人明确表示不要求其扶养的,不应因此而减少其继承份额。其三,保留胎儿应继份的原则。第65条规定:遗产分割时,应当保留胎儿的法定应继份。胎儿出生后死亡的,该份额由胎儿的继承人继承。胎儿出生时是死体的,保留的份额由被继承人的继承人继承。未保留胎儿应继份的,应从继承人所继承的遗产中扣回。其四,遗产分割的自由与限制原则。第85条规定:继承开始后,继承人可以随时请求分割遗产。有以下情形的,遗产不得分割:共同继承人约定不得分割的;遗嘱禁止分割的,但是禁止分割的期限不得超过5年,超过5年的,缩短为5年;遗产被债权人申请禁止分割保全的;依遗产性质不得分割的;依法律规定禁止分割的。其五,尊重被继承人和继承人意愿的原则。第87条:遗产的分割应当依照遗嘱中的遗产分割方式进行。第63条第1款:同一顺序继承人继承遗产的份额,一般应当均等。继承人协商同意的,也可以不均等。(3)关于遗产分割的方法,第87条、第8～9条规定:其一,一般方法。遗产的分割应当依照遗嘱中的遗产分割方式进行。遗嘱中没有分割方式或者没有遗嘱的,依照《中华人民共和国物权法》第100条的规定分割。其二,遗产分割时有个别继承人下落不明的,由其财产管理人代管分得的遗产。没有财产管理人的,应发出寻找继承人公告,公告期满后继承人没有出现的,其遗产份额由其他继承人继承。遗产分割后该继承人出现的,自继承开始时起5年内,可以请求已取得遗产的继承人移交其应继承的遗产。其三,特殊遗产的分割方法。经济适用住房的继承人不符合申购条件的,可以继承由政府回购所得价款,也可以按照规定标准向政府交纳土地收益等相关款项后,继承房屋。因被继承人死亡而获得,但未指定受益人的保险金,比照法定继承人的规定确定权利人。遗体、骨灰、灵牌、墓地等特殊遗产的继承不得违反公序良俗。无遗嘱的,由继承人协商处理;协商不成的,依习惯;无习惯的,可在继承人中合理确定管理人,不进行分割。祖传物的继承与分割,无遗嘱的,由继承人协商处理;协商不成的,依习惯;无习惯的,可在继承人中合理确定管理人,不进行分割。未经全体继承人同意,不能采取拍卖、变价等处分所有权的方式分割。(4)关于遗产分割的效力,第89条规定:其一,宣言主义。遗产分割溯及继承开始时发生效力,但不得损害第三人的利益。其二,继承人间的瑕疵担保责任。各继承人以其所得遗产的价值为限,对其他继承人分得的遗产,按继承比例承担与出卖人相同的瑕疵担保责任。继承人以其所得遗产的价值为限,对其他继承人因分割所得债权,按继承比例对债务人在遗产分割时的清偿能力承担担保责任。前项债权如未届清偿期或者附有停止条件的,则各继承人应就清偿时债务人的支付能力负担保责任。

## 二、重要学术观点之争议

### (一)遗产的分离

上述六份学者建议稿都对遗产的分离作出了明确的规定。其共同点主要有:六份建议稿均认为在继承开始后,应依法制作遗产清单,以期将被继承人的遗产与他人的财产区分开来。

争议主要有:第一,从立法体例看,遗产的分离制度所在的章节不同。各学者建议稿的章节多少不同,故遗产分割制度所在的章节有所不同。徐国栋等学者建议稿把此条置于遗产的分割一章,陈苇等学者建议稿把此条置于遗产的债务清偿一章,梁慧星、王利明、张玉敏和杨立新这四份学者建议稿均将其置于遗产的处理一章,其把遗产分割作为遗产处理中的一个环节。第二,从立法内容看,首先,遗产清单的制作主体不同。前述六份学者建议稿中,关于制作主体,徐国栋等学者建议稿为继承人及遗嘱执行人、遗产管理人及遗产债权人等,相关代理人均可参与,范围最宽;梁慧星、王利明、杨立新这三份学者建议稿为遗产管理人(包括继承人和遗嘱执行人),其范围次之;张玉敏、陈苇这两份学者建议稿规定为"应召继承人",其范围最窄。其一,制作遗产清单的一般期限的长短不同。徐国栋等学者建议稿为40天,张玉敏、陈苇这两份学者建议稿为2个月,梁慧星、王利明这两份学者建议稿为3个月,杨立新等学者建议稿为6个月。其二,制作遗产清单一般期间的起算点不同。梁慧星、王利明、陈苇这三份学者建议稿规定为继承开始后;张玉敏等学者建议稿规定自继承开始后或者继承人知道自己为应召继承人时起算;杨立新等学者建议稿规定自遗产管理人就任后起算。

我们认为,从立法体例看,遗产分割制度设立专章,可以更有利于司法适用。如遗产与共有财产的分离应置于遗产分割一章,因为这是遗产分割的前提;而如被继承人财产与继承人财产的分离,则应置于遗产的债务清偿一章,因这主要是为了保证被继承人或继承人的债权而设立的制度。

从立法内容看,被继承人的遗产与夫妻共有财产和其他家庭成员共有财产相分离,这是在我国现有国情基础上对被继承人的财产和他人财产区分的一种制度,在未来"民法典继承编"中可继续保留。上述六份学者建议稿中均规定有继承人和遗产管理人应当于知道继承开始后一定期限内向人民法院递交遗产清册的制度,如提交遗产清册是继承开始后的必经程序,则遗产清册制度基本可以起到将被继承人的遗产和继承人的财产相分离的效果。但如继承人不依法按期提交遗产清册或其提交的遗产清册与实际遗产的价值和数额不实时,未设立强制的无限责任继承制度,被继承人的债权人利益就无法得到保障。因此,我国有必要一方面设定遗产清册制度,作为选择实行有限责任继承的法定条件,同时设立强制的无限责任继承制度,预防或惩罚继承人不依法提交或制作不实遗产清单的行为;另一方面制定遗产分离诉讼程序制度。前者指引继承人依法制作遗产清册,使遗产与继承人的固有财产相分离;后者在被继承人或继承人的债权人认为继承人的行为将损害自己的利益时,其可以向人民法院提出遗产分离的请求。

### (二)遗产分割的原则

前述六份学者建议稿关于遗产分割的原则规定共同点主要有:六份学者建议稿均规定

了尊重被继承人和继承人的意愿原则、均等分配与照顾弱者利益原则、权利义务相一致原则、发挥遗产的效用原则、遗产分割自由与限制原则。①

争议主要有：第一，从立法体例看，在建议稿中是否明确表示为遗产分割的原则不同。有的以单独条文的方式明确为遗产分割的原则，如梁慧星、王利明、张玉敏和陈苇这四份学者建议稿；有的则是笔者从相关条文中总结归纳出的，如徐国栋等学者建议稿和杨立新等学者建议稿。② 第二，从立法内容看，保护胎儿利益原则的有梁慧星、张玉敏、陈苇、杨立新这四份学者建议稿；公平原则和保护其他关系人的利益原则的有张玉敏等学者建议稿。第三，权利义务相一致原则的具体内涵不同。(1)关于“可以多分”的适用条件不同。梁慧星等学者建议稿中是对被继承人尽了主要扶养义务，王利明和杨立新这两份学者建议稿是对被继承人尽了主要赡养义务或者与被继承人共同生活又尽了主要赡养义务，徐国栋和陈苇的学者建议稿是对被继承人尽了主要扶养义务或与被继承人共同生活。③ (2)是否规定“应当不分或少分”的例外情况不同。梁慧星、王利明和杨立新这三份学者建议稿中均明确规定，如被继承人明确表示不要求其扶养的，其继承份额不受影响。④ (3)是否规定了“尽了主要扶养义务”的认定标准不同。杨立新等学者建议稿中规定，为被继承人生活提供了主要经济来源或在劳务等方面给了主要扶助的，应当认定其尽了主要扶养义务。⑤

我们认为，从立法体例看，遗产分割原则，关系到各共同继承人的切身利益，关系到社会的稳定和发展，故应在遗产分割专章中以单独的条文予以明确。

从立法内容看，尊重被继承人和继承人的意愿、均等分配与照顾弱者利益原则、权利义务相一致原则、有利于生产和生活、发挥遗产的效用、保护胎儿的利益原则是我国《继承法》已有规定的，遗产分割自由与限制原则、公平原则、平等保护继承人和其他利害关系人的原则应增设。我国《继承法》应当确认以上遗产分割原则的主要理由如下：

第一，尊重被继承人和继承人的意愿原则。遗产是被继承人生前的财产，因此，处理遗产分割问题首先应尊重被继承人的意愿。即如被继承人在遗嘱中确定了分割方法或指定第三人代为分割的，应遵照遗嘱执行。如果实行法定继承的，根据我国《继承法》第 15 条规定，应当坚持互谅互让、协商处理遗产的原则，即继承人应协商处理遗产分割问题，此体现了尊重继承人意愿原则。⑥

---

① 是否明确将分割自由作为遗产分割的原则不同。梁慧星、张玉敏等学者建议稿明确其为遗产分割的原则，而其他专家建议稿中虽未将其明确为原则，但均有规定。

② 尊重被继承人和继承人的意愿原则、均等分配与照顾弱者利益原则和权利义务相一致原则是笔者从各建议稿中关于法定继承的规定中得出的。

③ 该建议稿的规定与我国《继承法》第 13 条的规定一致。

④ 该建议为我国《执行〈继承法〉的意见》第 33 条的内容。我国《执行〈继承法〉的意见》第 33 条：“继承人有扶养能力和扶养条件，愿意尽扶养义务，但被继承人因有固定收入和劳动能力，明确表示不要求其扶养的，分配遗产时，一般不应因此而影响其继承份额。”

⑤ 该建议为我国《执行〈继承法〉的意见》第 30 条的内容。我国《执行〈继承法〉的意见》第 30 条：“对被继承人生活提供了主要经济来源，或在劳务等方面给予了主要扶助的，应当认定其尽了主要赡养义务或主要扶养义务。”

⑥ 陈苇主编：《外国继承法比较与中国民法典继承编制定研究》，北京大学出版社 2011 年版，第 71 页。

第二,均等分配与照顾弱者利益原则。对于同一顺序的继承人均采用平均份额的办法进行遗产分割,简便易行,公平合理,可在一定程度上减少纠纷。但如果不考虑各共同继承人的具体情况,而一律在各继承人间平均进行分配,容易导致形式上平等而实际不平等,因此,我国《继承法》第13条仅规定为"一般应当均等"是合适的,应予以坚持。"一般应当均等"就意味着在特殊情况下的不均等,上述建议稿关于"对生活有特殊困难的缺乏劳动能力的继承人,分配遗产时,应当予以照顾或多分"的规定,就体现了对特殊继承人生存权的保障,是遗产分配的真正的平等。

第三,权利义务相一致原则。我国《宪法》第33条第4款规定:"任何公民享有宪法和法律规定的权利,同时必须履行宪法和法律规定的义务。"没有不尽义务的权利,也没有不享有权利的义务。父母与子女之间有相互扶养的义务,也有相互继承财产的权利。遗产分割时,在其他条件大体相同的情况下,应考虑各共同继承人对被继承人生前所尽义务的多少,尽义务的应多分,不尽义务的应少分。我国《继承法》第13条第3款、第4款规定,对被继承人尽了主要扶养义务或者与被继承人共同生活的继承人,分配遗产时,可以多分。有扶养能力和有扶养条件的继承人,不尽扶养义务的,分配遗产时,应当不分或者少分,这两款的规定符合权利义务相一致的法律原则,应予以坚持。关于"可以多分"的适用条件是是否需要继承人既与被继承人共同生活又对其尽了主要扶养义务,我们认为,我国《执行〈继承法〉的意见》第34条明确规定:有扶养能力和扶养条件的继承人虽然与被继承人共同生活,但对需要扶养的被继承人不尽扶养义务,分配遗产时,可以少分或者不分。故该司法解释已对与被继承人共同生活的继承人到底是多分还是少分作了限定,故在现行司法解释有效的前提下,无须再另作规定。此外,关于扶养义务,我们还应全面理解,不能仅理解为经济上的扶养、生活上的照料,还应当包括精神上、情感上的关心、安慰,等等。[①] 而关于"应当不分或少分"的例外情况以及"尽了主要扶养义务"的认定标准应有相关司法解释予以明确,故无须在《继承法》中增设。

第四,有利于生产和生活与发挥遗产的效用原则。遗产分割的恰当与否,不仅关系到继承人的切身利益,而且对社会生产和公共利益的维护也有其意义。"不损害物之效用"的原则是从罗马法时期开始就一直遵循的准则,也是现代各国民法一直承认的原则,如日本法规定,遗产的分割,需要考虑属于遗产的物或权利的种类或性质,各继承人的年龄、职业、身心状态、生活状况及其他一切情况。[②] 坚持该原则,既有利于发挥遗产的实际效用,又有利于满足继承人的生产和生活的需要,从而促进整个社会财富的增加。因此,发挥遗产的效用这一原则应继续坚持。

第五,保护胎儿利益原则。胎儿虽未出生,尚不是一个民事权利主体,但若出生为活体的,应当为其保留继承份额,以保障其生存权和发展权。因此,为保护胎儿利益,根据我国《继承法》第28条规定,遗产分割时,应当保留胎儿的继承份额,继续坚持保护胎儿利益这一原则是必要的。

第六,平等保护继承人和其他利害关系人的原则。遗产分割的过程涉及两重关系,对内是共同继承人之间的关系,对外是继承人与被继承人的债权人、债务人等第三人的关系。因

---

① 刘春茂主编:《中国民法学·财产继承》,中国人民公安大学出版社1990年版,第580页。

② 《日本民法典》第906条。

此，遗产分割不仅应保护继承人的利益，也应保护其他遗产利害关系人的利益。故此原则应予确立。

（三）遗产分割的方法

前述六份学者建议稿关于遗产分割的方法规定的共同点主要有：第一，原则上采原物分割的方式；第二，如果对遗产进行原物分割有损物之效用，可以采取变价分割或补偿分割的方式。

争议主要有：第一，是否规定遗产分割的依据不同。梁慧星、王利明、陈苇、杨立新这四份学者建议稿规定了遗产分割的依据，其主要包括遗嘱分割、协商分割和裁判分割。第二，是否对特殊遗产规定了分割方法不同。徐国栋等学者建议稿中对家庭有特别纪念意义的物、农地使用权及孳息规定了较为详细的分割方法。杨立新等学者建议稿对经济适用住房、未指定受益人的保险金、遗体、骨灰、灵牌、墓地及祖传物规定了具体的分割或处理方法。第三，遗产分割时特定继承人对特定物品享有的权利不同。王利明、徐国栋、张玉敏和陈苇这四份学者建议稿中都规定了生存配偶对特定物品的权利。如王利明等学者建议稿中规定没有自己住房且没有继承被继承的房屋的生存配偶仅享有对该房屋的法定用益物权，并且生存配偶需支付取得房屋所有权的继承人不超过市价的租金。徐国栋等学者建议稿中规定，配偶享有属于被继承人或属于配偶双方的用作居所的房屋和家具的居住权和使用权。张玉敏等学者建议稿中规定配偶对遗产中供自己使用的住房和日常生活用品有先取特权，且该先取特权不受清偿债务的影响。如配偶的先取特权超过其应继份，则以先取特权为其应继份。陈苇等学者建议稿中则规定，生存配偶对生活住房、家庭普通陈设及日用品等生活资料享有先取权。此外，前述张稿中还规定了父母因顺序在后而未参加继承时，对遗产中供某个人日常生活使用的住房和其他物品有终身使用权。陈苇等学者建议稿中还规定了其他与被继承人共同生活的继承人、与被继承人共同经营企业、土地的继承人以及被继承人共同对不可分物享有共有权的继承人的优先权。徐稿中规定了签订了农地使用权转让合同的，该继承人可以请求继承经营所需的全部财产。

我们认为，第一，应明确遗产分割的依据。被继承人的遗嘱是遗产分割的首要依据，这体现了对被继承人意思自治的尊重。如无遗嘱或遗嘱无效，则依法律有关无遗嘱继承的规定分割遗产，但继承人可以协商，这体现了对继承人意愿的尊重。如继承人之间协议不成的，可向法院请求依法裁判，这是当事人对遗产分割争议的司法解决方法。因此，遗产分割的依据为遗嘱分割、协商分割和裁判分割三种。第二，是否需要将一些特殊遗产单独列举以指示其分割方法，我们认为，实有必要。虽然现有法律规定的实物分割、补偿分割、折价分割和共有实际上已经涵盖了对这些特殊遗产的分割方式，并且如对特殊遗产一一列明具体分割方式难免有所遗漏，但如作规定不仅更便于操作，也为法官裁量提供了思路。第三，应增设特定继承人对特定物品的优先权。关于配偶对特定物品的优先权，上述这四位学者建议稿都有规定。我们认为，配偶于家庭中相对父母、子女、祖父母、外祖父母等继承人而言具有特殊的地位。从作用上看，在生活中，配偶之间相互照顾、扶持，对另一方而言是生活中最为重要的支撑和不可或缺的依靠；从家庭财富积累看，配偶双方对家庭财富创造付出最多的劳

动和辛苦,是家庭财富的主要创造者。[①] 因此,在遗产分割时,对于生存配偶应给予特殊的保护。然而,遗产分割是依照各继承人的应继份在各共同继承人之间公平分配遗产的法律制度,因此,在照顾配偶的前提下,也应兼顾其他继承人的利益。故在同等条件下,配偶有权优先取得与被继承人生前共同居住的房屋、家具和生活用品,如上述遗产的价值超过其应继份的,配偶应对其他继承人予以补偿。此外,陈苇等学者建议稿中还规定,依靠被继承人扶养的无遗嘱继承人在未参加继承时,对遗产中供某个人日常生活使用的物品和住房享有终身的使用权或用益权。[②] 这有利于保障此部分法定继承人维持正常的基本生活。该稿同时规定,与被继承人共同经营企业、土地的继承人对遗产中的该企业、土地,相对于其他继承人享有优先权,以及与被继承人共同对不可分物享有共有权的继承人,对遗产中的该不可分物的权利份额,相对于其他继承人有优先权。这体现了发挥经营性遗产的效用和兼顾继承人利益的理念,可供我国立法机关参考。

(四)遗产分割的效力

前述六份学者建议稿关于遗产分割的效力规定的共同点主要有:除徐国栋等学者建议稿仅规定有遗产被侵夺的担保责任外,其余五份学者建议稿均规定遗产分割后,各继承人以其所得的遗产份额为限,对其他继承人分得的遗产负与出卖人同样的瑕疵担保责任。各继承人对其他继承人分得的债权,就遗产分割时的支付能力,负担保责任。

争议主要有:第一,遗产分割的溯及力是采宣言主义还是移转主义不同。王利明、徐国栋和张玉敏这三份学者建议稿认为应采移转主义,而其余三份学者建议稿认为应采宣言主义。第二,继承人间担保责任的免除条件不同。对此,仅梁慧星、王利明、陈苇这三份建议稿作出了规定。三者均认为如不能偿还部分是由有请求权的继承人的自身原因所致,其他共同继承人不负分担责任。第三,分割的无效和撤销的适用条件不同。对此,仅徐国栋和陈苇这两份学者建议稿作出了规定。徐国栋等学者建议稿认为,遗产分割的无效和撤销适用法律行为的无效和可撤销的规定。但如以显失公平为理由撤销的,需继承人分得的份额的半数以上已遭受损害。陈苇等学者建议稿认为,遗产分割时如有欺诈和胁迫的,继承人可以向法院请求宣告无效,但该请求自胁迫或发现欺诈之日起 2 年内行使。如遗产分割后,继承人发现其分得的份额少于其应继份的,可以向法院请求撤销该分割。但其请求权需在遗产分割之日起 2 年内行使。第四,是否规定了遗产被追夺的担保责任不同。对此,仅徐国栋等学者建议稿中作出了规定,各继承人对分割中所分之物的占有遭受妨碍或被追夺担保责任,他应告知其他参与人以共同排除妨碍,并且有权主张其他继承人承担追夺担保责任。但追夺或妨碍因分割后的事由发生或明示抛弃了追夺担保诉权以及因自己的过错遭受此追夺的除外。第五,是否规定了对权利证书的保管和使用不同。徐国栋和陈苇这两份学者建议稿认为,关于共有物的证书,由取得最大部分份额的共同继承人保存,各继承人均有权请求使用该证书的权利。此外,徐稿中还规定,如果对权利证书有遗嘱指定的,从遗嘱。如遗产被均分的,取得证书的资格以抽签的方式决定。遗产共有时,未保管该证书的继承人有持有该证

① 申建平:《继承法上配偶法定居住权立法研究》,载《求是学刊》2012 年第 4 期。

② 陈苇主编:《外国继承法比较与中国民法典继承编制定研究》,北京大学出版社 2011 年版,第 425 页。

书副本的权利。

我们认为，第一，关于遗产分割的溯及力，移转主义与宣言主义各有利弊，相比而言，移转主义有利于保障交易安全，宣言主义有利于其便捷性。从我国实际情况出发，采宣言主义更为合适。一是其更符合继承的本质，继承实为被继承人的财产转移给继承人的过程，而非继承人间互相交易的结果。二是有利于简化取得遗产所有权的手续。继承人因分割取得的遗产为不动产的，继承人无须登记而可直接取得；遗产为债权的，也无须其他继承人对债务人为通知即可取得。① 第二，关于共同继承人间担保责任的免除，应予以规定。如因继承人的自身原因所致不能偿还的，还要其他继承人承担担保责任，对其不公平。如继承人自愿抛弃债权或继承人造成所得物的瑕疵的。第三，关于遗产分割的撤销和无效，以适用民事法律行为的无效和可撤销的规定为宜。遗产分割如属继承人间协议分割，是继承人依其意思表示对遗产进行分割的民事法律行为，当然应适用《民法总则》的相关规定。而关于请求遗产分割无效或撤销的诉讼时效适用我国《民法总则》中的相关规定。② 第四，遗产被追夺的担保责任可不予规定，因为对遗产的瑕疵担保责任既包括物之瑕疵担保和权利瑕疵担保，已涵盖了遗产被追夺的担保责任，故不宜再规定遗产被追夺的担保责任。③ 第五，遗产分割后权利证书的保管和使用应予规定。遗产分割后，继承人各自取得所得物的证书，但遗产分割后，继承人之间对遗产仍可保持共有关系。继承人对遗产为按份共有关系的，应由取得最大部分份额的共同继承人保存。各继承人之间对遗产为共同共有或对遗产的份额为均等时，应由各继承人推选一人或抽签决定保管人的方式进行保管，但未保管证书的继承人有请求使用保管的证书或持有副本的权利。

## 第六节　相关联的法条与典型案例

遗产分割制度是对继承人间分割遗产的行为进行规范的法律制度的总和，除本章评注的我国《继承法》第 26 条和第 29 条外，该制度在我国《继承法》、我国《执行〈继承法〉意见》及其他法律的相关条文中也有所体现。

### 一、相关联的法条

#### （一）遗产分割依据相关联的法条

我国《继承法》第 13 条规定，同一顺序继承人继承遗产的份额，一般应当均等。对生活有特殊困难的缺乏劳动能力的继承人，分配遗产时，应当予以照顾。对被继承人尽了主要扶养义务或者与被继承人共同生活的继承人，分配遗产时，可以多分。有扶养能力和扶养条件

---

① 陈苇主编：《外国继承法比较与中国民法典继承编制定研究》，北京大学出版社 2011 年版，第 633 页。

② 我国《民法总则》第 152 条规定："有下列情形之一的，撤销权消灭：（一）当事人自知道或者应当知道撤销事由之日起一年内、重大误解的当事人自知道或者应当知道撤销事由之日起三个月内没有行使撤销权；（二）当事人受胁迫，自胁迫行为终止之日起一年内没有行使撤销权；（三）当事人知道撤销事由后明确表示或者以自己的行为表明放弃撤销权。当事人自民事法律行为发生之日起五年内没有行使撤销权的，撤销权消灭。"

③ 陈苇主编：《外国继承法比较与中国民法典继承编制定研究》，北京大学出版社 2011 年版，第 641 页。

的继承人,不尽扶养义务的,分配遗产时,应当不分或者少分。继承人协商同意的,也可以不均等。

我国《继承法》第 14 条规定,对继承人以外的依靠被继承人扶养的缺乏劳动能力又没有生活来源的人,或者继承人以外的对被继承人扶养较多的人,可以分给他们适当的遗产。

我国《继承法》第 16 条规定,公民可以依照本法规定订立遗嘱处分个人财产,并可以指定遗嘱执行人。

我国《继承法》第 19 条规定,遗嘱应当对缺乏劳动能力又无生活来源的继承人保留必要份额。

我国《继承法》第 28 条规定,遗产分割时,应当保留胎儿的继承份额,胎儿出生时是死体的,保留的份额按照法定继承办理。

我国《执行〈继承法〉意见》第 37 条规定,遗嘱未保留缺乏劳动能力又没有生活来源的继承人的遗产份额,遗产处理时,应当为该继承人留下必要的遗产,所剩余的部分,才可参照遗嘱确定的分配原则处理。

(二)遗产分割时间相关联的法条

我国《继承法》第 2 条规定,继承从被继承人死亡时开始。

我国《执行〈继承法〉意见》第 1 条规定,继承从被继承人生理死亡或宣告死亡时开始。失踪人被宣告死亡的,以法院判决中确定的失踪人死亡日期,为继承开始的时间。

我国《物权法》第 99 条规定,共有人约定不得分割共有的不动产或者动产,以维持共有关系的,应当按照约定,但共有人有重大理由需要分割的,可以请求分割;没有约定或者约定不明确的,按份共有人可以随时请求分割,共同共有人在共有的基础丧失或者有重大理由需要分割时可以请求分割。因分割对其他共有人造成损害的,应当给予赔偿。

(三)遗产分离相关联的法条

关于夫妻共有财产范围,有以下相关联法条:

我国现行《婚姻法》第 17 条规定,夫妻在婚姻关系存续期间所得的下列财产,归夫妻共同所有:(1)工资、奖金;(2)生产、经营的收益;(3)知识产权的收益;(4)继承或赠与所得的财产,但本法第 18 条第三项规定的除外;(5)其他应当归共同所有的财产。夫妻对共同所有的财产,有平等的处理权。

我国现行《婚姻法》第 18 条规定,有下列情形之一的,为夫妻一方的财产:(1)一方的婚前财产;(2)一方因身体受到伤害获得的医疗费、残疾人生活补助费等费用;(3)遗嘱或赠与合同中确定只归夫或妻一方的财产;(4)一方专用的生活用品;(5)其他应当归一方的财产。

我国现行《婚姻法》第 19 条规定,夫妻可以约定婚姻关系存续期间所得的财产以及婚前财产归各自所有、共同所有或部分各自所有、部分共同所有。

我国《婚姻法解释(二)》第 11 条规定,婚姻关系存续期间,下列财产属于《婚姻法》第 17 条规定的其他应当归共同所有的财产:(1)一方以个人财产投资取得的收益;(2)男女双方实际取得或者应当取得的住房补贴、住房公积金;(3)男女双方实际取得或者应当取得的养老保险金、破产安置补偿费。

我国《婚姻法解释(二)》第 13 条规定,军人的伤亡保险金、伤残补助金、医药生活补助费

属于个人财产。

我国《婚姻法解释(三)》第 5 条规定,夫妻一方个人财产在婚后产生的收益,除孳息和自然增值外,应认定为夫妻共同财产。

我国《婚姻法解释(三)》第 7 条规定,婚后由一方父母出资为子女购买的不动产,产权登记在出资人子女名下的,可按照《婚姻法》第 18 条第(三)项的规定,视为只对自己子女一方的赠与,该不动产应认定为夫妻一方的个人财产。

由双方父母出资购买的不动产,产权登记在一方子女名下的,该不动产可认定为双方按照各自父母的出资份额按份共有,但当事人另有约定的除外。

(四)遗产分割原则相关联的法条

我国《执行〈继承法〉的意见》第 30 条规定,对被继承人生活提供了主要经济来源,或在劳务等方面给予了主要扶助的,应当认定其尽了主要赡养义务或主要扶养义务。

我国《执行〈继承法〉的意见》第 33 条规定,继承人有扶养能力和扶养条件,愿意尽扶养义务,但被继承人有固定收入和劳动能力,明确表示不要求扶养的,分配遗产时,一般不应因此而影响其继承份额。

我国《执行〈继承法〉的意见》第 45 条规定,应当为胎儿保留的遗产份额没有保留的应从继承人所继承的遗产中扣回。为胎儿保留的遗产份额,如胎儿出生后死亡的,由其继承人继承;如胎儿出生时就是死体的,由被继承人的继承人继承。

(五)遗产分割方法相关联的法条

我国《继承法》第 15 条规定,继承人应当本着互谅互让、和睦团结的精神,协商处理继承问题。遗产分割的时间、办法和份额,由继承人协商确定。协商不成的,可以由人民调解委员会调解或者向人民法院提起诉讼。

我国《执行〈继承法〉的意见》第 44 条规定,人民法院在审理继承案件时,如果知道有继承人而无法通知的,分割遗产时,要保留其应继承的遗产,并确定该遗产的保管人或保管单位。

我国《物权法》第 100 条规定,共有人可以协商确定分割方式。达不成协议,共有的不动产或者动产可以分割并且不会因分割减损价值的,应当对实物予以分割;难以分割或者因分割会减损价值的,应当对折价或者拍卖、变卖取得的价款予以分割。

(六)遗产分割效力相关联的法条

我国《执行〈继承法〉的意见》第 51 条规定,放弃继承的效力,追溯到继承开始的时间。

我国《民法总则》第 142 条规定,有相对人的意思表示的解释,应当按照所使用的词句,结合相关条款、行为的性质和目的、习惯以及诚信原则,确定意思表示的含义。无相对人的意思表示的解释,不能完全拘泥于所使用的词句,而应当结合相关条款、行为的性质和目的、习惯以及诚信原则,确定行为人的真实意思。

我国《民法总则》第 143 条规定,具备下列条件的民事法律行为有效:(一)行为人具有相应的民事行为能力;(二)意思表示真实;(三)不违反法律、行政法规的强制性规定,不违背公序良俗。

我国《民法总则》第 143 条规定,无民事行为能力人实施的民事法律行为无效。

我国《民法总则》第 146 条规定,行为人与相对人以虚假的意思表示实施的民事法律行为无效。以虚假的意思表示隐藏的民事法律行为的效力,依照有关法律规定处理。

我国《民法总则》第 147 条规定,基于重大误解实施的民事法律行为,行为人有权请求人民法院或者仲裁机构予以撤销。

我国《民法总则》第 148 条规定,一方以欺诈手段,使对方在违背真实意思的情况下实施的民事法律行为,受欺诈方有权请求人民法院或者仲裁机构予以撤销。

我国《民法总则》第 149 条规定,第三人实施欺诈行为,使一方在违背真实意思的情况下实施的民事法律行为,对方知道或者应当知道该欺诈行为的,受欺诈方有权请求人民法院或者仲裁机构予以撤销。

我国《民法总则》第 150 条规定,一方或者第三人以胁迫手段,使对方在违背真实意思的情况下实施的民事法律行为,受胁迫方有权请求人民法院或者仲裁机构予以撤销。

我国《民法总则》第 154 条规定,行为人与相对人恶意串通,损害他人合法权益的民事法律行为无效。

我国《民法总则》第 157 条规定,民事法律行为无效、被撤销或者确定不发生效力后,行为人因该行为取得的财产,应当予以返还;不能返还或者没有必要返还的,应当折价补偿。有过错的一方应当赔偿对方由此所受到的损失;各方都有过错的,应当各自承担相应的责任。法律另有规定的,依照其规定。

## 二、涉及遗产分割的典型案例

### 遗产的分割

——被继承人蓝某 1、蓝某 2、邓某 1 与邓某 2 的继承纠纷案①

**案情简介:**

刘某(女)与邓某(男,已去世)曾为夫妻关系,育有邓某 1 及邓某 2 两儿子,后两人离婚。后刘某与蓝某 1 于 1990 年 5 月 2 日登记结婚,两人于 1992 年 3 月 5 日生育一女蓝某 2。邓某 2 与梁某婚后育有邓某 3 一子。邓某 2 于 2004 年 6 月 30 日去世。刘某于 2009 年身体变差,开始住院且生活不能自理,均由蓝某 1、蓝某 2 照顾,刘某病后,其存折交给蓝某 1 保管和使用;邓某 1、邓某 3 没有支付过相关费用给老人,也只探望过刘某两次,刘某的工资一直由邓某 1 保管且未用于刘某生活或医疗开支。2012 年 2 月,由于刘某确诊患阿尔兹海默症(老年型)及血管性痴呆,不能作出正确的意思表示,不能辨认自己的权利和义务,不能维护自己的合法权益,因此,蓝某 2 作为申请人于 2014 年 3 月向法院提起诉讼【案号:(2014)穗越法民一特字第 8 号】,申请宣告刘某为无民行为能力人、蓝某 1 为其监护人。2015 年 4 月 24 日,刘某因患再发脑梗死住院至去世。刘某的父母均先于其去世,刘某、邓某 2 两人无留下遗嘱或签订遗赠抚养协议。经查,蓝某 1 于 1992 年 4 月通过房改方式购买一巷 303 房屋并登记在其个人名下。2014 年 4 月 2 日,蓝某 1 因刘某生活需求,出售刘某与蓝某 1 占

---

① 本案例来源于广东省××市中级人民法院(2018)粤××民终××××号判决书,本文引用时对其内容有所删减。

有一巷303房的共有份额，成交总价123万元，其表示所得款项用于夫妻二人的生活、医疗等费用。后2015年年底，邓某认为蓝某1已将房屋卖出，并分给了蓝某2以及蓝某1的侄子等人，遂起诉至一审法院。蓝某1则表示，房款已全部用于支付和偿还刘某多年的生活、医疗费用，当中并无剩余，且蓝某2亦未分得款项。蓝某1、蓝某2称，因时间相隔较长，刘某生活及医疗所产生的相关费用单据并无保留，故未能就其主张提交相应的证据。

一审法院认为，刘某于2009年因病住院，脑梗死后便一直卧病在床，只认识丈夫和护工两个人，日常生活均需他人料理，且该情况持续至2015年4月身故，长达6年时间。其间，蓝某1、蓝某2承担刘某日常生活、住院治疗的照顾责任，必定需比其他继承人付出更多的时间、精力。虽然蓝某1作为配偶理应对妻子承担相应的扶养、扶助义务，但蓝某1自身作为80周岁的老人，本是颐养天年的时候，其仍需长年照顾生活无法自理的妻子，也正因其付出而使刘某能得以善终。蓝某1的行为应予鼓励并得到相应的补偿。邓某1、邓某3虽称在刘某生前给予了一些经济上的资助，但相比之下所尽的扶养义务确实较少。综合本案实际情况，蓝某1、蓝某2理应可多分得刘某的遗产。而且，鉴于蓝某1、蓝某2未能提交证据证实相应款项的用途，且房屋交易时间与被继承人身故相隔时间较短，在此期间亦未购置大额夫妻共同财产，故蓝某1、蓝某2称已无余款可供分配的意见，有悖常理，不予采信。现无证据证实蓝某2已支取上述款项，故蓝某1作为款项保管人，应将各继承人应得款项支付给各方当事人。因此，根据《中华人民共和国继承法》第2条、第3条、第5条、第10条、第13条、第26条的规定，法院判决被继承人刘某名下所占房屋出售款123万元，为夫妻共同财产，其中刘某的遗产为61.5万元，由邓某1、邓某3各继承取得10万元，蓝某1、蓝某2各继承取得20.75万元。蓝某1应于本判决书生效之日起30日内，一次性向邓某1、邓某3各支付10万元，向蓝某2支付20.75万元；驳回邓某1、邓某3其余的诉讼请求。

一审被告蓝某1和蓝某2不服一审民事判决，认为邓某1在刘某病危时拒绝签名和交款，在整个住院医疗护理过程中也并未支付任何费用。邓某1一方并未履行应尽的孝道及扶养义务，且售房款项已经用完，故邓某1、邓某2无权各继承10万元，遂提起上诉。二审法院驳回上诉，维持原判。

**适用法律评析：**

本案涉及的主要是法定继承人的继承权与遗产的分割两个问题。

首先，法定继承人的继承权。依据《中华人民共和国继承法》第10条规定："遗产按照下列顺序继承：第一顺序：配偶、子女、父母。第二顺序：兄弟姐妹、祖父母、外祖父母。继承开始后，由第一顺序继承人继承，第二顺序继承人不继承。没有第一顺序继承人继承的，由第二顺序继承人继承。"第7条规定，继承人有下列行为之一的，丧失继承权：故意杀害被继承人的；为争夺遗产而杀害其他继承人的；遗弃被继承人的，或者虐待被继承人情节严重的；伪造、篡改或者销毁遗嘱，情节严重的。本案中，一巷303房为蓝某1与被继承人刘某婚姻关系存续期间购买所得的房产，在双方并无特别约定的情况下，应由两人各占1/2份额所有权。而且双方确认被继承人刘某、邓某2生前没有留下遗嘱或签订遗赠抚养协议，邓某1、邓某3在刘某生前没有实施法定的会丧失继承权的行为，加之蓝某1、蓝某2未能提交证据证实相应款项的用途，且房屋交易时间与被继承人身故相隔时间较短，在此期间亦未购置大额夫妻共同财产，故蓝某1、蓝某2称已无余款可供分配的意见，有悖常理。故刘某所占的售房款份额应按法定继承的相关规定即由邓某1、邓某3、蓝某1、蓝某2四人按比例共同继

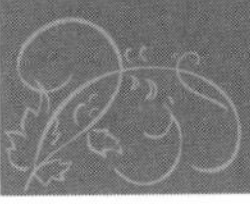



承。因此,本案中,法院的判决正确。

其次,遗产的分割。根据《中华人民共和国继承法》第13条规定,"同一顺序继承人继承遗产的份额,一般应当均等。对生活有特殊困难的缺乏劳动能力的继承人,分配遗产时,应当予以照顾。有扶养能力和有扶养条件的继承人,不尽扶养义务的,分配遗产时,应当不分或者少分。继承人协商同意的,也可以不均等。对被继承人尽了主要扶养义务或者与被继承人共同生活的继承人,分配遗产时,可以多分。"在本案中,从对刘某生前病况查明的事实可见,刘某病后一直卧病在床,日常生活均需他人料理,且该情况持续至2015年4月身故长达6年时间。期间蓝某1、蓝某2承担刘某日常生活、住院治疗的照顾责任,比其他继承人付出更多的时间、精力。正如一审法院所认定的,蓝某1作为配偶理应对妻子承担相应的扶养、扶助义务,但蓝某1自身作为80周岁的老人,其仍需长年照顾生活无法自理的妻子,也正因其付出而使刘某能得以善终。蓝某1的行为应予鼓励并得到相应的补偿。因此,蓝某1、蓝某2理应可多分得刘某的遗产。这也体现了法院在审判过程中对尽了主要扶养的义务人应多分财产的法律规定的严格执行以及对当事人的鼓励。

## 第七节 国外立法现状

大陆法系国家实行遗产的直接继承,即在继承开始后,遗产直接移转于继承人,各继承人对遗产共有。而英美法系国家实行以遗产管理人负责处理遗产债务和交付剩余遗产的间接继承制度,即在继承开始后,遗产不直接移转于继承人,而是必须首先选任遗产代理人进行遗产清算,直至清算结束后有剩余财产时,如有遗嘱,则依遗嘱进行遗产分配;如无遗嘱,则按法定的份额分配给继承人。因此,各继承人之间不发生共有关系,故不涉及遗产分割问题。在本节中,我们将主要考察大陆法系国家遗产分割的立法现状。

### 一、遗产的分离

德国立法例有如下规定:继承人有权将遗产清册递交给遗产法院。遗产清册编制的期间最长为3个月。根据继承人的申请,遗产法院可以裁量延长期间。遗产清册的内容应完整地说明在继承开始时所存在的遗产标的和遗产债务。继承人故意造成包含在遗产清册中的对遗产标的的说明之显著不完备,或出于使遗产债权人遭受不利益的意图而计入并不存在的遗产债务的,继承人对遗产债务负无限责任。遗产清册已被适时地编制的,推定在继承人和遗产债权人之间的关系中,在继承开始时,除被说明的遗产标的以外的遗产标的未曾存在。即依法编制的遗产清册,使遗产保持独立,具有限定责任继承的效力,继承人以遗产清册的记载为限清偿遗产债务,未记载于遗产清册的债务,视为不存在。此外,遗产的保佐已被以使遗产债权人受清偿为目的而命令(遗产管理),或遗产支付不能程序已经开始的,继承人对遗产债务的责任限于遗产。即继承人可通过向法院申请遗产管理命令或遗产支付不能程序,从而使遗产保持独立。这样继承人对遗产债务的责任仅限于遗产,而实行有限责任继承。①

法国立法例有如下规定:继承人须提出限定继承的声明并提交遗产清册。继承人可以

① 《德国民法典》第1993条、第1995条、第2001条第1款、第2005条第1款、第2009条、第1975条。

通过向继承开始地所在辖区的大审法院提出以净资产为限接受继承的声明，并提交忠实而确切的遗产清册来达到将其个人财产与遗产相分离的效果。遗产清册应自提出声明之日起2个月期限内存交法院，如有正当原因时，可向法官申请延长期限。[①]

日本立法例有如下规定：第一，财产分离的请求权主体包括：(1)继承人作为主体。继承人可以在继承开始之时起3个月内表示只以在因继承而取得财产的限度内清偿被继承人的债务为条件承认继承。继承人作限定承认时，应制作出财产目录提交给家庭法院，并就限定承认做出陈述。继承人作出限定承认后即可达到将被继承人的和继承人的财产相分离的效果。(2)被继承人的债权人或受遗赠人作为主体。自继承开始时起3个月内或即使在此期间届满后，但继承财产与继承人的固有财产未混合之前，被继承人的债权人或受遗赠人可以向家庭法院提出请求将继承财产从继承人的财产中分离出来。(3)继承人的债权人作为主体。在继承人可以作出限定承认的期间或者继承财产与继承人的固有财产尚未混合期间，继承人的债权人可以向家庭法院提出财产分离请求。[②] 第二，财产分离的程序。家庭法院应继承债权人或受遗赠人提出的财产分离请求发出财产分离命令后，该请求的人须在5日以内，对其他继承债权人及受遗赠人，就财产分离命令的发出以及应在一定期间内申报参加分配等内容予以公告，此公告期间不能少于2个月。[③] 第三，财产分离的效力。因被继承人的债权人或受遗赠人的请求而导致的财产分离，该请求权人就遗产先于继承人的债权人受清偿。在财产分离公告期满后，继承人对请求财产分离或申请参加分配的继承债权人或受遗赠人，按各自的比例作出清偿，但不能损害有优先权的债权人的利益。请求财产分离的人及申请参加分配的人，以不能以继承财产受到全部清偿为限，可以就继承人的固有财产行使其权利。但就此，继承人的债权人享有优先受偿的权利。[④] 第四，财产分离的防止。继承人可以通过用其固有财产向继承债权人或受遗赠人清偿，或对其提供担保而防止财产分离请求的提出，或者使其效力消灭。但继承人的债权人，证明自己将因此而受到损害并提出异议时，不在此限。[⑤]

意大利立法例有如下规定：(1)编制遗产清单的主体和期限及效力。继承人可以自遗产清单编制完成之日起40日内在公证人面前或者在继承开始地的初审法院书记员面前作出按遗产清单接受继承的声明。遗产清单的效力在于将继承人与被继承人的财产相分离，被继承人的债权人和受遗赠人优先于继承人的债权人受偿。(2)请求遗产分离的主体和期限及效力。继承人丧失遗产清册利益或放弃继承的，如果被继承人的债权人希望享有优先权，可以在遗产继承开始后的3个月内申请财产分离，也可以请求将被继承人的财产与作为特定遗赠标的的财产进行分离；对被继承人的财产享有其他担保权的债权人和受遗赠人，也享有财产分离的权利。该权利应当在继承开始后3个月内行使。[⑥] (3)对动产与不动产的分离方式。对动产的分离请求应当以诉讼的方式，向继承开始地的初审法院法官提出。对于

---

① 《法国民法典》第787～791条。

② 《日本民法典》第915条、第922条、第924条、第941条、第950条。

③ 《日本民法典》第941条。

④ 《日本民法典》第942条、第947条、第948条。

⑤ 《日本民法典》第949条。

⑥ 《意大利民法典》第484条、第485条、第490条、第512条、第513条、第516条。

已经被继承人转让的动产，请求人只对尚未收取的价款享有分离权；对于不动产以及允许设定抵押权的财产，应当以在每一项财产上登记债权或遗赠的方式提出分离请求。债权或遗赠登记应当按照登记抵押权的方式进行，并指出被继承人的姓名。若知道继承人的姓名，还应当指出继承人的姓名并且声明这一登记行为是为了取得分离财产申请人的资格。[①] (4)遗产分离的效力。被继承人的债权人和受遗赠人优先于继承人的债权人受偿；未进行分离的遗产部分能满足清偿未提出分离请求的债权人和受遗赠人的，提出分离请求的债权人和受遗赠人对分离出来的遗产享有优先受偿权，除上述情况外，未提出分离请求的债权人和受遗赠人可以与提出分离请求的债权人和受遗赠人一同请求用分离出的遗产接受清偿，如有一部分遗产未分离，则应当将未进行分离的遗产价值与进行了分离的遗产价款合并在一起计算，以便确定每名债权人和受遗赠人应当享有的份额，但是，应认为未进行分离的遗产部分属于未提出分离请求的债权人和受遗赠人；债权人和受遗赠人共同提出分离请求的，债权人优先于受遗赠人受偿，未提出分离请求权的债权人优先于提出分离请求的受遗赠人受偿。[②] 继承人可以用清偿债权人及受遗赠人，为附条件、附期限或其权利有争议的债权人和受遗赠人提供担保的方式阻止对财产进行分离或者终止分离。[③]

## 二、遗产分割的原则

《日本民法典》立法体现的遗产分割原则如下：(1)遗产分割的自由与限制原则。各共同继承人可以随时协议分割遗产，但被继承人以遗嘱禁止分割或法院裁判暂缓分割的除外。(2)尊重被继承人和继承人的意愿原则。被继承人可以通过遗嘱或委托第三人确定分割的方法，无遗嘱的，继承人可以协议分割遗产。(3)权利与义务相一致原则。在共同继承人中，如有人对被继承人的事业提供劳务的或财产的给付、通过对被继承人的疗养及护理或以其他方法对被继承人财产的维持或增加做出过特殊贡献时，以被继承人在继承开始时所有的财产的价额扣除共同继承人以协议确定的该人特殊贡献的份额，视为继承财产。前项的协议没有达成或不能达成时，家庭法院根据同项规定的特殊贡献人的请求，从贡献的时期、方法和程度以及继承财产的数额及其他一切情况考虑确定特殊贡献的份额。特殊贡献的份额不能超过从被继承人在继承开始时所有的财产的价额中扣除遗赠价额后的额度。(4)发挥遗产的效用原则。遗产的分割，应当考虑属于遗产的物或权利的种类及性质，各继承人的年龄、职业、身心状态、生活状况及其他一切情况。(5)平等保护继承人与第三人利益的原则。继承人可以在继承开始之时起3个月内表示只以在因继承而取得财产的限度内清偿被继承人的债务为条件承认继承。被继承人的债权人或受遗赠人，自继承开始时3个月内或即使在此期间届满后但继承财产与继承人的固有财产未混合之前，可以向家庭法院提出请求将继承财产从继承人的财产中分离出来；在继承人可以作出限定承认的期间，或者继承财产与继承人的固有财产尚未混合期间，继承人的债权人可以向家庭法院提出财产分离请求。[④]

《意大利民法典》立法体现的遗产分割原则如下：(1)遗产分割的自由与限制原则。共同

---

① 《意大利民法典》第517条、第518条。

② 《意大利民法典》第490条、第514条。

③ 《意大利民法典》第515条。

④ 《日本民法典》第900条、第904条、第906～908条、第941～942条。

继承人可以随时提出分割遗产的请求，但被继承人以遗嘱禁止分割、法院裁判暂缓分割或法律另有规定的除外。(2)尊重被继承人和继承人的意愿原则。遗嘱人为遗产份额的分配作了特别规定的，继承人受该规定的约束。如无遗嘱规定的，继承人可以协议分割遗产。(3)照顾弱者利益原则。如果继承人中有一人是胎儿，则在该胎儿出生以前不得分割遗产。即使在有其他人参加遗产分配的情况下，如果用作居所的房屋和家具的所有权属于被继承人或者属于配偶双方，则房屋的居住权以及使用家具的权利属于配偶。(4)发挥遗产效用的原则。在分割土地时，必须以一个农业家庭劳作所必须且充足的土地面积作为最小耕作单位进行。如土地所有人的土地中包括了属于他人所有的低于最小耕作单位面积的小片土地，则为了更好地规划和利用土地，大片土地的所有人可以请求小片土地的所有人向其转让他们的土地并向他们支付合理的价金。在意见不一致的情况下，由司法机关在听取行业协会的意见并且考察了提出转让土地所有请求权的土地所有人所依据的理由之后做出决定。(5)平等保护继承人和第三人利益的原则。继承人可以自遗产清单编制完成之日起 40 日内在公证人面前或者在继承开始地的初审法院书记员面前作出按遗产清单接受继承的声明。遗产清单的效力在于将继承人与被继承人的财产相分离，被继承人的债权人和受遗赠人优先于继承人的债权人受偿。继承人丧失遗产清册利益或放弃继承的，如果被继承人的债权人希望享有优先权，可以在遗产继承开始后的 3 个月内申请财产分离。①

《俄罗斯联邦民法典》立法体现的遗产分割原则如下：(1)遗产分割的自由与限制原则。继承人作为按份共有财产的共有人有权要求从共有财产中分出自己的份额。当胎儿是未出生的继承人时，遗产分割只能在该继承人出生后进行。(2)尊重被继承人和继承人的意愿原则。遗嘱人有权按照自己的意愿立遗嘱将财产交给任何人，有权以任何方式确定继承人的遗产份额。两个或数个继承人对按份共有的遗产可以按照他们之间的协议分割。(3)照顾弱者利益原则。如果继承人中有未成年的公民、被认为无行为能力或限制行为能力的公民，则遗产的分割应遵守监护和保护的相关规定，其监护人和保护人不经监护和保护机关的批准，无权放弃被监护人和被保护人的继承利益，同时，应将拟定遗产分割协议和法院审理遗产分割案件的情况通知监护和保护机关。(4)发挥遗产的效用原则。属于继承人共有的土地在分割时应考虑对相应用途土地所规定的最低面积。②

## 三、遗产分割的方法

日本遗产分割的依据有以下两种：(1)被继承人的遗嘱。被继承人可以通过遗嘱或委托第三人确定分割的方法。③ (2)法律的规定。一是共同继承人协议分割。除被继承人遗嘱禁止的情形外，共同继承人可以随时以协议分割遗产。二是法院裁判分割。如共同继承人之间没有达成或不能达成协议时，任一共同继承人可以请求家庭法院对遗产进行分割。④《日本民法典》规定遗产分割的方法如下：(1)遗产归扣确定遗产范围。第 903 条规定：在共同继承人中，有从被继承人处接受遗赠，或者因婚姻或收养，或作为生计资本而接受赠与的，

---

① 《意大利民法典》第 713 条、第 715 条、第 846 条、第 849 条。

② 《俄罗斯联邦民法典》第 252 条、第 1119 条、第 1165 条、第 1166 条、第 1167 条、第 1182 条。

③ 《日本民法典》第 908 条。

④ 《日本民法典》第 907 条。

则将被继承人在继承开始时所有的财产数额，与赠与的价额相加的数额视为继承财产。从根据前三条的规定算出的继承份额中减去赠与或赠与的数额，将该数额作为该继承人的继承份额。(2)特别贡献份额扣除后确定遗产范围。第 904 条之二规定：共同继承人中，有对被继承人的事业提供劳务或给付财产、对被继承人治疗养护，或以其他方法对被继承人财产的维持、增加给予特别贡献的，则从被继承人在继承开始时所有的财产的价额中，扣除共同继承人以协议确定的上述人的贡献份额，将该数额视为继承财产。根据第 900 条至 902 条的规定算出的继承份额加上贡献份额，以其合计额为辅助人的继承份额。必须指出，关于非亲属的对于被继承人照顾的特别贡献的补偿，国外有学者认为应当"让照顾亲属的人享有从其遗产中优先获得补偿的权利"。这一"优先"概念可以为"非正式照顾人提供及时的激励"。[①] (3)共同继承人转让份额的补偿受让。第 905 条规定：共同继承人中的一人，在遗产分割前将其继承份额转让给第三人的，其他共同继承人可以补偿其数额及费用，而受让该继承份额。

俄罗斯立法遗产分割的依据有以下两种：(1)被继承人的遗嘱。[②] 被继承人有权以任何方式确定继承人的遗产份额。遗嘱继承时，如果将遗产给予两个或几个继承人而未指明其份额、未指明遗产中的哪些物和权利给予哪一个继承人，则认为所有遗嘱继承人的份额均等。(2)法律的规定。[③] 一是共同继承人协议分割。两个或数个继承人对按份共有的遗产可按照他们之间的协议分割。对遗产分割协议适用本法典关于法律行为形式和合同形式的规定。二是法院裁判分割。按份共有人就分割共同财产或分出某个共有人的份额的方式和条件达不成协议的，按份共有人有权通过诉讼程序要求从共有财产中以实物分出自己的份额。

依《俄罗斯联邦民法典》规定，遗产分割的一般方法如下：[④](1)原物分割。对按份共有财产的分割应当首先采取实物分割。(2)补偿分割。继承人如果因优先分配权使得其获得的遗产与其应继份额不相等，该继承人应将遗产中的其他财产转归其余的继承人或提供其他补偿，其中包括给付相应的金钱数额以消除该差额。(3)变价分割。按份共有的财产，可以根据共有人之间的协议进行分割。按份共有人就分割共同财产或分出某个共有人的份额的方式和条件达不成协议时，按份共有人有权通过审判程序要求从共有财产中以实物分出自己的份额。如法律不允许以实物方式分出份额，或以实物方式分出份额可能对共有财产造成严重损害，则可要求其他按份共有人向他给付其份额的价金。另外，遗产分割的特殊方法包括：[⑤](1)特殊法定继承人的优先权。第一，如继承人与被继承人共有遗产中的某不可分物，对于该物，共有的继承人享有作为其继承份额取得该物的优先权，而不论他们是否使用该物。第二，经常使用在遗产中的不可分物的继承人，对不使用该物也不是该物共有人的继承人享有作为其继承份额取得该物的优先权。第三，如遗产中的住房等不能实物分割，则

① ［德］Katharina Boele-Woelki，Jens M. Scherpe，［英］Jo Miles 主编：《欧洲婚姻财产法的未来》，樊丽君等译，法律出版社 2017 年版，第 219 页。

② 《俄罗斯联邦民法典》第 1119 条、第 1122 条。

③ 《俄罗斯联邦民法典》第 1165 条、第 252 条。

④ 《俄罗斯联邦民法典》第 252 条、第 1170 条。

⑤ 《俄罗斯联邦民法典》第 1168～1169 条、第 1176～1185 条。

在遗产分割前，继承开始前居住在该处而且没有其他住房的继承人对于不是住房所有人的其他继承人享有作为其继承份额取得该住房的优先权。第四，直至继承开始之日与被继承人共同生活的继承人，在遗产分割时享有作为其继承份额取得家居用品及日常生活用品的优先权。第五，在继承开始之日已被登记为个体企业者的继承人或为遗嘱继承人的商业组织，对遗产中的企业部分，有权以其继承份额优先获得。(2)特殊遗产的分割。[①] 第一，对于被继承人参加商业合伙、商业公司和生产合作社有关权利的继承。被继承人在相应合伙、公司或合作社注册资本中的股份属于遗产。如依据上述组织的设立文件，继承人参加上述组织需要其余参加人或合作社其余成员的同意，而继承人取得了这种同意，则继承人有权依照本法及其他相关法律或文件从上述组织中取得所继承股份的实际价值或与之相当的财产。两合公司投资人的遗产包括他在注册资本中的股份，获得该股份的继承人成为两合公司的投资人。股份公司股东的遗产包括属于他的股票，获得股票的继承人成为股份公司的股东。第二，对于参加消费合作社有关的权利的继承。继承人有权成为相应消费合作社的社员，该继承人不得被拒绝加入合作社。被继承人的股金移转给几个继承人时，继承人中谁可以被接受加入消费合作社的问题，以及向不成为合作社社员的继承人支付他们应得的金额或代替金额的实物的程序、方式和期限，由关于消费合作社的立法和文件规定。第三，对于遗产中的企业部分。在继承人中无人享有优先取得权或不行使优先权，如果接受继承企业的继承人的协议无其他规定，不应分割企业，而应按照继承人的应继份对作为遗产的企业按份共有。第四，对于农场(畜牧场)成员财产的继承。如农场成员死亡，而其继承人本人不是该农场的成员，则他有权按其所继承遗产的份额从农场成员共同共有财产中取得补偿。给付补偿的期限由继承人与农场的协议规定，在达不成协议时，则由法院裁定，但不得超过继承开始起 1 年。如果农场成员与上述继承人达成同意协议，则被继承人在该财产中的份额被认为是与农场其他成员的份额相等。如继承人被吸收参加农场时，则不向他进行补偿。第五，对于限制流通物的继承，被继承人个人所有的武器、烈性物质和剧毒物质、麻醉品和精神药物以及其他限制流通物属于遗产，接受包括上述物品的遗产不需要专门许可。如被继承人被拒绝发给专门许可，则继承人对该物品的所有权应依法终止，而销售财产所取得的金额在扣除销售费用后应移交给继承人。第六，对于遗产中的土地，属于继承人共有的土地在分割时应考虑对相应用途土地所规定的最低面积。在土地不能按照上述办法进行分割时，土地移转给以其继承份额取得该土地的优先权的继承人。对其余继承人应予以补偿。如果继承人中任何人均不享有取得土地的先取权或者行使这种优先权，则继承人对该土地的占有、使用和处分按照按份共有的条件进行。第七，对于应当向被继承人给付，但在他生前由于某种原因他未取得的工资和与之相等的报酬、退休金、奖学金、社会保险金、对生命和健康损害的赔偿金、赡养费和作为生活费提供给公民的其他的金钱的权利，归属于与死者共同生活的其他家庭成员，以及死者的无劳动能力的被扶养人，而不管他们是否与死者共同生活。该请求应在继承开始之日起的 4 个月内向义务人提出。如不存在上述人员，或上述人员未在期限内提出请求，则上述款项作为遗产按一般规定继承。第八，对于国家或地方组织按优惠条件提供的财产的继承。国家或地方组织因被继承人残疾或其他类似情况按优惠条件提供给他的交通工具和其他财产，属于遗产，按一般规定进行继承。第九，授予被继承人的、适用俄罗

① 《俄罗斯联邦民法典》在第五编“继承法”中用专章规定了某些种类财产的继承。

斯联邦国家奖励立法的国家奖励,不属于遗产,在获奖人员死后,这些奖励应按相关规定程序转交给他人。属于被继承人的而不适用上述立法的国家奖励、荣誉奖章和其他纪念章,包括所收藏的奖状和奖章,属于遗产,按一般规定进行继承。

## 四、遗产分割的效力

日本立法例规定:(1)遗产分割的溯及力。遗产的分割,溯及继承开始时发生效力,但不能损害第三人的权利。① (2)共同继承人之间对遗产分割的担保责任。对于现物分割,各共同继承人按其应继份额,对其他共同继承人承担与出卖人相同的担保责任。对于遗产债权,各共同继承人按其应继份额,就其他共同继承人因分割而取得的债权,担保其分割时债务人的资力。就未届清偿期的债权及附停止条件的债权,各共同继承人担保债务人在应为清偿时的资力。在负担保责任的共同继承人,如为不具备偿还资力的人时,其不能偿还部分,由求偿人及其他有资力的人按其继承的份额分担。但求偿人有过失时,不能请求其他共同继承人分担。如果被继承人以遗嘱另为其他意思表示时,上述担保责任条项不予适用。② 关于遗产分割的无效和撤销,该继承编未规定,但《日本民法典》对于法律行为的无效与撤销有规定③

意大利立法例规定:(1)遗产分割的溯及力。继承之分割溯及继承开始时发生效力。每个共同继承人,对包括在自己应继份中的全部财产,即使是在拍卖中取得的财产,均视为单独并直接取得因继承而归属于他的全部财产;对于其他遗产则视为从未享有过所有权。④ (2)共同继承人间对遗产分割的担保责任。共同继承人间就基于遗产分割前发生的事由所发生的纠纷和追夺相互担保。但如果遗产分割文书的条款中免除该担保或由于继承人自己的过失造成的,不产生担保责任。共同继承人之间在遗产分割后,对其他继承人所分得的遗产,除负有瑕疵担保责任外,还负有对遗产被追夺的担保责任。但如果追夺是由于继承人自己的过失所造成的,不产生担保责任。某一继承人财产被追夺的,由承担担保责任的全体共同继承人,根据被追夺时各自享有的财产,同时考虑到遗产分割时各自财产的状况,按照被追夺时财产的价值进行计算,按比例向被追夺的继承人承担偿还被追夺财产的价值的责任。共同继承人中的一人无清偿能力的,其应承担的部分由被追夺的继承人与有清偿能力的全体继承人平均承担。自遗产分割之日起5年内,共同继承人对负有定期收益给付义务的债务人的清偿能力承担担保责任。⑤ (3)遗产分割的无效与撤销。对因胁迫或欺诈作出的遗产分割,可以提起无效之诉。提起无效之诉的权利自停止胁迫或发现欺诈之日起经过5年不行使而消灭。如果是在发现欺诈或者停止胁迫之后进行的转让,则全部或部分出让自己

---

① 《日本民法典》第896条、第909条。

② 《日本民法典》第261条、第911～914条、第563条、第565～566条、第570条。

③ 《日本民法典》第90条:"以违反公共秩序或善良风俗事项为目的的法律行为,无效。"第93条:"意思表示,不因表意人明知其出于非真意所为而妨碍其效力。但相对人明知或可知表意人的真意时,其意思表示无效。"第94条:"与相对人串通作出的虚伪意思表示,无效。"第95条:"意思表示,在法律行为的要素中有错误时,无效。但表意人有重大过失时,表意人自己不能主张其无效。"第96条:"因诈欺或胁迫所为的意思表示,可以撤销。"

④ 《意大利民法典》第757条。

⑤ 《意大利民法典》第758～760条。

遗产份额的共同继承人不得再以欺诈或胁迫为由对分割提起撤销之诉。但如果出让仅限于遗产份额中的易腐败或者低价值之物，则该共同继承人不丧失诉权。共同继承人能够证明在遗产分割中遭受了四分之一以上份额的损失的，可以取消对遗产进行的分割。当遗嘱人指定给某个共同继承人的份额少于应当属于他的遗产份额的四分之一以上时，同样可以取消由遗嘱人指定的遗产分割。提起撤销之诉的权利，自遗产分割之日经过2年不行使而消灭。为了确定是否显失公平，其应当根据遗产分割时财产的状况和价值对财产进行评估作价。被提起撤销之诉的共同继承人可以用现金或实物补足原告，以及以支持原告的其他共同继承人的应继份额的方式中断撤销之诉的进程，并且阻止新的分割。[①] 分割遗产时，遗漏一项或者数项遗产的不导致分割无效，只产生补充分割。

## 第八节　立法发展趋势

从前述国家的立法考察可知，遗产分割制度旨在坚持遗产分割自由与限制原则、尊重被继承人和继承人的意愿原则、照顾弱者利益原则以及发挥遗产效用原则的前提下，以期尽快结束遗产的暂时共有状态、平衡共同继承人内部利益关系、公平保护被继承人与继承人两者的债权人的财产权益。

### 一、更加重视平等保护继承人和第三人的利益

遗产分割制度的立法发展趋势之一，是更加重视平等保护继承人和第三人的利益。遗产分割是继承人最终实现自己对遗产占有的一个重要环节。要顺利实现遗产分割，就需要通过遗产分离制度使被继承人的遗产与继承人的固有财产各自保持独立。如前所述，德国和法国的遗产清册制度、日本和意大利的财产分离制度，均可以使被继承人的财产和继承人的财产分离开来。例如，《德国民法典》第2009条规定，遗产清册已被适时地编制的，推定在继承人和遗产债权人之间的关系中，在继承开始时，除被说明的遗产标的以外的遗产标的未曾存在。《法国民法典》第793条规定，继承人可以通过向继承开始地所在辖区的大审法院提出以净资产为限接受继承的声明，并提交忠实而确切的遗产清册。即制作遗产清册可以达到将继承人的个人财产与遗产相分离的效果。

我国《继承法》第26条规定，必须把被继承人的遗产与夫妻、其他家庭成员的共同财产相分离，这亦能达到部分遗产分离的效果。上述立法例均体现了平等保护继承人和第三人利益的思想，也体现了公平原则，在我国"民法典 · 继承编"的立法中应继续坚持。并且，我国应借鉴域外立法经验，增补继承人制作遗产清单制度和遗产债权人、受遗赠人与继承人的债权人请求财产分离制度，以平等地保护继承人和遗产债权人等第三人的利益。

### 二、更加尊重被继承人和继承人的意愿

遗产分割制度的立法发展趋势之二，是更加尊重被继承人和继承人的意愿。在21世纪，许多国家的宪法明确规定要尊重和保障人权，是保障民事主体权利的时代。在未来遗产分割，将更加尊重被继承人和继承人的意愿，包括两个层面：首先，遗产是被继承人留给继承

---

① 《意大利民法典》第761条、第763条、第766～767条。

人的合法财产。遗产如何分割,被继承人可以通过遗嘱指定或通过指定第三人来完成,这充分体现了尊重被继承人意愿的原则。例如,根据德国法的规定,被继承人可以以终意处分做出分割指示。被继承人尤其可以指示:分割应依第三人的公平裁量进行。[①] 其次,在法定继承时,对于遗产分割,各共同继承人既可以协商分割的具体方法,也可以协商对部分遗产不予分割而保持共有。这些都充分体现了尊重继承人意愿的原则,体现了民法意思自治原则。例如,日本法规定,被继承人可以通过遗嘱或委托第三人确定分割的方法,无遗嘱的,继承人可以协议分割遗产。各共同继承人可以随时协议分割遗产,但被继承人以遗嘱禁止分割或法院裁判暂缓分割的除外。[②] 在我国,我国《继承法》第 16 条第 2 款规定,公民可以立遗嘱将个人财产指定由法定继承人的一人或者数人继承;第 15 条规定,继承人应当本着互谅互让、和睦团结的精神,协商处理继承问题。遗产分割的时间、办法和份额,由继承人协商确定。协商不成的,可以由人民调解委员会调解或者向人民法院提起诉讼。以上立法例都体现了遗产分割将更加尊重被继承人和继承人的意愿,这是遗产分割制度的发展趋势之一。

## 三、更加注意照顾弱者利益

遗产分割制度的立法发展趋势之三,是更加注意照顾弱势者。除遗嘱指定继承外,基于公平原则,对于法定继承时遗产的分割原则上实行平均分割,这是各国法律首要考虑的因素。但是,许多国家的立法基于保护弱者利益的理念,更加注意在遗产分割中保护弱势者权益。例如,前述一些国家有关于保留胎儿的应继份或胎儿未出生则禁止遗产分割的规定、被继承人的生存配偶或共同居住的继承人对遗产中的住房及家具享有先取权的规定。根据意大利法的规定,如果继承人中有一人是胎儿,则在该胎儿出生以前不得分割遗产。即使在有其他人参加遗产分配的情况下,如果用作居所的房屋和家具的所有权属于被继承人或者属于配偶双方,则房屋的居住权以及使用家具的权利属于配偶。根据俄罗斯法的规定,对不能实物分割的住房等遗产,在继承开始前居住在该处而且没有其他住房的继承人相对于不是住房所有人的其他继承人享有作为其继承份额取得该住房的优先权。这些立法例均体现了对家庭中弱势群体给予特别保护的立法理念。可以预测,更加注意照顾弱势者的利益,这是遗产分割制度的又一发展趋势。

## 四、更加重视保护与被继承人共同生活及经营者的权益

遗产分割制度的立法发展趋势之四,是更加重视与被继承人共同生活及经营者的权益。在遗产分割中,不少国家都对与被继承人共同生活的人的权益给予特殊保护。例如,法国、德国、意大利、俄罗斯立法均有关于保护生存配偶对婚姻住房及家具等的居住权和使用权的规定。法国法规定,健在配偶或任何作为共同所有权人的继承人,均可请求通过遗产分割,优先分配其实际参与或曾经参与经营的任何农业、商业、工业、手工业或自由职业企业的整体、部分或该企业的共有份额及公司权益。[③] 德国法规定,生存配偶和第二顺序直系血亲或祖父母、外祖父母同为法定继承人的,除应继份外,其先取权以属于婚姻家计的标的不是土

---

① 《德国民法典》第 2048 条。

② 《日本民法典》第 907 条、第 908 条。

③ 《法国民法典》第 831 条。

地从物为限。[①] 又如，日本法规定，在共同继承人中，如有人对被继承人的事业提供劳务的或财产的给付、通过对被继承人的疗养及护理或以其他方法对被继承人财产的维持或增加做出过特殊贡献时，以被继承人在继承开始时所有的财产的价额扣除共同继承人以协议确定的该人特殊贡献的份额，视为继承财产。前项的协议没有达成或不能达成时，家庭法院根据同项规定的特殊贡献人的请求，从贡献的时期、方法和程度以及继承财产的数额及其他一切情况考虑确定特殊贡献的份额。特殊贡献份额不能超过从被继承人在继承开始时所有的财产的价额中扣除遗赠价额后的额度。[②] 此外，不少国家规定有特定人员对特殊遗产的优先权。与被继承人共同生活者包括配偶，是与被继承人关系最为亲密的人，对某些遗产有优先权，有利于其方便生活，维护其原生活方式不变。而共同经营企业的人，有一定生产经营经验，有利于发挥物之效用。因此，对于他们共同居住的房屋或使用的物品以及经营的企业，他们应享有优先分配的权利。在家庭模式日益以核心家庭为主的今天，在遗产分割中应该更加重视保护他们的权益。

## 五、更加重视物的利用

遗产分割制度的发展趋势之五，是更加重视物的利用。在现代社会，社会经济发展的需要要求财产法更注重社会资源的最优配置及充分利用。"利用"是财产价值实现的更重要的途径。我国有学者指出，如果财产失去利用的终极目的，归属便无任何意义，而归属只是财产利用在历史阶段中的特殊表现。因此，物的充分利用便成为财产法的首要价值目标。[③] 无论是手工业者的技艺还是商人的商铺字号，其不宜也不能分割，对于类似的遗产应该采取特殊的分割方式。例如，意大利法规定，在分割用于耕种时的土地时要注意以最小耕作单位来操作；瑞士法规定，对家庭有特别纪念意义的物，应完整地分配给继承人中的一人。[④] 我们认为，遗产分割时，哪种方式能在最大程度上发挥遗产的价值，就应采取哪种方式。重视物的利用，有利于增加被继承人遗产的价值，这既可以为继承人提供更加充分的物质保障，又有利于保障遗产债权人利益的实现，可谓一举两得。

---

① 《德国民法典》第 1932 条。

② 《日本民法典》第 904 条之二。

③ 马俊驹、梅夏英：《财产权制度的历史评析和现实思考》，载《中国社会科学》1999 年第 1 期。

④ 《意大利民法典》第 846 条，《瑞士民法典》第 613 条。

# 第七章
# 评注《继承法》第二十八条(胎儿的保留份制度)

【我国《继承法》第二十八条　遗产分割时,应当保留胎儿的继承份额。胎儿出生时是死体的,保留的份额按照法定继承办理。】

我国《继承法》第28条规定:“遗产分割时,应当保留胎儿的继承份额。胎儿出生时是死体的,保留的份额按照法定继承办理。”此规定确立了我国胎儿的保留份制度。“胎儿”在法律意义上如何定义,我国现行立法并没有明确的规定,理论界的认识也不尽一致。怎样界定“胎儿”这个法律概念?我们认为:界定法律上胎儿的标准应当注重对胎儿将来利益的保护。我国《民法总则》第13条规定:“自然人从出生时起到死亡时止,具有民事权利能力,依法享有民事权利,承担民事义务。”按照这一规定,出生前或者出生过程中的人是“胎儿”。由此,法律保护的胎儿是指自然人未出生但在受胎过程中的一种独特的生物体状态。[①] 我国《民法总则》第16条规定:“涉及遗产继承、接受赠与等胎儿利益保护的,胎儿视为具有民事权利能力。但是胎儿娩出时为死体的,其民事权利能力自始不存在。”

对胎儿利益给予法律上的保护,是对未出生生命的尊重,彰显了社会认知的伦理性。随着现代医学技术和生物技术的发展和社会政策的变化,立法的粗疏以及部门法之间的不统一,弊端凸显。这使我们有必要重新反思胎儿的法律地位以及我国目前对胎儿保留份立法的妥当性,以期进一步完善我国关于胎儿保留份的制度。

## 第一节　立法目的

继承法的胎儿保留份制度是保障胎儿继承权的一项重要法律制度,其设计目的应当满足胎儿利益保护、法的价值发挥以及法的有效运行等多方面的功能需求。

### 一、解决民事活动中“一般”与“例外”的矛盾

众所周知,一项法律制度的基本原则虽对该项法律制度所涉及的法律关系具有普遍适用的性质,但纷繁复杂的法律生活总有某种例外的存在。为了解决民事活动中这种“一般”与“例外”的矛盾,民法上创设了“视为”和“推定”等多项制度。对于胎儿的保留份,自罗马法到现代社会,许多国家的民法多“视为其既已出生”来进行保障。正是这一制度设计化解了

---

① 当然,随着现代生殖技术的发展,试管婴儿技术已经发展得比较成熟。但是,试管婴儿在植入母亲子宫内之前,其仅仅是一个体外受精卵,在这种情况下,它的生长的不确定性和被随意处置的可能性比较大,因此,法律无法也无必要进行保护。

“继续存在”原则与胎儿继承能力的冲突，在二者之间架起了一座桥梁。

### 二、发扬继承制度所蕴含的育幼功能

在遗产继承中，胎儿是一个特殊的民事主体，他在财产所有者死亡前已存在于母体中了。从继承开始到遗产分割时，胎儿因没有出生，故不能成为现实的继承权主体，但鉴于继承权具有身份权属性，胎儿作为死者遗腹子女，其出生为活体的依法应享有继承权，因此，为保护胎儿的合法权益，法律为他虚设了主体位置，为其保留应继承的份额，这是符合我国继承制度之育幼功能要求的。

### 三、定纷止争，彰显情理与法理的和谐统一

情与法有时是一个令人困惑的问题，有时两者之间的取舍会发生冲突，但在民事法领域内，情与法往往是统一的。私法领域秉承法无禁止即可为，法更多是以自然的合乎情理的自然法形态出现的，并非立法者的规制，从这种意义上说，合理即合法。胎儿的遗产继承份额之保留，不能单纯理解为财产权的要求，更应理解为身份权的要求，虽然从法理上未出生的胎儿不是民事权利主体，但从情理上，应当保护其利益，从这个角度而言，保留胎儿继承份的制度，使其出生为活体时便享有与其他继承人同等的继承权利，可以避免遗产分割的纠纷，定纷止争，使法理与情理在该问题上得到和谐统一。

## 第二节　本条的地位、价值和意义

民事权利是民事主体依法享有并受法律保护的利益范围或者实施某一行为(作为或不作为)以实现某种利益的可能性。民事权利主体的外延是开放的，并随时代变迁而不断发展。基于民情基础、文化传统、生产力发展水平等不同，各国立法所规定的民事权利主体范围也是不同的。我国《继承法》第 28 条规定，为尚未出生的胎儿保留继承份额，以保障胎儿的财产权益。

这种对胎儿财产权益的保护，不是仅对单纯的个体而是对“人”——这个“类”而言的，是对人类自然状态的尊重。而人之成为人的始端、自然生命的起点即是胎儿，不能因为胎儿存在形式的特殊性和其尚未出生，就忽略他们出生为活体后应当享有的权利。所以，我们一定要切实保护好胎儿的相关权益，尤其是作为其他一切权利有效维系基础的财产权。①

### 一、本条的地位

一个人从孕育、出生到死亡，生命是一个历程。如果法律只对其中的作为“人”的阶段予以承认和保护，从实际效果来看，这样的制度设计对“人”的保护是不完整的，因为作为一个持续发展的过程，如果对孕育胎儿阶段有所损害，必然要影响到后面其出生为活体人的阶段的生存和发展。

我国《继承法》第 28 条确立了胎儿保留份制度，既充分发挥了法的事先预防价值，使得法律对财产继承关系的调整“疏”而不漏；又契合我国遗产之“育幼”功能的发挥，该制度是继

---

① Philip Alston. *Peoeles Rights*. Oxford University Press Inc, 2001, p.111.

承法律制度一个不可或缺的组成部分。

## 二、本条的价值

法的价值是指作为客体的法能够满足作为主体的人类的需要，凡是能够满足主体的需要，符合社会进步和文明的法就是有价值的。我国《继承法》第28条的规定，体现了法的利益价值、正义价值和秩序价值。

### （一）利益价值

法所体现的意志的背后乃是各种利益。所谓利益，就是人们受客观规律制约的，为了满足生存和发展而产生的，对一定对象的各种客观需求。离开了调整利益关系的需要，法既无从产生，也无以存在。法对社会的控制和调整主要是通过对利益的调控实现的。法对利益的调控，具体表现为两种情况：第一，利益表达。利益表达的过程，同时也是对利益选择的过程。立法者应当坚持利大于害的选择，追求容小害图大利。第二，利益平衡。法律通过基本原则规定和制度设计体现对各种利益冲突的平衡。

从母亲受孕之时，胎儿作为一个生物体就存在了，只不过存在的环境与出生后的人相比有所不同，还需要经历一定时间的孕育才能发育成熟，然后，其出生且成活后才能成为正常的人。胎儿就像婴儿一样，人们不去照顾保护他的话都是很难成活的。胎儿的保留份制度，作为法的强制性规范，对胎儿的财产权予以保护，体现着法的利益价值，追求实现维护被继承人之子女利益的最佳法律效果。

### （二）正义价值

"正义"本身是个关系范畴，它存在于人与人之间的相互交往之中。从实质内容而言，正义又体现为平等、公正等具体形态。也就是说，公正不仅是人类的一种"理想"，同时还表现为使这种理想与现实社会条件的结合。

对胎儿抑或刚出生的婴儿而言，他们毫无疑问属于弱势群体。因此，需要国家法律完善其保护制度，从法律的正义价值出发，重视对其权利的实质平等保护，赋予其出生时是活体的享有参与继承的均等机会，保障其应享有的合法财产权益。我国《继承法》第28条的规定，将正义观念体现在具体的法律规定之中，有利于弘扬与实现法的正义价值。

### （三）秩序价值

人类社会离不开秩序，"我们社会中的大多数成年者，一般都倾向于安全的、有序的、可预见的、合法的和有组织的世界；这种世界是他所能依赖的，而且在他所倾向的这种世界里出乎意料的、难以控制的、混乱的以及诸如此类的危险事情都不会发生。"[①]秩序是法律最基本的价值。"法律维护社会秩序的手段或途径主要有三条：第一，将重要的社会秩序内化到法律中使之成为法律秩序；第二，立法创设某种重要秩序，以使社会更有序；第三，建立确保

---

① 转引自[美]E.博登海默：《法理学：法律哲学与法律方法》，邓正来译，中国政法大学出版社2004年版，第239页。

上述法律秩序得以维系的物质强制力及其运行秩序。”①

胎儿虽然在其出生前尚不能作为一个独立个体存在，但如其出生为活体的，则其成为一个独立的人，对胎儿应继份的侵害无疑是剥夺了他健康成长的权利，任何人都不应该有剥夺他人健康成长的权利。而且，胎儿与其母可以说是紧密联系在一起的，对他们其中任何一方的损害都会对另一方造成不可估量的影响。如果不加强对胎儿应继份的保护，那对身为孕妇的母亲就很难是全面充分的保护。如此下去，对妇女、儿童的家庭权益之危害，将对家庭和谐及社会秩序产生不利影响。

## 三、本条的意义

我国《继承法》第 28 条有关胎儿利益的规定，弘扬了传统的育幼道德，践行了人权保护思想，体现了“社会本位”的法治理念。

### (一)有利于弘扬传统的育幼道德

道德是人们关于善与恶、美与丑、荣与辱、公正与偏私等的观念以及与这些观念相适应的，由人们的内心信念、社会舆论维系的行为规范的总和。每一社会占主导地位的道德的基本价值是该社会立法的向导，是该社会法律正常运转的道德基础，执法、守法都离不开道德；另一方面，运用法律的引导能够推进一定社会道德观念的形成。同时，通过法律实施惩治严重的非道德且违法的行为，可以弘扬该社会的主流道德原则。

我国《继承法》确立的胎儿保留份制度，契合利用遗产实现家庭养老育幼职能的要求，有利于保障出生为活体的儿童的健康成长，有利于维持家庭正常的生活需要。

### (二)贯彻并践行对人权的尊崇

“人权”一词表达了这样一种观念：一个人，仅因他是人，而不因他的社会身份和实际能力(如出身、财产、才智、职位、机遇等)就应该享有某些基本的做人的权利；这些权利与他作为人的属性相伴随并因此是不可剥夺、不可转让的。其中有两层含义，也是人权最基本的理念：人由其自然属性而享有或应该享有某些权利；这些权利是平等且不可剥夺的。

我国现行《宪法》第 33 条规定：“国家尊重和保障人权。”但是其并未对人权做出进一步的展开论述。胎儿作为未来的人，我国的现行法律有条件地保障胎儿的生命权，②并且我国《继承法》第 28 条规定对尚未出生的胎儿保留其继承遗产的份额，为胎儿权益的保障提供了法律根据。

### (三)体现“社会本位”的法治理念

现代法律，尤其是作为私法的民法，以“社会本位”为其立法基础，“义务之负担，不必尽由于义务人之意思，法律之任务，亦未必尽在保护各个人之权利。为使社会共同生活之增

① 孙国华、朱景文：《法理学》，中国人民大学出版社 2015 年版，第 58 页。

② 我国现行《妇女权益保障法》第 51 条规定：“妇女有按照国家有关规定生育子女的权利，也有不生育的自由。”

进,法律即强使负担特定之义务,限制或剥夺其某种权利,曰之谓社会本位之法制。”[①]也就是说,若个人自由与社会利益冲突,为维护社会利益应该对个人自由予以适当程度的限制,尤其是在个人行为可能对社会利益造成损害的情况下,法律对个人自由的行使还应当进行更为严格的限制。

对胎儿继承份利益的保护,属于法律的强制性规定,如果被继承人的任意处分行为或者其他继承人的处分行为侵犯了胎儿的继承利益,其处分行为将归于无效。

## 第三节　胎儿的保留份制度的演变

“当涉及胎儿利益时,母体中的胎儿像活人一样被对待,尽管在他出生以前这对他毫无裨益。”[②]罗马法认为,胎儿从现实角度上讲不是人,但由于他是一个潜在的人,人们为保存并维护自出生之日起即归其所有的那些权利,而且为对其有利,权利能力从受孕之时起而不是从出生之时起计算。罗马法规定:“关于胎儿的利益,视为已经出生。”[③]根据这一原则,胎儿出生时只要完全符合活体存活条件,其开始享有权利能力的时间即可上溯到受胎之时。因此,继承开始时已经受孕的胎儿,享有继承的权利;女奴所生的子女,如她在怀孕到出生前曾一度取得自由权的,就是自由人;堕胎要受到刑事制裁;受死刑宣告的孕妇,要在胎儿出生后才能执行;孕妇临产前死亡的,应救出婴儿后再埋葬或火化;为了保护胎儿的利益,可设置“胎儿保佐人”。罗马法上的胎儿保佐人制度主要体现在:(1)1804年《拿破仑民法典》。该法典第393条第1款规定,如夫死而妻怀有身孕,亲属会议应任命胎儿的保佐人。(2)1808年《路易斯安那民法典》。该法典第270条规定,如夫死而妻怀有身孕,应任命胎儿的保佐人。此等遗腹子出生后,该保佐人成为其监护人。(3)1865年《意大利民法典》。该法典第236条规定,如夫死而妻怀有身孕,法院应利害关系人的请求,可以任命胎儿的保佐人。(4)1942年《意大利民法典》。该法典第339条规定,如夫死而妻怀有身孕,法院应任何利害关系人或检察院的请求,可以任命保佐人保护胎儿的利益,并在必要的情况下管理其财产。(5)1871年《阿根廷民法典》。该法典第57条第1款第1项规定:父母为有待出生之人的代理人,如无父母或父母无能力,由指定的保佐人作为代理人。[④] 可见,在古代社会的罗马人就已经开始重视胎儿利益,其为保护胎儿利益所确定的原则和一系列相关制度,在今天看来仍不失进步性。但在罗马等级阶层分明的社会形态下,罗马法所保护的胎儿利益也只能是部分人在胎儿时期的利益。尽管如此,罗马法对胎儿利益的保护规定仍开创了大陆法系国家民法保护胎儿利益的先河。

自近代法典化以来,胎儿权益在法律上接近空白的情况得到了改善,出现了有关胎儿权益的某些规定,法国、德国、日本、意大利等国民法典中都明确规定了保护胎儿财产继承份额的条款,在立法上主要表现为以下两种立法模式:第一,总括的保护主义。总括的保护主义,即在胎儿利益保护上,视为其已经出生,赋予其普遍的民事权利能力。基于胎儿的权利能力

---

① 梁慧星:《民法总论》,法律出版社1998年版,第113页。

② [意]彼得罗·彭梵得:《罗马法教科书》,黄风译,中国政法大学出版社1992年版,第30～31页。

③ 周枏:《罗马法原论》(上册),商务印书馆1994年版,第128页。

④ 徐国栋:《罗马法中的胎儿保佐及其现代运用》,载《东方法学》2010年第6期。

性质不同,我们又可将总括的保护主义分为两种学说:(1)法定解除条件说。依照此种学说,在怀孕期间,胎儿被视为具有与已出生的自然人同样的法律地位,具有权利能力。若胎儿出生时为死体的,则其已经取得的权利能力溯及地消灭,即胎儿权利能力的取得附有解除条件。如我国台湾地区"民法"第 7 条规定:"胎儿以将来非死者为限,关于其个人利益的保护,视为既已出生。"(2)法定延缓条件说。此学说认为,胎儿于怀孕期间并无权利能力,当胎儿活着出生时,再追溯至出生前取得权利能力。如《瑞士民法典》第 31 条第 2 款规定:"子女,只要其出生时尚生存,出生前即具有权利能力。"第二,个别的保护主义。个别的保护主义,即认为胎儿原则上没有权利能力,但于若干例外情形下有民事权利能力。德国、法国、日本等民法采取此例。《德国民法典》第 1923 条第 2 款规定:"在继承开始时尚未生存但已被孕育成胎儿的人,视为在继承开始前已经出生。"《法国民法典》第 906 条规定:"仅需在生前赠与之时已经受孕的胎儿,即有能力接受生前赠与。在遗嘱人死亡时已经受孕的胎儿,有按照遗嘱接受遗产的能力。但是,仅在婴儿出生时是生存者,赠与或遗嘱始产生效力。"《日本民法典》第 721 条规定:"胎儿,就损害赔偿请求权,视为已出生。"该法典还在第 886 条规定:"胎儿在继承上,视为已经出生。"

在我国,至近现代社会设立了有关胎儿的权益保护制度,1911 年编纂完成的《大清明律草案》中,第 1461 条规定:"胎儿有继承之权。但出生时若系死体,不在此限。"第 1483 条规定:"胎儿尚未出生者,非留其应继之份,不得分析遗产。"①1926 年编纂完成的《民国民律草案》中,第 1301 条规定:"胎儿有继承之权,但出生时若系死体,不在此限。"第 1381 条规定:"胎儿尚未出生者,非留其应继之份,不得分析遗产。"②1930 年颁布的《民法继承编》中,第 1166 条规定:"胎儿为继承人时,非保留其应继份,他继承人不得分割遗产。胎儿关于遗产之分割,以其母为代理人。"③1949 年中华人民共和国成立后,1985 年颁行的我国《继承法》第 28 条规定:"遗产分割时,应当保留胎儿的继承份额。胎儿出生时是死体的,保留的份额按照法定继承办理。"虽然我国对胎儿遗产利益作出了规定,但这只是对遗产份额划分的规定,并没有承认胎儿继承遗产的主体资格,严格说来,胎儿的这种遗产利益,还不能称为普遍意义上的继承权。究其原因,主要有两个:其一,当时我国立法多参考苏联模式,而苏联立法采取绝对主义,并不承认胎儿完全或部分拥有民事权利能力;其二,当时我国社会生产力还处于"解决温饱"阶段,立法更多关注的是个体的生存权、发展权,同时,还没有出现或者很少出现有关胎儿侵权的案件,对此问题的立法研究不够。随着社会的发展,我国有关胎儿民事权利能力的研究不断深化,2017 年 10 月 1 日施行的我国《民法总则》第 16 条规定:"涉及遗产继承、接受赠与等胎儿利益保护的,胎儿视为具有民事权利能力。但是胎儿娩出时为死体的,其民事权利能力自始不存在。"

## 第四节　条文规范的构成要件

为了保障胎儿出生为活体者的利益,我国《继承法》第 28 条明确规定:"遗产分割时,应

① 杨立新主编:《中国百年民法典汇编》,中国法制出版社 2011 年版,第 207、209 页。
② 杨立新主编:《中国百年民法典汇编》,中国法制出版社 2011 年版,第 361、371 页。
③ 杨立新主编:《中国百年民法典汇编》,中国法制出版社 2011 年版,第 515 页。

当保留胎儿的继承份额。”本条规范的构成要件，主要体现在胎儿保留份的主体、胎儿保留份的客体和胎儿保留份的内容三个方面：

## 一、胎儿保留份的主体

本条规定旨在进一步明确，胎儿享有保留份的前提是被继承人死亡时已经受孕的，换言之，仅仅是冷冻精子或卵子或冷冻胚胎等形式不得为其保留继承份额；其次，胎儿出生时为活体。如果胎儿出生时为死体的，为其保留的遗产份额就必须按照法定继承进行重新分配。

目前，如前述我国《民法总则》第16条的规定，法律已承认胎儿在涉及遗产继承、接受赠与等胎儿利益保护时被视为具有民事权利能力，但其出生时为死体的除外。这原则上维护了传统的民事权利能力“始于出生、终于死亡”的原理，只在某些特殊权益上胎儿才被视为具有民事权利能力，保持了法律体系内部的和谐。

## 二、胎儿保留份的客体

本条规范保护的客体是胎儿的继承份额，此为法律的强制性规定，任何人不得以任何理由人为地剥夺或者限制。

对于“胎儿的继承份额”，我们认为，它符合“人身权延伸保护”的范畴。“人身权延伸保护理论”提出，自然人的权利能力“始于出生、终于死亡”。法律保护自然人生存期间的人身权，同时由于人身利益并不因自然人的未出生而绝对没有或是因自然人的死亡而绝对消灭，也应当对自然人生之前、死之后的人身权益进行民法上的延伸保护。如果法律仅仅强调自然人生存期间的人身权利及以身份关系为基础之财产继承利益的保护，而对其出生前以及死亡后的人身法益不予保护，就会导致自然人基本法律人格和基本人权保护的某些欠缺，不利于自然人在法律上人格的完整性和统一性，不利于社会的安定与和谐。①

我国《继承法》第28条将保护的客体限定为胎儿的继承份额，我国《民法总则》第16条规定，在遗产继承、接受遗赠等情况下，胎儿被视为具有民事权利能力。此规定弥补了我国《继承法》规定的不足。这表明我国立法属于个别保护主义。这种立法体例的优点是关于胎儿的权利范围清楚明确，适用比较简单，但其缺点是立法往往由于种种原因难免会有漏洞，可能对胎儿的权利保护不尽周全。

## 三、胎儿保留份的内容

### (一)“保留”的内涵

所谓“保留”，意思有二：其一，将胎儿的份额划出，暂时先处理被继承人遗留的其他财产；其二，保留份额留待胎儿出生后处理。因为胎儿毕竟还不是已经生存的民事主体，其是否具有继承遗产的主体资格待定。

虽然法律规定胎儿的继承份额应当予以保留，但由于没有设计相应的配套制度，诸如保管人制度等，使得胎儿继承份额的保留面临不能被有效执行的风险，法律制度的完善成为必需。

---

① 戴璐：《胎儿民事权益保护发展变化研究》，郑州大学2013年硕士学位论文。

（二）"按照法定继承办理"的理解

如何理解"按照法定继承办理"，即"保留份额"是作为原被继承人的遗产来处理，还是作为"胎儿"的遗产来处理。根据我国法律，自然人在出生后、死亡前具有民事权利能力，对于出生时即是死体的胎儿，不能具备民事主体的资格，因此也就不能享有继承遗产权。由此可知，所谓"按照法定继承办理"，是指按照"原被继承人"的遗产处理。我国《执行〈继承法〉意见》第 45 条第 2 款："应当为胎儿保留的遗产份额没有保留的应从继承人所继承的遗产中扣回。为胎儿保留的遗产份额，如胎儿出生后死亡的，由其继承人继承；如胎儿出生时就是死体的，由被继承人的继承人继承。"

## 第五节　重要学术观点与争议

对于胎儿的保留份制度，我国法学界仁智各见，主要观点集中在我国专家学者各自提出的中国民法典学者建议稿里。本文主要撷取梁慧星等学者建议稿、徐国栋等学者建议稿、王利明等学者建议稿、张玉敏等学者建议稿、陈苇等学者建议稿进行介绍与评析。

### 一、重要学术观点

梁慧星等学者建议稿认为："被继承人死亡前已受孕的胎儿，就继承视为已出生。但胎儿出生时为死体的除外。"①

徐国栋等学者建议稿认为："所有在继承开始时已出生或已受孕的人，都有继承能力。除非有相反的证据，自被继承人死亡之日起 280 日内出生的子女被推定为在继承开始时已受孕的子女。某一生存的确定之人的子女，即使在遗嘱人死亡之时尚未受孕，也享有根据遗嘱取得遗产的权利。"②

王利明等学者建议稿认为："继承人须在继承开始时具有民事权利能力，才能取得遗产。被继承人死亡前已受孕的胎儿，就继承视为已出生。胎儿的母亲或其他近亲属代理行使相关权利。胎儿出生时是死体的，保留的份额按照法定继承处理。"③

张玉敏等学者建议稿认为："继承开始时生存的人可以成为继承人。继承开始时已孕育的胎儿有继承能力，得为继承人，但出生时是死体的除外。"④

陈苇等学者建议稿认为："遗产分割，应当保留胎儿的继承份额。如果胎儿出生时是死体的，保留的份额应当按照法定继承办理。应当为胎儿保留的遗产份额而没有保留的，应从继承人所继承的遗产中扣回。为胎儿保留的遗产份额，如胎儿出生后死亡的，由其继承人继承；如胎儿出生时就是死体的，由被继承人的继承人继承。"⑤

杨立新等学者建议稿认为："遗产分割时，应当保留胎儿的法定应继份。胎儿出生后死

---

① 梁慧星等学者建议稿第 1939 条。

② 徐国栋等学者建议稿第 5 条。

③ 王利明等学者建议稿第 531 条。

④ 张玉敏等学者建议第 4 条。

⑤ 陈苇等学者建议稿第 75 条。

亡的,该份额由胎儿的继承人继承。胎儿出生时是死体的,保留的份额由被继承人的继承人继承。未保留胎儿应继份的,应从继承人所继承遗产中扣回。”①

## 二、重要学术观点之争议

对胎儿利益予以民法保护已成为我国法学界的共识。关于胎儿的继承权益,学者们都承认应当保护并通过相应的制度设计予以实现。保护胎儿的保留份实际上保护的是一种遗产期待权。该期待权转化为既得权的条件就是胎儿活着出生。如果胎儿出生时是死的,其所享有的期待的尚未实现的继承利益便归于消灭。但在是否赋予其民事权利能力、权利如何行使、胎儿未出生是否会影响遗产分割的时间等方面还存在着不同的认知。关于我国胎儿保留份制度的争议之处,主要表现在以下三个方面:

第一,胎儿继承能力的取得依据。对胎儿继承权的取得,梁慧星等学者建议稿认为“将尚未出生的胎儿视为已经出生”,王利明等学者建议稿认为“被继承人死亡前已受孕的胎儿,就继承视为已出生”。可见,他们均赋予胎儿以民事权利能力。该认识的直接法律后果便是胎儿在未出生前就具有与已出生的婴儿相同的权利能力,这一点不用任何证据加以推翻,只是法律规定,在胎儿出生时为死体者,其不具有继承能力和民事主体资格,并且具有溯及既往的效力。其他学者建议稿对此无规定。我们认为,根据民法原理,一般来说,自然人的民事权利能力“始于出生,终于死亡”。依此,胎儿在出生之前是没有民事权利能力的。但是,由于胎儿本身的特殊性,决定了他们享有特殊的民事权利能力。因为胎儿作为一个即将诞生的新生命,虽然其还没有出生,存在于母体内,但其毕竟不久就会出生,是未来的民事权利主体。如果对其特殊的民事权利能力不加以保护,任人侵犯,这不仅不利于胎儿出生以后的生活和健康成长,也不符合人道主义的基本要求。因此,现在的民法理论原则上都主张承认保护胎儿特殊的民事权利能力。同时,由于胎儿本身的特殊性,法律对胎儿的权利能力又作了必要的限制,即在他们出生是死体时,没有权利能力。② 因此,我国《民法总则》第16条规定承认在遗产继承和受遗赠等民事法律关系中,胎儿被视为具有民事权利能力,是有合理性的。

第二,胎儿应继份请求权的行使。大多数的学者建议稿并没有明确活体出生的胎儿其继承权如何行使,王利明等学者的建议稿中明确了“胎儿的相关权利由其母亲或近亲属代理行使”。我们认为,现行立法虽然确认了胎儿的继承权,但是对胎儿的继承份额,在胎儿出生之前,由谁负责管理,如果继承时未保留胎儿的继承份额,向何人主张权利等,法律均未给予明确规定,致使胎儿应继份额的损害赔偿请求权难以实际行使。权利享有的目的在于权益的实现,我国在“民法典·继承编”的编纂中,应当赋予胎儿的母亲或近亲属代理行使胎儿的继承遗产等权利,这将有助于胎儿利益的保障真正落到实处,法律的目的得以实现。

第三,胎儿应继份的保留。陈苇等学者建议稿中规定:“遗产分割时,应当保留胎儿的继承份额。如果胎儿出生时是死体的,保留的份额应当按照法定继承办理。应当为胎儿保留的遗产份额而没有保留的,应从继承人所继承的遗产中扣回。为胎儿保留的遗产份额,如胎儿出生后死亡的,由其继承人继承;如胎儿出生时就是死体的,由被继承人的继承人继承。”

---

① 杨立新等学者建议稿第65条。

② 夏明权:《论胎儿的继承权及其保护》,载《法学评论》1987年第1期。

杨立新等学者建议稿规定："遗产分割时，应当保留胎儿的法定应继份。胎儿出生后死亡的，该份额由胎儿的继承人继承。胎儿出生时是死体的，保留的份额由被继承人的继承人继承。"它们均未规定胎儿有继承能力，而只是为其保留应继份。这些规定与我国《继承法》和我国《执行〈继承法〉的意见》之现行规定，两者是一致的。我们认为，胎儿利益的保护，其外延不应仅限于继承权，随着社会的发展，侵害胎儿利益的形态越来越复杂，有些情况下，已经不单是纯法律问题，而涉及社会、伦理、文化传统等更多的方面。我国"民法典 · 继承编"在立法中应当确定胎儿具有继承权利能力，对于保护胎儿的权益会更为周全。

## 第六节　相关联的法条与典型案例

### 一、相关联的法条

关于"胎儿的保留份"制度，除我国《继承法》第 28 条的规定外，在我国的《民法总则》、现行《婚姻法》等部门法中亦有相关的规定，与我国《继承法》共同形成保障胎儿继承利益的法律体系。此外，相关的司法解释就胎儿保留份的具体保护作出了司法指导规范，以便于该制度的有效实施。

#### （一）与胎儿的民事权利能力相关联的法条

我国《民法总则》第 16 条规定，涉及遗产继承、接受赠与等胎儿利益保护的，胎儿视为具有民事权利能力。但是胎儿娩出时为死体的，其民事权利能力自始不存在。

我国《民法总则》第 13 条规定，自然人从出生时起到死亡时止，具有民事权利能力，依法享有民事权利，承担民事义务。

我国《执行〈民法通则〉的意见》第 1 条规定，公民的民事权利能力自出生时开始。出生的时间以户籍证明为准；没有户籍证明的，以医院出具的出生证明为准。没有医院证明的，参照其他有关证明认定。

#### （二）胎儿的利益受法律保护相关联的法条

我国现行《婚姻法》第 34 条规定，女方在怀孕期间、分娩后一年内或中止妊娠后六个月内，男方不得提出离婚。女方提出离婚的，或人民法院认为确有必要受理男方离婚请求的，不在此限。

#### （三）为胎儿保留的遗产份额之处理相关联的法条

应当为胎儿保留的遗产份额没有保留的应从继承人所继承的遗产中扣回。

我国《执行〈继承法〉的意见》第 45 条规定，为胎儿保留的遗产份额，如胎儿出生后死亡的，由其继承人继承；如胎儿出生时就是死体的，由被继承人的继承人继承。

## 二、涉及胎儿利益保护的典型案例

### 遗产分割与胎儿利益保护

——李某、郭某阳诉郭某和、童某某继承纠纷案①

**基本案情简介：**

1998年3月3日，原告李某与郭某顺登记结婚。2002年，郭某顺以自己的名义购买了涉案建筑面积为45.08平方米的306室房屋，并办理了房屋产权登记。2004年1月30日，李某和郭某顺共同与××军区××总医院生殖遗传中心签订了人工授精协议书，对李某实施了人工授精，后李某怀孕。2004年4月，郭某顺因病住院，其在得知自己已患癌症后，向李某表示不要这个孩子，但李某不同意人工流产，坚持要生下孩子。5月20日，郭某顺在医院立下自书遗嘱，在遗嘱中声明他不要这个人工授精生下的孩子，并将306室房屋赠与其父母即本案被告郭某和、童某某。郭某顺于5月23日病故。李某于当年10月22日产下一子，取名郭某阳，即本案的另一原告。原告李某无业，每月领取最低生活保障金，另有不固定的打工收入，并持有夫妻关系存续期间的共同存款18705.4元。被告郭某和、童某某居住在同一个住宅小区的305室，均有退休工资。××大陆房地产估价师事务所有限责任公司受法院委托，于2006年3月对涉案306室房屋进行评估，该房产价值为19.3万元。

原告李某、郭某阳诉称：位于江苏省××市某住宅小区的306室房屋，是其与被继承人郭某顺的夫妻共同财产。郭某顺因病死亡后，其儿子郭某阳出生。郭某顺的遗产，应当由妻子李某、儿子郭某阳与郭某顺的父母即被告郭某和、童某某等法定继承人共同继承。

被告郭某和、童某某辩称：儿子郭某顺生前留下遗嘱，已明确将306室赠予二被告，故对该房产不适用法定继承。李某所生的孩子与郭某顺不存在血缘关系，郭某顺在遗嘱中声明他不要这个人工授精生下的孩子，他在得知自己患癌症后，已向李某表示过不要这个孩子，是李某自己坚持要生下孩子，因此，应该由李某对孩子负责，不能将孩子列为郭某顺的继承人。

一审法院认为，郭某顺在遗嘱中否认其与李某经人工授精所怀胎儿的亲子关系，是无效民事行为，应当认定郭某阳是郭某顺和李某的婚生子女；郭某顺在立遗嘱时，明知其妻子腹中的胎儿而没有在遗嘱中为胎儿保留必要的遗产份额，该部分遗嘱内容无效，因此，在分割遗产时，应当为该胎儿保留继承份额。故判决涉案的306室房屋归原告李某所有。李某分别补偿其余三名法定共同继承人该房价值的部分折价款：给付原告郭某阳33442元，该款由郭某阳的法定代理人李某保管；李某给付被告郭某和33442元、给付被告童某某41942元。一审宣判后，双方当事人均未提出上诉，判决已发生法律效力。

**适用法律评析：**

本案争议焦点主要有两个：一是郭某阳是否为郭某顺和李某的婚生子女？二是在郭某顺留有遗嘱的情况下，对306室房屋应如何析产继承？

关于争议焦点一。1991年《最高人民法院关于夫妻离婚后人工授精所生子女的法律地位如何确定的复函》中指出："在夫妻关系存续期间，双方一致同意进行人工授精，所生子女

---

① 本案例来源于《最高人民法院公报》2006年第7期，本文引用时对其内容有所删减。

应视为夫妻双方的婚生子女,父母子女之间的权利义务关系适用《中华人民共和国婚姻法》的有关规定。"我国《民法总则》第 136 条规定:"民事法律行为自成立时生效,但是法律另有规定或者当事人另有约定的除外。行为人非依法律规定或者未经对方同意,不得擅自变更或者解除民事法律行为。"可见,夫妻关系存续期间,双方一致同意利用他人的精子进行人工授精并使女方受孕后,即使男方反悔,而女方坚持生出该子女的,不论该子女是否在夫妻关系存续期间出生,都应视为夫妻双方的婚生子女。在本案中,郭某顺因无生育能力,签字同意医院为其妻子即原告李某施行人工授精手术,该行为表明郭某顺具有通过人工授精方法获得其与李某共同子女的意思表示。即使后来郭某顺反悔,不想要这个孩子,但依据前述法律规定,郭某阳应被视为其夫妻双方的婚生子女。

关于争议焦点二。确定遗产的范围是析产继承的首要问题。遗产是公民死亡时遗留的个人合法财产。关于遗嘱继承,被继承人在设立遗嘱时,只能依法处分自己的合法财产。根据我国《继承法》第 26 条第 1 款之规定,夫妻在婚姻关系存续期间所得的共同所有的财产,除有约定的以外,如果分割遗产,应当先将共同所有的财产的一半分出为配偶所有,其余的为被继承人的遗产。如果遗嘱人通过遗嘱处分了属于国家、集体或他人所有的财产,则该部分遗嘱无效。本案中,被继承人在遗嘱中处分的 306 房屋,属于夫妻共同财产,其个人无权独自处分,而只能依法处分属于自己的那一半财产。因此,继承开始后,要首先确定遗产的范围,实现遗产与其他共同财产的分离,这就凸显了建立遗产分离制度的必要性。

遗产分割时,应当依法保留胎儿的继承份额。根据我国《继承法》第 2 条规定,继承从被继承人死亡时开始。在本案中,被继承人郭某顺于 2004 年 5 月 23 日死亡,继承即时开始。然而,其妻(李某)怀有身孕,直至 10 月 22 日其子郭某阳才出生。根据我国法律规定,继承人必须具有权利能力,而作为自然人,其权利能力始于出生。由此得出,在继承开始时,郭某阳尚未出生,不具有权利能力,也就不享有继承人的资格。但是,为了保证胎儿出生后的正常生活,为其提供必要的生活条件和物质基础,我国《继承法》第 28 条①规定了胎儿的保留份制度,即遗产分割时,应当依法保留胎儿的继承份额。在本案中,郭某顺在订立的遗嘱中没有为胎儿保留遗产份额,因违反我国《继承法》第 28 条之规定,该部分遗嘱内容无效。因此,本案中郭某阳有权依法获得其父郭某顺的部分遗产。

遗产分割,需要有利于生产和生活的需要。我国《继承法》第 29 条规定,遗产分割应当有利于生产和生活需要,不损害遗产的效用。不宜分割的遗产,可以采取折价、适当补偿或者共有等方法处理。在本案中,法院考虑到原告李某没有固定收入,无其他住房,还带着年龄尚幼的孩子;而作为共同继承人的其他两位被告,均有退休工资和住房等因素,为保障原告的稳定生活和发挥房屋的效用,对于像房屋这样不宜分割的遗产,采取了折价、适当补偿的方式来进行分割遗产,即原告对房屋享有所有权,并由其对被继承人的父母进行适当补偿。因此,法院对本案遗产分割的处理实现了"法"、"理"、"情"的协调统一。

---

① 我国《继承法》第 28 条规定:"遗产分割时,应当保留胎儿的继承份额。胎儿出生时是死体的,保留的份额按照法定继承办理。"

## 第七节　国外立法现状

“他山之石可以攻玉。”对胎儿保留份制度的国外立法现状进行考察,有助于我们思考我国胎儿保留份制度的利弊并予以完善。本节在此主要就大陆法系立法例进行介绍。英美法系国家运用判例法保护胎儿权益,在相关案例中采取对胎儿的权益进行保护的态度,在很多具有指导性的判例中承认胎儿是独立的生命体,是独立于母体而存在的,也认可其权益应得到保护。英美法系国家没有对胎儿权利能力进行规定,一般通过判例的方式对胎儿的权益进行保护,其比大陆法系的成文立法模式更加灵活,也少了约束性,法官在司法实践中,在对涉及胎儿权益保护相关案件的裁判理由进行分析时,不存在顾忌必须遵守相关法律规定而可以灵活应对社会问题进行法律保护。

法国立法例的内容如下:《法国民法典》第 725 条规定,只有继承开始时生存的人,或者已经受胎、出生时存活的人始能继承。《法国民法典》第 906 条规定,仅需在生前赠与之时已经受孕的胎儿,即有能力接受生前赠与。在遗嘱人死亡时已经受孕的胎儿,有按照遗嘱接受遗产的能力。但是,仅在婴儿出生时是生存者,赠与或遗嘱始产生效力。

德国立法例的内容如下:《德国民法典》第 844 条第 2 款之后段规定,即使在侵害发生时第三人已被孕育成胎儿但尚未出生,赔偿义务也发生。《德国民法典》第 1923 条的规定如下:(1)只有在继承开始时生存的人,才能成为继承人。(2)在继承开始时尚未生存但已被孕育成胎儿的人,视为在继承开始前已经出生。《德国民法典》第 1963 条规定,在继承开始时,可期待一个继承人出生的,在母亲不能自行维持生计的情况下,母亲可以从遗产中,或者,其他人也有资格做继承人的,从该子女的继承份中请求适当的扶养费,直到分娩时为止。计算继承份时,必须认为只有一个子女出生。《德国民法典》第 2101 条第 1 款规定,在继承开始时尚未被孕育成胎儿的人被指定为继承人的,有疑义时,必须认为其被指定为后位继承人。被指定的人成为后位继承人不符合被继承人的意思的,该项指定没有效力。《德国民法典》第 2178 条规定,受遗赠人在继承开始时尚未被孕育成胎儿或者其人格由继承开始后才发生的事件确定的,在前一情况下,在出生时发生遗赠的归属,在后一情况下,在事件发生时发生遗赠的归属。

瑞士立法例的内容如下:《瑞士民法典》第 31 条第 2 款规定,子女,只要其出生时尚生存,出生前即具有权利能力。《瑞士民法典》第 544 条规定如下:(1)婴儿自怀胎时起有继承能力,但以出生时生存者为限;(2)死婴无继承资格。

日本立法例的内容如下:《日本民法典》第 721 条规定,胎儿在损害赔偿请求权上视为已经出生。《日本民法典》第 783 条第 1 款规定,父亲对胎内的子女也可以认领,对此,须经其母亲承诺。《日本民法典》第 886 条规定如下:(1)胎儿在继承上,视为已经出生;(2)前项的规定,在胎儿以死体出生时,不予适用。

意大利立法例的内容如下:《意大利民法典》第 1 条规定,人的权利能力始于出生。法律承认胎儿取得的权利,但是以出生为限。《意大利民法典》第 254 条第 1 款规定,非婚生子女的认领,可以在子女出生时进行,或者在子女出生后或确认受孕后于民政官或监护法官面前以特别声明的方式进行,或者以公证方式进行,或者以任何形式的遗嘱进行。《意大利民法典》第 320 条第 1 款规定,父母双方共同或者由行使专属亲权的父母一方代理已经出生的和

即将出生的子女，参加一切民事活动并管理其财产。除不得转让或获取子女或即将出生的子女个人用益权契约以外，父母可以分别完成一般管理行为。《意大利民法典》第 462 条规定，所有在继承开始时已经出生或者已经受孕的人，均有继承能力。除非有相反的证据，自被继承人死亡之日起 300 日以内出生的人均推定为在继承开始时已经受孕者。在遗嘱人死亡时活着的特定的人的子女，即使当时尚未受孕，也可以依遗嘱取得遗产。《意大利民法典》第 784 条第 1 款规定，对于赠与时在世的特定人的已经受孕的或尚未受孕的子女，同样可以进行赠与。

前述大陆法系各国在赋予胎儿继承能力方面，虽然提法不尽一致，但都承认胎儿有继承能力。其立法规定和司法发展状况具有以下特点：第一，在保护胎儿利益时，有条件地承认胎儿的民事主体地位。在保护胎儿利益时，多数国家在坚持“权利能力”这一传统法律制度，维护民法体系稳定的同时，有条件地承认胎儿的民事主体地位。胎儿利益的保护无外有两种模式：一是总括的保护主义，以将来胎儿非死产者为限，认为胎儿可以具有权利能力，如意大利之立法；二是个别的保护主义，仅就胎儿某些利益进行保护，并不拓展至民法的其他领域，如日本之立法。第二，具体的制度设计注重对胎儿财产权益的保障。大陆法系国家对胎儿利益的保护范围多集中在继承、赠与、遗赠和请求损害赔偿方面，注重保护胎儿的财产权益。如《法国民法典》第 725 条规定：“只有继承开始时生存的人，或者已经受胎、出生时存活的人始能继承。”第 906 条规定：“仅需在生前赠与之时已经受孕的胎儿，即有能力接受生前赠与。”《日本民法典》第 886 条规定：“胎儿在继承上，视为已经出生。”“前项规定，在胎儿以死体出生时，不予适用。”第 721 条规定：“胎儿在损害赔偿请求权上视为已经出生。”德国、瑞士、意大利等国立法亦如此。

## 第八节　立法发展趋势

对胎儿遗产继承份额的保留，是我国法律目前明确的规定。现代社会，人们对胎儿利益的保护越来越予以关注。与此同时，各种事关胎儿利益的理论和学说不断涌现，争论也越来越激烈，呈现出不同的特征。未来胎儿利益民事立法保护的发展趋势呈现出以下特征。

### 一、“总括保护主义”是大势所趋

正如我国学者指出的：“自然人的民事权利能力始于出生，胎儿不具有民事权利能力，不能享有权利、承担义务。如果僵硬地贯彻此项原则，那么对于胎儿利益的保护显然不利。”① 因此，前述一些国家的立法和司法以及我国《民法总则》第 16 条的规定已经承认胎儿在特殊民事法律关系中具有民事权利能力。此有限保护模式虽然在某些方面可以保护胎儿利益，但是对胎儿利益保护的范围有限，无法满足现实中出现的不同状况，不免有所疏漏。我们认为，总括的保护主义可以最大限度地保护胎儿利益，既可满足司法实践的要求，也可顺应社会现实对民法发展的要求，这将是未来胎儿利益保护立法的发展趋势。

① 柳经纬：《民法》，厦门大学出版社 2007 年版，第 48 页。

## 二、坚持"权利能力说"

关于胎儿利益保护的理论依据，主要有："生命法益保护说""人身权延伸保护说"以及"权力能力说"三种学说。

关于生命法益保护说，德国学者 Planck 认为，胎儿利益虽非权利，但属于生命法益，生命法益先于法律而存在，是人性之表现与自然创造的。任何人对生命法益均享有权利，故得主张不受任何妨害或阻碍。任何对人类自然成长之非法妨碍或剥夺，皆构成对生命法益之侵害，胎儿是即将出生的人，是人类自然生长的一个过程，故胎儿的利益应受到保护。"胎儿本身尚未成人，无权利可言。然其利益遭受侵害之时仍得享有损害赔偿请求权，因其获得源于父母之生育权、母亲之生命健康权等权利之反射利益，并用以对抗任何之相对方。当胎儿出生后获得权利，则当初之法益为权利所吸收而归于消灭"。[①]

关于人身权延伸保护说，该学说的基本要点是自然人在其诞生前和消灭后，存在着与人身权利相联系的先期人身法益和延续的人身法益。其先期和延续的人身法益相互衔接，构成自然人完整的人身利益。[②] 自然人人身利益的完整性和先期的以及延续的人身法益与人身权利的系统性，决定了法律应以人身权利为中心，向前和向后延伸，保护先期人身法益和延续人身法益。依人身权延伸保护理论，胎儿利益因其未出生的特征，属于先期人身法益，又细分为几种类型。一为先期身份法益。首先是亲属法上的身份利益，包括亲权利益和亲属权利益，这种身份利益，存在于胎儿受孕之始，从其成功地怀于母体之中时起，事实上就已存在了该胎儿与其父母及其他亲属之间的身份关系。二是先期身体法益。胎儿怀于母体，为母体之一部分。但其形体具有先期身体利益，应予保护，其活着出生时，成为身体权的客体。三为先期健康法益。从胎儿成功孕育于母体之时起，即存在先期健康利益，法律确认这种先期健康利益，依法予以保护。四为先期生命法益。胎儿在客观上具有生命的形式，但这种生命形式还不是生命权的客体，而是一种先期的生命利益，对于这种先期生命利益，法律予以保护，称之为先期生命法益。

关于权利能力说，在德国，针对生命法益保护说，一些学者认为，对胎儿利益的法律保护，其理由诉诸"自然"与"创造"，未臻严谨，因而致力于寻找实体法上之依据，其主要方向是证明胎儿具有权利能力。在我国台湾地区，"胎儿以将来非死产者为限，关于其个人利益之保护，视为既已出生。"[③]因而，有些学者认为，对胎儿利益予以保护的依据是胎儿具有一定的权利能力。在我国，《民法总则》第 16 条规定，涉及遗产继承、接受赠与等胎儿利益保护的，胎儿视为具有民事权利能力。但是胎儿娩出时为死体的，其民事权利能力自始不存在。

我们认为，首先，"生命法益说"的设计有巧妙之处，它以法益作为胎儿应受法律保护的基点，避开了将权利能力作为请求根据所带来的尴尬局面。但我们以为，该理论有不尽如人意之处：如它以胎儿已具备生命形式作为论证基础，过分理论化，不易为普通民众所理解，"法益"一词的概念在学术界非常有争论，且法律之所应保护之"法益"的范围亦无定论。"法益"的概念过于抽象且范围有失宽泛，与法条本身的严谨不符，不宜为法律条文所用。面对

---

① 竺琴：《胎儿利益法律保护研究》，复旦大学 2004 年硕士学位论文。

② 杨立新：《人身权法论》，中国检察出版社 1996 年版，第 281～282 页。

③ 王鹏：《胎儿利益保护之比较法研究》，郑州大学 2004 年硕士学位论文。

中国当前的司法实践局面，该学说不利于实践操作，法官自由裁量权缺乏规制且某些法官专业素质不够高，很难妥善运用该理论解决实际问题，一有不慎，反生滥用之弊。

其次，“人身权延伸保护说”虽然大胆地突破了权利能力制度，是一个进步，然而，其致命的弱点是仍然没有从根本上说明胎儿的利益为什么应该受到保护，此学说的本质含义，其实仍旧是一种“法益说”的变种。

最后，尽管民事权利能力制度从德国法发展到现在，已出现某些不足，但权利能力制度已存在近200年的历史了，人们早已适应其理论，一旦删除民事权利能力制度，势必导致整个民法体系作出大的调整，正如曾世雄先生所言：“尽管权利能力之制度并非不可或缺之制度，然在长久以来习以当然的情势下，如欲改弦更张应非一朝可就，何况权利能力之制度对于自然人虽似多余，终非有害。”所以，在可以对其进行适当修改以使其适应现实需要的情况下，现在还不宜彻底地删除权利能力在民法上的设计。①

### 三、明确胎儿本身具有继承能力

为了与“自然人的民事权利能力始于出生，终于死亡”的原则保持一致，理论上对胎儿的继承能力有“法定延缓条件说”和“法定解除条件说”两种解释。

关于“法定延缓条件说”。该学说认为，胎儿以活着出生为条件溯及继承开始时取得继承能力。

关于“法定解除条件说”。该学说认为，胎儿本身具有继承能力，但如其在出生时为死产的，溯及于继承开始丧失继承能力。

我们比较上述两种相对的学说，可以发现，“法定延缓条件说”实际上并不承认胎儿在涉及其利益的任何时候都具有权利能力，即胎儿权利能力只有在其活着出生时才可以取得，但为了解决遗产继承时的特殊保留份额以及胎儿在孕育期间遭受损害时的损害赔偿请求权等问题，所以采用赋予活着出生婴儿追溯以往的方式取得权利能力。但依照“法定解除条件说”的观点，当发生涉及胎儿利益的事项时，胎儿视为已经出生，可即时取得权利，即具有主体资格，胎儿的母亲或父亲就可成为胎儿的法定代理人，代替胎儿行使权利。可以看到“法定延缓条件说”虽然不承认胎儿的民事主体资格，但却以活着出生为条件使胎儿的权利能力在一定条件下停止，这种做法就不能周全地保护胎儿在任何时候的利益溯及继承开始之时，所以不应采纳。对于“法定解除条件说”，许多学者赞成的主要理由是，其确定胎儿在受孕阶段就开始具有民事权利能力，相比较而言，对保护胎儿的权益更为周全。

① 曾世雄：《民法总则之现在与未来》，中国政法大学出版社2001年版，第118页。

# 第八章

# 评注《继承法》第三十条（生存配偶对继承遗产的处分权制度）

【我国《继承法》第三十条　夫妻一方死亡后另一方再婚的，有权处分所继承的财产，任何人不得干涉。】

## 第一节　立法目的

### 一、保护生存配偶的继承权

在现代社会，基于男女平等原则，妇女与男子被法律赋予平等的权利和义务，男女两性都是社会发展的建设主体和社会利益的分享主体。妇女的发展与进步状况，是衡量社会进步与文明的尺度。保障妇女权益、促进妇女发展、推动男女平等，对我国社会经济的发展和中华民族的文明进步具有重要意义。① 我国有学者指出："经济基础决定上层建筑。女性遗产继承权益的救济，有助于女性财产权益、人身权益的法律保障。女性有充分、自由的遗产继承权益的同时，也必将推进其人身自由权益的享有及婚姻家庭权益的保障。"②在我国，由于受传统封建思想的影响，在有些地方仍然存在不许寡妇携带在夫家继承的财产出嫁的陋俗。这是对丧偶妇女的继承权和个人财产所有权的严重侵犯。因此，我国《继承法》应当重视保护生存配偶的继承权，尤其应当重视保护丧偶女性的继承权。在当今世界，随着社会的发展和进步，许多国家都通过立法来保护生存配偶的继承权。我国《继承法》第 30 条规定："夫妻一方死亡后另一方再婚的，有权处分所继承的财产，任何人不得干涉。"这体现了保护生存配偶的继承权之立法目的，让生存配偶能切实享受继承利益，不因为再婚的缘故，使其继承财产的利益不能够实现。配偶一方死亡后，生存配偶依法继承死亡配偶遗产的权利和携带继承的遗产再婚的权利都受到我国《继承法》的明文保护。

### 二、保护生存配偶的财产权

我国现行《宪法》第 13 条规定，公民的合法的私有财产不受侵犯。国家依照法律规定保护公民的私有财产权和继承权。我国《物权法》规定，国家依照法律规定保护私人的继承权及其他合法权益；因继承或者受遗赠取得物权的，自继承或者受遗赠开始时发生效力。私人

---

① 陈苇主编：《中国妇女儿童权益保障情况实证调查研究（上卷）》，群众出版社 2017 年版，序第 1 页。

② 王歌雅：《社会排挤与女性婚姻家庭权益的法律保障》，黑龙江人民出版社 2019 年版，第 154～155 页。

的合法财产受法律保护，禁止任何单位和个人侵占、哄抢、破坏。[①] 我国《继承法》第 30 条规定，夫妻一方死亡后另一方再婚的，有权处分所继承的财产，任何人不得干涉。该条的立法主旨就是，生存配偶再婚时，对其依法继承取得的亡夫（亡妻）的遗产受法律保护，他人不得侵犯。我国 1985 年施行的《继承法》第 30 条，完全是考虑到当时现实情况和民众的习惯而制订的，是对我国现行《宪法》立法精神的贯彻和落实。前述我国《物权法》的规定也对《继承法》第 30 条的规定予以了再次确认。因为，我国《物权法》第 29 条已经明确规定："因继承或者受遗赠取得物权的，自继承或者受遗赠开始时发生效力。"因此，夫妻一方死亡后，生存配偶对其依法继承取得的遗产享有完全的所有权，任何人不得干涉其所有权的行使。

值得注意的是，我国《继承法》第 30 条规定的"所继承的财产"并非一定限于生存配偶从死亡配偶处继承的财产，其还可能包括继承其他家庭成员的财产。例如，生存配偶可能在配偶死亡前还继承了子（或女）的遗产，或者生存配偶在其配偶死亡后对公婆（或岳父母）尽了主要赡养义务，作为第一顺序继承人所取得的遗产，这些财产也应受到《继承法》第 30 条的保护。[②]

## 三、保障生存配偶的再婚权

生存配偶的再婚权，是指夫妻一方死亡或双方离婚后，在法律规定的范围内自主再次缔结婚姻的权利。[③] 再婚权是法律赋予男女两性当事人的一项重要的人身权，任何人不得以任何理由或借口进行干涉。在 20 世纪 80 年代制定的我国《继承法》第 30 条，虽然其主旨是保护生存配偶的继承权和财产权，但当时其还有保障生存配偶再婚权之目的，尤其是具有保障丧偶女性的再婚自由权之目的。我国古代，否认女儿的财产继承权。只有在"户绝"时，女儿才能承受遗产。同时，妻子的财产继承权也受排斥或限制。夫死有子，妻无继承权。夫死无子，妻守志不嫁，承夫分，为夫立继，由继绝子孙承继（即妻只享有对夫遗产的用益权）。[④] 我国古代的法律从根本上否认妻有私产之说，清律例规定妻改嫁不但不能携走夫之财产，原妆奁亦由夫家作主。[⑤] 由于受到传统落后思想的影响，在我国 20 世纪 80 年代的现实生活中，某些封建思想如要求女性"从一而终""女无二适""夫婚礼，万世之始……一与之齐，终身不改，故夫死不嫁"的残余影响当时仍还在一定范围内存在，这导致某些人干涉丧偶妇女带产再婚。为此，我国《继承法》第 30 条明确规定，生存配偶继承遗产后有权带产再婚，而且对其继承的财产享有处分权，不受任何人的干涉。

我国《继承法》第 30 条规定，丧偶一方再婚，对继承死去配偶或其他被继承人的财产享有不受干涉的权利，这也是该条确保财产继承分配公平的应有之义。生存配偶再婚时有权依法处分其继承的遗产，这既是对其权利的尊重，也是法律公平正义之要求。由于受到我国传统的"男娶女嫁"习俗的影响，男性带产再婚是自由的，而女性带产再婚则可能受到各种陋俗之限制。本条就是基于公平之要旨，达到尊重和保障再婚者的带产再婚权利。

---

① 我国《物权法》第 65 条、第 29 条、第 66 条。

② 为研究之方便，下文"所继承的财产"则主要是指生存配偶从死亡配偶中继承的遗产，特此说明。

③ 张红艳：《再论再婚权买断》，载《南华大学学报（社会科学版）》2006 年第 5 期。

④ 陈苇主编：《婚姻家庭继承法学》，法律出版社 2002 年版，第 409 页。

⑤ 瞿同祖：《中国法律与中国社会》，中华书局 2003 年版，第 114 页。

# 第二节　本条的地位、价值与意义

## 一、本条的地位

生存配偶对继承遗产的处分权被规定在我国《继承法》第四章第 30 条,它是我国《继承法》中关于遗产处理的一个重要条文,其确认生存配偶再婚时对所继承的遗产享有处分权,以确保生存配偶对其继承财产享有的处分权不受干涉,旨在体现对继承人财产权利的尊重和保护。本条是生存配偶,尤其是丧偶女性生存配偶的再婚权和对其所继承遗产的处分权的重要法律依据,其具有保护生存配偶尤其是丧偶女性生存配偶的继承权和再婚权不受干涉之双重目的。本条是我国《继承法》之遗产处理制度的重要组成部分。

## 二、本条的价值

### (一)平等价值

继承法上的平等,是指同一顺位的各继承人在继承权上都是彼此互不隶属和依从的,各自具有独立的人格,居于平等的法律地位,其依法取得的继承权益都受到同等的法律保护。本条的要旨是保护丧偶的夫或妻的独立人格、平等的再婚权利和平等的财产继承权。在我国现实社会中,由于受封建的父权、夫权至上的传统残余思想的影响,在有些家庭的夫妻之间,夫对妻享有某种特权,夫与妻之间存在事实上的不平等。为了改变过去我国历史上男女在继承权利上的不平等,本条规定,生存配偶再婚时对所继承遗产享有处分权。这使丧偶的夫或妻的继承权、财产权实现了平等,彰显了夫妻之间遗产继承权的平等之法律价值。

### (二)自由价值

根据我国《继承法》第 30 条之规定,生存配偶再婚时,有处分继承取得的财产的自由。自由在这里是法律允许范围内的自由,指一定国家的公民或社会团体在国家权力所允许的范围内进行活动的能力,是受到法律约束并得到法律保障的,按照自己意志进行活动的权利。[①] 根据我国《民法总则》第 5 条、第 6 条、第 7 条的规定,民事活动应当遵循自愿、公平、等价有偿、诚实信用的原则。“自愿”在条文中,体现为生存配偶对其财产处分的自由,是意思自治的表现,即对自己的财产进行占有、使用、收益、处分的自由,其中以通过法律行为处分自己财产的自由为核心。[②] 所有权的核心权能,即处分权,这也是财产自由的核心。法律必须保证财产所有者的自由处分权,只有这样才能实现权利人的自由意志,最终体现法律的自由价值。因此,我国《继承法》第 30 条规定,以保障生存配偶继承遗产后之带产再婚自由权为主旨,彰显了法律的自由价值。

---

① 付子堂主编:《法理学进阶(第 3 版)》,法律出版社 2010 年版,第 91 页。

② 张玉敏主编:《民法(第 2 版)》,高等教育出版社 2011 年版,第 25 页。

(三)公平价值

公平,就是公正、平等。一般意义上的公平,是社会正义的一种体现。公平和正义往往联系密切,"公平是正义的核心"①,两者具有十分密切的关系,是法律所追求的内在价值。根据我国《继承法》第 30 条规定,生存配偶无论男性还是女性均享有继承财产的处分权。这彰显了法律的公平价值,也符合法律之正义的要求。因为,一种公平的程序解释其结果的公平性只是在它被实际执行的时候。②

## 三、本条的意义

(一)彰显对个人私有财产的尊重与保护

当今时代,是一个权利彰显的时代。法治的最终目标就是为了保障和尊重最广大民众的权利。如果民众对自己财产的处分权都无法得到保障,则我们距离法治社会还甚遥远。如果在当今社会,在某个地方还存在禁止寡妇携带从夫家继承取得的财产再嫁的现象,则该地方的法治理念就一定还是愚昧落后的。因此,我国《物权法》规定,所有权人对自己的不动产或者动产,依法享有占有、使用、收益和处分的权利。③ 依据我国《继承法》的相关规定,生存配偶对所继承的财产享有完全充分的所有权,该所有权的取得不能附加任何条件。本条规定彰显了对个人私有财产权的尊重和保护。

(二)保障实现婚姻自由原则

我国现行《婚姻法》第 2 条规定,"实行婚姻自由、一夫一妻、男女平等的婚姻制度。"在我国 20 世纪 80 年代的社会生活中,部分地方仍存在某些人采用阻止生存配偶处分继承的遗产的方式,来干涉和限制生存配偶的婚姻自主权的行为。这种行为违反了我国现行《宪法》的规定,是对个人财产权利的公然践踏,同时也是对我国现行《婚姻法》规定的婚姻自由原则的公然挑衅。故 20 世纪 80 年代制定的我国《继承法》第 30 条明确规定,生存配偶再婚时所继承的财产处分权不受干涉,这既是对其财产权利的尊重与保护,也是对生存配偶的婚姻自由权利的尊重与保护。

(三)落实继承权平等原则

我国《继承法》第 9 条规定:"继承权男女平等。"可见,继承权男女平等原则是我国《继承法》的一项基本原则。继承权男女平等,即指作为继承权利主体的公民,不因男女性别上的差异而影响其对继承权的享有或行使。根据我国《继承法》第 30 条的规定,生存配偶继承所取得的财产的处分权不受干涉。在我国某些地方还存在干涉寡妇带产再婚陋习的情况下,该立法的主要目的是为了保护生存配偶中的女性,带产再婚的权利。该条规定也表明,女性生存配偶再婚时,依法有权利将其在夫家因继承取得的所有财产带走。该条规定是对我国

① 张文显:《二十世纪西方法哲学思潮研究》,法律出版社 2006 年版,第 508 页。

② [美]约翰·罗尔斯:《正义论》,何怀宏等译,中国社会科学出版社 2006 年版,第 87 页。

③ 我国《物权法》第 39 条。

《继承法》第9条规定的"继承权男女平等"之贯彻和落实。无论女性生存配偶是否再婚,都应享有与男性平等的继承权和继承财产的处分权,不受他人干涉和限制,以真正落实继承权男女平等之原则。

## 第三节　生存配偶对继承遗产的处分权制度的演变

在古罗马社会,罗马私法就是"家父"或家长的法。取得某一罗马家庭的"家子"地位,即建立家庭关系或宗亲关系,是通过遵从家长的家庭主权实现的。为了成为罗马家庭的成员并隶属于其家长,人们可依据的第一个理由是:由该家庭的男性个人在合法婚姻中生育;另一个与之完全等同的理由是被"家父"接纳于家庭之中。在早期罗马法中,已出嫁的妇女通常属于丈夫家庭的成员,服从丈夫的权力,解除同原属家庭的一切关系。这种服从就是"归顺夫权"。通过它,妻子变成"家女",服从新的"家父",如果"家父"是自己的父亲,她则处于"准女儿"地位;如果"家父"是自己丈夫的"家父"则处于"准孙女地位"。[①] 日耳曼法强调个人服从集体,个人的权利义务要受到家庭和氏族的制约。后来的法学家称日耳曼法的这个特点为"团体本位"。日耳曼法上并无所谓"人"之抽象的概念。凡团体之成员,亦皆有取得其团体中权利之资格。日耳曼中世纪时,封土庄园及农民所有之农民占有地等皆构成特别财产,依特别继承法而继承;然其他不动产,则皆属于普通财产,与普通动产,同样继承。惟女子之继承权,于此时期,恒劣于男子。至于夫妻之间的继承,日耳曼法规定,夫死亡时,则夫所占有之妻之特有财产(其不动产并其携来之嫁妆)而外,于夫之财产上,妻如享有何种权利时——例如,新婚晨之赠与及寡妇收益权等,皆自之遗产分享。日耳曼法于形式上虽似不承认夫妇之相互继承权,然夫所有之妻之动产取得权及妻于夫财产上所有之上述权利等得视为继承权;不过,形式上则规定之为婚姻法上之财产权而已。[②]

在我国古代社会,最初确立的是"父死子继、嫡庶有别"的宗法继承原则。当时实行嫡长继承制,以嫡长子为主要继承人。嫡长继承和兄弟相宗一起构成宗法制度的两大支柱。无论是王位、爵位、封地还是其他财产,主要由死者的嫡长子承受,其余的儿子仅享有处于次要地位的部分财产继承权。女儿除了在出嫁时得到一定的妆奁外,不得继承家业。[③] 唐《户令》"应分条"对寡妻继承权作了相关规定:寡妻无男者,承夫分。若夫兄弟皆亡,同一子之分。谓在夫家守志者,若改适,其见在部曲、奴婢、田宅不得费用。由此可以看出,在我国唐代,寡妻只有在守节的情况下才能享有继承权。寡妻的继承权会因其改嫁而丧失。[④] 宋律沿用唐制,仅规定子孙是父祖财产的法定继承人,"诸应分田宅者,及财物兄弟均分,妻家财产不在分限,兄弟亡者,子承父分。兄弟俱亡,则诸子均分","在夫家守志者;若改适,其见在部曲、奴婢、田宅不得费用,皆应分人均分"。[⑤] 可见,宋代寡妇在夫家有子情况下无权继承夫的财产,但是其对子女的财产处分有监管的权利。宋太宗太平兴国二年(911年)五月丙

---

① [意]彼德罗·彭梵得:《罗马法教科书》,黄风译,中国政法大学出版社1992年版,第115、120页。

② 李宜琛:《日耳曼法概说》,中国政法大学出版社2003年版,第12、203、209页。

③ 夏吟兰主编:《婚姻家庭继承法(第2版)》,中国政法大学出版社2017年版,第218页。

④ 赵晓耕:《身份与契约:中国传统民事法律形态》,中国人民大学出版社2012年版,第289～290页。

⑤ 《宋刑统》卷十二《户婚律·卑幼私用财门》,薛梅卿点校,法律出版社1999年版,第222页。

寅诏："尝为人继母而夫死改嫁者，不得占夫家财物，当尽付夫之子孙。"[①]宋法律规定："诸户绝人有所生母同居者，财产并听为主。"但寡妇不得携家财出嫁他族，亦不得卖夫之财产。寡妇招到后夫，俗称"接脚夫"，法律规定，财产以寡妇为主，不得转到后夫名下，如寡妇身死，"并作绝户"处理，财产没官。妇女随嫁奁产田，产权归夫家所有，丈夫死后，由儿子继承，寡妇不能随意处置。寡妻身死之后，妻家不得追还此产。[②] 可见，在我国唐宋时期，寡妇是无权携带夫家财产再嫁的。在清代，女子通常无财产继承权，"凡妇人夫亡，无子守志者，合承夫份"，但立嗣后，财产归嗣子所有，个别未立嗣的，只能作为养老之资，不许变卖。[③] 即寡妇合承夫分并不意味着其有继承遗产的权利，只是代管遗产，立嗣之后移交遗产由嗣子继承，没有立嗣的，只有遗产中供养老之资的使用权。因此，寡妻对所承受的财产不能主张所有权，所有权应属于应继承人嗣子。[④] 总之，在民国时期的"民法继承编"颁行之前，我国古代寡妇(妻子或母亲)由于受"夫妻一体"思想的影响和封建法律的限制，只有守志之妇才可承受夫分，但其并没有继承死亡丈夫遗产的权利，其仅享有管理和有限使用遗产的权利。如果其带产再嫁就意味着财产的外流，这是我国古代宗祧继承制度所绝对禁止的。这也表明，中国古代民法的任务，总的说来也是通过对特定财产关系和人身关系的法律调整，来维护奴隶制和封建制的社会经济基础和社会秩序以及私人间的权利义务关系的。[⑤] 因此，在我国古代，寡妇带产再婚是法律绝对禁止的。

至我国近现代社会，1930 年 12 月 26 日由民国政府公布的"民法继承编"(以下简称：1930 年"民法继承编")于 1931 年 5 月 5 日施行。在该继承编第一章第 1138 条"法定继承人"中规定："遗产继承人，除配偶外，依左列顺序定之：一、直系血亲卑亲属；二、父母；三、兄弟姊妹；四、祖父母。"在第 1141 条"同顺序继承人之应继分"中规定："同一顺序之继承人有数人时，按人数平均继承。""第 1144 条，配偶有相互继承遗产之权，其应继份，依左列各款定之：一、与第 1138 条所定第一顺序之继承人同为继承时，其应继份与其他继承人平均；二、与第 1138 条所定第二顺序或第三顺序之继承人同为继承时，其应继份为遗产二分之一；三、与第 1138 条所定第四顺序之继承人同为继承人时，其应继份为遗产的三分之二；四、无第 1138 条规定第一顺序至第四顺序之继承人时，其应继份为遗产全部。"根据该 1930 年《民法继承编》有关配偶继承权的规定，我国确立了夫妻有平等继承权。按照该法第 1144 条的规定，妇女通过继承取得的遗产，享有完全的所有权，因此，即使其再嫁，有权携带该财产离开夫家，或是通过其他的方式来处分该财产。可见，我国禁止寡妇携带从夫家继承的遗产再嫁的封建制度，到民国时期才被废除。法律允许寡妇继承丈夫的遗产并享有带产再嫁的权利。1949 年中华人民共和国成立后，1950 年《婚姻法》、1980 年《婚姻法》和 2001 年修改后的《婚姻法》均明确规定，夫妻在家庭中地位平等。我国 1985 年《继承法》第 9 条规定，继承权男女平等。依据我国《继承法》第 30 条的规定，对于继承死亡配偶的遗产，丧偶妇女与丧偶男子均享有带产再婚的权利，任何人不得干涉。

---

① 黄启昌、赵东明：《关于宋代寡妇的财产继承权问题》，载《文史博览 · 理论》2006 年第 9 期。

② 戴建国：《唐宋变革时期的法律与社会》，上海古籍出版社 2010 年版，第 373 页。

③ 张晋藩：《清朝法制史》，中华书局 1998 年版，第 302 页。

④ 徐静莉：《民初女性权利变化研究》，法律出版社 2010 年版，第 187 页。

⑤ 张晋藩：《张晋藩文选》，中华书局 2007 年版，第 180 页。

## 第四节　条文规范的构成要件

### 一、婚姻关系因为配偶一方死亡而终止

根据我国现行《婚姻法》及相关法律规定，婚姻关系终止的原因有：离婚；夫妻一方或双方死亡。配偶作为民法上的一类特定的主体，当其中一方配偶死亡或双方离婚的，其婚姻关系终止。因为配偶一方死亡，致婚姻关系终止，这是我国《继承法》第 30 条规定的生存配偶对继承遗产享有该财产的处分权的前提条件。

### 二、生存配偶通过继承取得遗产所有权

根据我国《继承法》第 30 条规定，夫妻一方死亡后另一方再婚的，有权处分所继承的财产。由此可见，夫妻一方死亡后另一方有权通过继承取得遗产。而且，正如前述，此部分遗产不仅仅限于其死亡配偶的遗产，还包括从其他死亡的被继承人之处取得的遗产。生存配偶依法对其继承所取得的全部遗产享有完全充分的所有权，包括处分权。

### 三、生存配偶有权带遗产再婚

根据我国《继承法》第 30 条规定，生存配偶继承取得遗产后有权带产再婚。根据我国现行《婚姻法》第 2 条规定的婚姻自由原则，丧偶一方有权自主选择新的配偶，重新组织家庭，其再婚权利不受任何人的干涉。由于传统封建思想的残余影响，现实生活中我国丧偶女性行使再婚权有时会受到干涉，如其携带继承的死亡配偶的遗产再婚就更容易受到阻碍。因此，本条立法旨在，保护丧偶女性的再婚权及其相应的遗产处分权。

### 四、生存配偶继承遗产的效力

生存配偶对继承取得的遗产之效力是其对该财产取得完全的所有权。所有权有四项权能，即占有权能、使用权能、收益权能和处分权能，处分权能则是所有权的核心权能，生存配偶在继承遗产后依法享有该财产的处分权，这是所有权的完整性的终极体现。生存配偶即使再婚，其依法享有的对其继承遗产的处分权，不受任何人的干涉。

也就是说，生存配偶对其继承取得的遗产之效力，表现为该财产即成为了自己合法所有的财产，如何处分该财产，这是生存配偶的自由，这体现了所有权的对世性、排他性之特点。生存配偶因继承取得财产，即成为该财产的所有权人。所有权是对世权，除其之外的人均为义务主体，任何人均负有不得侵害、妨碍或干涉该所有权人之权利的不作为义务。

## 第五节　重要学术观点与争议

本节以下就生存配偶对继承遗产处分权之我国学者的六份立法建议稿，包括梁慧星等学者建议稿、徐国栋等学者建议稿、王利明等学者建议稿、张玉敏等学者建议稿、陈苇等学者建议稿、杨立新等学者建议稿进行考察。

## 一、重要学术观点

梁慧星等学者建议稿第 1946 条规定，配偶与被继承人的子女和父母均属于第一顺序的法定继承人，而根据该稿第 1955 条规定，除非法律另有规定，同一顺序的继承人有多人时，按人数平均继承。该稿在对配偶继承顺序和应继份的规定上基本沿袭了原有规定。此外，该稿第 1947 条还规定“本编所称配偶，是指于被继承人死亡时与被继承人有合法婚姻关系且为生存的人”。但是，该学者建议稿对夫妻一方死亡后另一方继承遗产的带产再婚权没有规定。

徐国栋等学者建议稿第 495 条规定，配偶与被继承人子女和父母均属于第一顺序的法定继承人，而根据该稿第 499 条第 1 款之规定，同一顺位继承人继承遗产的份额，一般应当均等。徐国栋等学者建议稿对夫妻一方死亡后另一方继承遗产的带产再婚权没有规定。

王利明等学者建议稿第 564 条规定，配偶与被继承人的子女和父母均属于第一顺序的法定继承人，而根据该稿第 575 条之规定，除该法另有规定外，同一继承顺序的法定继承人继承遗产的份额，应当按照法定继承人的人数，均等分配。此外，该稿第 580 条规定：“被继承人的配偶尚生存而没有自己的住房的，如果没有继承被继承人遗产中的房屋，则对遗产中的房屋享有法定用益物权。生存配偶为此需要支付取得房屋所有权的继承人不超过市价的租金。具体租金数额及期限由配偶与房屋所有权人协商。协商不成的，双方均可以提起诉讼。”同时，该稿第 581 条还规定：“如果配偶死亡时，因为尚生存的配偶一方的过错致使被继承人生前已经提出离婚请求的，则被继承人的配偶不享有上述权利。”可见，该稿在对配偶继承顺序和应继份的规定上既保持了我国《继承法》的原有规定，又通过赋予配偶法定用益物权的规定，强调了在法定继承中对被继承人配偶利益的保护。① 但是，该学者建议稿对夫妻一方死亡后另一方对继承遗产的带产再婚权并没有规定。

张玉敏等学者建议稿第 28、32 条规定，法定继承人共分为四个顺序：第一顺序，子女及其晚辈直系血亲；第二顺序，父母；第三顺序，兄弟姐妹及其子女；第四顺序，祖父母、外祖父母。配偶可与上述任一顺序的血亲继承人共同继承。依该稿第 31 条之规定，在与第一顺序法定继承人共同继承时，各继承人应继份均等；与第二顺序法定继承人共同继承时，应继份为二分之一；与第三顺序法定继承人共同继承时，应继份为三分之二；与第四顺序法定继承人共同继承时，应继份为四分之三。配偶对遗产中供自己使用的住房和日常生活用品有先取特权。此先取特权不受清偿遗产债务的影响。如果配偶的先取特权超过其应继份，则以先取特权作为其应继份。但是，张玉敏等学者建议稿对夫妻一方死亡后另一方继承遗产的带产再婚权没有规定。

陈苇等学者建议稿第 45 条将血亲继承人分为四个顺序，子女及其晚辈直系血亲为第一顺序；父母为第二顺序；兄弟姐妹及其子女为第三顺序；父系祖父母、母系祖父母为第四顺序。配偶为不固定顺序的继承人，在与第一顺序的继承人共同继承时，遗产按人数均分；在与第二顺序的继承人共同继承时，继承遗产的二分之一；在与第三顺序的继承人共同继承

① 陈苇主编：《中国继承法修改热点难点问题研究》，群众出版社 2013 年版，第 208 页。

时,继承遗产的三分之二;如无前述继承人,则由配偶继承全部遗产。该建议稿还规定了特留份制度,即遗嘱人以遗嘱处分财产,应当为配偶、晚辈直系血亲、父母保留特定的遗产份额。晚辈直系血亲作为特留份权利人时,以亲等近者为先。配偶、晚辈直系血亲、父母的特留份额,为在无遗嘱继承时各自法定应继份的1/2。① 特别需要指出的是,该学者建议稿还提出了"特定人员对遗产的先取权、使用权、用益权以及居住权",即"(1)生存配偶对特定遗产的优先权、使用权、居住权。生存配偶对遗产中的婚姻住宅和家庭日常生活用品享有先取权。如其继承的遗产份额小于该家庭日常生活用品的价值时,其也可以选择对该家庭日常生活用品享有终身使用权。生存配偶对遗产中的婚姻住宅享有优先扣除其继承遗产份额的权利。如其继承的遗产份额小于该婚姻住宅的价值时,其也可以选择对婚姻住宅享有终身居住权。(2)非应召继承人对特定遗产的使用权、用益权。依靠被继承人扶养的无遗嘱继承人在未参加继承时,对遗产中供其个人日常生活使用的物品和住房享有终身的使用权或用益权。"②但是,该学者建议稿同样对夫妻一方死亡后另一方继承遗产的带产再婚权没有规定。

杨立新等学者建议稿规定,对于法定继承,分为三个顺序:配偶、子女、父母为第一顺序;孙子女、外孙子女、兄弟姐妹、祖父母、外祖父母为第二顺序;曾祖父母、外曾祖父母、伯、叔、姑、舅、姨、堂兄弟姐妹、表兄弟姐妹、侄子女、甥子女等四代以内的其他直系或者旁系血亲为第三顺序。该稿还指出,因生存配偶的过错,被继承人已申请离婚或已经同意离婚,并具备离婚的实质要件的,配偶不属于继承人范围。该稿还就特留份作出了立法建议,即被继承人的配偶、晚辈直系血亲、父母享有特留份继承权。特留份额是其法定继承数额的二分之一。值得指出的是,该稿还建议设立共同遗嘱制度,即夫妻可以设立共同遗嘱。共同遗嘱的效力以配偶一方死亡前婚姻关系存续为前提。夫妻互相指定对方为继承人的遗嘱,自配偶一方死亡时生效。配偶一方撤回指定的,另一方的指定失效。夫妻可以共同指定遗嘱继承人或受遗赠人。若无相反内容,共同遗嘱在夫妻一方生存时对遗嘱继承人和受遗赠人不发生效力。夫妻双方经协议,在共同遗嘱中对遗产作出效力上相互依存的关联处分的,该共同遗嘱的撤回适用合同解除的规定。在夫妻一方死亡后,另一方效力上相关联的遗产处分不得撤回。但继承人或受遗赠人对后死亡一方有丧失继承权情形的除外。③

## 二、重要学术观点之争议

从上述学者的立法建议稿,我们可以得出以下几点结论:第一,配偶是法定继承人之一。第二,就法定继承中配偶继承的顺序,上述六份学者建议稿中梁慧星等学者建议稿、徐国栋等学者建议稿、王利明等学者建议稿、杨立新等学者建议稿这四份学者建议稿(下称:四份学者建议稿)保持了我国《继承法》原有的配偶继承顺序之固定顺序的立法模式,而张玉敏等学者建议稿、陈苇等学者建议稿这两份学者建议稿(下称:两份学者建议稿)则采用了大陆法系各主要国家现有的不固定顺序的立法模式。第三,在坚持我国《继承法》现有立法模式的四

---

① 陈苇等学者建议稿第32条。

② 陈苇等学者建议稿第48条。

③ 杨立新等学者建议稿第37条、第49条、第57条、第59条。

份学者建议稿中，王利明教授主持的建议稿于现行法的规定之外，特别就配偶对家庭住房的法定用益物权及其排除作出了规定，其他三稿则与现行法之规定基本上保持一致。但需要指出的是，杨立新等学者建议稿第 59 条规定，对于因生存配偶的过错，被继承人已申请离婚或已经同意离婚，并具备离婚的实质要件的，配偶不属于继承人范围。该建议有利于解决现实生活中遇到的类似案件，以便化解法律规定与道德价值理念之间的冲突。第四，在采用不固定顺序模式的两份学者建议稿中，其对法定继承人的范围和顺序的规定完全相同，在这方面两者具有一致性。[①]

就配偶的法定应继份额的确认而言，坚持原有立法的四份学者建议稿也继续保留了均等继承的规则，而主张不固定配偶继承顺序的两份学者建议稿则略微出现了不同的意见，主要体现在配偶可否与第四顺序血亲继承人共同继承的规定上。陈苇等学者的建议稿对此予以否定，但设立了依靠被继承人扶养的非应召法定继承人在不能参加继承时，对遗产中供其个人日常生活使用的物品享有终身的使用权或用益权，而张玉敏等学者建议稿则确认了该种情况下血亲继承人四分之一的遗产权利。因此，仅就后两份学者建议稿而言，这两份学者建议稿从不同角度注重对第四顺序血亲继承人利益的保护，有殊途同归的效果。[②] 需要指出的是，陈苇、杨立新这两份学者建议稿，还规定了生存配偶的特留份，此制度具有限制遗嘱人权利滥用之功能。

从上述六份学者建议稿，我们可以深刻地认识到配偶在继承关系中的重要地位，配偶作为重要的法定继承人，其继承权利任何人不得干涉。法律只有明确规定了配偶的法定继承人资格，配偶一方才有权依法参加继承取得其应继遗产的权利，并自继承开始之时取得该遗产的所有权或相关的其他权利，例如，对遗产居住权及对日常生活使用的家具等的用益物权。

但是，我们发现，上述六部建议稿均没有对夫妻一方死亡后另一方再婚的有权处分所继承的财产作出规定。究其原因，可能是我国于 20 世纪 80 年代中叶颁行的《继承法》第 30 条，其本身是对继承人取得遗产后的财产权利的再次确认。而 21 世纪我国于 2007 年 10 月施行的《物权法》等相关法律对自然人之财产权利的取得及行使已有明确的规定。例如，我国《物权法》第 39 条、第 40 条分别规定："所有权人对自己的不动产或者动产，依法享有占有、使用、收益和处分的权利"，"所有权人有权在自己的不动产或者动产上设立用益物权和担保物权。用益物权人、担保物权人行使权利，不得损害所有权人的权益"。此外，我国《民法总则》第 113 条、第 114 条分别规定："民事主体的财产权利受法律平等保护"，"民事主体依法享有物权。物权是权利人依法对特定的物享有直接支配和排他的权利，包括所有权、用益物权和担保物权"。因此，学者们认为没有必要在继承法建议稿中再予以规定。并且，现在即便是发生这样的侵权行为，权利受害人也完全可以依据我国的《民法总则》《物权法》等相关法律依法维权，寻求法律的有效保护。

那么，在今天看来，我国《继承法》第 30 条是否有必要继续被保留呢？我们认为，应当从

① 张玉敏（课题负责人）：《中国继承法立法建议稿及立法理由》，人民出版社 2006 年版，第 83 页；陈苇主编：《中国继承法修改热点难点问题研究》，群众出版社 2013 年版，第 209 页。

② 陈苇主编：《中国继承法修改热点难点问题研究》，群众出版社 2013 年版，第 210 页。

实际出发,考察决定其存与废。需要指出的是,所有权并非占有、使用、收益和处分四项权能的算术和,而是内涵丰富、效力全面、衍生力强的基本权。[①] 我国《继承法》作为民法中的特殊法,其理应体现其特殊性,并且我国《继承法》还应考虑我国的风俗人情及继承习惯。我国传承沿袭了数千年的宗法家族文化依然有残余影响。有学者指出,在中国乡土社会中,政治、经济、宗教等功能都可以利用家族来担负。家必须是延续的,不因个人的长成而分裂,不因个人的死亡而结束,于是家的性质变成了族。[②] 受家族利益的驱动,人们自然会对所谓"有损"于家族利益的行为进行干涉。我国 20 世纪 80 年代的现实生活中,家族成员干涉寡妇再婚的情形时有发生。例如,王某,女,25 岁,河北省定州市人。1987 年,王某与个体运输户李玉成结婚,1990 年,李玉成在交通事故中丧生,留下王某和一个男孩,生活比较困难。本村青年李铁军瞧见王某有难处,经常照顾他们母子的生活,帮助料理家务,干些农活。在两年多的时间里,两人建立了感情,相约择日成亲,但是,却遭到了同族人的反对。王某的公婆以寡妇不能嫁同族人为理由加以干涉,族里的其他人也以婶侄相爱有伤风化为由不允许二人成亲,并纠集同族人对李铁军进行殴打、体罚。王某、李铁军忍受不了族人对他们人格的污辱和人身的摧残,1992 年 6 月带着孩子外逃,后来在保定地区妇联的支持和帮助下,两个人向定州市人民法院起诉,法院判决认定:王、李二人符合结婚法定条件,有权依法登记,同时,对干涉他们婚姻的有关人员追究法律责任。[③]

至于寡妇携带从夫家继承所得的财产改嫁,其所面对的阻力和压力至今在我国一些地方仍在发生。例如:张霞诉张祥所有权确认纠纷案,原告张霞的丈夫张治奇(又名张瑞祥)与被告张祥系同胞兄弟,1980 年,由原告的公公、婆婆、原告的丈夫、被告、被告的弟弟张三锁及妹妹 6 人共同在本村修建了土木结构的瓦房三间。张霞的丈夫张治奇 1985 年与原告张霞结婚,结婚时原告的婆婆已去世,由原告的公公作主确定由原告夫妇在该房靠南的一间房屋居住。张霞夫妇居住后,为了使用便利,原告的丈夫在南山墙上安上门,并一直使用与房屋邻接的一块空地,在上面种瓜果蔬菜。1991 年 12 月 31 日,成县土地管理局颁发了《集体土地建设用地使用证》,将该房确定在张治奇名下。但诉争空地当时未确权。1996 年,张治奇因与他人发生纠纷被害。张治奇遇难后,被告认为其弟已死,原告没有权利居住该房,便不让原告及子女居住。这是一起典型的生存配偶一方继承权受侵害的案件。类似案件在我

---

① 崔建远:《物权:规范与学说——以中国物权法的解释论为中心》(上册),清华大学出版社 2011 年版,第 369 页。

② 费孝通:《乡土中国》,上海世纪出版集团 2007 年版,第 39 页。

③ http://news.9ask.cn/hyjt/ccfg/201011/950669.shtml,访问日期:2014 年 10 月 5 日。

国其他地区也时有发生。[①] 正是由于干涉寡妇带产再嫁的传统观念仍然在我国社会中存

① 张霞诉张祥所有权确认纠纷案[(2010)成民初字第82号],该案判决书载明:"原告张霞诉被告张祥所有权确认纠纷一案,本院受理后,依法组成合议庭公开开庭进行了审理,原、被告及其委托代理人均到庭参加了诉讼,本案现已审理终结。原告诉称:被告张祥与我的丈夫张瑞祥系同胞兄弟,20世纪80年代初,由原告的公公、被告及原告的丈夫在本村共同修盖了土木结构的瓦房三间,该房坐西朝东,兄弟二人各占两边的一间,原告一家占用了该房靠南的一间,为了使用便利,原告的丈夫在山墙上安上门,并长期使用与房屋邻接的大约200平方米的空地,在上面种瓜果蔬菜。1996年,原告的丈夫因故去世,被告强占了原告与丈夫居住使用的房子,原、被告为此发生纠纷。最后,村镇调解,原、被告达成协议。协议约定"在产权未通过法院判决之前,原张瑞祥占用的一间房子,目前仍由张巧贤(即原告张霞)居住,出路在大门上,两家共用一把锁,两把钥匙,但任何一方出入都得为对方财产安全负责,否则负完全责任"。2008年"5.12"大地震发生后,村镇在落实灾后重建政策时,原、被告再次为房子产权发生纠纷,经反复协商未果。2010年1月,经抛沙镇司法所处理并出具了《关于张霞与张祥房屋所有权纠纷的处理意见》。原告认为自己与丈夫居住的房屋属自己与丈夫的合法财产,后来被告虽然强占使用该房,但经调解处理并未改变房屋的权属,与房子邻接的空地满足了原告一家生活实际需要,本来就由原告使用,现仍应由原告使用。为维护自己的合法权益,依据《民法通则》第134条之规定,其要求被告返还房屋及房屋邻接空地的使用权,请人民法院予以支持。被告辩称:1.民事诉状严重歪曲事实。张霞的原夫张瑞祥是父亲的次子,答辩人是长子还有三子张三锁。1980年与父母主要靠我与人打工拉石头、弄木料修土木瓦房3间,供全家6人居住,老二老三正在念书,张瑞祥高中毕业,1983年参军,1985年与张霞结婚,在西头1间房内,后与妻去转湾服侍岳父,1996年与张满堂发生纠纷被杀死,张霞带两个孩子改嫁到西关村陈双喜已12年,其前夫当时没有修房,现在要房无理无据,请法院依法驳回起诉;2.张霞和张瑞祥不孝敬父亲,父母生养死葬都是答辩人全部承担,按照《继承法》第11条、第13条规定,张瑞祥和张霞的孩子代位继承,有扶养能力和条件不赡养被继承人,不该分遗产,打骂虐待老父亲,应按该法第7条规定丧失继承权;3.答辩人修3间房时请的帮工都能作证,我们没分家也没请人参与分家,不适用《民法通则》第134条返还房地产。法院经审理查明:原告张霞的丈夫张治奇(又名张瑞祥)与被告张祥系同胞兄弟,1980年,由原告的公公、婆婆、原告的丈夫、被告、被告的弟弟张三锁及妹妹6人共同在本村修建了土木结构的瓦房三间,该房坐西朝东。张霞的丈夫张治奇当时高中毕业后在家帮工,1983年参军,1985年与原告张霞结婚,结婚时原告的婆婆已去世,由原告的公公作主确定由原告夫妇在该房靠南的一间房屋居住。该夫妇居住后,为了使用便利,原告的丈夫在南山墙上安上门,并一直使用与房屋邻接的一块空地,在上面种瓜果蔬菜。1991年12月31日,成县土地管理局颁发了成集建(1991)字第B1240号《集体土地建设用地使用证》,将该房确定在张治奇名下。该房东西长7.2米,南北宽3.3米,面积23.76平方米。但诉争空地当时未确权。1996年,张治奇因与他人发生纠纷被害。张治奇遇难后,被告认为其弟已死,原告没有权利居住该房,便不让原告及子女居住。原告为此找村镇解决。1996年10月5日,经村镇调解,原、被告达成协议,该协议载明"在产权未通过法院判决之前,原张瑞祥(即张治奇)占用的一间房子,目前仍由张巧贤(即张霞)居住,出路在大门上,两家共用一把锁,两把钥匙,但任何一方出入都得为对方财产安全负责,否则负完全责任"。1999年,原告带其子女与城关镇农民陈双喜结婚。2008年"5.12"大地震发生后,村镇在落实灾后重建政策时,被告称诉争房屋是他一人所有,原、被告为此再次发生纠纷,经多次协商未果。2010年1月19日,抛沙镇司法所处理后,出具了《关于张霞与张祥房屋所有权纠纷的处理意见》,建议将该诉争房屋折价后处理给张祥,但张祥未答应。另查明,原告张霞的婆婆于1984年去世;公公于1994年去世;张三锁于1987年在二郎乡招婿成亲,于1993年病逝。上述事实有原告的陈述及其提供的相关证据,被告的辩称及其提供的《集体土地建设用地使用证》等证据予以证实,并经法庭质证足以采信。综上所述,本院认为:原、被告诉争房屋在修建时由被告、原告的丈夫及其父母等6人共同参与修建,1985年正月原告的丈夫张治奇与原告张霞结婚时由原告的公公作主确定由原告夫妇居住在该房内已形成事实。1991年成县土地管理局勘丈确定住宅时,被告对诉争宅基地由原告夫妇居住也无异议,并由县政府颁发了成集建(1991)字第B1240号《集体土地建设用地使用证》,将该宅基地确定在原告丈夫张治奇的名下,并由原告全家一直居住使用至今,显然,诉争房屋属原告所有,因此,原告要求被告返还诉争房屋的请求合法有据,本院应予支持。原告主张的诉争空地因当时未确权,故本院无法确认。被告认为原告丈夫去世,原告已改嫁,无权利居住诉争房屋的理由违背了《中华人民共和国婚姻法》第二十四条"夫妻有相互继承遗产的权利",《中华人民共和国继承法》第三十条"夫妻一方死亡后另一方再婚的,有权处分所继承的财产,任何人不得干涉"的规定,故被告的主张理由不能成立,本院不予支持。现依据《中华人民共和国民法通则》第七十六条、第一百一十七条、第一百三十四条,《中华人民共和国婚姻法》第二十四条,《中华人民共和国继承法》第三十条的规定,判决如下:限判决生效后15日内由被告张祥返还原告张霞位于成县抛沙镇磨坝村小庄社面积为23.76平方米的房屋一间。……"

此外,类似的案例还有,冯某某诉胡某某等继承纠纷案[(2014)洛龙民初字第1085号];李某甲与李某乙、李某丙其他法定继承纠纷[(2013)诸民初字第506号];田×与武×等分家析产纠纷案[(2014)大民初字第9507号];张某甲等诉孙某某继承纠纷案[(2014)临民一初字第22号]。上述案例均源于:http://www.pkulaw.cn/Case/北大法宝网,访问时间:2016年1月23日。

在,并且实际生活中干涉寡妇带产再嫁事件时有发生,因此,我们认为,我国《继承法》第30条在今天甚至在以后更长的时间里还是有其存在的价值和实际作用的,其不应在未来的立法中被删除。

## 第六节　相关联的法条与典型案例

### 一、相关联的法条

#### (一)主体资格相关联的法条

与生存配偶资格相关的法条有:我国《继承法》第10条规定:"遗产按照下列顺序继承:第一顺序:配偶、子女、父母。"该法第12条规定:"丧偶儿媳对公、婆,丧偶女婿对岳父、岳母,尽了主要赡养义务的,作为第一顺序继承人。"我国现行《妇女权益保障法》第35条规定:"丧偶妇女对公、婆尽了主要赡养义务的,作为公、婆的第一顺序法定继承人,其继承权不受子女代位继承的影响。"

#### (二)遗产保管相关联的法条

我国《继承法》第24条规定:"存有遗产的人,应当妥善保管遗产,任何人不得侵吞或者争抢。"此是关于遗产的保管规定,在继承发生之后到遗产分割之前,由于遗产的最后归属尚未确定,因此,妥善保管遗产,对于继承人或受遗赠人来说都是相当重要的。我国《执行〈继承法〉的意见》第44条规定:"人民法院在审理案件时,如果知道有继承人而无法通知的,分割遗产时,要保留其应继承的遗产,并确定遗产的保管人或保管单位。"

#### (三)遗嘱执行相关联的法条

我国《继承法》第16条规定:"公民可以依照本法规定立遗嘱处分个人财产,并可以指定遗嘱执行人。公民可以立遗嘱将个人财产指定由法定继承人的一人或者数人继承。公民可以立遗嘱将个人财产赠给国家、集体或者法定继承人以外的人。"

#### (四)保护遗产权利人利益相关联的法条

我国《继承法》第14条规定:"对继承人以外的依靠被继承人扶养的缺乏劳动能力又没有生活来源的人,或者继承人以外的对被继承人扶养较多的人,可以分给他们适当的遗产。"

我国《民法总则》第113条规定:"民事主体的财产权利受法律平等保护。"

我国《物权法》第39条规定:"所有权人对自己的不动产或者动产,依法享有占有、使用、收益和处分的权利。"

#### (五)无人继承遗产相关联的法条

我国《继承法》第32条规定:"无人继承又无人受遗赠的遗产,归国家所有;死者生前是集体所有制组织成员的,归所在集体所有制组织所有。"我国《执行〈继承法〉的意见》第57条规定:"遗产因无人继承收归国家或集体组织所有时,按《继承法》第14条规定可以分给遗产

的人提出取得遗产的要求，人民法院应视情况适当分给遗产。”

（六）遗产分配相关联的法条

我国《继承法》第13条规定：“同一顺序继承人继承遗产的份额，一般应当均等。对生活有特殊困难的缺乏劳动能力的继承人，分配遗产时，应当予以照顾。对被继承人尽了主要扶养义务或者与被继承人共同生活的继承人，分配遗产时，可以多分。有扶养能力和扶养条件的继承人，不尽扶养义务的，分配遗产时，应当不分或者少分。继承人协商同意的，也可以不均等。”我国《执行〈继承法〉的意见》第30条规定：“对被继承人生活提供了主要经济来源，或在劳务等方面给予了主要扶助的，应当认定其尽了主要赡养义务或主要扶养义务。”第33条规定：“继承人有扶养能力和扶养条件，愿意尽抚养义务，但被继承人因有固定收入和劳动能力，明确表示不要求其扶养的，分配遗产时，一般不应因此而影响其继承份额。”第34条规定：“有扶养能力和扶养条件的继承人虽然与被继承人共同生活，但对需要扶养的被继承人不尽扶养义务，分配遗产时，可以少分或者不分。”第61条规定：“继承人中有缺乏劳动能力又没有生活来源的人，即使遗产不足清偿债务，也应为其保留适当遗产，然后再按《继承法》第33条和《民事诉讼法》第180条的规定清偿债务。”

## 二、涉及生存配偶遗产继承权保护的典型案例

### 夫妻一方继承权的保护

——冯某某诉胡某某等继承纠纷案①

**基本案情简介：**

胡大与白某夫妇共育有二子三女，分别为胡某某1、胡某某、胡某某3、胡某某4与胡某某2。白某于1993年去世。后胡大与原告冯某某于2000年4月登记结婚。2013年7月4日，胡大因病死亡。胡大生前于2007年3月27日立遗嘱一份，该遗嘱内容为：“我叫胡大，我和我现在的老伴冯某某于2000年登记结婚，我有二子三女，大儿子胡某某1、二儿子胡某某，大女儿胡某某3、二女儿胡某某4、三女儿胡某某2。为了我去世后子女们与他们的继母冯某某不发生争执，将房产在百年之后留给冯某某。该房产位于××西路1栋301号，系胡大与白某工作单位第一建设公司的集资房，产权单位为第一建设公司，房款共14763.14元，胡大个人占100%产权。以上为我个人真实意思，无他人欺骗与胁迫”。该份遗嘱经洛阳市某区公证处进行了公证后，由该公证处于2007年3月27日出具(2007)洛证民字第×号公证书一份。但是，该套房屋在白某去世后至胡大去世，一直未予分割。后原告冯某某与五被告就该房产的归属产生纠纷，各方协商未果，原告遂诉至人民法院，请求法院判决房产归原告所有，以维护原告的合法权益。被告则认为，该房产系父母胡大和白某的共同产权；原告冯某某多次主动要求放弃治疗胡大的行为，已构成遗弃，理应丧失继承权。

审理法院认为，对于位于××西路1栋301号的房产，六继承人应当共同继承，其中原告依照遗嘱的有效部分继承胡大的份额为该套房屋的7/12(胡大先取得该套房屋的1/2份额，后与五被告共同继承白某的1/2份额，6/12+1/12=7/12)，五被告依照法定继承方式每

① 本案例来源于北大法宝网(2014)××民初字第××××号判决，本文引用时对其内容有所删减。

人继承该套房屋的1/12份额。对被告称其父亲胡大去世前身患多种疾病,而原告作为胡大的妻子,未尽到照顾义务,存在遗弃胡大行为的辩解理由,因缺乏确实、充分的证据支持,不予采信。原、被告均认可该套房屋的价值为20万元,因此现原告主张该套房屋的所有权,需分别向五被告支付1.67万元的房屋补偿款。对原告的其他诉讼请求,不予支持。因此,依据我国《继承法》第2条、第3条、第5条、第9条、第13条、第16条、第17条、第26条、第27条和我国现行《民事诉讼法》第64条之规定判决如下:第一,该房产归原告冯某某所有;第二,原告冯某某分别向被告胡某某3、胡某某1、胡某某4、胡某某2、胡某某各支付1.67万元的房屋补偿款,共计8.35万元;第三,驳回原告冯某某的其他诉讼请求。

**适用法律评析:**

本案的主要焦点在于位于××西路1栋301号的房产系胡某某之父母胡大和白某的共同产权,其母亲对该房产的一半享有所有权,其父亲在其母亲去世后,是否有权处分该房产的问题。我们认为,依据《继承法》的规定,公民继承的合法权益受法律保护。继承从被继承人死亡时开始,遗产是公民死亡时遗留的个人合法财产,公民可以依照法律规定立遗嘱处分个人财产。夫妻在婚姻关系存续期间所得的共同所有的财产,除有约定的以外,如果分割遗产,应当先将共同所有的财产的一半分出为配偶所有,其余的为被继承人的遗产。遗嘱无效部分所涉及的遗产按照法定继承办理。夫妻一方死亡后另一方再婚的,有权处分所继承的财产,任何人不得干涉。本案中,胡大于2007年3月27日在××公证处书写的遗嘱,经××公证处审查后,认为公证程序符合规定,符合公证遗嘱的形式要件,不予撤销。胡大所立的该份遗嘱中所涉及的位于××西路1栋301号的房产,该套房屋系胡大与白某婚姻关系存续期间所购买,应为二人的共同财产。白某死亡时,各继承人未就白某的遗产进行继承,而且在胡大死亡后,一直未予分割,该房产处于尚未析产、权利人共同共有状态。现原告要求依照遗嘱继承,符合法律规定,但是胡大无权处分其死亡妻子的个人财产,此部分遗嘱的内容是无效的,而依据《继承法》规定,遗嘱无效部分所涉及的遗产应按照法定继承办理。本案中的五被告均是胡大、白某夫妇的合法继承人,应以法定继承的方式分配遗嘱无效部分所涉及的遗产。因此,胡大立遗嘱将该套房屋的全部产权留给原告的行为,系处分他人合法财产,该份遗嘱应为部分有效,部分无效,其处分该套房屋中个人份额部分为有效部分。所以,本案中,法院的最终判决符合法律的规定,比较恰当。

## 第七节　国外立法现状

### 一、大陆法系国家立法例

《法国民法典》对于夫妻一方死亡后另一方再婚的,有权处分所继承的财产问题并没有明文规定,但该国就配偶的继承权及继承的顺序以及用益物权享用等进行了规定。法国之继承权的取得与行使制度主要被规定在《法国民法典》第三卷第一编"继承"之中。该民法典第756～757条对有继承权的配偶的权利性质(用益权或所有权)、份额及行使等有以下几个方面的规定:(1)生存配偶的法定继承顺序。《法国民法典》规定,有继承权的配偶,或者单独继承,或者与被继承人的亲属共同继承。从历史上看,生存配偶在法国继承法上有过不公正的待遇,这是因为法律历来认为,先逝配偶的遗产属于整个家庭,而并不是家庭中的任何一

个成员。因此,在法国法律的规定下,生存配偶并不能自动继承先逝配偶的遗产。他们继承遗产的数额取决于子女的数量,他们只有在没有子女(或孙子女)的情形下,才享有法定的继承权。事实上,自2002年改革前,生存配偶的继承权顺位在先逝配偶的表兄弟之后。然而,自2002年以来,生存配偶的继承权状况已大为改进,夫妇采取额外的继承规划措施来确保他们的利益受到完全的保护。只有属于先逝配偶财产的那一部分才是继承法的内容,所以生存配偶通常会保留双方共同持有财产的百分之五十的所有权。① (2)生存配偶的法定应继份。《法国民法典》规定,先逝的配偶留有子女或直系卑血亲,在所有子女都是夫妻双方所生时,有继承权的配偶,由其选择,或者受领现存全部财产的用益权,或者受领四分之一财产的所有权;在有一子女或数子女并非夫妻双方所生时,有继承权的配偶受领四分之一财产的所有权。如被继承人没有子女或直系卑血亲,但其父与母健在,有继承权的配偶受领其财产之一半,其余一半转归其父与母各取遗产的四分之一。如被继承人的父或母已先逝,归父或母继承的财产之部分四分之一由死者的有继承权的配偶继承之。如被继承人既无子女或直系卑血亲,也无父、母,有继承权的配偶受领全部遗产。(3)生存配偶对被继承人遗产继承的所有权或用益权以及定期金转化。《法国民法典》规定,有继承权的配偶可在受领所有权与用益权之间进行选择,只要选择尚未进行,其权利不得转让。健在配偶是选择所有权还是选择用益权,得以任何方式证明之。任何继承人,均得以书面方式要求被继承人的健在配偶行使选择权;健在配偶如在三个月内仍然没有以书面形式做出选择决定,视其选择用益权。如有继承权的配偶尚未做出选择之前死亡,视其选择了用益权。《法国民法典》对有继承权的配偶用益权的转换也进行了规定,有继承权的健在配偶对其先逝配偶的财产的任何用益权,不论是以法律产生还是以遗嘱或赠与产生,在作为需有权人的继承人之一提出请求的情况下,或者应有继承权的配偶本人的请求,均可转换为终生定期金之权利。转换权不得放弃,各共同继承人不因先逝者的意思表示而被剥夺此项权利。如各方当事人达不成一致意见,转换请求提交法官处理,直至财产最终分割,均可提出此项请求。如法官认可提出的转换请求,应确定定期金数额,并且确定作为债务人的共同继承人应当提供的保证以及确定适当的指数形式,以保持定期金的数额相当于用益权的原定数额。但是,法官不得违反健在配偶的意愿,命令将其作为主要住宅而占用的住房及其中配置的家具的用益权转换为定期金。由各继承人与被继承人的有继承权的健在配偶达成协议,可以将健在配偶享有的用益权转换为本金。用益权的转换包括在遗产分割活动之内,此种转换并不产生溯及力,当事人有相反

① SS2.1(2) of *French Inheritance Laws*, Historically, the surviving spouse has had something of a raw deal in French inheritance law. This is because the law has traditionally considered that the estate of the deceased belongs to the whole family, rather than any single member of it. The amount of the estate inherited by them depends on the number of children, and they only have statutory inheritance rights in the absence of children(or grand-children). Indeed, before reforms carried out in 2002, the order of inheritance placed the surviving spouse behind that of cousins of the deceased. Nevertheless, since 2002, the inheritance rights of the surviving spouse have substantially improved. and there are also additional inheritance planning measures than can be taken by a couple to ensure their interest are almost entirely protected. Only that part of the estate belong to the deceased is subject to inheritance laws, so a surviving spouse will normally retain ownership of at least 50% of their jointly held assets.

约定时除外。[①] (4)生存配偶对住房的居住权和使用权。《法国民法典》规定,在先逝的配偶死亡时,有继承权的健在配偶作为主住宅实际占有原属于夫妻双方的住房,或者实际占有全部属于被继承人遗产的住房,健在配偶在一年之内当然无偿地享用该住房以及住房内配备的属于遗产的动产。如该住房已经出租给他人居住,一年时间之内,随着租金的缴纳,由遗产占有人向健在配偶返还。在被继承人死亡时,有继承权的配偶实际占有原属于夫妻双方的或者全部属于遗产的住房作为主要住宅,对该住房享有居住权,对住房内配置的包括遗产内的家具享有使用权,直至其本人死亡,被继承人按照第971条规定的条件表示了相反意愿时,不在此限。被继承人按照第一款所指示条件表示剥夺(健在配偶的)居住权与使用权时,对健在配偶依据法律或赠与所得到的用益权不产生影响,此种权利仍然受其自有规则的约束。前述使用权与居住权按照第627条、第631条、第634条与第635条规定的条件行使。健在配偶、其他继承人或者继承人之一,可以要求对设置使用权与居住权的不动产制作状态说明书,对其内配备的家具进行盘点登记。尽管有第631条与634条之规定,如健在配偶的状况致使设置居住权与使用权的住房已经不能适应其需要时,其本人或其代理人可以将住房用于除商业或农业用途以外的出租,以便获得其本人新的居住条件所必要的收入。居住权与使用权的价值,计入健在配偶可受领的对遗产的权利。如果居住权与使用权的价值低于健在配偶应当继承权利的价值,健在配偶得从现有财产中受领不足之部分。如果居住权与使用权的价值高于健在配偶可以继承权利的价值,则健在配偶有义务按照超过的部分对遗产进行补偿。自配偶一方死亡之日起,有继承权的健在配偶可以在一年之内表明其享有此种使用权与居住权利益的意思。如住房是用于出租并收取租金,在一方配偶死亡时以主要住所之名义实际占用该场所的有继承权的健在配偶,对房屋配备的属于遗产内的动产享有使用权。有继承权的配偶和继承人,可以订立协议将居住权与使用权转换为终生定期金或者转换为本金。如果参与订立协议的所有有继承权的人中有未成年人或者受保护的成年人,所订立的协议应经监护法官批准。[②] (5)生存配偶对遗产的处分权。《法国民法典》第544、545条分别规定,所有权是最绝对地享用和处分物的权利,但法律或条例禁止使用的除外;非因公益使用之原因并且事先给予公道的补偿,任何人均不受强迫让与其财产所有权。

《日本民法典》对于夫妻一方死亡后生存配偶对继承遗产的处分权没有直接的相关立法,但是,该国就配偶的继承权及继承的顺序以及用益物权享用等进行了规定。(1)生存配偶的继承权。日本之继承权的取得与行使制度主要被规定在《日本民法典》的第五编“继承”之中。依该法之规定,因婚姻关系取得继承权的继承人为被继承人的配偶。《日本民法典》第890、900条分别规定,被继承人的配偶,为当然继承人。(2)生存配偶的继承顺序及继承份额。《日本民法典》规定,生存配偶在有依第887条或前条规定可成为继承人的人存在时,与其人为同一顺位。同一顺位的继承人有数人时,其继承份额按照下列各号的规定确定。子女与配偶同为继承人时,子女的继承份额与配偶的继承份额为各二分之一;配偶与直系尊亲属同为继承人时,配偶的继承份额为三分之二,直系尊亲属的继承份额为三分之一;配偶与兄弟姐妹同为继承人时,配偶的继承份额为四分之三,兄弟姐妹的继承份额为四分之一;子女、直系尊亲属或兄弟姐妹有数人时,各自的继承份额相等。但非婚生子女的继承份额为

---

① 《法国民法典》第759～762条。

② 《法国民法典》第763～766条。

婚生子女继承份额的二分之一;仅为父母一方相同的半血缘兄弟姐妹的继承份额为父母双方相同的兄弟姐妹的继承份额的二分之一。[①] 修订后的《日本民法典》第 904 条之二规定,共同继承人中,有对被继承人的事业提供劳务或给付财产、对被继承人治疗养护,或以其他方法对被继承人财产的维持、增加给予特别贡献的,则从被继承人在继承开始时所有财产的价额,扣除共同继承人以协议确定的上述人的贡献份额,将该数额视为继承财产。(3)生存配偶的特别贡献份额。根据第 900 条至 902 条的规定算出的继承份额加上贡献份额,以其合计额为辅助人的继承份额。前款没有达成协议或不能达成协议的,家庭法院根据前款规定做出贡献的人的请求,考虑做出贡献的时期、方法、程度、继承财产额及其他有关情况,确定其辅助份额。贡献份额,不得超过从被继承人在继承开始时所有的财产数额减去遗赠数额后的余额。[②] (4)生存配偶对遗产的处分权。《日本民法典》第 206 条规定,所有人在法令限制的范围内,享有自由使用、收益及处分所有物的权利。

《意大利民法典》对于夫妻一方死亡后生存配偶对继承遗产的处分权没有直接相关的立法,但是,该国就配偶的继承权及继承的顺序以及用益物权享用等进行了规定。(1)生存配偶的继承权。意大利之继承权的取得与行使制度主要被规定在《意大利民法典》的第二编"继承"之中。依该法规定,该法确认了被继承人配偶的继承权。此外,本法第 540 条第二款的规定准用于本条的情况。但是,如果在被继承人死亡以前已经另外缔结了有效婚姻,则善意配偶无继承权。尚未以终审判决宣告分居的配偶享有与未申请分居的配偶相同的继承权。本法第 548 条第 2 款的规定准用于已经由终审判决宣告分居的配偶。(2)生存配偶的继承顺序及继承份额。《意大利民法典》规定,在配偶与婚生子女或非婚生子女共同参加继承的情况下,如果子女只有一人,则配偶有权取得遗产的二分之一,在其他情况下,配偶享有遗产的三分之一。如果父母参加继承,则配偶取得遗产的三分之二,父母取得另外三分之一。在配偶与直系尊亲属、兄弟姐妹共同参加继承的情况下,无论是直系尊亲属与兄弟姐妹都参加继承,还是只有直系尊亲属或兄弟姐妹一方参加继承,配偶都可以取得遗产的三分之二。在非婚生子女死亡时即未留有子女也未留有父母,但是留有配偶的情况下,遗产全部由配偶继承。在没有婚生子女或者非婚生子女没有直系尊亲属、没有兄弟或姐妹参加继承的情况下,由配偶继承全部遗产。如果在配偶一方死亡之后婚姻被宣告无效,则本法规定的属于配偶的遗产份额同样属于尚生存的善意配偶。[③] (3)生存配偶的房屋居住权。《意大利民法典》第 540 条规定,即使在有其他人参加遗产分配的情况下,如果用作居所的房屋和家具的所有权属于被继承人或者属于配偶双方,则房屋的居住权以及使用家具的权利属于配偶。上述权利由可处分份额承担,在可处分份额不够的情况下,不足部分由配偶的应继份承担,

① 渠涛编译:《最新日本民法》,法律出版社 2006 年版,第 193、195 页。

② 《日本民法典》,王爱群译,法律出版社 2014 年版,第 145～146 页。

③ 《意大利民法典》第 542 条、第 579 条、第 581～586 条。

仍然不够的,由子女的应继份承担。[①] (4)生存配偶对继承遗产的处分权。《意大利民法典》第832条规定,在法律规定的范围内并且在遵守法律规定的义务的前提下,所有权人对所有物享有完全的、排他的使用和处分的权利。

## 二、英美法系国家的立法例

英国对夫妻一方死亡后生存配偶对继承遗产的处分权没有直接相关的立法,但是,该国就生存配偶的继承权及继承的顺序以及用益物权享用等进行了规定。后死的配偶对于死者所遗未处分的财产,有第一位的权利。[②] 英国之继承权的取得与行使制度被分散地规定在《遗产管理法令》《无遗嘱继承法》等法规中。关于生存配偶的继承顺序、继承份额及住房优先权等的规定主要有:(1)生存配偶的继承顺序和继承份额。英国的继承法规定,若无遗嘱者死亡时留有配偶及子女,配偶先取一定的法定遗产份额及自无遗嘱者死亡之日起该先取遗产的法定利息加上无遗嘱死亡者的动产,并对剩余遗产的一半享有终身权益,剩余遗产的另一半为子女利益而信托持有。如果无遗嘱者在1987年6月1日至1993年11月30日死亡,生存配偶先取的该法定遗产是7.5万英镑,在1993年12月1日之后死亡的,其先取的该法定遗产是12.5万英镑。若无遗嘱死亡者未留下晚辈直系血亲、父母、全血缘的兄弟姐妹及其晚辈直系血亲时,剩余遗产以信托方式为生存配偶一方持有。配偶与父母或全血缘的兄弟姐妹及其晚辈直系血亲共同继承时,配偶的继承份额为法定先取份额及该先取遗产的法定利息,加上无遗嘱死亡者的动产,并对剩余遗产的一半享有绝对权益,剩余遗产的另一半为父母利益而信托持有。如无遗嘱死亡者未留下父母,则配偶与其全血缘的兄弟姐妹共同继承。无遗嘱死亡者在1987年6月1日至1993年11月30日之间死亡的,生存配偶先取的该法定遗产是12.5万英镑,在1993年12月1日之后死亡的,生存配偶先取该法定遗产是20万英镑。[③] (2)生存配偶对住房的优先权。根据《无遗嘱者遗产法》之规定,如果生存配偶生前与被继承人共同生活,被继承人死亡后该生存配偶希望获得该住房时,不管住房的价值少于、等于或大于该配偶所享有的继承份额,其可以要求遗产代理人分配该住房,而非用其他财产满足该生存配偶所继承的遗产。该权利应当在授予遗产管理委任书之日起12个月之内行使,在这12个月之内,未经生存配偶书面同意,遗产代理人不得处分该住房。但是在特殊情况下,如在被继承人死亡时该住房并非用于家庭之用,或者该住房为某建筑物

---

① 《意大利民法典》第540条规定又被译作:"为配偶的利益,保留配偶他方的财产二分之一。但不妨碍关于与子女竞合场合的第五百四十二条的规定。配偶,即使与其他被传唤人竞合时,对于家族居住的房屋居住权利及在曾为死者的所有或者共有场合,对于曾为其备品的动产的使用权利,亦应保留。此种权利,在处分可能部分上成为负担,而且在其不充分时,关于其残余部分,在其配偶特留份的份额上,而且有时在为其子女保留的份额上成为负担。"参见陈国柱:《意大利民法典》,中国人民大学出版社2010年版,第110页。

② [英]靳克斯:《英国法》,张季忻译,中国政法大学出版社2007年版,第227页。

③ [英]安德鲁·伊沃比(Andrew Iwobi):《继承法基础》(Essential Succession)(英文版,第2版),武汉大学出版社2004年版,第147页。转引自陈苇主编:《外国继承法比较与中国民法典继承编制定研究》,北京大学出版社2011年版,第391页。

的一部分，而该整栋建筑物构成剩余遗产的一部分等情况下，生存配偶不能行使此优先权。[①] (3)生存配偶的遗产处分权。每个英国公民固有的第三项权利是私有财产权，指的是公民对其所有的获得都有权自由使用、享有和处理，除英国法律外，这种权利不受任何其他因素的控制和削弱。英国《大宪章》宣布：未经与其地位相当之人的判决或不依据本国法律，不得侵占或剥夺任何自由人所拥有的自由保有的不动产权、自由权及免税权。此外，在违反《大宪章》或英国法的情况下，国王不得没收任何人的土地或动产，并且任何人都不应被剥夺继承权等权利。[②] 所有权是某人对某物能够享有的最高权利或权利集合，这是一种终极权利。[③]

美国对于夫妻一方死亡后生存配偶对继承遗产的处分权没有直接相关的立法，但该国就生存配偶的继承权及继承的顺序、继承的份额等进行了规定。由于美国各州的立法不相同，我们主要依据美国《统一遗嘱检验法典》的相关规定进行研究，主要内容如下：(1)生存配偶的继承顺序。美国《统一遗嘱检验法典》规定，无遗嘱继承人，分为血亲继承人与配偶继承人。配偶为不固定顺序的继承人，其可与子女或父母一起共同继承遗产。(2)生存配偶的继承份额。美国《统一遗嘱检验法典》第2～102条，配偶与子女共同继承时，根据参与继承的子女的不同情况，其继承的遗产为先取不同的遗产份额加上剩余遗产的不同比例。该具体继承的遗产份额为：如果无遗嘱者死亡后未留下子女或者父母，或者无遗嘱死亡者只留下配偶双方共同的子女，则生存配偶取得所有遗产。如果无遗嘱死亡者未留下子女，但留有父母一方，则生存配偶首先取得20万美元遗产，再加上无遗嘱死亡者剩余遗产的3/4。如果无遗嘱死亡者留下的子女为配偶双方共同的子女，且生存配偶单方留有一个或多个非与死者共同所生的子女，则生存配偶首先取得15万美元遗产，再加上无遗嘱死亡遗产剩余部分的一半。如果无遗嘱死亡者留下一个或多个子女，该子女非为生存配偶一方的子女，则生存配偶首先取得10万美元遗产，再加上无遗嘱死亡者剩余遗产的一半。[④] (3)生存配偶对住宅及动产享有权利。近现代以来，美国几乎所有州都规定生存配偶对家宅特留份享有权利，且该权利不受债权人的追索。各州规定配偶从家宅中取得的财产价值大小不等，有的州规定为1万美元，有的州规定为1.5万美元，有的州不考虑家宅的价值大小，全部由配偶享有。一些州将家宅延伸到家庭企业或农场。一些州甚至规定，即使配偶不是继承人或遗嘱受益人，仍然可以对家宅享有终身居住权。[⑤] 生存配偶还可以从死者动产中先取一定的动产，该动产也不受债权人追索。通常情况下，这些豁免财产为有形财产，包括家具、食物、珠宝、步枪、运动器械、非用于收益的车辆、一定的农场动物及家庭宠物等。各州规定的该豁免财产的价值不一。美国《统一遗嘱检验法典》第2～403条规定，生存配偶对家宅中的动产享有的

---

① Intestate's Estates act, Second Schedule, ss 1-7。转引自陈苇主编：《外国继承法比较与中国民法典继承编制定研究》，北京大学出版社2011年版，第391～392页。

② [英]威廉·布莱克斯通：《英国法释义》，游云庭等译，上海人民出版社2006年版，第158页。

③ [英]丹尼斯·基南：《英国法》(第14版)，法律出版社2008年版，第971页。

④ 陈苇主编：《外国继承法比较与中国民法典继承编制定研究》，北京大学出版社2011年版，第394页。

⑤ Descent and Distribution of Real and Personal Property-Chapter 190, s1. 转引自陈苇主编：《外国继承法比较与中国民法典继承编制定研究》，北京大学出版社2011年版，第395页。

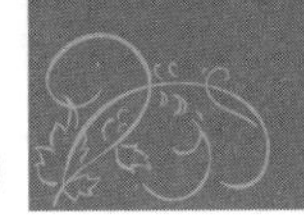



价值限于 1.5 万美元,而一些州规定为 5 万美元,或者更高。[①] 此外,根据美国《统一遗嘱检验法典》第 2～404 条规定,法律授权遗嘱检验法院向生存配偶提供家庭扶养补助费。[②] (4)生存配偶对遗产的处分权。《美国财产法重述》第 117 条规定:财产所有权人,对其财产享有的权利不受任何人侵犯,包括其现在的和未来的利益。[③]

澳大利亚对于夫妻一方死亡后生存配偶对继承遗产的处分权没有直接相关的立法,但该国就生存配偶的继承权及继承的顺序、继承的份额等进行了规定:(1)生存配偶的继承顺序。澳大利亚无固定的继承顺序,其法定的继承顺序在一些州的立法规定略有不同。在新南威尔士州、维多利亚州、南澳大利亚州、塔什玛尼亚州和澳大利亚首都地区,配偶可与应召继承的晚辈直系血亲一起继承,如无被继承人的晚辈直系血亲时,由配偶取得全部遗产。但是在昆士兰州、西澳大利亚州和北部地区,法律规定配偶可与应召继承的晚辈直系血亲、父母、兄弟姐妹及其子女(或晚辈直系血亲)一起继承,在无前述继承人时,配偶一人继承而取得全部遗产。[④] (2)生存配偶的继承份额。与晚辈直系血亲共同继承时,配偶的应继份。除昆士兰州外,其他所有辖区都规定,生存配偶在与晚辈直系血亲继承时,有权先取法定的一定的遗产份额,并获得剩余遗产的一半;若遗产未超过该法定的遗产份额,则配偶取得全部遗产。该法定的遗产份额在不同的辖区规定有所不同。如在新南威尔士州,如果没有其他法规的规定,且遗产没有超过 20 万美元,配偶有权获得全部遗产。如果遗产价值超过了 20 万美元,配偶有权先取 20 万美元的遗产并加上剩余遗产的一半。在此情形下,子女之间均等分割剩下的另一半遗产。在西澳大利亚州和塔什玛尼亚州,配偶先取的法定遗产份额是 5 万美元,北部地区是 6 万美元,南澳大利亚州为 1 万美元。昆士兰州法律规定,生存配偶先取的遗产份额为 15 万美元,对剩余遗产的继承份额视子女的多少而定,如果无遗嘱死亡者存在生存配偶和一个子女,配偶和子女取得相等的份额,但如果子女超过一人,配偶则获得 1/3 的份额,而子女间均等分割剩下的 2/3 的遗产份额。无晚辈直系血亲继承时,配偶的应继份。此情况有两种立法例:一是配偶取得全部遗产;二是配偶与兄弟姐妹、父母共同继承。在此情况下,配偶的继承份额为一定的法定遗产份额加上剩余遗产的一半。[⑤] (3)生存配偶对住宅及动产享有的权利。生存配偶对无遗嘱者死亡时居住的住房享有优先权。如南澳大利亚州及北部地区规定:在无遗嘱者死亡时,居住在住房内的生存配偶,可以选择根据该住房的价值获得该住房中的利益,该住房的价值在该配偶继承的剩余遗产价值中扣除,如果该住房的价值超过其应当继承的遗产,则生存配偶应当填补此差价。在生存配偶做出选择之前或者除非选择的期限已过,遗产管理人不得处分该住房。除昆士兰州和塔什玛尼亚

① Gerry W. Beyer, Wills Trusts and Estates(Second Edition), Beijing: Citic Publishing House, 2003, pp.241-242. 转引自陈苇主编:《外国继承法比较与中国民法典继承编制定研究》,北京大学出版社 2011 年版,第 395 页。

② 陈苇主编:《外国继承法比较与中国民法典继承编制定研究》,北京大学出版社 2011 年版,第 395 页。

③ 薛源编著:《美国财产法》(第二版英文),对外经济贸易大学出版社 2012 年版,第 57 页。

④ Ken Mackie and Mark Burton, Outline of Succession(Second Edition), Sydney: Butterworth, 2000, pp.180, 183. 转引自陈苇主编:《外国继承法比较与中国民法典继承编制定研究》,北京大学出版社 2011 年版,第 399 页。

⑤ 陈苇主编:《外国继承法比较与中国民法典继承编制定研究》,北京大学出版社 2011 年版,第 400 页。

州外，澳大利亚的其他地区都规定生存配偶有权获得一部分死者的个人物品。[①] 在新南威尔士州和西澳大利亚州，生存配偶有权获得死者的“家产中的动产”。而且，在这些州生存配偶可以选择遗产管理人以信托的方式为生存配偶的利益托管死者在婚姻住房中的权益。[②]

(4)生存配偶对遗产的处分权。澳大利亚维多利亚州 1958 年的《财产法》(Property Law Act 1958 Victoria Au)第 25 条规定，土地所有权人或占有人对其享有绝对的权利，任何人不得非法干涉和侵害。[③]

## 第八节　立法发展趋势

### 一、立法体例结构发展趋势

生存配偶对继承遗产处分权之立法体例结构发展趋势主要有两种：第一种立法体例是专门条款；第二种立法体例是分散立法。目前，世界上绝大部分国家采取分散立法的模式。其在关于生存配偶继承权及应继份的规定中反映了对生存配偶继承权的保护。我国《继承法》第 30 条则以专门条款强调保护生存配偶对继承遗产之处分权。从前述引证的现实中发生的案件看，我国以专门条款的形式规定生存配偶对继承遗产的处分权是有必要的。这既是对传统的“禁止寡妇携产再嫁”的落后封建残余思想的摒弃，同时，也是对保障生存配偶继承人之财产权利的宣示。

### 二、立法内容的发展趋势

#### （一）强化对生存配偶的财产所有权的尊重和保护

从国外立法看，在法定继承人的范围上，生存配偶是法定继承人，有权享有法定应继份以及法定先取权、居住权、用益权等，这体现了对生存配偶的尊重和保护。在我国，我国现行《宪法》第 13 条规定，公民的合法的私有财产不受侵犯。国家依照法律规定保护公民的私有财产权和继承权。我国《物权法》第 65 条、第 66 条、第 29 条分别规定，“……国家依照法律规定保护私人的继承权及其他合法权益”；“私人的合法财产受法律保护，禁止任何单位和个人侵占、哄抢、破坏”；“因继承或者受遗赠取得物权的，自继承或者受遗赠开始时发生效力”。财产权独立，是人格权独立的基础和前提。寡妇带产再婚是其对所继承的遗产行使所有权的重要体现。因为所有权中存在人的意志这种心素，只要所有权人依然未丧失对物的精神掌控，所有权便仍然存在，即便“这个外在物事实上不是在我的占有中，如果别人动用它，我可以认为这是对我的侵害”。[④] 我国《继承法》第 30 条的立法主旨，就是保护生存配偶的继

---

① 陈苇主编：《外国继承法比较与中国民法典继承编制定研究》，北京大学出版社 2011 年版，第 401 页。

② [澳]青·马蒂、马克·波顿：《澳大利亚继承概要》，陈苇主持编译，西南政法大学外国家庭法及妇女理论研究中心 2007 年内部印刷，第 236～240 页。

③ http://www.austlii.edu.au/au/legis/vic/consol_act/pla1958179/s25.html，2016 年 8 月 25 日登录访问。

④ 马新彦：《罗马法所有权理论的当代发展》，载《法学研究》2006 年第 1 期。

承权,保护生存配偶通过继承取得的财产所有权,是对禁止寡妇携带继承所得遗产再嫁的传统封建落后习俗的否定。我国"民法典·继承编"在编纂过程中,应该充分考虑到保护生存配偶,特别是保护寡妇这一特殊群体的遗产继承权益。

### (二)我国《继承法》第30条的存与废将存在论争

从国外立法看,两大法系国家立法对生存配偶之继承遗产后的处分权均无直接规定,但这些国家的物权法中有保护个人所有权的规定。我国《继承法》第30条是否予以保留,对此学者们认识倾向于取消。正如前述,我国《继承法》的六份学者建议稿中都没有,夫妻一方死亡后另一方再婚的有权处分所继承的财产而任何人不得干涉的相关建议。而且,就现有的研究我们发现,关于我国《继承法》第30条的相关研究不多。究其原因,学者们可能认为我国《民法总则》《物权法》均规定了对自然人的个人财产所有权给予法律保护,[①]因此无须在未来的我国《继承法》中保留保护生存配偶对继承遗产处分权的规定。我们坚持认为,《继承法》作为民法中的特殊法,其理应体现其特殊性,《继承法》必须顾及我国民众的风俗人情及继承习惯。"习惯是个人的重复。习俗是一种社会的强制,是那些同样感觉和同样行动的人的集体意见对个人的强制。"[②]而且,前述20世纪以来我国发生的侵犯生存配偶继承死亡配偶遗产权利的典型案例,均反映了我国立法保护生存配偶对继承遗产的处分权仍然具有重要的现实意义。事实证明,法律不可能在短时间内改变人们千百年来形成的、同宗教信仰相连的习惯和看法。[③] 因此,我国《继承法》第30条的规定不应在未来的"民法典·继承编"的立法中被废除。

### (三)重视对生存配偶继承权的重点保护

近半个世纪以来,许多国家均在继承法上强化了配偶相对于其他血亲的权利。[④] 从前述国外立法看,两大法系国家的立法都重视对生存配偶继承权予以重点保护,如通过不固定配偶的继承顺序,使其与第二、三顺序法定继承人共同继承时,享有更大的应继份;再如赋予配偶婚姻住房居住权、家具先取权等。我国《继承法》第30条体现了保障生存配偶对其继承遗产有带产再婚的权利,这彰显了对生存配偶的继承权和财产权的特别保护。法律规定,生存配偶对继承的财产享有处分权,这符合法律的公平正义原则。生存配偶既然作为继承人参与继承,其继承所得的财产权利就应受到法律的保护。从本质上说,中国传统法律不过是特定时代道德体系的附庸,它的作用首先是以国家强制力来维护这个道德体系。[⑤] 我国《继承法》第30条之所以要针对生存配偶继承遗产后的财产处分权作出明确规定,就是因为我国一些地方仍然受传统的"财产不出家门"观念的影响,"寡妇带产再婚"的权利往往受到侵犯。因此,我们认为,我国"民法典·继承编"在编纂中,必须从中国的实际出发,汲取国外有益的立法经验,反映对生存配偶继承权给予重点保护这一立法趋势。

---

① 参见我国《民法总则》第39条;我国《物权法》第113条。

② [美]康芒斯:《制度经济学》(上),于树声译,商务印书馆1994年版,第185页。

③ 梁治平:《东西方法制观念的比较》,载《法律学习与研究》1986年第6期。

④ [德]雷纳·弗兰克、托比亚斯·海尔姆斯:《德国继承法》,中国政法大学出版社2015年版,第20页。

⑤ 梁治平:《东西方法制观念的比较》,载《法律学习与研究》1986年第6期。

# 第九章

# 评注第三十一条(遗赠扶养协议制度)

【我国《继承法》第三十一条　公民可以与扶养人签订遗赠扶养协议。按照协议,扶养人承担该公民的生养死葬义务,享有受遗赠的权利。公民可以与集体所有制组织签订遗赠扶养协议。按照协议,集体所有制组织承担该公民生养死葬的义务,享有受遗赠的权利。】

## 第一节　立法目的

根据我国《继承法》第31条之规定,遗赠扶养协议是遗赠人和扶养人为明确遗赠和扶养的权利义务关系所订立的协议。遗赠扶养协议制度是在总结我国民间实践的基础上形成和发展而来的,1985年我国将遗赠扶养协议纳入《继承法》的内容,其主要目的是解决老弱孤寡残疾人员的扶养问题。

《中华人民共和国法律诠释》编写委员会在对《继承法》的解释中指出:"遗赠扶养协议制度是我国《继承法》确立的一项新的法律制度。目的在于使那些无法定赡养义务人或者法定赡养义务人无法对其履行赡养义务的孤寡老人,因丧失劳动能力而缺乏生活来源和无独立生活能力的病残老人的生活有保障。""遗赠扶养协议是中华民族对老弱病残者都有所养的传统美德的法律体现,有利于支持、鼓励、发扬人们敬老助残的社会主义道德风尚,同时也为国家和社会减轻了负担。"①

我国1985年《继承法》确立的遗赠扶养协议制度是从"五保"制度中发展起来的。随着我国社会经济和社会保障制度的不断发展,我国的五保供养逐步被纳入国家的农村社会保障体系。1996年我国《老年人权益保障法》第23条规定:"农村的老年人,无劳动能力、无生活来源、无赡养人和扶养人的,或者其赡养人和扶养人确无赡养能力或者扶养能力的,由农村集体经济组织负担保吃、保穿、保住、保医、保葬的五保供养,乡、民族乡、镇人民政府负责组织实施。"2006年国务院公布并实施新的《农村五保供养工作条例》已规定将五保供养纳入国家社会福利保障体系,在地方政府财政预算中安排五保供养资金。至此,集体组织不再与"五保户"签订遗赠扶养协议。

但是1996年我国《老年人权益保障法》第24条仍明确规定:"鼓励公民或组织与老年人签订扶养协议或其他扶助协议。"可见,遗赠扶养协议制度依然是我国养老、扶老制度的重要组成部分。2013年新修订的我国现行《老年人权益保障法》第36条进一步规定:"老年人可

---

① 《中华人民共和国法律诠释》编写委员会:《中华人民共和国继承法诠释》(周贤奇主编),人民法院出版社1995年版,第181页。

以与集体经济组织、基层群众性自治组织、养老机构等组织或者个人签订遗赠扶养协议或者其他扶助协议。按照遗赠扶养协议,负有扶养义务的组织或者个人承担该老年人生养死葬的义务,享有受遗赠的权利。"这对于目前还不能纳入国家供养但又需要扶养的老人来说,伴随国家福利机构、公民个人或组织兴办的老年福利院、敬老院、老年公寓的养老,以及居家养老等养老模式的发展,其中的遗赠扶养模式不仅可以为老年人生前提供可靠的生活保障和死后的安葬,也可以减轻国家和社会的负担。综上所述,我国遗赠扶养协议制度的设立已明确地以"扶养"为立法目的,它是我国养老、扶老社会保障制度的一项重要补充措施。

## 第二节　本条的地位、价值与意义

### 一、本条的地位

遗赠扶养协议制度是我国继承立法特有的制度,其被规定在我国《继承法》第四章"遗产的处理"中。但是,对于遗赠扶养协议在《继承法》中应当处于什么位置,学者们存在不同的意见:(1)把遗赠扶养协议之规定作为遗嘱继承中遗赠的一部分;①(2)把遗赠扶养协议之规定作为遗产处理的一部分;②(3)把遗赠扶养协议之规定作为独立部分单列;③(4)有些学者建议引入国外继承合同制度,或者专章设立继承合同(继承契约),把遗赠扶养协议之规定作为其组成部分,④或者将遗赠扶养协议与继承合同并列作为一章内容,⑤或者将遗赠扶养协议与继承扶养合同并列规定;⑥(5)还有观点认为,遗赠扶养协议属于合同问题,不应在《继承法》中规定。⑦

我们认为,遗赠扶养协议制度应当在我国《继承法》中与法定继承、遗嘱继承两种制度一样并列规定,使其具有相对独立的法律地位。其主要理由如下:其一,遗赠扶养协议不是遗赠,遗赠是单方法律行为,遗赠扶养协议是一种双方法律行为,二者存在根本区别。其二,遗赠扶养协议不是单纯的遗产处理,其所包含的扶养内容是遗赠扶养协议的更为重要的方面。⑧ 其三,遗赠扶养协议不是单纯的财产性合同问题。遗赠扶养协议具有人身属性,不宜完全适用我国《合同法》中的规定,需要作出一定的特殊规定。其四,根据我国《继承法》第5

---

① 杨立新、朱呈义:《继承法专论》,高等教育出版社2006年版,第216页。

② 我国《继承法》将"遗赠扶养协议"规定在第四章"遗产的处理"中。杨立新、杨震等教授的立法建议稿也将遗赠扶养协议制度归入遗产处理问题中,参见杨立新、杨震等:《〈中华人民共和国继承法〉修正草案建议稿》,载《河南财经政法大学学报》2012年第5期,第22页。

③ 梁慧星主持:《中国民法典草案建议稿附理由·侵权行为编·继承编》,法律出版社2004年版,第223页;王利明主持:《中国民法典学者建议稿及立法理由·人格权编·婚姻家庭编·继承编》,法律出版社2005年版,第598页。

④ 徐国栋主编:《绿色民法典草案》,社会科学文献出版社2004年版,第292页。

⑤ 张玉敏主持:《中国继承法立法建议稿及立法理由》,人民出版社2006年版,第148页。

⑥ 朱凡:《我国〈继承法〉增设继承扶养合同研究》,载陈苇主编:《中国继承法修改热点难点问题研究》,群众出版社2013年版,第519～534页。

⑦ 杨立新、朱呈义:《继承法专论》,高等教育出版社2006年版,第216页。说明:此观点引自该专著,并不代表专著作者的观点。

⑧ 杨立新、朱呈义:《继承法专论》,高等教育出版社2006年版,第217页。

条规定，“继承开始后，按照法定继承办理；有遗嘱的，按照遗嘱继承或遗赠办理；有遗赠扶养协议的，按照协议办理。”我们认为，遗赠扶养协议与遗嘱继承、遗赠一样是直接取得受遗赠权的依据，且以其履行扶养义务而取得优先效力。遗赠扶养协议是以协议方式直接取得受遗赠权，是不同于法律规定、遗嘱指定的又一种方式，故遗赠扶养协议制度应当与法定继承制度、遗嘱继承制度一样具有独立的法律地位。

## 二、本条的价值

法律价值是社会主体普遍性价值追求的法律化，是法律中潜藏的价值，是法律追求的目标和法律问题的评价标准。遗赠扶养协议制度以其对自由、公平、秩序、效率的法律价值的彰显，满足着人们的需要。

### （一）自由价值

我国的遗赠扶养协议制度起源于我国现实生活中部分老人自愿地与法定继承人以外的其他公民或集体组织订立遗赠扶养协议的民间行为。英国学者洛克指出，“法律的目的不是废除或限制自由，而是保护和扩大自由。”[①]自由是法律的一种重要的价值目标。我国《继承法》确立的遗赠扶养协议制度，可以保障自然人自主选择扶养人的权利和自主处分个人财产的权利。遗赠扶养协议制度的立法目的，一方面要保障遗赠人受扶养的权利，保证其生养死葬有人承担，另一方面要保障扶养义务人取得遗赠的权利，实现对义务人履行扶养的遗赠给付。

遗赠扶养协议的制度设计充分体现了现代民法当事人意思自治的自由。其主要表现在：(1)当事人有选择是否订立协议的自由。自然人有选择采用遗赠扶养协议的自由，也有不选择的自由，任何组织或个人都不得强迫其订立遗赠扶养协议。(2)当事人有选择扶养人的自由，根据我国《继承法》第31条的规定，自然人可以自主选择法定继承人以外的其他自然人或者集体组织作为扶养人。(3)当事人有确定协议内容的自由，当事人双方可以就扶养的标准、扶养的方式、遗赠财产的数量(部分或全部)等通过自由协商确定。以上三个方面的自由都彰显了法律的自由价值。

### （二）公平价值

“以利益均衡作为价值判断标准来调整民事主体之间的物质利益关系、确定其民事权利和民事责任分派的要求，谓之公平。”[②]现代意义上的公平体现为利益分配上的相对均衡。遗赠扶养协议制度是我国《继承法》特有的制度，立法目的是解决老弱孤寡残疾者的扶养问题。遗赠人与扶养人签订遗赠扶养协议，由扶养人承担遗赠人生养死葬义务，而遗赠人死后将个人财产遗赠给扶养人所有。在遗赠扶养协议中，遗赠人和扶养人互享权利，互负义务，双方当事人从对方获得权益时都支付了相应的对价，遗赠扶养协议制度通过权利义务的公平分配，既保障老弱孤寡残疾者受扶养权的实现，也保障了履行扶养义务的法定继承人以外

① [英]洛克：《政府论》(下册)，叶启芳、瞿菊农译，商务印书馆1981年版，第35～36页。

② 徐国栋：《民法基本原则解释》，中国政法大学出版社2004年版，第53页。

的自然人等主体获得遗产的权利。[①] 这彰显了法律的公平价值。

遗赠扶养协议是双务、有偿性质的双方法律行为，我国《继承法》基于公平理念，赋予遗赠扶养协议被优先适用的效力。我国《继承法》第5条规定："继承开始后，按照法定继承办理；有遗嘱的，按照遗嘱继承或者遗赠办理；有遗赠扶养协议的，按照协议办理。"即遗赠扶养协议具有优先适用的效力，此可保障遗赠扶养协议约定之受遗赠人先于未履行扶养义务之遗嘱继承人、法定继承人实现取得遗产的权利，体现了权利义务相一致原则，符合法律之公平价值的要求。

(三)秩序价值

我国遗赠扶养协议制度通过保障公民自主选择扶养方式的权利和自主处分财产的自由权利，通过保障按约定履行扶养义务主体获得受遗赠的对价权利，从而保障社会养老秩序的良性运行，彰显法律的秩序价值。正如我国学者所言，秩序的维持在某种程度上是以存在着一个合理的健全的法律制度为条件的。[②] 遗赠扶养协议模式还有利于促进良好社会主义家庭秩序的维护。老年人可以在法定继承人以外选择适当的人订立遗赠扶养协议，保障自己生前能够得到较好的生活照料与精神慰藉，从而把遗产遗赠给扶养人。这既有利于维护良好的养老社会秩序，也可以在一定程度上促使晚辈亲属认真履行法定赡养义务，有利于良好家庭秩序的维护，发扬我国尊老爱幼、扶助病残的优良道德传统。

(四)效率价值

法律应当"以有利于提高效率的方式分配资源，并以权利和义务的规定保障资源的优化配置和适用。"[③]我国遗赠扶养协议制度作为一种养老资源配置的机制，具有良好的效率价值。

我国的遗赠扶养协议制度，采用扶养人生前负担的扶养费用以死后遗赠财产偿付的方式，此系自然人生前接受生养死葬的扶养与死后遗赠财产价值的交换手段。被扶养人生前对其个人财产仍然保持所有权，可以在不损害扶养人利益的情况下拥有对财产的使用和收益权，此制度设计开辟了养老的新途径，既实现了财产资源的优化配置，也减轻了国家社会保障的负担，反映了法律的效益价值。

目前，我们应当在市场经济环境下充分发挥遗赠扶养协议的功能，以达到法律与社会的进步、发展相协调的目标。我国社会化养老市场的发展，将激励更多的公民、组织加入到社会化养老事业中来，并以市场化的利益驱动方法激发人们不断提升社会化养老服务质量的积极性和创造性，我国的遗赠扶养协议制度将发挥出更大的效率价值。

## 三、本条的意义

我国以立法形式确立遗赠扶养协议符合中国国情，有着重要的社会意义。

---

① 法定继承人作为扶养义务人与法定继承人以外的人作为扶养义务人的区别在于：法定继承人本身对被继承人负有扶养的法定义务，而法定继承人以外的人的扶养义务是约定产生的。参见陈苇主编：《外国继承法比较与中国民法典继承编制定研究》，北京大学出版社2011年版，第434页。

② 李宏：《遗嘱继承的法理研究》，中国法制出版社2010年版，第181页。

③ 张文显：《当代西方法哲学》，吉林大学出版社1987年版，第242页。

(一)解决老弱孤寡残疾者的扶养问题

首先,如前所述,从我国遗赠扶养协议立法的产生背景来看,其在历史上就为解决计划经济时期老弱孤寡残疾的"五保"人员的扶养问题而产生并发挥了重要作用。我国《继承法》设立遗赠扶养协议制度,明晰当事人双方的权利义务,确认遗赠扶养协议优先被适用的法律效力,使集体组织能够更好地对"五保"人员履行扶养义务,也有利于鼓励具有扶养能力的公民投入到"五保"人员的扶养工作中来,保障"五保"人员的合法权益,使其生前能有生活保障,死后能得到安葬,避免了五保对象的亲属与集体组织之间纠纷的发生。①

如今,遗赠扶养协议正作为我国养老、扶老社会保障制度的一项重要补充措施发挥作用。根据国家统计局统计数据,2018 年年末我国 60 周岁以上人口 24949 万人,占人口总数的 17.9%,其中 65 周岁以上的人口 16658 万人,占人口总数的 11.9%。② 目前,我国老龄人口总量世界第一,老龄化发展速度也居于世界首位。中国现代社会所面临的人口老龄化、高龄化、空巢化等问题,需要家庭义务的履行、国家职责的履行,全社会力量的发挥。③ 遗赠扶养协议签订后,老年人仍然对其个人财产拥有所有权,受遗赠人(扶养人或集体组织)只有在履行了生养死葬的扶养义务后,才能取得约定的全部或部分遗产。我国《执行〈继承法〉的意见》规定,对于遗赠扶养协议,如果作为扶养义务方的受遗赠人无正当理由不履行,致协议解除的,不能享有受遗赠的权利,其支付的供养费一般不予补偿。④ 该制度可以更好地保护老年人权益。虽然我国现有的一些社会保障措施可以在一定程度上帮助老年人养老,但是老年人的生活并非简单的物质问题,还有精神生活等方面的问题。我国老年人可以依法选择订立遗赠扶养协议,自行安排自己的晚年生活,选择适合自己的扶养人,这既能保障基本的生活,又能提高精神生活的质量,以期全面实现"老有所养"。

(二)弘扬中华民族的传统美德

养老育幼、照顾病残者是中华民族的优良传统美德,我们应当坚持并发扬光大。我国的遗赠扶养协议制度,通过明确扶养人与遗赠人(受扶养人)的权利义务,鼓励广大社会公民、组织承担社会责任,为那些无法定赡养义务人的或者法定赡养义务人无法对其履行赡养义

---

① 此外,我国有学者认为,我国计划经济时期,在我国广大农村发展起来的"五保"供养制度,解决了无劳动力、生活没有依靠的鳏寡孤独社员的生活保障问题,但是对"五保户"遗产的处理却也备受争议:一种意见认为,农村集体生产组织承担了扶养"五保"老人的义务,根据权利义务相一致的原则,其遗产应当归集体生产组织所有;另一种意见认为,"五保"制度是社会对孤寡老人所采取的一种社会保障措施,集体组织不应当计较"五保"老人的遗产,应当交给其亲属(主要是出嫁女儿)继承。全国各地对五保户遗产的处理做法不一,引起了一些纠纷。参见刘春茂:《中国民法学 · 财产继承》,中国人民公安大学出版社 1990 年版,第 493 页。

② 数据来源于国家统计局官网,http://www.stats.gov.cn/tjsj/zxfb/201901/t20190121_1645752.html.访问日期:2019 年 5 月 4 日。

③ 我国《老年人权益保障法》第 20 条规定:"经老年人同意,赡养人之间可以就履行赡养义务签订协议。赡养协议的内容不得违反法律的规定和老年人的意愿。基层群众性自治组织、老年人组织或者赡养人所在单位监督协议的履行。"此即对赡养协议,相关组织有权监督协议的履行。

④ 我国《执行〈继承法〉的意见》第 56 条。

务的,以及无独立生活能力的老弱孤寡残疾者提供扶养和照料。尤其是特殊情况下,在扶养义务履行时间长,扶养供给高于遗赠财产价值等情形下,扶养人尽职履行扶养义务,有利于弘扬中华民族养老育幼、照顾病残者的传统美德。

(三)减轻国家社会保障的负担

我国现行《宪法》第 45 条规定,中华人民共和国公民在年老、疾病或丧失劳动能力的情况下,有从国家和社会那里获得物质帮助的权利。也就是说,国家有责任对这些人提供完善的社会保障。但是高速发展的人口老龄化与我国正逐步完善的社会福利事业之间尚有差距,我国需要动员全社会的各种力量来共同解决老弱孤寡残疾者的养老问题。从老年人的养老体系角度看,我国现行《老年人权益保障法》第 5 条明确规定,国家建立和完善以居家为基础、社区为依托、机构为支撑的社会养老服务体系。遗赠扶养协议制度将在社会养老保障体系中分担国家和社会责任:对不符合国家供养又需要扶养的老人,国家鼓励公民个人或组织兴办老年福利院、敬老院、老年公寓,让老年人自愿入住养老,或按照遗赠扶养协议解决养老问题,或愿意选择居家养老的老人,由其他公民、集体、社区等上门服务,协助养老。而遗赠扶养协议符合老年人养老不离家的意愿。有一定财产的老人,可依法与法定继承人以外的自然人或组织订立遗赠扶养协议,自行安排晚年生活,此种养老模式有利于减轻国家和社会负担。

## 第三节　遗赠扶养协议制度的演变

20 世纪 80 年代,原人大常委法制工作委员会主任王汉斌在“继承法的草案”说明中曾指出:“在民间,特别是农村,有的老人与扶养人签订遗赠扶养协议,规定扶养人承担扶养老人的义务,享有受遗赠的权利。有些地方的缺乏劳动能力又缺乏生活来源的公民与所在集体所有制组织签订‘五保’协议,规定集体所有制组织承担供养‘五保户’生养死葬的义务,‘五保户’死亡后,遗产归集体所有制组织所有。实践证明,我国从目前实际情况出发,采取这些办法,有利于老人的照顾、扶养,对老人安度晚年很有好处。草案将这些好的做法,用法律形式加以肯定。”[①]可见,我国《继承法》中的遗赠扶养协议制度是在总结我国民间已经存在的村民与集体所有制组织之间建立的“五保”协议,以及村民之间建立的遗赠扶养协议的基础上形成和发展起来的。

1949 年中华人民共和国成立后,“五保”制度在我国农村土地改革和建立农业合作社的过程中逐步建立起来。“五保”的内容主要是农村合作社对社内缺乏劳动能力、生活上没有依靠的鳏寡孤独的社员,在生产上适当安排,让他们参加力所能及的劳动,在生活上适当照顾,做到保吃、保穿、保住、保医、保葬(儿童和少年为保教)。[②] 在新中国成立初期的广大农

① 刘南征、张佩霖:《遗赠扶养协议初探》,载《法学研究》1985 年第 3 期。

② “五保”的对象包括无亲属扶养、缺乏劳动能力又缺乏生活来源的老人、残疾人、未成年的孤儿;农村老人丧失劳动能力,而独生子女因入赘或出嫁无力进行赡养的,也可享受五保待遇。“五保”的方式包括签订“五保”供养协议,按照协议的规定,集体生产组织负责照料“五保”老人的日常生产、生活以及死后埋葬,“五保户”的遗产归集体生产组织所有。

村，享受“五保”待遇的老人，一般遗产很少，“五保”供养实际上是一种农村集体建立的社会福利事业，是社会保障制度的组成部分。“五保”制度在1956年第一届全国人大第三次会议通过的《高级农业生产合作社示范章程》中作出了最初的规定。[①] 1960年第二届全国人大第二次会议通过的《一九五六年到一九六七年全国农业发展纲要》中，对该制度作出进一步规定。[②] 党的十一届三中全会以后，我国对生活上没有依靠的老、弱、孤、寡、残疾的社员，继续实行“五保”供给。我国有学者研究指出，1983年，根据全国“五保户”普查工作的数据显示，许多“五保户”与所在集体所有制组织签订了“五保”供养协议。[③] 我国《继承法》起草时，在我国农村“五保”供养协议制度基础上设立了适用于我国城乡的遗赠扶养协议制度。[④] 1985年颁行的我国《继承法》，第一次明文确立了遗赠扶养协议制度。同年9月11日最高人民法院颁布的《执行〈继承法〉的意见》第55条规定：“集体组织对‘五保户’实行‘五保’时，双方有扶养协议的，按协议办理；没有扶养协议，死者有遗嘱继承人或法定继承人要求继承的，按照遗嘱继承或法定继承处理，但集体组织有权要求扣回‘五保’费用。”至此，遗赠扶养协议被以法律制度形式正式在我国全面实施。

## 第四节　本条规范的构成要件

遗赠扶养协议是指遗赠人与扶养人签订的，由遗赠人遗赠个人财产给扶养人所有，扶养人承担遗赠人生养死葬义务的协议。[⑤] 本条规范主要有如下构成要件：

### 一、遗赠扶养协议的主体

根据我国《继承法》第31条之规定，遗赠扶养协议的主体，一方当事人是遗赠人同时也是受扶养人，其享有接受扶养的权利而后承担遗赠财产的义务；另一方当事人是扶养义务人同时也是受遗赠人，其承担生养死葬的义务而后享有接受遗产的权利。可见，遗赠人（受扶养人）必须是自然人，扶养人（受遗赠人）应为法定继承人以外的自然人或集体所有制组织。因为，根据我国现行《婚姻法》的规定，互负扶养义务的法定继承人对受扶养人应当履行法定扶养义务，此法定扶养义务是无偿的，故法定继承人不能与被继承人签订有偿的遗赠扶养协议，所以，我国《继承法》排除了法定继承人作为遗赠扶养协议的主体资格。我国现行《老年人权益保障法》第36条规定：“老年人可以与集体经济组织、基层群众性自治组织、养老机构

---

① 1956年《高级农业生产合作社示范章程》第九章“文化福利事业”第53条规定：“农业生产合作社对缺乏劳动力或者完全丧失劳动力、生活没有依靠的老、弱、孤、寡、残疾的社员，在生产上和生活上给以适当的安排和照顾，保证他们的吃、穿和柴火的供应，保证年幼的受到教育和年老的死后安葬，使他们生养死葬都有依靠。”

② 《一九五六年到一九六七年全国农业发展纲要》第30条规定：“农业合作社对于社内缺乏劳动力、生活没有依靠的鳏寡孤独的社员，应当统一筹划，指定生产队或者生产小组在生产上给以适当的安排，使他们能够参加力能胜任的劳动；在生活上给以适当的照顾，做到保吃、保穿、保烧（燃料）、保教（儿童和少年）、保葬，使他们的生养死葬都有指靠。”

③ 刘春茂：《中国民法学·财产继承》，人民法院出版社2008年版，第382～383页。

④ 张平华、刘耀东：《继承法原理》，中国法制出版社2009年版，第373页。

⑤ 陈苇主编：《婚姻家庭继承法学》（第二版），群众出版社2012年版，第375页。

等组织或者个人签订遗赠扶养协议或者其他扶助协议。"可见,遗赠扶养协议的扶养主体只应为法定继承人以外的其他自然人、集体经济组织、基层群众性自治组织、养老机构等。

我国现行《继承法》未对遗赠扶养协议主体要件进行明确规定,遗赠扶养协议主体要件的内容主要体现在我国司法部《遗赠扶养协议公证细则》中,其第 4 条规定:"遗赠人必须具有完全民事行为能力、有一定的可遗赠财产并需要他人扶养";第 5 条规定:"扶养人必须是法定继承人以外的公民或组织,并具有完全民事行为能力、能履行扶养义务。"由此,遗赠扶养协议主体需要符合两个成立条件:一是,双方当事人均具有完全民事行为能力;二是,遗赠人具备一定的财产(即遗赠能力),扶养人具备相应的扶养能力。

## 二、遗赠扶养协议的形式

我国现行立法并未明文规定遗赠扶养协议是否为要式法律行为。我国司法部《遗赠扶养协议公证细则》是遗赠扶养协议选择采用公证方式时的依据。虽然也有学者主张遗赠扶养协议应为非要式行为,以保护处于事实状态的遗赠扶养关系,①但是更多的学者主张采用要式形式。如有的学者认为,"遗赠扶养协议涉及扶养人和受扶养人的双方重大利益,且存续时间较长,法律对其形式应有严格的要求。采用书面形式有利于维护当事人双方的利益。"②有的学者认为,"为了慎重起见,以及避免日后的纠纷,遗赠扶养协议以书面形式订立并须有 2 个以上的见证人到场见证。"③也有的学者认为,公证可以确保遗赠扶养协议的实际履行,解决遗赠扶养协议执行难的问题,故此协议订立后,应到公证机关办理公证手续。④

## 三、遗赠扶养协议的内容

遗赠扶养协议的内容,是指双方当事人的权利和义务。我国司法部《遗赠扶养协议公证细则》第 2 条规定,遗赠扶养协议是遗赠人和扶养人为明确相互之间遗赠和扶养的权利义务关系所订立的协议。按照约定,扶养人承担受扶养人的生养死葬义务并享有受遗赠的权利,受扶养人享有受扶养的权利并履行将自己的财产于死后转归扶养人所有的义务。我们认为,遗赠扶养协议中应当载明提供扶养的具体要求或办法,遗赠财产的种类、名称、数量、价值、产权等其他状况,还可以约定遗赠人的债权债务状况及处理意见,遗赠财产的保护措施,协议变更、解除的条件和违约责任等。对于扶养的标准约定不明的,应当参照当地社会生活水平并综合考虑受扶养人的生活水平执行;对于遗赠财产约定不明的,推定为遗赠人的全部财产为标的。

## 四、遗赠扶养协议的效力

遗赠扶养协议是我国《继承法》规定的适用效力最高的遗产转移方式。我国《继承法》第 5 条规定,在继承开始后,按照法定继承办理;有遗嘱的,按照遗嘱继承或遗赠办理;有遗赠

---

① 王国兴:《对事实上的遗赠扶养协议关系应承认和保护》,载《法学》1986 年第 9 期。

② 梁慧星主持:《中国民法典草案建议稿附理由·侵权行为编·继承编》,法律出版社 2004 年版,第 225 页。

③ 张玉敏主持:《中国继承法立法建议稿及立法理由》,人民出版社 2006 年版,第 152 页。

④ 王红梅:《试分析遗赠扶养协议的订立》,载《安徽警官职业学院学报》2002 年第 2 期。

扶养协议的，按照协议办理。我国《执行〈继承法〉的意见》第 5 条也规定，被继承人生前与他人订有遗赠扶养协议，同时又立有遗嘱的，继承开始后，如果遗赠扶养协议与遗嘱没有抵触，遗产分别按协议和遗嘱处理；如果有抵触，按协议办理，与协议抵触的遗嘱全部或部分无效。由此可见，我国的遗赠扶养协议是双方当事人协议直接取得受遗赠权的根据。[①] 遗赠扶养协议的适用效力优先于遗嘱继承、遗赠和法定继承。

### 五、遗赠扶养协议的解除及法律后果

遗赠扶养协议的解除主要有以下两种情况：一是双方协议解除；二是一方无正当理由不履行义务，导致协议解除。[②] 对于遗赠扶养协议解除的法律后果，我国《执行〈继承法〉的意见》第 56 条规定："扶养人或集体组织与公民订有遗赠扶养协议，扶养人或集体组织无正当理由不履行，致协议解除的，不能享有受遗赠的权利，其支付的供养费一般不予补偿；遗赠人无正当理由不履行，致协议解除的，则应偿还扶养人或集体组织已支付的供养费。"对于如何解除遗赠扶养协议的程序等，我国尚缺乏相关规定。

## 第五节　重要学术观点与争议

本节主要考察近年来我国学者提出的继承法学者建议稿中有关遗赠扶养协议制度的观点，主要包括：梁慧星、徐国栋、王利明、张玉敏、陈苇、杨立新共计六份继承法学者建议稿。

### 一、重要学术观点

梁慧星等学者在《中国民法典草案建议稿附理由》[③]"继承"编中分设通则、法定继承、遗嘱处分、遗赠扶养协议、遗产的处理五章。专章规定遗赠扶养协议，遗赠扶养协议是自然人(遗赠人、受扶养人)与扶养人或集体组织订立的，以被扶养人的生养死葬及其死亡时财产的遗赠为内容的协议。(1)遗赠扶养协议的主体。扶养方可以是其他自然人，也可以是集体组织，但不包括国家。扶养人是自然人的，其只能是有特留份权的法定继承人以外的其他人。特留份继承人包括第一顺序的配偶、子女、父母；第二顺序的兄弟姐妹、祖父母、外祖父母。(2)遗赠扶养协议的形式。遗赠扶养协议应当采用书面形式。是否经过公证或是否有无利害关系的见证人在场见证，不影响遗赠扶养协议的效力。(3)遗赠扶养协议的效力。遗赠扶养协议生效后，扶养人应当履行对受扶养人的生养死葬的义务。在受扶养人死亡后，扶养人得依照遗赠扶养协议的约定取得受扶养人的遗产。(4)遗赠扶养协议的解除。扶养人不适当履行扶养义务的，受扶养人得请求解除协议。受扶养人未解除协议的，对不尽扶养义务或者以非法手段谋夺遗赠人财产的扶养人，经遗赠人的亲属或有关单位的请求，人民法院可以剥夺扶养人的受遗赠权。对因受扶养人的擅自处分行为，致使扶养人无法实现受遗赠权利的，扶养人有权解除遗赠扶养协议，并要求受扶养人补偿其已经付出的扶养费用。

---

① 陈苇主编：《外国继承法比较与中国民法典继承编制定研究》，北京大学出版社 2011 年版，第 489 页。

② 陈苇主编：《婚姻家庭继承法学》(第二版)，群众出版社 2012 年版，第 377～378 页。

③ 梁慧星主持：《中国民法典草案建议稿附理由 · 侵权行为编 · 继承编》，法律出版社 2004 年版，第 223～226 页；梁慧星主持：《中国民法典草案建议稿附理由 · 继承编》，法律出版社 2013 年版，第 141～146 页。

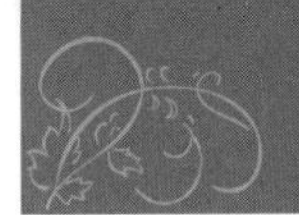



徐国栋等学者在《绿色民法典草案》[①]“继承法”编中分设一般规定、遗嘱继承、法定继承、以合同转移遗产四部分。其在以合同转移遗产中专章规定继承合同。继承合同是被继承人指定继承人以及做出遗赠和遗产信托、抛弃继承权的合同。遗赠扶养协议是继承合同的一种。(1)继承合同的主体。该建议稿没有限制继承合同的主体范围,完全行为能力人均可订立继承合同,但不得代理。(2)继承合同的形式。合同当事人应在公证人面前表示其意思,并在公证人及两名证人出席的情况下签订合同。不能以继承合同做出除指定继承人、遗赠和遗产信托以外的处分。被继承人可与继承人缔结抛弃继承权的合同。(3)继承合同的适用效力。继承合同的适用优先于遗嘱。被继承人在生前以法律行为处分其财产的权利不因继承合同而受到影响。(4)继承合同的撤销与解除。合同双方当事人可随时以书面协议撤销继承合同。当继承合同当事人一方在缔约后做出导致剥夺继承权的过错行为的,被继承人可以单方面撤销继承合同。被继承人可以遗嘱撤销继承合同规定的处分,撤销必须经订约他方同意,该同意必须经公证人做成公证书。夫妻共同遗嘱可以撤销夫妻间订立的继承合同。继承人在被继承人之前死亡的,继承合同自动失效。被继承人因继承合同取得的利益,死者的继承人要求返还的,被继承人应当返还,但另有约定的除外。如果被继承人出于损害合同继承人的意图做出赠与,后者在继承开始后,可以以不当得利为由要求受遗赠人返还赠与物。如果被继承人以损害受遗赠人的意图将合同规定的遗赠物毁损或转移或设定负担,则在被继承人因此不能履行给付的情况下,受遗赠人可以要求被继承人消除负担或者获得等价值给付或者请求返还原物等。继承合同当事人可以依据我国《合同法》的相关规定解除继承合同。

王利明等学者在《中国民法典学者建议稿及立法理由》[②]“继承”编中,分设总则、法定继承、遗嘱、遗赠扶养协议、遗产的处理五章。其建议保留遗赠扶养协议的名称,赋予遗赠扶养协议新的内涵。(1)遗赠扶养协议的主体。遗赠扶养协议的主体可以是除机关法人以外的自然人、法人和其他组织,法定扶养人也可以成为遗赠扶养协议的当事人。(2)遗赠扶养协议的形式。遗赠扶养协议应当采用书面形式签订。为了保护扶养人的利益,立法机关应该建立扶养人请求权的预告登记制度,以对抗后设立的物权以及所有的债权。如果没有进行预告登记,则扶养人作为普通债权人与其他债权人一起平等分配财产。(3)遗赠扶养协议的效力。遗赠扶养协议可以约定仅将被继承人的特定财产遗赠给扶养人,如果协议没有此种约定,则推定遗赠扶养协议给付的赠与客体为被扶养人的全部遗产。遗赠扶养协议可以适用我国《合同法》,按照合同法的规定行使抗辩权、采取保全措施、承担违约责任。(4)遗赠扶养协议的撤销、无效与解除。遗赠扶养协议签订后,如果当事人虚构其财产状况或扶养能力而导致合同成立,则可构成欺诈,相对人享有撤销权。就遗赠扶养协议的构成要件而言,遗赠人要具备完全民事行为能力,有一定的可遗赠的财产,并需要他人扶养;扶养人需具备完全民事行为能力、能履行扶养义务。订立合同时遗赠能力的欠缺或扶养能力的欠缺,可以构成合同的自始客观履行不能,合同无效。如果扶养人无正当理由不履行扶养义务致使该协议解除的,不再享有受遗赠的权利,其支付的扶养费用不予补偿。因被扶养人的原因致使协

① 徐国栋主编:《绿色民法典草案》,社会科学文献出版社2004年版,第292～294页。

② 王利明主持:《中国民法典学者建议稿及立法理由·人格权编·婚姻家庭编·继承编》,法律出版社2005年版,第598～607页。

议解除的，被扶养人应偿还扶养人已支付的扶养费用。

张玉敏等学者在《中国继承法立法建议稿及立法理由》[①]中分设总则、法定继承、遗嘱、继承合同和遗赠扶养协议、遗产的处理五章。继承合同是被继承人与共同继承人订立的，约定由一个或几个继承人承担赡养被继承人的义务，由承担赡养义务的继承人于被继承人死后按照约定继承遗产的合同。也就是说，张玉敏等学者建议稿主张继承合同和遗赠扶养协议在继承立法中同时并列。第一，关于继承合同的主要观点：(1)继承合同的主体。继承合同的当事人一方是被继承人，另一方是共同继承人，不仅仅是承担赡养义务的继承人。(2)继承合同的形式。继承合同须以书面的形式订立。(3)继承合同的解除。扶养人不按约定履行赡养义务，或者因死亡或者丧失扶养能力不能继续履行合同义务的，被继承人可以解除继承合同，被继承人由其他法定扶养义务人扶养，扶养人已经支付的费用可以在法定扶养人之间结算，由其他扶养人给予补偿；或者被继承人不解除继承合同，可经过协商由原扶养人的继承人继续履行继承合同。第二，关于遗赠扶养协议的主要观点：(1)遗赠扶养协议的主体与内容。遗赠扶养协议是公民与法定继承人以外的自然人、法人或其他社会组织订立的以扶养和遗赠为内容的合同。(2)遗赠扶养协议的形式。遗赠扶养协议应当以书面的形式订立，并有两个以上的见证人见证。(3)遗赠扶养协议的解除。扶养人无正当理由不履行扶养义务的，遗赠人有权解除合同，已经支付的扶养费可以不返还。由于遗赠人的原因使扶养协议无法履行的，扶养人有权解除合同，已经支付的扶养费应当酌情返还。因其他原因，遗赠扶养协议实际上未履行的，扶养人不能取得遗赠财产。

陈苇等学者在《外国继承法比较与中国民法典继承编制定研究》[②]一书的立法建议稿中，建议以“继承合同”制度统一包括“遗赠扶养协议”和“继承扶养协议”。(1)继承合同的主体。继承合同的当事人包括所有的自然人、法人和其他社会组织，即该自然人包括法定继承人和非法定继承人。(2)继承合同的内容。按照继承合同，自然人、法人和其他组织作为扶养义务人，承担对被继承人生养死葬的义务，享有依照继承合同继承遗产或接受遗赠的权利，即继承合同的内容分为“继承扶养协议”和“遗赠扶养协议”。继承合同当事人可以就继承权或受遗赠权的取得或消灭等问题达成协议。当事人可以详细约定生养死葬的标准，约定不明时，结合受扶养人的财产状况，以受扶养人过去的生活标准或当地平均生活水平为准。受扶养方在订立合同后依然有权处分自己的财产，合同另有约定除外，但该处分应当善意，不得以损害扶养人的利益为目的做出赠与、设定担保负担和用益权以及挥霍。(3)继承合同的生效要件(包括订立形式)。继承合同的当事人必须具有完全民事行为能力。订立合同时必须双方意思表示真实。合同的内容不得违反法律和社会公共利益。继承合同的订立，必须采取书面形式，应当有两名以上无利害关系的见证人在场或进行公证。(4)继承合同的解除。继承合同的解除包括协议解除、单方解除、法定解除三类事由。在合同解除的法律后果方面，对双方自愿解除合同或者行使合同中的保留解除权或者法定解除，遗赠人应当对扶养人已经履行的扶养义务适当支付补偿费用。如果因扶养人的过错导致合同解除的，扶养人无权请求补偿。如果因为遗赠人的过错导致解除的，遗赠人应当全额支付扶养费用，

① 张玉敏主持：《中国继承法立法建议稿及立法理由》，人民出版社2006年版，第148～152页。

② 陈苇：《外国继承法比较与中国民法典继承编制定研究》，北京大学出版社2011年版，第490～496页。

以及承担损害赔偿责任。此外,扶养人先于受扶养人死亡,继承合同自动解除。受扶养人同意接受已经死亡的扶养人之继承人继续承担扶养义务的,继承合同继续履行。违反继承合同的约定可以适用我国《合同法》请求承担违约责任,但是扶养义务不能请求强制履行。(5)继承合同与遗赠扶养协议的适用。继承开始后,有继承合同或遗赠扶养协议的,按照继承合同或遗赠扶养协议办理;无继承合同或遗赠扶养协议,有遗嘱的,按照遗嘱继承或遗赠办理;无继承合同或遗赠扶养协议,又无遗嘱的,按照无遗嘱继承办理。即继承合同和遗赠扶养协议的效力优先于遗嘱继承和遗赠。遗嘱继承和遗赠的效力优先于无遗嘱继承。

杨立新等学者撰写的《继承法修正草案建议稿》[①],分设总则、遗嘱、法定继承、遗产的处理四章。在遗产的处理一章中,其并列设立了遗赠扶养协议与继承扶养协议。(1)遗赠扶养协议的主体。遗赠扶养协议的扶养人范围是自然人、集体组织、承担养老职能的法人或社会组织。(2)遗赠扶养协议的形式。遗赠扶养协议采取书面形式。关于遗赠扶养协议,对继承法无规定的,准用合同法的有关规定。(3)遗赠扶养协议的解除。遗赠扶养协议生效后,扶养人无正当理由不履行的,被扶养人可以解除遗赠扶养协议;被扶养人的继承人和利害关系人也可以主张解除遗赠扶养协议。因不履行致协议被解除的,扶养人不能享有受遗赠的权利,其支付的扶养费用不予补偿,并赔偿所造成的损失。被扶养人无正当理由不履行遗赠扶养协议中的义务,致使扶养人获得遗赠的目的不能实现的,扶养人可以解除遗赠扶养协议。被扶养人应当偿还扶养人已支付的扶养费用,并赔偿所造成的损失。扶养人丧失扶养能力的,被扶养人或扶养人可以单方解除遗赠扶养协议。被扶养人应当偿还扶养人已支付的扶养费用。(4)继承扶养协议准用遗赠扶养协议的相关规定。该建议稿第 69 条规定,被继承人可以与继承人订立继承扶养协议,由继承人承担比法定扶养义务更高的扶养义务,并继承约定的遗产。违反继承扶养协议的继承人,除符合丧失继承权的条件外,仍享有法定继承权。[②] 继承扶养协议准用遗赠扶养协议的相关规定。

## 二、重要学术观点之争议

### (一)协议的立法体例

前述诸学者建议稿对我国协议制度之立法体例的观点主要包括两类:一是独立成章,即将协议制度与法定继承、遗嘱继承并列独立成章,不同于我国《继承法》把遗赠扶养协议制度规定在"遗产的处理"中,如梁慧星、王利明、张玉敏、陈苇等学者的建议稿;二是作为独立章的一部分,如杨立新等学者建议在"遗产的处理"一章中包括遗赠扶养协议、继承扶养协议;徐国栋等学者建议稿在"以合同转移遗产"的主题中规定继承合同。

我们认为,无论是我国现行的遗赠扶养协议还是诸学者建议稿主张的继承合同、继承扶养协议等,都与遗嘱一样,是被继承人生前处理遗产的方式,是被继承人死亡后,继承人或受遗赠人直接取得遗产的根据;并且,无论是我国现行的遗赠扶养协议还是诸学者建议稿主张的继承合同、继承扶养协议等都是一种双方法律行为,区别于遗嘱继承和法定继承。故此,在立法体例上,无论是遗赠扶养协议还是继承合同,都应当与遗嘱继承、法定继承一样独立

---

① 杨立新、刘德权、杨震主编:《继承法的现代化》,人民法院出版社 2012 年版,第 4～22 页。

② 杨立新等学者建议稿第 69 条。

成章。

（二）协议的名称

前述诸学者建议稿针对协议名称的使用，主要有两种观点：一是继续沿用原有名称，如梁慧星等学者建议稿、王利明等学者建议稿等；二是直接更名为“继承合同”，如徐国栋等学者建议稿、陈苇等学者建议稿；三是增设“继承合同”或“继承扶养协议”，与“遗赠扶养协议”并列，如张玉敏等学者建议稿、杨立新等学者建议稿。主张继续沿用原有名称的原因，主要是考虑遗赠扶养协议这一词汇已经为立法与实务界所接受，并为广大民众所熟知。主张更名为“继承合同”的原因，主要是我国现有立法对原名称赋予了特定含义，“遗赠”的主体是法定继承人以外的自然人、集体组织等，其限制了签订协议当事人的范围，而“继承合同”的概念更加宽泛，涵盖了遗赠扶养的内容。主张并列的原因，则是综合了前两者的考量因素，从适用主体资格上进行概念区分使用。

我们认为，协议的名称与协议的适用范围密切相关，需要根据协议的整体制度设计确定名称。综合诸学者建议稿的主要观点，多数学者主张扩大遗赠扶养协议制度的适用范围，特别是建议增加法定继承人与被继承人之间签订的以扶养和财产继承为主要内容的协议，而我国现行继承立法将“受遗赠人”限定为法定继承人以外的民事主体的方式，限制了遗赠扶养协议制度的适用范围，并且，根据我国民众的继承习惯和我国民众处理遗产的需求，[①]我国应当引入“继承合同”这个更加宽泛的概念，拓展我国遗赠扶养制度的发展空间。

（三）协议的主体与内容界定

协议的内容设定与协议的主体限定密切相关。从诸学者建议稿来看，协议的具体内容规定不同，其主体范围的规定也有所不同，主要归纳如下。

第一，主张建立广义继承合同制度，其主体为被继承人及其他所有的民事主体。如徐国栋等学者建议稿主张继承合同内容为指定继承人以及做出遗赠和遗产信托、抛弃继承权，其主体范围包括所有具有完全行为能力人，遗赠扶养协议是继承合同中的一种，对扶养人的范围不排除法定继承人；陈苇等学者建议稿主张继承合同的当事人可以就继承权或者受遗赠权利的取得或消灭达成协议，主体是被继承人和法定继承人、其他自然人、法人、其他社会组织。

第二，单独设立遗赠扶养制度和其他继承合同制度，并且，两种制度内容均主要围绕被扶养人的生养死葬及财产的继承或遗赠设定，其遗赠扶养协议制度的主体为被继承人和法定继承人以外的其他民事主体，而在其他继承合同中则以被继承人与法定继承人为主体。如张玉敏等学者建议稿主张分别设立继承合同与遗赠扶养协议，继承合同的主体是被继承人与法定继承人，遗赠扶养协议的主体是被继承人和法定继承人以外的自然人、法人或其他社会组织。杨立新等学者建议稿主张分设遗赠扶养协议与继承扶养协议。遗赠扶养协议的主体是被继承人和法定继承人以外的自然人、集体所有制组织、承担养老职能的法人或社会组织；继承扶养协议的主体是被继承人与法定继承人。虽然王利明等学者建议稿主张建立统一的遗赠扶养协议制度，但实际上仍然是围绕扶养义务设定协议内容，并将原法定主体扩

---

① 陈苇：《外国继承法比较与中国民法典继承编制定研究》，北京大学出版社2011年版，第490页。

大至除机关法人以外的自然人、法人和其他组织。

第三,基本沿用现行遗赠扶养协议制度内容与主体范围设定,如梁慧星等学者建议稿主张的遗赠扶养协议是以被扶养人的生养死葬及财产的遗赠为内容的协议,但扶养人的范围限定为有特留份的法定继承人以外的自然人、集体组织。

在继承权放弃合同问题上,诸学者建议稿中,学者的观点差异较大。仅徐国栋等学者建议稿明确主张被继承人可与继承人缔结抛弃继承权合同,效力及于抛弃人的直系卑血亲。其他学者建议稿没有给出具体的立法建议。

从协议内容上看,诸学者建议稿中,一部分学者建议稿主张建立广义的“继承合同”内容,另一部分学者建议稿主张以被扶养人的生养死葬及财产的继承或遗赠为内容。我们赞同后者观点,其理由有两个方面:一是,围绕解决“扶养”问题设立继承合同制度,符合我国《继承法》的立法目的。如前所述,我国 1985 年《继承法》创设遗赠扶养制度的立法目的是解决老弱孤寡残疾者的扶养问题。二是,围绕解决“扶养”问题设立继承合同制度,符合我国社会生活的实际需要。[①] 伴随中国老龄化社会进程的加快,人们对生活质量要求的不断提高,老年人希望对晚年生活做出更合理的安排。而且,在今天我国民众的生活中,老年人与其子女,失独老人与其兄弟姐妹以订立协议的方式,约定扶养义务人和遗产承受人的事例并不鲜见。[②]

这里值得探讨的是,数名共同继承人能否同时成为继承合同的主体。其中,扶养人承担扶养义务,其他人抛弃继承权,受扶养人指定扶养人承受遗产,如张玉敏等学者建议稿之继承合同主体的范围即须为数名共同继承人。我们认为,既然继承合同属于被继承人生前自由处分其死后遗产的一种方式,但同时又是一种双务有偿合同,并且,其具有优先于遗嘱继承、法定继承适用的法律效力,因此,只要被继承人与共同继承人中自愿对被继承人履行生养死葬义务者,双方自愿签订继承合同即可生效,而无须征得其他法定继承人的同意。这样,既可以体现尊重被继承人自由处分个人财产的意愿,又可以避免因其他共同继承人的异议而导致继承合同无法签订,无法实现继承合同制度保障被继承人以遗赠财产实现生前扶养的目的。[③]

### (四)协议的形式要件

诸学者建议稿均主张协议制度应当采用书面方式签订,但又有所区别:徐国栋等学者建议稿主张继承合同应当在公证人及两名证人出席的情况下签订;陈苇等学者建议稿认为公证与书面协议可以选择使用,如果是签订不经公证的书面协议,应当有两名以上的见证人在场;张玉敏等学者建议稿区别要求,继承合同只需要被继承人与共同法定继承人书面签订即可,遗赠扶养协议的签订则需要有两个以上的见证人见证;梁慧星等学者建议稿则认为采用

---

① 当前国内要求改革遗赠扶养协议制度的主要原因之一就是:社会生活中大量出现被继承人与法定继承人协议约定遗产继承与扶养事项,但我国现行遗赠扶养制度排除了其合法性,致使相关争议不能得到法律救济,不能满足民众社会生活的需要。

② 陈苇主编:《外国继承法比较与中国民法典继承编制定研究》,北京大学出版社 2011 年版,第 434 页。

③ 关于法定继承人能否成为继承合同的主体,继承权放弃能否在继承开始前作出表示,是我国遗赠扶养协议制度完善中争议较为激烈的两个问题,我们将在本章第八节中进行讨论,在此暂不赘述。

书面形式即可，是否经过公证或是否有无利害关系的见证人在场见证，不影响遗赠扶养协议的效力。

我们认为，协议履行时间相当长，涉及的权利义务内容重大，应当采用较为严格的形式要求，以明确协议内容，避免引发争议；[①]另外，协议是继承权、受遗赠权取得的依据，效力高于遗嘱继承，应当采用较为严格的形式要件，应当确保被继承人、遗赠人的意思表示真实，以期有效保护其他继承人或利害关系人的利益。建议公证与书面协议可以选择使用，如果签订不经公证的书面协议，应当有两名以上无利害关系的见证人在场。

（五）协议的效力

对于协议制度与遗嘱继承的效力问题，诸学者建议稿普遍主张，继承合同或遗赠扶养协议等协议是取得继承权或者受遗赠权的依据。继承开始后，有继承合同或遗赠扶养协议等协议的，应当优先于遗嘱和法定继承办理。

（六）协议的解除、违约及法律后果

诸学者建议稿对协议的解除的事由及法律后果的建议主要包括如下方面：

第一，合同双方当事人协商一致解除。徐国栋等学者建议稿、陈苇等学者建议稿均主张设立双方当事人协商一致后以合同解除的方式，此外，徐国栋等学者建议稿还提出了以经他方同意后被继承人设立遗嘱解除、夫妻间订立的继承合同以夫妻共同遗嘱解除两种方式。

第二，在协议中约定保留解除权的，可以单方解除。根据我国《执行〈继承法〉的意见》第56条规定的精神，诸学者建议稿都规定了协议可以约定协议不当履行解除事由及其法律后果，即扶养人无正当理由不履行扶养义务的，受扶养人有权单方解除协议，扶养人不再享有继承权或受遗赠权，其支付的扶养费用不予补偿。被继承人擅自处分协议约定财产的，扶养人有权单方解除，被扶养人应当偿还扶养人已经支付的扶养费。

第三，法定解除事由。如陈苇等学者建议稿规定扶养人先于遗赠人死亡的继承合同自动解除。但受扶养人同意接受已经死亡的扶养人之继承人继续承担扶养义务的，继承合同继续履行。徐国栋等学者建议稿规定，继承人在被继承人之前死亡的，继承合同自动失效。

第四，有的学者建议稿对协议解除的事由及法律后果方面的其他主张。如张玉敏等学者建议稿主张对法定继承人作为扶养人的，因扶养人的死亡或丧失扶养能力而解除继承合同的，扶养费应当在法定继承人之间进行结算。梁慧星等学者建议稿主张对不尽扶养义务或者以非法手段谋夺遗赠人财产的扶养人，受扶养人未解除协议的，经遗赠人的亲属或有关单位的请求，人民法院可以剥夺扶养人的受遗赠权。

关于协议制度的违约责任或赔偿损失责任方面，王利明等学者建议稿主张可以依据我国《合同法》的内容办理，承担违约责任，但是扶养义务不能请求强制履行，情况紧迫下如被扶养人生病时，可以要求扶养人承担强制实际履行责任。对于被扶养人无正当理由处分个人财产，因其过错导致不能履行遗赠义务的，陈苇、杨立新这两份学者建议稿均规定，除应返还扶养费外，还应承担损害赔偿责任。此外，杨立新等学者建议稿还主张，违反继承扶养协

① 陈苇主编：《外国继承法比较与中国民法典继承编制定研究》，北京大学出版社2011年版，第315页。

议的继承人,除符合丧失继承权的条件外,仍享有法定继承权。

我们认为,从立法系统性看,协议的解除事由及法律后果是协议制度体系的重要组成部分,而我国现行遗赠扶养协议制度欠缺相关的规定,应当予以完善。诸学者建议稿的主张值得借鉴。继承合同、遗赠扶养协议相对于普通合同具有特殊性,特别是以扶养义务设定为内容的协议,其解除的法律后果设定尤其应当注意维护社会公共秩序。前述梁慧星等学者建议稿关于对不尽扶养义务或者以非法手段谋夺遗赠人财产的扶养人,受扶养人未解除协议的,经遗赠人的亲属或有关单位的请求,人民法院可以剥夺扶养人的受遗赠权的建议;张玉敏等学者建议稿关于对法定继承人作为扶养人的,因扶养人的死亡或丧失扶养能力而解除继承合同的,扶养费应当在法定继承人之间进行结算的建议;陈苇等学者建议稿关于扶养人先于遗赠人死亡后,受扶养人同意接受已经死亡的扶养人之继承人继续承担扶养义务的,继承合同应当继续履行的建议;王利明等学者建议稿有关协议过错解除之违约责任的建议;陈苇等学者建议稿、杨立新等学者建议稿有关过错解除协议之损害赔偿责任的建议,这些建议都可供我国立法机关编纂"民法典・继承编"时参考。

## 第六节　相关联的法条与典型案例

### 一、相关联的法条

我国现行《老年人权益保障法》第 20 条规定,经老年人同意,赡养人之间可以就履行赡养义务签订协议。赡养协议的内容不得违反法律的规定和老年人的意愿。基层群众性自治组织、老年人组织或者赡养人所在单位监督协议的履行。

我国现行《老年人权益保障法》第 36 条规定,老年人可以与集体经济组织、基层群众性自治组织、养老机构等组织或者个人签订遗赠扶养协议或者其他扶助协议。

负有扶养义务的组织或者个人按照遗赠扶养协议,承担该老年人生养死葬的义务,享有受遗赠的权利。

我国《执行〈继承法〉的意见》第 5 条规定,被继承人生前与他人订有遗赠扶养协议,同时又立有遗嘱的,继承开始后,如果遗赠扶养协议与遗嘱没有抵触,遗产分别按协议和遗嘱处理;如果有抵触,按协议处理,与协议抵触的遗嘱全部或部分无效。

我国《执行〈继承法〉的意见》第 55 条规定,集体组织对"五保户"实行"五保"时,双方有扶养协议的,按协议办理;没有扶养协议,死者有遗嘱继承人或法定继承人要求继承的,按照遗嘱继承或法定继承处理,但集体组织有权要求扣回"五保"费用。

我国《执行〈继承法〉的意见》第 56 条规定,扶养人或集体组织与公民订有遗赠扶养协议,扶养人或集体组织无正当理由不履行,致协议解除的,不能享有受遗赠的权利,其支付的供养费一般不予补偿;遗赠人无正当理由不履行,致协议解除的,则应偿还扶养人或集体组织已支付的供养费。

我国司法部《遗赠扶养协议公证细则》第 4 条规定,遗赠人必须是具有完全民事行为能力,有一定的可遗赠的财产并需要他人扶养的公民。

我国司法部《遗赠扶养协议公证细则》第 5 条规定,扶养人必须是遗赠人法定继承人以外的公民或组织,并具有完全民事行为能力、能履行扶养义务。

我国司法部《遗赠扶养协议公证细则》第14条规定，订立遗赠扶养协议公证后，未征得扶养人的同意，遗赠人不得另行处分遗赠的财产，扶养人也不得干涉遗赠人处分未遗赠的财产。

## 二、涉及遗赠扶养协议制度的典型案例

### 遗赠扶养协议
### ——张某与高某遗赠扶养协议纠纷案①

**基本案情简介：**

原告张某，曾用名高某，其父高某志，其母吕某娟。1991年高某志与吕某娟离婚，原告由吕某娟抚养。高某志与被告高某的父亲高某圣系同胞兄弟。2012年8月20日，被告高某的妻子代笔起草了"证明"一份，上书："我叫高某志，现有楼房两户。为了防老叫我大侄高某在生活上有病养着我，将来等我死后归你。"落款处由高某志与高某本人分别签名。2013年3月16日高某志去世。原告张某认为，该份证明应当认定为一份遗嘱，而且是代书遗嘱，该份遗嘱不符合法律规定，因此是无效遗嘱。另一方面，如果该证明被认定为遗赠扶养协议，那么，在签订该协议之后被告没有按照协议履行相关义务，因此涉案的两处房屋不应当归被告所有。2013年6月14日，张某诉至法院要求确认高某志与高某签订的养老继承协议无效。

一审法院认为，高某志与其大侄高某于2012年8月20日签订的"证明"当中约定了高某的义务即"在生活上有病养着我"，也约定了高某的权利即"将来等我死后（两户楼房）归你"。该内容符合我国《继承法》关于遗赠扶养协议的规定。可见，该"证明"虽名为"证明"，但其实质应当被认定为遗赠扶养协议。该遗赠扶养协议的签订不违反法律规定，又系双方自愿签订，故为合法有效的协议。至于原告主张被告没有对高某志履行生养死葬的义务，原审法院认为，该协议是否实际履行并不影响协议本身的合法有效，原告以此主张确认高某志与高某签订的遗赠扶养协议无效缺乏法律依据，不应予以支持。

原告张某不服一审判决，提起上诉。二审法院认为一审判决认定事实清楚，适用法律正确，维持原判。

**适用法律评析：**

本案的关键问题就是正确区分遗赠扶养协议与遗嘱。

在我国，遗赠扶养协议是指扶养人承担对被扶养人的生养死葬义务，而扶养人在被扶养人死后依协议约定继受其全部或部分遗产的协议。它具有如下法律特征：(1)双方法律行为；(2)有偿法律行为，被扶养人以承担遗赠义务为条件享有受扶养的权利，扶养人以承担扶养义务为条件享有受遗赠的权利；(3)遗赠扶养协议自协议成立时起发生法律效力；(4)主体是需要扶养的公民和扶养人，扶养人可以是有扶养能力的法定继承人以外的自然人，也可以是集体组织。

遗嘱是自然人生前对自己的财产进行处分并于死后发生法律效力的单方要式民事行

① 本案例来源于山东省××市中级人民法院(2015)×民四终字第××××号判决书，本文引用时对其内容有所删减。

为。它具有如下法律特征:(1)无相对人的单方法律行为;(2)无偿法律行为;(3)于遗嘱人死亡时生效;(4)要式法律行为。一般而言,遗嘱处分的方式主要有遗赠继承和遗赠。根据我国《继承法》第16条规定,遗嘱继承就是遗嘱人将个人财产指定由法定继承人的一人或者数人继承;遗赠就是遗嘱人将个人财产赠与国家、集体或者法定继承人以外的人。二者的主要区别就是获得遗产的主体范围不同。

在本案中,该"证明"应当属于遗赠扶养协议,其理由为:(1)该"证明"虽由被告高某的妻子代笔起草,但落款处由高某志与高某本人分别签名,由此看出,此"证明"实为双方达成的协议,是双方法律行为,并不是遗嘱,因为遗嘱是单方法律行为。(2)从"证明"的内容来看,双方约定了各自的义务,高某承担为高某志养老送终的义务,高某志死后将楼房两户赠与高某,高某有权取得该房屋所有权。该协议主要解决了高某志的养老问题,带有遗赠扶养协议非常明显的特点,即扶养和遗赠相结合。同时,协议双方在享有权利的同时,需要履行相应的义务,属于有偿法律行为。而遗嘱中的遗嘱继承和遗赠都属于无偿法律行为。虽然我国《继承法》第21条①规定了遗嘱负担,即遗嘱人可以在遗嘱中规定继承人或受遗赠人在接受继承和接受遗赠后应当履行一定的义务,但是必须明确,履行遗嘱负担是在接受遗嘱继承或遗赠后,而不能将其视为接受继承或遗赠的条件或对价。② (3)该"证明"的效力在双方签字后即时生效,扶养人高某应当开始履行对高某志的扶养义务;而遗嘱是死因行为,即在遗嘱人死亡时才能生效。因此,法院的判决是正确的。

## 第七节　国外立法现状

与我国《继承法》创设的遗赠扶养协议制度最为相近的国外立法应是继承合同制度。所谓继承合同是被继承人与其他民事主体就继承权或受遗赠权的取得或放弃达成的合意。可见,遗赠扶养协议与继承合同两者都是以协议方式处理继承或遗赠事宜的双方民事法律行为,当然,两种制度的具体内容也存在一定的差异。目前,在国外立法中,其对继承合同制度存在"禁止"和"承认"两种不同的立法态度。采"禁止主义"态度的国家否认继承合同的效力,如法国、意大利。采"承认主义"态度的国家认可继承合同的法律效力,并存在"单轨制"和"双规制"两种立法模式。所谓"单轨制"立法模式,是指国家立法认可继承合同是直接获得遗产的根据,以大陆法系国家中的德国、瑞士为代表。所谓"双轨制"立法模式,是指国家立法要求继承合同与遗嘱同时具备,以英美法系国家中的英国、美国为代表。以下,我们将结合这些代表性国家的现行立法对继承合同制度进行考察。

### 一、采取"禁止主义"态度国家的立法现状

选择否定式立法模式的国家,立法明确禁止继承合同。《法国民法典》第1130条规定:"任何人均不得放弃尚未开始的继承,也不得就尚未开始的继承订立合同。"第1389条规定:"夫妻也不得订立以改变或放弃继承的法定顺序为标的的协议。"《意大利民法典》第458条

---

①　我国《继承法》第21条规定:"遗嘱继承或者遗赠附有义务的,继承人或者受遗赠人应当履行义务。没有正当理由不履行义务的,经有关单位或者个人请求,人民法院可以取消他接受遗产的权利。"

②　张玉敏:《继承法律制度研究》,法律出版社1999年版,第278～279页。

规定:"任何对自己的继承做出安排的约定,均无效。在继承尚未开始之前,任何处分或者放弃继承权的文件,亦均无效。"

## 二、采取"承认主义"态度执行"单轨制"模式国家的立法现状

采"承认主义"态度执行"单轨制"立法模式的国家一般在民法典中明确规定有继承合同制度,将继承合同直接作为取得继承权或受遗赠权的唯一根据。《德国民法典》在第五编"继承编"的第四章"继承合同"中,以 28 个条文专章规定了以指定继承人、遗赠和负担为内容的继承合同制度,在第七章"继承的抛弃"中,规定了被继承人的血亲以及配偶与被继承人协议抛弃法定继承权的继承合同制度。[①]《瑞士民法典》在第三编"继承法"第一部分"继承人"第十四章"死因处分"中规定了继承合同[②]的内容,直接规定的条文共 13 条[③],其内容包括指定继承人契约及遗赠契约、抛弃继承权契约、继承买回契约等。[④] 具体内容如下:

1. 继承合同的主体

《德国民法典》"继承合同"章的相关条文明确了被继承人仅能亲自订立继承契约[⑤],明确了继承合同的一方当事人应当为被继承人,但并未限定另一方当事人之范围,既可以是夫妻、婚约当事人或同性生活伴侣中的一方[⑥],也可以是其他主体,甚至是财团[⑦]。此外,当事人双方可以在继承合同中共同做出死因处分(通常是夫妻),即均具有被继承人身份;也可以仅是当事人中一方在继承合同中做出死因处分(即被继承人),指定另一方订约人或者第三人为继承人,或受遗赠人[⑧]。根据《德国民法典》"继承的抛弃"章的相关条文[⑨]之规定,继承抛弃的合同的主体一方仅为被继承人,另一方可以为被继承人的血亲以及配偶,或者被以遗嘱形式指定的继承人或遗赠受益者。[⑩]《德国民法典》第 2275 条、第 2347 条对订约主体的行为能力作出规定,即继承合同、关于继承的抛弃的合同主体均应当为完全民事行为能力人。但也存在例外情形,如限制行为能力的夫妻一方经法定代理人同意,可以作为被继承人与配偶另一方订立继承合同。

《瑞士民法典》第 468 条规定,订立继承契约的被继承人必须已经成年。未对继承契约当事人的范围做出限制,被继承人可与任何民事主体订立继承契约。

2. 继承合同的内容

《德国民法典》第 1941 条规定,被继承人可以通过合同指定继承人以及指示遗赠和负

---

① 陈卫佐译:《德国民法典》(第 4 版),法律出版社 2015 年版,第 632~638、649~651 页。

② 必须说明:戴永盛翻译的《瑞士民法典》中使用的是"继承契约"的表述,我们以下统一采用"继承合同"的概念,以便下文的比较研究。

③ 《德国民法典》第 494~497、第 512~515 条、第 534~536 条。

④ 戴永盛:《瑞士民法典》,中国政法大学出版社 2016 年版,第 170~189 页。

⑤ 《德国民法典》第 2274 条。

⑥ 《德国民法典》第 2275 条。

⑦ 杜景林、卢谌:《德国民法典——全条文注释》,中国政法大学出版社 2015 年版本,第 1263 页。

⑧ 《德国民法典》第 1941 条、第 2278 条、第 2280 条、第 2298 条。

⑨ 《德国民法典》第 2346 条、第 2352 条。

⑩ 《德国民法典》第 2346 条。

担。第 2278 条规定，不得以合同进行指定继承、遗赠和负担之外的其他处分。[①] 而德国法规定的继承合同内容仅包括指定继承人、指示遗赠、设定负担。继承合同的订立内容，既可以只有一方当事人作为被继承人做出死因处分，指定合同相对方为继承人或受遗赠人，即成立单方继承合同；也可以双方都作为被继承人而至少做出一项死因处分，或者相互指定对方为继承人或受遗赠人，或者指定合同当事人以外的第三人为受益人，即成立双方继承合同。[②] 此外，《德国民法典》支持在相对人向被继承人履行扶养义务的前提下被继承人与相对人订立的继承合同(第 2295 条)。[③] 德国学者称其为有偿继承合同，即合同一方向对方承担生前义务(如照顾或给付生活费义务)，而另一方因此做出死因处分。在无偿继承合同中，相对方的义务仅限于接受被继承人的处分表示(承诺)。[④]《德国民法典》关于继承的抛弃虽然也是以合同方式订立，但在民法典中以“继承的抛弃”独立成章，其第 2346～2352 条规定了三种抛弃协议，分别是继承权抛弃协议[⑤]、特留份抛弃协议、给予抛弃协议。具体为第 2346 条规定，被继承人的血亲以及配偶可以与被继承人订立合同抛弃其法定继承权。其不享有特留份权利。第 2346 条第 2 款规定，抛弃可以限于特留份权利。第 2352 条规定，被以遗嘱指定为继承人或遗赠受益人，可以与被继承人订立合同抛弃该项给予。对于在继承合同中向第三人进行的给予，也适用相同规定。[⑥]

《瑞士民法典》将继承合同称为继承契约，第 494 条规定，被继承人可以通过订立继承契约，指定对方当事人或第二人取得遗产或遗赠，以及设定负担，即指定继承人契约及遗赠契约。被继承人可以与继承人缔结抛弃继承权契约[⑦]。《瑞士民法典》中的指定继承人契约及遗赠契约、抛弃继承权契约均被统一规定在继承契约制度中。

3. 继承合同的订立形式

《德国民法典》第 2276 条规定，继承合同应当在双方当事人同时在场[⑧]的情况下订立，由公证人做成记录，且符合公开遗嘱的要件；如果将继承合同与夫妻财产合同合并订立同一

---

① 《德国民法典》第 1941 条、第 2278 条。陈卫佐译：《德国民法典》(第 4 版)，法律出版社 2015 年版，第 632 页的注释[1]内容：继承合同是双方的死因处分。遗嘱(是终意处分)是一方的死因处分。

② 《德国民法典》第 2278 条。说明：若继承合同中被继承人指定相对人以外的第三人受益的，应当要求该给予涉及合同相对方切身利益，或者第三方与相对方存在亲属关系或其他相近关系，所以继承合同主要在家庭成员间(特别是夫妻间)适用。[德]雷纳・弗兰克、托比亚斯・海尔姆斯：《德国继承法》，王葆莳、林佳业译，中国政法大学出版社 2015 年版，第 126～127 页。

③ 杜景林、卢谌：《德国民法典——全条文注释》，中国政法大学出版社 2015 年版，第 1270 页。

④ [德]雷纳・弗兰克、托比亚斯・海尔姆斯：《德国继承法》，王葆莳、林佳业译，中国政法大学出版社 2015 年版，第 125 页。

⑤ 一般情况下，被继承人可以通过遗嘱解除法定继承，且在被继承人死亡前，该法定继承人没有资格签订继承权放弃协议。但是，在特殊情况下，继承权放弃协议仍有意义，如被继承人丧失行为能力而无法为终意处分(遗嘱、继承合同)时，必须由法定代理人订立继承权放弃协议。[德]雷纳・弗兰克、托比亚斯・海尔姆斯：《德国继承法》，王葆莳、林佳业译，中国政法大学出版社 2015 年版，第 221 页。

⑥ 杜景林、卢谌：《德国民法典——全条文注释》，中国政法大学出版社 2015 年版，第 1293 页。

⑦ 必须说明：《瑞士民法典》第 494 条还规定了继承买回契约方式，我国没有类似制度，下文均不再提及。

⑧ “同时在场”，仅指不得依照《德国民法典》第 128 条做成分体式证书。[德]雷纳・弗兰克、托比亚斯・海尔姆斯：《德国继承法》，王葆莳、林佳业译，中国政法大学出版社 2015 年版，第 125 页。

证书的，可以只采用夫妻财产合同规定的形式。[①] 第 2348 条规定，关于继承的抛弃的合同必须做成公证证书。

《瑞士民法典》第 512 条规定，继承契约须采用公证遗嘱的方式，当事人在公证官员及两名证人在场的情况下签署证书。[②] 但是废除继承契约的，当事人可随时以书面协定即可。

4. 继承合同的效力

《德国民法典》第 2289 条规定，被继承人先前的遗嘱如果妨害继承合同之受遗赠人的权利，则该遗嘱因继承合同而废止，之后进行的死因处分在同一范围内不生效。可见，继承合同的效力高于遗嘱的效力。《德国民法典》第 2286 条规定，被继承人以生前法律行为处分其财产的权利，不因继承合同而受限制。继承合同的拘束效力系纯粹的继承法上的拘束力。被继承人通过放弃随时撤回的自由，使自己的遗嘱自由受到限制。但被继承人生前的处分自由不受限制。当然，继承合同的约定继承人、受遗赠人也并非完全不能排除妨害。在被继承人以妨害继承合同约定继承人的意图而为赠与的，虽然该赠与行为有效，但是该约定继承人可以依据得利请求权的规定，在继承开始后的有效时间内请求受遗赠人返还赠与物（第 2287 条）。如果被继承人出于妨害受遗赠人的目的灭失、转移、毁损遗赠标的物而导致继承人因此不能履行给付的，以价额替代该标的物，以及出于妨害受遗赠人的目的而出让遗赠标的或设定负担时，继承人、受遗赠人可以依法行使请求不当得利返还、补偿、去除负担等方式保护权利（第 2288 条）。但是如果被继承人对财产的处分存在生前切身利益的，不认定为存在侵害意图，不构成权利滥用，如被继承人通过赠与确保或改善自身养老状况，或为答谢他人帮助而做出的赠与。[③]

《瑞士民法典》第 494 条规定，订立指定继承人契约及遗赠契约的被继承人可自由处分其财产。但是如果被继承人违反继承合同的约定做出遗嘱或赠与，对方当事人可以请求撤销上述行为。

5. 继承合同的撤销

《德国民法典》规定，被继承人可以撤销因内容和表示错误或受胁迫订立的继承合同，也可以撤销因忽略法定情况下出现的特留份权利人订立的继承合同，还可以基于第三人的利益，在订立合同的另一方当事人先于被继承人死亡时撤销合同，此时的撤销应当向遗产法院表示。撤销权的行使不得代理，行使的除斥期间为 1 年，撤销的表示必须做成公证证书。[④] 并且，在前述两种情况下发生的继承合同撤销，被继承人无须赔偿信赖损失（第 122 条）。此外，《德国民法典》第 2297 条规定，被继承人可以在合同相对方死亡后，以遗嘱废弃依约处分，法律上视同为撤销。

《瑞士民法典》对继承合同的撤销没有作出具体规定。对继承人或受遗赠人先于被继承人死亡的情况，该法第 515 条规定，继承人或受遗赠人在被继承人之前死亡，其契约自动终止失效，被继承人在继承人死亡时，死者的继承人可以要求被继承人返还因契约所得的利

---

① 《德国民法典》第 2276 条。

② 《瑞士民法典》第 468 条、第 512 条。

③ [德]雷纳 · 弗兰克、托比亚斯 · 海尔姆斯：《德国继承法》，王葆莳、林佳业译，中国政法大学出版社 2015 年版，第 131～132 页。

④ 《德国民法典》第 2281～2285 条。

益,另有约定的除外。

6. 继承合同的解除

《德国民法典》规定的继承合同解除方式包括双方协议解除和被继承人单方解除。一是双方协议解除。第一,依该法第2290条规定,继承合同的订立人合意解除继承合同,并制作公证文书;第二,依该法第2291条规定,继承合同的被继承人得到订约人另一方同意的,可以遗嘱解除继承合同,订约人另一方的同意表示需要做成公证书;第三,该法第2292条规定夫妻或生活伙伴订立的继承合同,可以通过共同遗嘱解除继承合同。二是被继承人单方解除。该法第2293条规定,继承合同中保留了被继承人解除权的,被继承人有权单方行使解除权;该法第2294条、第2295条规定了法定的单方解除权,即被继承人在受遗赠人(主要是特留份权利人)有法定过错[①]或者受遗赠人支付定期金的对应给付被废止[②]的情况下有权单方解除合同。前述单方解除的三种情形,被继承人向合同另一方作出解除的意思表示,均须做成公证书。

根据《瑞士民法典》第513～515条规定,继承合同的解除方式有:被继承人单方解除继承契约、依债法规定解除继承契约。关于解除的法定事由,前者适用于继承人或受遗赠人对被继承人有构成被剥夺继承权的过错的情形;后者适用于根据继承契约可请求生存的扶养义务人给付的,但该人未以契约履行义务或提供担保时。当然,基于当事人之间的合意亦可解除继承合同。

7. 继承抛弃合同的其他规定

根据《德国民法典》第2349条、第2351条之规定,关于继承的抛弃的合同中,被继承人的晚辈直系血亲或旁系血亲抛弃法定继承权的,抛弃的效果及于其晚辈直系血亲。继承的抛弃可以以合同的方式取消,继承的抛弃的取消必须做成公证证书。

《瑞士民法典》第496条规定,在继承契约中,指定某继承人代替抛弃人,但该抛弃人基于某种原因未取得遗产的,抛弃继承权无效。如继承权是为共同继承人的利益而抛弃的,则推定该抛弃仅对抛弃人及共同继承人的最近直系卑亲属所为,对远亲无效。该法第497条规定,继承开始时被继承人无支付能力,其继承人也不能全部清偿债务的,只要继承权抛弃人及其继承人在被继承人生前的最后5年内取得过财产且在继承开始时尚受益的,债权人可以在此限度内请求该继承权抛弃人及其继承人清偿债务。该法第535条、第536条规定,被继承人生前向抛弃继承权的继承人给付的财产,超过了继承财产中可处分部分的,共同继承人可请求扣减,扣减额为抛弃人超过特留份的部分。抛弃继承权的人,因扣减而负担返还义务时,有权选择,或返还全部所得或将其归入遗产,以与未抛弃继承权的人一样参加继承财产的分割。此外,《瑞士民法典》第534条规定了被继承人生前转移财产的问题,被继承人生前将财产移交契约继承人的,契约产生的全部权利及义务转至指定继承人的继承人,契约继承人可以请求制作财产清单。

---

① 《德国民法典》第2333条,特留份剥夺的法定情形。

② 《德国民法典》第2295条适用的前提是,双方签定了供养协议,即合同相对方向被继承人承担照料或其他持续性给付义务,作为继承合同的对应给付,无论是基于何种原因,只要被继承人在去世前持续丧失该给付,均属于对应给付的废止。[德]雷纳·弗兰克、托比亚斯·海尔姆斯:《德国继承法》,王葆莳、林佳业译,中国政法大学出版社2015年版,第135～136页。

## 三、采取"承认主义"态度执行"双轨制"模式国家的立法现状

以美国、英国为代表的英美法系国家在继承合同问题上采取了"承认主义"态度执行"双轨制"模式：一方面承认当事人就继承、遗赠等问题订立合同的法律效力，另一方面又规定被继承人必须根据继承合同另行制作有效遗嘱，依据遗嘱取得遗产。[①] 即必须依继承合同和遗嘱，两者同时具备作为继承人或受遗赠人接受遗产的依据。

1. 继承合同的内容与效力

英国立法承认当事人双方按照合同法要求订立的，约定一方以设立遗嘱，赠与另一方遗产的合同的效力；也承认一方允诺另一方不主动撤销和更改已有遗嘱的合同的效力。但英国法并不认可直接依据继承合同取得遗产，继承合同内容应当记载于遗嘱中，依据遗嘱而取得相应的遗产。即必须依继承合同和遗嘱，两者同时具备作为接受继承人或受遗赠人遗产的依据。

《美国统一继承法典》第2～701条规定："在本法典生效之后所订立的关于立遗嘱或遗赠的合同，关于不撤销遗嘱或遗赠的合同，关于被继承人死亡时不立遗嘱的合同的效力，根据以下几点予以确定：(1)遗嘱中关于该合同基本条款的规定；(2)遗嘱中包含的作为订立合同参考和证明合同款项的规定；(3)由被继承人签字的能证明该合同的文件。"[②]美国立法中的继承合同是以遗嘱为约因的合同。同英国一样，在美国，当事人仍然是依据遗嘱取得遗产。在美国，许多老人因为无法在生前支付生活照顾服务费而订立继承服务合同，即一方允诺将立遗嘱遗赠给另一方财产，另一方则提供扶养服务；受扶养方根据继承服务合同的约定设立遗嘱。

2. 继承合同的违反

关于继承合同的违反，英国法规定的主要内容包括：一是，被继承人没有按照合同约定在遗嘱中写明遗赠或者没有立遗嘱的，在这种情况下，合同另一方(即遗产承受人)主要是请求违约的损害赔偿，而不能要求被继承人设立遗嘱和更改遗嘱。二是，如果被继承人生前转移了继承合同中约定遗赠的特定财产的，在这种情况下，构成预期违约；合同另一方预先知道转让行为时，可申请禁令限制被继承人的处分行为。三是，立遗嘱人有义务不得为生前赠与行为，否则视为违约。当继承合同另一方(遗产承受人)根据继承合同已经做出对自己不利益的行为的，可获得衡平法救济。[③]

美国立法对违反继承合同的救济措施主要有：其一，对签订了继承服务合同的，被继承人在没有立遗嘱的情况下就去世，其财产按照无遗嘱死亡的方式继承，服务人不能依照继承服务合同直接取得其遗产，只能请求法院评估其劳动价值，然后从其遗产中扣除部分份额给服务人。其二，对当事人双方订立约定相互遗赠的合同，其中一方当事人违反约定修改遗嘱处分相关财产且未通知另一方当事人就先死亡的，法院可能会采用衡平法中防止他人不当得利的救济手段——"推定信托"处理继承合同的违约行为。其三，对当事人双方订立约定

---

① 必须说明，英美法系国家的遗嘱制度对指定继承人和受遗赠人不加区分，统一称为"受遗赠人"。

② 刘春茂主编：《中国民法学·财产继承》，人民法院出版社2008年版，第390页。

③ 英国继承合同的主要内容，参见陈苇主编：《外国继承法比较与中国民法典继承编制定研究》，北京大学出版社2011年版，第473～474页。

相互遗赠的合同，立遗嘱人以生前赠与方式处分了继承合同约定并已经立遗嘱的赠与物，不同的州的法院有不同的处理方式，有的法院会宣告生前处分行为无效，也有的法院会允许另一方当事人修改其所立的遗嘱。①

## 第八节　立法发展趋势

近年国内学者针对遗赠扶养协议制度的立法完善，已经展开了广泛而深入的研究，并就我国遗赠扶养协议制度的发展方向产生争议。国内学者对与我国遗赠扶养协议制度相近似的国外继承合同制度进行立法考察后，部分学者积极倡导我国继承立法移植国外的继承合同制度；而部分学者则认为国外继承合同制度与我国遗赠扶养协议制度存在相当的差异，故此不主张引入国外的继承合同制度，主张进行遗赠扶养协议制度的自我完善。我国遗赠扶养协议制度的立法发展应何去何从，争议颇大。我们从国外继承合同制度引入的学术争议入手，研究我国遗赠协议制度的立法选择及发展趋势。我国理论界与实务界就是否引入国外的继承合同制度的争议观点可以概括为：否定论与肯定论。

国外继承合同制度引进与否之争的最直接的动因是，我国《继承法》限制法定继承人与被继承人签订遗赠扶养协议，禁止法定继承人在继承开始前协议放弃继承权。此立法导致我国民众在生活中自发建立的扶养、继承协议，被继承人与法定继承人签订的放弃继承协议均无效，协议当事人的权益在我国司法实践中不能得到法律保障。国内有学者研究主张，借鉴国外已经存在的继承合同制度，并进行本土化改良。我们认为，继承合同制度可以彰显自由价值，其引进不存在理论障碍，能够解决我国继承立法之不足，符合我国民众意愿和现实生活的需要，可以进行合理移植。

第一，继承合同制度彰显了法律的自由价值。所谓遗嘱自由，即被继承人生前处分其财产之自由，是意思自治原则在继承法之体现。而意思自治“在很大程度上允许个人通过契约来调解同其他人的权利关系，规定继承顺序”②。法律赋予被继承人遗嘱自由的同时，在不妨碍社会公共利益的情况下，不应当限制被继承人的契约自由。立法允许被继承人生前通过订立继承合同来指定继承、指示遗赠或负担，既能彰显被继承人选择生前处分财产方式之自由，又能实现被继承人受扶养之意愿。具体而言，其一，订立继承合同符合被继承人生前处分遗产方式自主选择之意思。被继承人自主决定是否采用继承合同方式，自主与他方协商设定合同内容，被继承人在继承合同签订后仍可依约、依法单方解除合同或者双方协议解除合同，可见，签订继承合同的过程、内容均是被继承人意思自治的体现。其二，订立继承合同符合被继承人受扶养之意愿。如前所述，国外继承合同制度包含有偿继承合同和无偿继承合同，后者属于死因赠与合同，前者是有对价合同，与我国的遗赠扶养协议的内容相似。目前，前述我国诸学者建议稿中，除徐国栋等学者建议稿包括遗产信托外，其余的前述五份学者建议稿的继承合同，均包括有偿合同，围绕被继承人的扶养与遗产处分问题订立协议。被继承人为了实现生前受扶养之意愿，自主决定与谁签订继承合同，确定由何继承人来扶养

① 美国继承合同的主要内容，参见陈苇主编：《外国继承法比较与中国民法典继承编制定研究》，北京大学出版社 2011 年版，第 474～475 页。

② [德]H.科殷：《法哲学》，林荣远译，华夏出版社 2002 年版，第 157 页。

自己，以及如何扶养自己，这是被继承人的意思自治与契约自由。继承合同的订立是被继承人意思自治的反映，是被继承人处分生前个人财产的一种方式，应当允许其订立继承合同，以彰显法律的自由价值。

第二，继承合同制度与继承开始前继承期待权抛弃的理论障碍辨析。我国《继承法》第25条明确规定，继承人放弃继承的，应当在继承开始后，遗产处理前明示作出放弃的表示。在继承尚未开始前，继承权仅为推定继承人的资格，对资格不应放弃。并且，对继承权不加限制的任意放弃可能存在社会道德风险和对弱者基本权利的剥夺，如我国现在社会上存在有些老年人再婚时签订放弃配偶继承权协议的现象，这可能导致没有生活来源的生存一方再婚配偶丧失基本的生活来源。再如，承认继承权放弃协议的效力，可能会助长法定继承人通过签订继承权放弃协议，逃避履行法定扶养义务的社会现象的发生。我国《继承法》限制继承期待权放弃的开始时间具有一定的积极意义。但是，法律可以通过设立法定限制条件，对继承放弃协议的适用进行相应的限制，从而发挥继承合同制度助力人口老龄化社会保障之功能。其限制包括：其一，继承合同不能剥夺必留份人的权利；其二，继承权抛弃协议的订立以对被继承人的扶养做出合理安排为前提；其三，订立继承权抛弃内容的继承合同后，如果与被继承人签订继承合同履行主要扶养义务的法定继承人或受遗赠人丧失扶养能力的，其他法定继承人应当继续履行扶养义务。

第三，继承合同制度不影响法定扶养义务的履行。我们认为，其一，具有扶养权利义务的双方协商约定扶养的具体内容和标准，通过继承合同双方的约定，将法定义务具体化，并不违背法定义务，而是更有利于法定义务的履行。其二，受扶养人根据自己的需要，选择能够更好履行扶养义务的人，与扶养义务人达成协议，由其承担主要扶养义务，并将其指定为继承人，有利于受扶养人生活质量得到保障，既符合权利义务相一致原则，也与法定义务的规定并不冲突。其三，如前所述，法律应当在制度设计中禁止未对法定扶养义务做出适当安排的情况下，单纯订立合同以放弃继承权的方式不履行扶养义务。立法应当明确在继承合同中约定的扶养人因主观原因或客观原因不能履行扶养义务的，其他法定义务人仍然应当继续履行法定扶养义务，这可以保障法定义务的履行。所以，承认继承合同主体包括法定继承人，这并不会影响扶养义务的履行。

第四，继承合同制度与其他制度相比具有优势。首先，与附负担的遗赠方式相比，如果是采用附负担的遗赠，因遗赠的负担是在遗嘱生效后始履行，则无法实现遗嘱人在生前获得扶养的目的，而负担扶养义务的继承合同制度，是遗嘱人生前与扶养义务人达成扶养合意，有利于被继承人生前受扶养权的实现。其次，与生前赠与方式相比，如果采用附条件的生前赠与的方式，当扶养人不履行扶养义务时，生前已向扶养人赠与财产的受扶养人有可能不能充分保护自己的权利。而在继承合同制度下，遗嘱人生前仍保留对财产的所有权，虽然其权利的行使受到了合同的限制，但是却构成了遗嘱人对不履行扶养义务的扶养人的制约。再次，遗赠扶养协议与以物抵偿联立契约相比，联立契约主要适用于特定物的遗赠，其标的范围较窄，而继承合同约定的标的不限于特定物。

第五，继承合同制度符合我国民众的现实需求及司法实践需要。如前所述，德国、瑞士等国现有继承合同或称继承契约的立法经验已经向我们展示了被继承人与法定继承人之间协议指定继承、约定扶养负担以及协议抛弃继承具有可行性。继承合同制度具有实现扶养

功能以及被继承人自主处理遗产的功能,我国现行的司法实践呼唤相关立法的出台。[①] 前述国家有关继承合同的立法,符合我国民众的现实需求及司法实践的需要。

综上,我们认为继承合同制度体现了被继承人(受扶养人)与继承人(扶养人)的自由意愿,继承合同制度有利于实现双方当事人之间的利益分配相对公平,可以减少纠纷,提高财产分配效率,彰显法律的自由、公平、秩序及效率价值,引入此制度不存在理论障碍,能够回应我国民众处理遗产问题的现实需求,能够解决我国继承立法漏洞和司法实践无法可依之缺陷,所以建议我国引进继承合同制度。

继承合同制度的移植,需要考虑我国的法律传统与文化习俗等因素,我们建议将"继承合同"引入我国继承立法进行本土化制度设计,从我国现实国情出发设立继承扶养协议、遗赠扶养协议两种具体类型,构建适应中国本土的双轨制体系,以实现遗赠扶养协议制度、继承合同制度各自的功能。[②] 我们认为,遗赠扶养协议与继承合同制度(或称继承扶养协议制度)未来在我国的发展趋势是两者并列,相辅相成,共同保障实现家庭养老育幼、照顾病残者的职能,促进社会文明的进步。

---

① "苏某与王某甲、王某乙等遗赠扶养协议纠纷二审民事判决书"(2013)长中民一终字 04412 号案件,法院认定养父与养子女签订的以扶养和遗产处分为内容的协议不属于遗赠扶养协议;"林某甲、林某乙与陈某甲遗赠纠纷的二审民事判决书"(2014)莆民终审第 1486 号,法院认定父亲与子女订立的以扶养和遗产处分为内容的协议是遗嘱。案件来源:中国裁判文书网。

② 具体立法建议,详见陈苇主编:《中国遗产处理制度系统化构建研究》第五章第五节继承合同制度的立法发展趋势与我国立法的完善建议,中国人民公安大学出版社 2019 年版,第 284—286 页。

# 第十章

# 评注《继承法》第三十二条（无人承受遗产的归属制度）

【我国《继承法》第三十二条　无人继承又无人受遗赠的遗产，归国家所有；死者生前是集体所有制组织成员的，归所在集体所有制组织所有。】

## 第一节　立法目的

所谓无人承受遗产，是指在继承开始后，在法定期限内，没有人依法继承或者接受遗赠的被继承人的遗产。[①] 此法定期限，在我国是指起于继承开始时而止于着手处理遗产时（遗产继承），或在受遗赠人得知自己受遗赠后的两个月内（遗产遗赠）。[②] 依据我国《继承法》的规定，无人承受遗产的范围包括"没有法定继承人、遗嘱继承人和受遗赠人的遗产；法定继承人、遗嘱继承人全部放弃继承，受遗赠人全部放弃受遗赠的遗产；法定继承人、遗嘱继承人全部丧失继承权，受遗赠人全部丧失受遗赠权的遗产"，[③]该遗产依法应当归国家或集体组织所有。我国《继承法》设立此制度的目的，主要是确定无人承受遗产的最终权属，规范遗产处理秩序，以加快遗产的合理流转且发挥遗产的效用。

### 一、无人承受遗产权属的确定

只要有财产继承存在，就有可能出现无人承受遗产的情形。应当看到，无人承受的遗产与无主财产并非是一个概念，两者虽然在所有权皆未确定的意义上是一样的，但仍然存在区别：前者的原所有人明确，而后者的原所有人不明确。[④] 我国《继承法》设立无人承受遗产制度，其目的之一即是最终确定该遗产的权属，规范遗产处理秩序，避免引起不必要的纷争。该制度规定由国家或集体组织接受该无人承受的遗产，由此解决了该遗产无所有权人的问题，使该遗产的归属在法律意义上得以确定。此外，在该遗产的权属业已确定的同时，无人承受遗产制度还能及时扑灭无关人员意图不当得利的念头，防止该遗产遭受侵吞与毁坏，避免更多的非法主张的出现。事实上，域外国家的法律制度中也有类似的规定，同样起到了确

---

① 陈苇、宋豫主编：《中国大陆与港、澳、台继承法比较研究》，群众出版社 2007 年版，第 439～440 页。

② 我国《继承法》第 25 条规定："继承开始后，继承人放弃继承的，应当在遗产处理前，作出放弃继承的表示。没有表示的，视为接受继承。受遗赠人应当在知道受遗赠后两个月内，作出接受或者放弃受遗赠的表示。到期没有表示的，视为放弃受遗赠。"

③ 郭明瑞、房绍坤编著：《继承法》，法律出版社 1996 年版，第 227 页。

④ 刘春茂主编：《中国民法学·财产继承》，中国人民公安大学出版社 1990 年版，第 606 页。

定遗产权属之作用(见后文分析)。总之,为了确定悬而未决的遗产权属,保障正常的遗产处理秩序,避免出现非继承人、非受遗赠人争夺遗产的情形,法律为此设立无人承受遗产制度。

### 二、无人承受遗产流转的保障

我国《继承法》设立无人承受遗产制度,一方面,它具有明确遗产的最终归属、规范财产继承秩序之目的,另一方面,该制度对促进遗产(尤其是以物的形式表现的遗产)的合理流转、发挥物的效用具有积极意义。民法意义上的物是指存在于人体之外,占有一定空间,能够为人力所支配并且能满足人类某种需要,具有稀缺性的物质对象。[①] 据此,能满足人之需要且能为人力所控制是民法中的物的主要特征。在现实生活中,公民个人所有的财产基本上表现为动产和不动产,而这些已确定了财产权属之财产,对满足人的需要有着重要作用,特别是在公民财产的价值越来越大的今天。但是,自原所有权人死亡时起,由于继承人、受遗赠人之缺失,致使该财产在一段时间内权属不明确,使得财产无法实现合理流转,这会影响物之效用的发挥。由此看来,我国《继承法》通过设立无人承受遗产制度,以解决上述困境,既可尽快确定遗产的权属,又可发挥其物之效用。纵观世界各国就如何处理无人承受遗产的立法规定,不管是采继承权主义立法例抑或先占权主义立法例,最终的目的都是为了加快遗产流转,避免遗产被人非法侵占或损耗,从而达到物尽其用、增强社会经济活力的效果。

## 第二节　本条的地位、价值与意义

### 一、本条的地位

继承法律制度通过对继承权、法定继承、遗嘱处分及遗赠扶养协议等内容进行规范之后,现实生活中的绝大多数遗产已转由各合法继承人、受遗赠人所有,但这并不意味着继承法律制度的完备。因为,前述各项内容的规定并不能解决既没有人继承也没有人接受遗赠的遗产处理问题,这就要求设置一种继承制度以专门解决继承过程中出现的既没有人继承又没有人接受遗赠的遗产处理问题。无人承受遗产制度即是专门解决此类问题的继承法律制度,它是我国《继承法》在遗产处理上的兜底性制度。因而,无人承受遗产制度在遗产处理制度乃至继承法律制度中处于不可或缺的兜底性地位,充当着终极调整者之角色,发挥着补充前述遗产处理方式不足的作用。

### 二、本条的价值

一般而言,法律制度必然反映着相关的法律价值。法律价值是主体通过认识、评价和法律实践促使法律适应和服从主体的内在尺度而形成的法律对主体的从属关系。[②] 我们认为,无人承受遗产制度体现了《继承法》所追求的平等、公平、效率的法律价值。

---

① 王利明主编:《民法》,中国人民大学出版社 2010 年版,第 94 页。

② 谢鹏程:《基本法律价值》,山东人民出版社 2000 年版,第 6 页。

(一)平等价值

平等是一个具有哲学意义的概念,也是一个法律上的价值概念。法国学者认为,平等是一种原则,一种信条,该种信条已经成为司法原则。① 美国学者认为,"平等表达了相同性概念,两个或更多的人或客体,只要在某些方面或所有方面处于同样的、相同的或相似状态,那就可以说他们是平等的。"②我国有学者认为,平等的价值在整个民法价值体系中居于重要位置,民法典的其他价值是以平等价值的确立为前提的,如果没有平等,那么就不可能有自由、公平、安全等价值的存在。③ 我国有学者指出,弱势意义上的平等对待,是在分配利益和负担语境中的两种意义上的平等对待之一,它要求按照一定的标准对人群进行分类,被归入同一类别或范畴的人才应当得到平等的"份额",因此,弱势意义上的平等对待既意味着平等对待,也意味着差别对待。④ 我国《民法总则》在第 4 条专门确认了平等原则,我国《物权法》第 4 条也将"平等保护原则"确立为一项基本原则,我国《合同法》第 3 条及现行《婚姻法》第 2 条也要求遵守当事人地位平等原则或男女平等原则。就此而言,平等价值理所应当成为作为民法重要组成部分的《继承法》的价值追求之一。

作为继承法律制度的重要组成部分,无人承受遗产制度体现了平等价值的要求。一方面,该制度调整的是一种继承法律关系,而此法律关系仍属民事法律关系,则该法律关系的主体之间地位是平等的;另一方面,该制度虽然依据死者生前身份的不同而作出遗产归属之不同规定,但是,就死者相同的身份背景而言,该制度却做到了平等对待,遵循了继承法律制度乃至民事法律制度所要求的平等价值。这表明,无人承受遗产制度做到了针对同样的情况要同样对待,不同的情况则不同对待。其实,无人承受遗产制度之所以针对死者生前身份的不同而对其遗产的归属作出了不同规定,原因在于要适应我国现时社会不同的经济体制成员的需要,这并非是任意划分的结果。

(二)公平价值

无人承受遗产制度在体现平等价值的同时,也彰显了法律制度的公平价值。我国学者认为,"公平是民法的精神,尽管民法的各种规定千头万绪,复杂万端,如果要对其作一言以蔽之的说明,必须用得着'公平'二字。舍却公平,民法将不成其为民法。"⑤无人承受遗产制度作为继承法律制度的重要组成部分,理所当然地要贯彻民法的公平价值取向。

目前,根据我国《继承法》的规定,对于无人承受遗产的处理,必须先清偿被继承人依法

---

① [法]皮埃尔·勒鲁:《论平等》,王允道译,商务印书馆 2009 年版,第 21~22 页。

② [美]萨托利:《民主新论》,冯克利等译,东方出版社 1993 年版,第 340 页。

③ 王利明:《民法典体系研究》,中国人民大学出版社 2012 年版,第 325 页。

④ 郑成良:《法律之内的正义:一个关于司法公正的法律实证主义解读》,法律出版社 2002 年版,第 40 页。

⑤ 徐国栋:《民法基本原则解释——成文法局限性之克服》,中国政法大学出版社 2001 年版,第 66 页。

应当缴纳的税款及债务,缴纳税款、清偿债务以他的遗产实际价值为限,①然后,才能将该遗产所有权最终归属国家或集体所有制组织。即无人承受之遗产的处理以已清偿被继承人的税款及债务为前置程序。这样既可以保障被继承人的债权人的合法权益,又可以避免遗产承受人对超过遗产实际价值的债务承担责任,彰显了法律的公平价值。此外,对继承人以外的依靠被继承人扶养的缺乏劳动能力又没有生活来源的人,或者继承人以外的对被继承人扶养较多的人,可以分给他们适当的遗产。② 这一规定也反映了公平价值。从域外立法看,其也有类似的立法。如《日本民法典》第958～3条规定,家庭法院得对与被继承人有特别关系的人(共同生活的人、照顾及护理被继承人的人等)分与清算后剩余继承财产的全部或一部。③

综上,我国无人承受遗产制度的公平价值主要有如下体现:(1)除继承人自愿偿还的外,以该遗产的实际价值为限承担债务清偿责任,自愿放弃继承者则不承担遗产债务清偿责任;(2)与被继承人有扶养关系等特殊关系的人可以请求酌情分给适当的遗产;(3)无人承受之遗产才能归属国家或集体所有制组织所有。

(三)效率价值

我国学者认为,法律规范、法律制度及其运作活动归根到底都是以有效地利用资源、最大限度地增加社会财富为目的,亦即以法律手段促进资源的最佳配置。④ 美国学者指出,"权利应该让与那些能够最具有生产性地使用权利并有激励他们这样使用的动力的人,而且要发现和维持这种权利分配,就应该通过法律的清楚确定、通过使权利让渡的法律要求不太繁重,而使权利让渡的成本比较低"。⑤ 事实上,"法本身的规范、程序和制度极大地注重于促进经济效益"。⑥ 无人承受遗产制度亦通过法律的强制保障力,以促进社会资源的合理分配及有效利用,实现最大限度地增加社会财富之目的。无人承受遗产制度的效率价值,主要体现在无人承受遗产的所有权必须在法定的时限内加以确定,为此必须发布寻找继承人的公告。从域外立法看,如《日本民法典》第958条关于寻找继承人公告期间不少于6个月的规定⑦,《瑞士民法典》第555条关于因继承人不详时发出的1年公告期的规定⑧,我国台湾地区"民法"第1178条有关公告期限之规定等。目前,我国《继承法》欠缺对无人承受遗产的

---

① 我国《继承法》第33条规定:"继承遗产应当清偿被继承人依法应当缴纳的税款和债务,缴纳税款和清偿债务以他的遗产实际价值为限。超过遗产实际价值部分,继承人自愿偿还的不在此限。继承人放弃继承的,对被继承人依法应当缴纳的税款和债务可以不负偿还责任。"

② 吴高盛主编:《〈中华人民共和国继承法〉释义及实用指南》,中国民主法制出版社2001年版,第66页。

③ 刘士国、牟宪魁、杨瑞贺译:《日本民法典》,法律出版社2018年版,第243页。

④ 韩慧:《法律制度的效率价值追求》,载《山东师范大学学报(人文社会科学版)》2000年第1期,第14页。

⑤ [美]罗纳德·高斯:《生产的制度结构》,银温泉译,载《经济社会体制比较》1992年第4期,第59～60页。

⑥ [美]理查德·A.波斯纳:《法律的经济分析》,蒋兆康译,中国大百科全书出版社1997年版,第28页。

⑦ 刘士国、牟宪魁、杨瑞贺译:《日本民法典》,法律出版社2018年版,第243页。

⑧ 戴永盛:《瑞士民法典》,中国政法大学出版社2016年版,第196页。

公告制度，但现行《民事诉讼法》第191条、第192条规定认定财产无主的公告期间为1年。即根据我国《继承法》第33条和现行《民事诉讼法》的规定，只有在确认该遗产无人承受并已清偿相关债务等事项的基础上，才能由国家或集体所有制组织取得该遗产的所有权，以防止久拖不决，而严重影响该遗产的合理流转、降低社会资源的利用率，甚至有损该遗产的价值。以上这些规定都是为了敦促相关权利人在法定期限内主张权利，尽早实现遗产的分配、利用，体现了法律的效率价值。

## 三、本条的意义

无人承受遗产制度的立法宗旨是，公平地保护继承人、受遗赠人、与被继承人有特殊关系者（继承人以外的依靠被继承人扶养的缺乏劳动能力又没有生活来源的人、继承人以外的对被继承人扶养较多的人）及遗产债权人等各方的合法利益。这要求既要保障遗产相关权利者的利益，又要保障遗产债权人的合法权益，从而使后者不致因继承人与受遗赠人的缺失、放弃承受遗产等原因而遭受损害。

### （一）遗产相关权利人利益的保护

如前所述，无人承受遗产制度包含了继承人与受遗赠人缺失、放弃承受遗产、丧失继承权及丧失受遗赠权的遗产处理等情形。从有权依遗嘱或法律取得遗产的权利人角度看，无人承受遗产制度通过赋予继承人、受遗赠人选择权，使得继承人、受遗赠人可以在遗产债务负担过重的情况下，有可能选择放弃继承或放弃受遗赠。当继承人与受遗赠人根据该遗产的各方面实际情况而做出放弃承受遗产的决定时，无人承受遗产制度对此予以承认，这有利于尊重继承人与受遗赠人的意思自治并保护其合法利益。我国《继承法》第25条对继承人、受遗赠人接受或放弃继承、遗赠的方式及期限作出了明确规定。《德国民法典》第1946条则规定："一旦继承开始，继承人就可以接受或拒绝遗产。"①

应当注意的是，根据我国《继承法》第14条规定的精神，在处理无人承受的遗产过程中，与被继承人有特殊关系者（继承人以外的依靠被继承人扶养的缺乏劳动能力又没有生活来源的人、继承人以外的对被继承人扶养较多的人）有权利要求分得适当遗产。我国司法解释规定，"遗产因无人继承收归国家或集体组织所有时，按我国《继承法》第14条的规定，可以分给遗产的人提出取得遗产的要求，人民法院应视情况适当分给遗产。"②《日本民法典》第958～3条对特别关系人继承财产分别作出了规定，如前所述，家庭法院可以将清算后应剩余的继承财产的全部或一部分给与被继承人有照顾等特殊关系的人。③ 由此可见，无人承受遗产制度对保护继承人、受遗赠人、与被继承人有特殊关系者等遗产相关权利者的利益皆有重要意义。

### （二）正常交易秩序的维护

在我国市场经济体制越来越完善的当下，保护遗产债权人的利益和正常交易秩序，是无

---

① 陈卫佐译注：《德国民法典》（第4版），法律出版社2015年版，第573页。

② 我国《执行〈继承法〉的意见》第57条。

③ 刘士国、牟宪魁、杨瑞贺译：《日本民法典》，法律出版社2018年版，第243页。

人承受遗产制度的立法目的之一。这是由市场经济是法治经济所决定的。遗产的原所有人生前的民事法律行为仍然有效,因而,其与他人形成的债权债务关系也受到法律的保护。我国《继承法》第33条、第34条明确规定了被继承人依法应当缴纳的税款及债务应当优先用遗产得到清偿。因此,在开始确定遗产的权属时,我们务必要先行清偿死者生前所欠的税款及债务,使遗产债权人的合法利益能够得到保护。此外,优先用遗产清偿被继承人的债务,在很大的程度上保障了正常交易秩序,使被继承人死后遗留的债权债务关系不因继承而消减。无人承受的遗产只有在依法清偿税款、债务及酌情分给(与被继承人有特殊关系者)适当遗产之后,剩余遗产才转由国家或集体所有制组织所有,这就从制度上保证了被继承人的财产首先被用于清偿被继承人的债务,从而使债权人的债权得到了有效保障,维护了交易安全。例如,《德国民法典》第2047条第1款也直接规定:"清偿遗产债务后的剩余,按应继份的比例归属于继承人。"[①]又如,我国《执行〈继承法〉的意见》第62条规定:"遗产已被分割而未清偿债务时,如有法定继承又有遗嘱继承和遗赠的,首先由法定继承人用其所得遗产清偿债务;不足清偿时,剩余的债务由遗嘱继承人和受遗赠人按比例用所得遗产偿还;如果只有遗嘱继承和遗赠的,由遗嘱继承人和受遗赠人按比例用所得遗产偿还。"因此,无人承受遗产制度对维护正常交易秩序具有重要意义。

### (三)财产正常流转和遗产效用发挥的保障

如前所述,促进遗产的合理流转、发挥物的效用是我国《继承法》设立无人承受遗产制度的立法目的之一。可见,使物能满足人之需要是遗产的最终归属。由于促进财产正常流转,是维持市场经济秩序的应有之意,而市场经济又是法治经济,所以,国家通过设立无人承受遗产制度,使该遗产依法确定归属主体后,能够尽快进入市场流通,以发挥物之效用。因此,无人承受遗产制度有助于解决财产归属流转的问题,发挥其物之效用。从世界各国立法例来看,设立此制度的最终的目的都是为了加快遗产流转,避免遗产被非法侵占或损耗,从而达到物尽其用、增强社会经济活力的效果。

## 第三节　无人承受遗产的归属制度的演变

在我国古代社会,早在唐朝就有无人承受遗产的规定。依唐令拾遗(丧葬令、户绝条)的规定,"诸身丧户绝者,所有部曲、客女、奴婢、店宅、资财,并令近亲(亲依本服不以出降)转易货卖,将营葬及量营功德外,余财并与女(户虽同、资财先别者,亦准此)。无女,均人以次近亲,无亲戚者,官为检校。若亡人存日自有遗嘱处分,证验分明者,不用此令。"所谓户绝,是指被继承人无男性后代。户绝财产之归属,如被继承人生前遗嘱中有处分,则依遗嘱办理;如无遗嘱,则归被继承人女儿所有;如无女儿,则归其他近亲属所有;至于其他近亲属亦无者,则收归官府。依明令(户令)的规定,"户绝财产,果无同宗应继之人,所有亲女承受。无女者入官。"清律承袭唐、明之制,规定,"绝户财产果无同宗应继之人,所有亲女承受之。无女者听地方官详明上司,酌拨充公。"

我国民国时期的1930年"民法继承编"对无人承受遗产制度,参酌德国、瑞士、日本等国

① 陈卫佐译注:《德国民法典》(第4版),法律出版社2015年版,第591页。

继承法的规定，并结合国情作出了较为全面系统的规定。例如，1930年“民法继承编”第二章第五节“无人承认之继承”第1177条至第1185条规定，对于继承开始后，继承人有无不明者，由亲属会议选定遗产管理人，进行继承人的搜寻、清偿死者债务、交付遗赠、剩余财产收归国库所有。

1949年中华人民共和国成立后，1985年颁布的我国《继承法》，结合20世纪80年代我国社会的实际情况，设立了无人继承又无人受遗赠的遗产处理制度。我国《继承法》第32条规定：“无人继承又无人受遗赠的遗产，归国家所有；死者生前是集体所有制组织成员的，归所在集体所有制组织所有。”据此规定，无人继承又无人受遗赠的遗产可能有两种归属：第一是归国家所有；第二是归集体所有制组织所有，后者的死者生前须是集体所有制组织的成员。在这里，确定无人继承又无人受遗赠的遗产归属的关键，是死者生前的身份，即死者是否属于集体所有制组织的成员。如果属于集体所有制组织的成员，则归集体组织所有；如否，则归国家所有。生前不是集体所有制组织成员的，其无人继承又无人受遗赠的遗产，应收归国家所有。在遗产归属之前的分配上，为了弘扬尊老爱幼、互相帮助的传统美德，我国《继承法》还规定了酌情分得遗产权。根据我国《继承法》第14条的规定，酌情分得遗产权人有两种：一是继承人以外的依靠被继承人扶养的缺乏劳动能力又没有生活来源的人；二是继承人以外的对被继承人扶养较多的人。我国《执行〈继承法〉的意见》第57条规定：“遗产因无人继承收归国家或集体组织所有时，按《继承法》第14条规定可以分给遗产的人提出取得遗产的要求，人民法院应视情况适当分给遗产。”由于酌情分得遗产权是为了保障权利人的基本生活之法定扶养费，或者基于其对被继承人尽了主要义务的法定报酬，因此在无人继承又无人受遗赠的情形下，遗产应收归国家或集体组织之前，均可适用。可见，我国现行《继承法》对无人承受遗产的处理规定相对简单，仅仅规定无人继承又无人受遗赠遗产的归属，缺乏管理和清算程序。

## 第四节　本条规范的构成要件

如前所述，无人承受遗产制度，指的是在继承开始后，在法定期限内，既没有人继承也没有人接受遗赠的制度。该制度是现代继承法贯彻继承平等、公平价值的产物，其在保护遗产债权人的利益、其他遗产权利人的权益和维护正常交易秩序等方面具有重大意义。正是由于无人承受遗产制度事关相关利害关系人的利益，所以，无人承受遗产制度的规范包括相应的构成要件。

### 一、主体要件

正如 Iredell Jenkins 所言：“任何法律制度总是有意无意地仰赖一种法学理论，而任何法学理论又总是倚赖关于人的理论。”①德国学者拉德布鲁赫也认为，人类呈现形象的变化是法律史上的“划时代”的变化；对一个法律时代的风格而言，重要的莫过于对人的看法，它

---

① Iredell Jenkins, *Social Order and the Limits of Law: a Theoretical Essay*, *New Jersey*: Princeton University Press, 1980, p.314.

决定着法律的方向。[①] 由此看来,主体要件是法律制度中不可或缺的重要组成部分,因此,我们有必要明晰无人承受遗产制度的主体要件。应当明确,国家或集体所有制组织作为无人承受遗产制度的主体是有条件的。具体说来,所谓没有人接受继承的情况,主要包括:没有法定继承人和遗嘱继承人;虽有法定继承人和遗嘱继承人,但他们全部放弃继承权或者丧失继承权。所谓没有人受领遗赠的情况,主要包括:被继承人生前未以遗嘱设立遗赠;虽已用遗嘱设立遗赠,但遗嘱无效;受遗赠人全部放弃或者被人民法院取消了受遗赠权;被继承人生前未订立遗赠扶养协议。[②] 应予注意的是,或由于前述依遗嘱或法律规定的"两种人"(继承人、受遗赠人)放弃或丧失继承权或受遗赠权,或由于其在法定期限内未出现,无人承受遗产才最终归属于国家或集体所有制组织所有。

## 二、时间要件

由于无人承受遗产制度主体要件的复杂性,所以,确定无人承受遗产的时间起算点亦因此而各有特点,但终止时间都是遗产分割之时。其一,在无人继承的情况下,确定无人承受遗产的时间节点起算于被继承人死亡时,终止于遗产分割。我国《继承法》第 2 条规定,继承从被继承人死亡时开始。当没有法定继承人和遗嘱继承人时,无人继承遗产自被继承人死亡时即开始由国家或集体所有制组织继承。无论遗产何时分割,国家或集体所有制组织获得遗产的所有权均追溯至继承开始之时。其二,在继承人均放弃继承的情况下,确定无人承受遗产的时间节点起算于作出放弃的意思表示时,终止于遗产分割。我国《继承法》第 25 条规定:"继承开始后,继承人放弃继承的,应当在遗产处理前,作出放弃继承的表示。没有表示的,视为接受继承。"所以,继承人表达放弃继承权的意思表示,必须在继承开始后至遗产分割前;放弃继承的效力追溯至继承开始之时。若在遗产分割后作出放弃继承的意思表示,所谓的放弃已经不是放弃遗产继承权,而是放弃其财产所有权了。因此,国家或集体所有制组织自继承人均放弃继承之后,溯及继承开始时获得遗产所有权。其三,在继承人均丧失继承权的情况下,确定无人承受遗产的时间节点起算于丧失情形出现时,其效力溯及继承开始之时。其四,在已确定不存在继承人又无人受遗赠的情况下,按照我国《继承法》的规定,该遗产的归属溯及继承开始时起,由国家或集体所有制组织获得其所有权。[③]

## 三、归属效力

众所周知,法律效力是法律制度的核心问题,是法律制度长期稳定有效实施的基础。由于该制度以无继承人、无受遗赠人为前提,所以不存在区分该"两种人"因接受或放弃继承、遗赠而产生的不同法律后果。就无人承受遗产制度而言,其归属效力主要表现在无人承受遗产的债务偿还和国家或集体组织取得无人继承遗产的依据方面。具体说来,该归属效力

---

① [德]古斯塔夫·拉德布鲁赫:《法律智慧警句集》,舒国滢译,中国法制出版社 2001 年版,第 141 页。

② 郭明瑞、房绍坤编著:《继承法》,法律出版社 1996 年版,第 227 页;陈苇主编:《婚姻家庭继承法学》,法律出版社 2002 年版,第 499～500 页。

③ 我国《继承法》第 27 条规定:"有下列情形之一的,遗产中的有关部分按照法定继承办理:(一)遗嘱继承人放弃继承或者受遗赠人放弃受遗赠的;(二)遗嘱继承人丧失继承权的;(三)遗嘱继承人、受遗赠人先于遗嘱人死亡的;(四)遗嘱无效部分所涉及的遗产;(五)遗嘱未处分的遗产。"

包括了以下三方面内容：一是无人承受遗产归国家或集体组织所有的依据是基于法律的特别规定，取得无人继承又无人受遗赠之财产。二是国家或集体所有制组织在取得遗产所有权的同时，也应当承受在取得遗产的实际价值范围内清偿死者生前所欠的债务。[①] 这意味着，从理论上，对于该无人承受的遗产，国家或集体所有制组织只有在清偿债务后，才能取得剩余部分的遗产。事实上，由于我国实行当然继承制度，因此，对无人承受的遗产，国家或集体所有制组织溯及继承开始时取得所有权，并依我国《继承法》第 33 条有关限定继承的规定，在遗产实际价值范围内承担清偿被继承人债务的责任。从国外立法看，将清偿债务后的剩余财产归属于国家(国库)所有，这是众多国家的立法通例。当然，若是被人民法院宣告死亡的被继承人归来，那么已归属国家或集体组织所有的财产应当如数归还该财产原所有人，原物不存在的应当作价补偿。[②] 三是保护酌情分得遗产人的权益。对继承人以外的依靠被继承人扶养的缺乏劳动能力又没有生活来源的人，或者继承人以外的对被继承人扶养较多的人，可以分配给他们适当的遗产。[③] 这类酌情分得遗产人在无人承受遗产归属于国家或集体所有制组织之前，有权主张分得适当遗产。但是，倘若他们经公示催告后在法定期限内未主张该权利，则视为放弃，遗产归属国家或集体组织所有；酌情分得遗产人不得以未分得遗产为由重新主张权利。[④]

## 第五节　重要学术观点与争议

本节主要以梁慧星、王利明、张玉敏、陈苇和杨立新等教授分别主持撰写的“继承法学者建议稿”中有关无人承受遗产制度的立法建议为例，阐释我国学界关于无人承受遗产制度的主要观点与争议。对于无人承受遗产问题，目前，我国学者们在无人承受遗产的概念界定，遗产管理人的指定主体和选任标准，公告主体、公告范围、公告时间和公告期限，酌分请求权主体，遗产回复请求权期限等方面的学术观点有共性，也有差异。

### 一、重要学术观点

梁慧星等学者建议稿之主要观点如下：(1)遗产管理人的选任、报酬与职责。其一，遗产管理人的选任。继承开始后两个月内，有下列情形之一的，经利害关系人申请，人民法院可以指定遗产管理人：遗嘱未指定遗产执行人，继承人对遗产管理人的选任有争议的；没有继承人或者继承人下落不明，而遗嘱中未指定遗嘱执行人的；遗产债权人有证据证明继承人的行为已经或将要损害其利益的。[⑤] 其二，遗产管理人的报酬。继承人和遗嘱执行人以外的人担任遗产管理人的，有权请求与其所执行职务相当的报酬，其报酬列入继承费用优先受清偿。[⑥] 其三，遗产管理人的职责。继承开始后，存有遗产的人应当妥善保管遗产，并将其存

① 郭明瑞、房绍坤编著：《继承法》，法律出版社 1996 年版，第 228 页。

② 刘春茂主编：《中国民法学·财产继承》，中国人民公安大学出版社 1990 年版，第 619 页。

③ 我国《执行〈继承法〉的意见》第 57 条。

④ 刘春茂主编：《中国民法学·财产继承》，中国人民公安大学出版社 1990 年版，第 619 页。

⑤ 梁慧星等学者建议稿第 2002 条。

⑥ 梁慧星等学者建议稿第 2003 条。

有的遗产的种类、数量和状况及时通报遗产管理人，由遗产管理人协商决定该项遗产此后的保管方式。① 遗产管理人应当及时清理被继承人的财产，并编制遗产清册；遗产管理人在编制遗产清册时，应当将被继承人财产与夫妻共同财产、家庭共同财产及其他人的财产予以区分。② 其四，遗产管理人的法律责任。遗产管理人对遗产债权人或者受遗赠人造成损害的，应当承担赔偿责任；受有损害的遗产债权人或者受遗赠人，有权向明知有不当受偿情形的遗产债权人或者受遗赠人请求偿还其不当受偿的数额。③ 为完成管理、分割遗产及执行遗嘱而支出的继承费用优先于遗产债务清偿；因遗产管理人过失而支出的费用不属于继承费用，由有过失的继承人或者遗产管理人负担。④ (2)公告程序。遗产管理人应当于知道继承开始后3个月内向人民法院递交遗产清册，由人民法院依公示催告程序催告债权人申报债权。公示催告的期间不得少于3个月。遗产管理人在3个月的公示催告期间内，有权拒绝任何债权人的给付请求。⑤ (3)遗产处理的顺序与遗产债务的范围及清偿责任。遗产首先应当用于清偿遗产债务。清偿遗产债务后有剩余的，方可分配遗产。遗产处理中可能导致缺乏劳动能力又没有生活来源的继承人难以维持生活的，应当在遗产处理前为其保留维持6个月生活所必要的费用。⑥ 遗产债务是指被继承人生前依法应当缴纳的税款和完全用于个人生活和生产需要所负债务。家庭债务中应当由被继承人承担的部分也属于遗产债务。⑦ 遗产债权的公示催告期限届满后，遗产管理人应当依据已申报债权和其他已知债权的数额或比例，以遗产分别偿还。对遗产享有担保物权的债权人可以请求担保物权。对于尚未到期的遗产债务或者有争议的遗产债务，遗产管理人应当在遗产分割前保留为清偿该债务所必要的财产。⑧ 遗产债权人不依规定的期限申报债权，而又为遗产管理人所不知的，仅得就剩余遗产行使其权利。但就遗产享有担保物权的债权人，不在此限。⑨ (4)无人承受遗产的归属。无人承受的遗产，在人民法院指定的遗产管理人依本法规定清偿遗产债务和继承费用之后仍有剩余的，由遗产管理人移交有关部门缴入国库所有；死者生前是集体经济组织成员的，移交所在的集体经济组织。⑩

王利明等学者建议稿之主要观点如下：(1)遗产管理人的选任、职责与权限。继承开始时，有无继承人不明时，由村委会或居委会作为遗产管理人；遗产管理人应该从速申请人民法院按公示催告程序，公告通知可能存在的继承人、受遗赠人、债权人等其他利害关系人前来法院申报登记。⑪ 继承人出现后，遗产管理人的管理权终止，并应向继承人办理移交手

---

① 梁慧星等学者建议稿第2004条。

② 梁慧星等学者建议稿第2005条。

③ 梁慧星等学者建议稿第2019条。

④ 梁慧星等学者建议稿第2024条。

⑤ 梁慧星等学者建议稿第2017条。

⑥ 梁慧星等学者建议稿第2016条。

⑦ 梁慧星等学者建议稿第2013条。

⑧ 梁慧星等学者建议稿第2018条。

⑨ 梁慧星等学者建议稿第2020条。

⑩ 梁慧星等学者建议稿第2029条。

⑪ 王利明等学者建议稿第661条。

续;继承人出现以前遗产管理人的管理行为继续生效。[①] 遗产管理人于公告期间届满前,可以进行遗产管理并为必要的处分,但不得对被继承人的债权人或受遗赠人,进行清偿债务或交付遗赠物。[②] (2)公告程序。人民法院决定受理申请,应在3日内发出公告,催促继承人、受遗赠人、债权人等其他利害关系人申报、登记。公示催告的期间,由人民法院根据情况决定,但不得少于60日。[③] (3)无人承受遗产的归属。被继承人之债权人或受遗赠人,不于公告期间内为报明或声明者,仅得就剩余遗产,行使其权利。[④] 公告期满,无继承人承认继承时,其遗产于清偿债权并交付遗赠物后,如有剩余,由遗产管理人移交有关部门上缴国库所有;如果死者生前是集体所有制组织成员的,则应移交所在的集体所有制组织并归其所有。[⑤]

张玉敏等学者建议稿之主要观点如下:(1)遗产管理人的选任、职责与权限。继承开始后,继承人有无不明的,被继承人居所地的居民委员会、村民委员会或其所在单位,应于继承开始后尽快报告法院;法院在接到报告后,应当指定遗产管理人。[⑥] 公示催告期满后,如仍无继承人承认继承,遗产管理人应制定遗产清算方案,报法院批准后执行。[⑦] 继承人出现后,遗产管理人的管理权终止,并应向继承人办理移交手续;继承人出现以前,遗产管理人的管理行为对继承人发生效力。[⑧] (2)公告程序。法院在接到被继承人居所地的居民委员会、村民委员会或其所在单位的报告后,应当公示催告继承人和利害关系人于规定期限内主张权利。公告期限不得少于6个月。[⑨] (3)无人承受遗产的归属。在公示催告期限内未申报并为遗产管理人所不知的债权,只能就清偿已申报债权后剩余的财产获得清偿。[⑩] 财产无人继承时,清偿债务、执行遗赠后剩余的财产,法院可以根据情况,将其全部或部分分配给与被继承人共同生活或者精心照顾被继承人的人。剩余的财产,由法院按法定程序认定为无主财产后上缴国库,被继承人生前由集体组织扶养的,财产归该集体组织所有。遗产上缴国库后,如真正的继承人出现,仍可于自上缴国库时起5年内请求国库归还。[⑪]

陈苇等学者建议稿之主要观点如下:无人承受的遗产是指,在被继承人死亡时,经公告程序,无继承人或受遗赠人,或继承人不明的财产;已知的继承人放弃或丧失继承权的财产;已知的受遗赠人放弃或丧失受遗赠权的财产。[⑫] (1)遗产管理人的选任、更换与职责。其一,遗产管理人的选任。继承开始后,继承人有无不明的,被继承人住所地的居民委员会、村民委员会应在居民委员会、村民委员会成员中选任一至二人作为遗产管理人。若被继承人

---

① 王利明等学者建议稿第663条。

② 王利明等学者建议稿第664条。

③ 王利明等学者建议稿第662条。

④ 王利明等学者建议稿第665条。

⑤ 王利明等学者建议稿第666条。

⑥ 张玉敏等学者建议稿第67条第1、2款。

⑦ 张玉敏等学者建议稿第68条第1款。

⑧ 张玉敏等学者建议稿第69条。

⑨ 张玉敏等学者建议稿第67条第2、3款。

⑩ 张玉敏等学者建议稿第68条第2款。

⑪ 张玉敏等学者建议稿第70条。

⑫ 陈苇等学者建议稿第82条。

死亡时不在户籍所在地的,可由住所地或主要财产所在地的居委会或村委会指定居民委员会、村民委员会成员中一至二人担任遗产管理人。① 其二,遗产管理人的更换。遗产管理人有不当之行为时,利害关系人可向居民委员会或村民委员会申请更换遗产管理人。② 其三,遗产管理人的职责。遗产管理人接受遗产后,应编制遗产清册,编制遗产清册应有两名以上无利害关系的证人在场,遗产清册编制完毕后,遗产管理人与证人应当场在遗产清册上亲笔签名,遗产清册一式二份分别由遗产管理人和居民委员会或村民委员会分别保管。遗产管理人应当在被继承人死亡后1个月内完成遗产清册的编制。应遗产利害关系人的请求,遗产管理人须向其报告待继承遗产的状况。为保存遗产价值,遗产管理人可以处分遗产,遗产管理人的遗产处分行为,应获得居民委员会或村民委员会的书面许可。遗产管理人对遗产应尽善良管理人的注意义务。如其违反此项注意义务,给利害关系人造成损失的,或违反法定的程序处理遗产给利害关系人造成损失的,应依法承担损害赔偿责任。继承人出现以前,遗产管理人的管理行为对继承人发生效力。遗产管理人可视遗产的多少、管理事务的简繁,请求从遗产中获得适当的报酬。③ (2)公告程序。遗产管理人可以视遗产价值的多少,选择不予公告、在村或社区公告栏公告、在省一级报纸登报公告或申请法院公告。法院在受理遗产管理人的公告申请后,应公示催告继承人和遗产利害关系人于规定期限内主张权利。公告期为6个月,自发布公告之日起算。在公示催告期内,继承人出现并主张权利,无人承受遗产程序终止,按法定继承程序处理。④ (3)无人承受遗产的归属。公示催告期满后,如仍无继承人承认继承,遗产管理人应开始遗产清算。在公示催告期内未申报并为遗产管理人所不知的债权,只能就清偿已申报债权后剩余的财产获得清偿。受遗赠人丧失受遗赠的权利。未申报权利的继承人和享有优先权的债权人在公告的期限届满后出现的,享有继承回复请求权。⑤ 无人承受的遗产,经清偿债务、执行遗赠后有剩余的,经书面请求居民委员会或村民委员会主任并获同意及签字后,遗产管理人可依具体情况将遗产的全部或部分酌情分配给依靠被继承人扶养的人、对被继承人扶养较多的人、与被继承人一同生活的人或其他与被继承人有密切关系的人。在无酌情分得遗产人的情形下,遗产管理人应当将剩余的遗产移交国家或者集体组织所有。⑥ (4)失踪人的应继份。在继承开始后,继承人下落不明的,处理遗产时,其应继份应依我国《民法总则》第43条的规定实行代管。对下落不明的继承人,利害关系人可依我国《民法总则》第40～41条的规定向法院请求宣告其为失踪人,对失踪人的应继份,其他继承人可向人民法院请求在其提供担保后移交该应继份,此为准继承。提供担保的期限,失踪人遭遇重大危险而下落不明的为5年,其他情形下为10年,并不超过失踪者百岁之日。该期限的起算点为重大危险发生之日或接到失踪人的最后音讯之日,如果失踪人返回或有优先权利人主张行使权利时,准继承人应当返还财产。但准继承人对优先权人仅在一般诉讼时效期间内承担返还财产的义务。对失踪人的应继份,如果没有

---

① 陈苇等学者建议稿第83条第1款。
② 陈苇等学者建议稿第83条第2款。
③ 陈苇等学者建议稿第84条。
④ 陈苇等学者建议稿第85条。
⑤ 陈苇等学者建议稿第86条。
⑥ 陈苇等学者建议稿第87条。

任何人请求行使权利的，该应继份经遗产管理人保管已逾 20 年的，应遗产管理人的申请，法院应按无人承受遗产的规定处理。[①]

杨立新等学者建议稿之主要观点如下：(1)遗产管理人的选任、更换与职责。其一，遗产管理人的选任。继承开始后，有无继承人不明的，或者已知的继承人、受遗赠人丧失、放弃继承权或受遗赠权的，有关人员、部门或基层组织应将情况及时通知民政部门。民政部门在接到通知后，应指定遗产管理人管理遗产。[②] 其二，遗产管理人的更换。指定的遗产管理人不得辞任。遗产管理人怠于履行职责或不当履行职责的，民政部门可以解任或者请求人民法院解任遗产管理人。遗产债权人或其他利害关系人可以请求人民法院解任遗产管理人。[③] 其三，遗产管理人的职责。遗产管理人应当勤勉谨慎地履行以下职责：查明被继承人是否留有遗嘱，并且确定遗嘱是否真实合法；查明并通知遗产承受权利人、被继承人的债权人、债务人；管理遗产，制作遗产清单并公证；清偿遗产债务；分割、移交遗产；在管理权限之内，可以采取必要的措施或通过诉讼保全遗产；进行与管理遗产有关的其他必要行为。[④] (2)公告程序。遗产管理人应当在接受指定后 10 日内发出寻找遗产承受权利人、遗产债权人的公告，催促权利人于规定期限内主张权利。公告期限不得少于 6 个月。[⑤] (3)无人承受遗产的归属。遗产管理人应对无人承受的遗产编制遗产清单、缴纳相关税款、接受债权申报、主张应继财产中的债权。公告期满后，遗产管理人应当对死者生前债务进行清偿。有特定遗赠受遗赠人的，应当向其交付特定遗产。有遗产酌分请求权人的，应当分给他们适当的遗产。公告期内没有申报的未知债权，只能就清偿已申报债权后剩余的遗产获得清偿。[⑥] 继承人、概括受遗赠人在遗产移交国库或集体所有制组织之前出现的，遗产管理人应当向其移交剩余的遗产、遗产清单和有关凭证，报告遗产处理情况。遗产管理人此前的职务行为对继承人、概括受遗赠人有效。无人继承又无人受遗赠的遗产，归国家所有；死者生前是集体所有制组织成员的，归所在集体所有制组织所有。无人承受的遗产处理完毕后，有继承人或概括受遗赠人出现的，自继承开始后 5 年内，可以请求国家或者集体所有制组织归还相应遗产。[⑦]

## 二、重要学术观点之争议

### (一)无人承受遗产概念的界定问题

对于无人承受遗产概念之含义，我国诸学者建议稿主要有四种观点：一是认为，无人继承的遗产是指公民死亡后，没有法定继承人又无遗嘱继承人，或全部继承人都放弃继承权或丧失继承权，其遗产即为无人继承的财产。[⑧] 二是认为，无人继承的遗产是指公民死亡后，没有法定继承人又无遗嘱继承人与受遗赠人，或者其全部继承人都表示放弃继承，受遗赠人

① 陈苇等学者建议稿第 88 条。
② 杨立新等学者建议稿第 91 条。
③ 杨立新等学者建议稿第 75 条。
④ 杨立新等学者建议稿第 74 条。
⑤ 杨立新等学者建议稿第 92 条。
⑥ 杨立新等学者建议稿第 93 条。
⑦ 杨立新等学者建议稿第 94 条。
⑧ 张玉敏等学者建议稿第 71 条。

表示不接受遗赠,则死者的遗产属于无人继承的遗产。三是认为,无人继承的遗产是指没有继承人或受遗赠人承受的遗产。无人继承的遗产主要包括:没有法定继承人、遗嘱继承人和受遗赠人的遗产;法定继承人、遗嘱继承人全部放弃继承,受遗赠人全部放弃受遗赠的遗产;法定继承人、遗嘱继承人全部丧失继承权,受遗赠人全部丧失受遗赠权的遗产。① 四是认为,无人承受的遗产是指被继承人死亡后,在法定期限内没有人接受继承又没有人受领遗赠的遗产。所谓没有人接受继承的情况主要包括两种:没有法定继承人和遗嘱继承人;虽有法定继承人和遗嘱继承人,但他们全部放弃继承权或者丧失继承权。所谓没有人受领遗赠的情况主要包括四种:被继承人生前未以遗嘱设立遗赠;虽已用遗嘱设立遗赠,但遗嘱无效;受遗赠人全部放弃或者被人民法院取消了受遗赠权;被继承人生前未订立遗赠扶养协议。②

我国有学者认为,法律概念的存在有利于使人们正确地理解和运用法律规则,对厘清某一法律概念的含义具有重大意义。③ 就无人承受遗产而言,我们也需要对其进行较为精细的定义,以明确其内涵与外延。鉴于无人承受遗产这一概念贯穿着整个无人承受遗产制度,假若对无人承受遗产的含义都不甚清楚,就有可能导致无人承受遗产制度的混乱。我们认为,无人承受遗产的含义应该包含以下内容:引发承受遗产的法律事件、法定期限、无人承受遗产的各类情形,等等。据此来看,前述四种关于无人承受遗产含义的观点,第一种观点没有概括无人受领遗赠等情形;第二种观点没有概括遗嘱无效、继承权丧失等情形;第三种观点没有规定法定期限;比较而言,第四种观点较为准确、全面地概括了无人继承的遗产的情形。④ 所以,无人承受遗产的含义可以表述为:被继承人死亡后,在法定期限内没有人接受继承(没有法定继承人和遗嘱继承人;虽有法定继承人和遗嘱继承人,但他们全部放弃继承权或者丧失继承权)又没有人受领遗赠(被继承人生前未以遗嘱设立遗赠;虽已用遗嘱设立遗赠,但遗嘱无效;受遗赠人全部放弃或者被人民法院取消了受遗赠权;被继承人生前未订立遗赠扶养协议)的遗产。

### (二)无人承受遗产的管理问题

关于遗产管理人的指定主体,诸学者建议稿主要存在三种不同观点:一是认为,应由人民法院指定遗产管理人,如梁慧星、张玉敏等学者建议稿即持此观点,两者的不同之处在于:前者主张由利害关系人申请人民法院指定遗产管理人,后者则认为应由被继承人居所地的居民委员会、村民委员会或其所在单位报告人民法院,再由人民法院指定遗产管理人。⑤ 二是认为,应由被继承人住所地或主要财产所在地的居民委员会、村民委员会选任遗产管理人。⑥ 三是认为,在有关人员、部门或基层组织将相关继承情况及时通知民政部门后,应由民政部门指定遗产管理人。⑦

---

① 郭明瑞、房绍坤、关涛:《继承法研究》,中国人民大学出版社 2003 年版,第 370 页。

② 陈苇、宋豫主编:《中国大陆与港、澳、台继承法比较研究》,群众出版社 2007 年版,第 439 页。

③ 沈宗灵主编:《法理学》,北京大学出版社 2009 年版,第 31 页。

④ 陈苇主编:《外国继承法比较与中国民法典继承编制定研究》,北京大学出版社 2011 年版,第 646 页。

⑤ 梁慧星等学者建议稿第 2002 条;张玉敏等学者建议稿第 67 条。

⑥ 陈苇等学者建议稿第 83 条。

⑦ 杨立新等学者建议稿第 91 条。

我们认为，关于遗产管理人的指定主体，应当考虑遗产管理人指定主体的便利性。在无人承受遗产的情况下，加强遗产管理是必须尽快完成的头等大事，否则该遗产就很可能陷入无人管理的窘境，从而导致社会财富的减值。因此，指定遗产管理人应该达到快速确保遗产获得合理管理之目的。在现代社会，法院本就已是社会矛盾、纠纷的集中解决地，如果将指定遗产管理人的工作交给法院完成，虽有其可取之处，但会导致更大的弊端——不能快速、高效地指定遗产管理人。因此，我们认为，如果将遗产管理人的指定工作交由被继承人住所地或主要财产所在地的居民委员会、村民委员会，则能够较好地解决前述弊端，同时还应当发布催告继承人及遗产债权人的公告，清偿遗产债权债务工作完成后，使该遗产获得最终的归属。

对由谁担任遗产管理人，我国诸学者建议稿也存在不同的看法，主要有：一是认为，继承开始时，有无继承人不明时，由村委会或居委会作为遗产管理人；①二是认为，继承开始后，有无继承人不明的，由居民委员会、村民委员会成员担任遗产管理人。②

我们认为，对由谁担任遗产管理人，应当考虑遗产管理人选任标准的关联性。选任出合格的遗产管理人是实现遗产妥善管理的重要保证。如前所述，学界关于由谁担任遗产管理人主要有两种观点：一是主张由村委会或居委会作为遗产管理人；二是由居民委员会、村民委员会的成员担任遗产管理人。我们认为，由居民委员会、村民委员会的成员担任遗产管理人应是较为合理的选择。理由如下：既然遗产管理人的指定工作由被继承人住所地或主要财产所在地的居民委员会、村民委员会完成，那么其天然地就与该居民委员会、村民委员会成员有密切关联，这就为选出合格的遗产管理人奠定了基础；居民委员会、村民委员会成员与被继承人之间往往存在一定的熟人感情纽带，这就决定了选出的遗产管理人更愿意尽职尽责地管理遗产。

### （三）无人承受遗产的公示催告问题

关于公告的主体和范围，有学者建议稿认为，遗产管理人可以视遗产价值的多少，选择不予公告、在村或社区公告栏公告、在省一级报纸登报公告或申请法院公告。③ 也有学者建议稿认为，应由遗产管理人发出寻找遗产承受权利人、遗产债权人的公告。④ 其他学者建议稿并未作此区别，认为应当且由法院公示催告，如梁慧星、王利明、张玉敏等学者建议稿。⑤

关于公告的时间和期限，有学者建议稿认为，人民法院决定受理申请，应在 3 日内发出公告；公示催告的期间，由人民法院根据情况决定，但不得少于 60 日。⑥ 也有学者建议稿认为，遗产管理人应当在接受指定后 10 日内发出寻找遗产承受权利人、遗产债权人的公告，催促权利人于规定期限内主张权利；公告期限不得少于 6 个月。⑦ 关于公告期限，自发布公告之日起算，还有学者建议稿主张不得少于 3 个月或 6 个月，以及公告期为 6 个月。⑧

---

① 王利明等学者建议稿第 661 条。

② 陈苇等学者建议稿第 83 条。

③ 陈苇等第 85 条。

④ 杨立新等第 92 条。

⑤ 梁慧星等学者建议稿第 2017 条；王利明等学者建议稿第 662 条；张玉敏等学者建议稿第 67 条。

⑥ 王利明等学者建议稿第 662 条。

⑦ 杨立新等学者建议稿第 92 条。

⑧ 梁慧星等学者建议稿第 2017 条；张玉敏等学者建议稿第 67 条；陈苇等学者建议稿第 85 条。

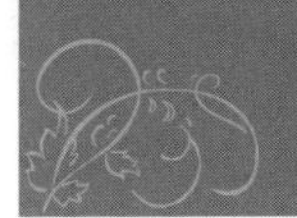



我们认为,首先,应当以遗产管理人为中心确定公告的主体和范围。公示催告程序是搜索继承人、受遗赠人、敦促债权人申报债权的程序,它的存在有助于保护相关权利人的利益。我们认为,在无人承受遗产制度的设计中,既然设立了遗产管理人以全方位地加强遗产的管理,那么有关公示催告制度的构建自然应当以遗产管理人为中心。具体说来,应当由遗产管理人决定到底应否公告、公告方式等。而核心标准就是其所管理的遗产之价值大小,如果该遗产的价值较小,那么遗产管理人完全可以选择不予公告(如前述法国有些规定),转而采取其他替代手段;如果该遗产的价值较大、巨大,则可以依据价值程度选择不同的公告方式,如在村或社区公告栏公告、在省一级报纸登报公告或直接申请法院公告。赋予遗产管理人一定的选择公告方式之权限,有利于实现遗产管理的灵活性、提高管理效率,对遗产保护大有裨益。事实上,域外早有这方面的类似规定,如《德国民法典》第 1965 条规定:"在确定国库是法定继承人之前,必须在规定申报期间的情况下,公开催告申报继承权;公告的方式和申报期间的长短,依照关于公示催告的规定为之。催告费用对于遗产状态为过巨的,可以不催告。"其次,关于公告的时间和期限,如果遗产管理人决定申请法院公告,那么基于保护相关权利人利益、实现财产合理流转的理念,法院就应当及时发出公告并限定公告期限。在法院收到遗产管理人的申请并决定受理时起,其应在 3 日内发出公告,该公告期限为 6 个月,自发布公告之日起算。之所以将法院发出公告的时间限定为 3 日内,主要理由是:公告在较短的时间内发出,有利于促使相关权利人尽快承受遗产、申报债权;同时,这与我国现行《民事诉讼法》第 219 条的规定相一致,从而使操作性更强,不易引起混乱。而将公告期限定为自发布公告之日起 6 个月,则是既保护遗产相关权利人的利益,又能在合理期限内确定遗产债权人,进而清偿遗产债务后,确定遗产归属,从而实现财产合理流转、保障财富增值。如果期限过短,不利于保护相关权利人利益;期限过长,又会有损财产的价值,不符合市场经济的效率要求。例如,我国台湾地区"民法"第 1178 条、《日本民法典》第 958 条等对此作了类似规定。

### (四)无人承受遗产的归属问题

关于酌分请求权的主体范围,有学者建议稿认为,完成遗产处理程序可能导致缺乏劳动能力又没有生活来源的继承人难以维持生活的,应当在遗产处理前为其保留维持 6 个月生活所必要的费用①;(放弃或丧失继承权的)继承人中有缺乏劳动能力又没有生活来源的人,即使遗产不足清偿债务,也应当为其保留适当遗产,其余遗产用于清偿债务。② 此类观点特别考虑到了缺乏劳动能力又没有生活来源的人,即酌分请求权的主体。也有学者建议稿主张将酌分请求权的主体限定为:与被继承人共同生活或者精心照顾被继承人的人③;依靠被继承人扶养的人、对被继承人扶养较多的人、与被继承人一同生活的人或其他与被继承人有密切关系的人④;对继承人以外的依靠被继承人扶养的缺乏劳动能力又没有生活来源的人,或者继承人以外的对被继承人扶养较多的人。⑤

---

① 梁慧星等学者建议稿第 2002 条。

② 王利明等学者建议稿第 660 条。

③ 张玉敏等学者建议稿第 70 条。

④ 陈苇等学者建议稿第 87 页。

⑤ 杨立新等学者建议稿第 61 条。

关于遗产回复请求权的期限，有学者建议稿认为，无人承受的遗产上缴国库后，如真正继承人出现，仍可于自上缴国库时起5年内请求国库归还。[①] 也有学者建议稿认为，无人承受的遗产处理完毕后，有继承人或概括受遗赠人出现的，自继承开始后5年内，可以请求国家或者集体所有制组织归还相应遗产。[②]

我们认为，首先，应当扩大酌分请求权的主体范围。无人承受遗产制度虽是一项厘清该遗产的债权债务关系、明确遗产最终归属的法律制度，但它同时也赋予了与被继承人有密切关系的人以特殊权利，此权利被称为酌分请求权。我国《继承法》第14条规定："对继承人以外的依靠被继承人扶养的缺乏劳动能力又没有生活来源的人，或者继承人以外的对被继承人扶养较多的人，可以分给他们适当的遗产。"这里规定的权利即为遗产酌分请求权，而享有此权利的人即为酌分请求权的主体。由此可见，依我国《继承法》的规定，既缺乏劳动能力又没有生活来源的人、继承人以外的对被继承人扶养较多的人为酌分请求权的主体。我们认为，为更能体现我国《继承法》养老育幼、互助互爱、和睦团结的立法原则，酌分请求权的主体应予扩充，除上述主体外，还应包括依靠被继承人扶养的人、与被继承人一同生活的人、或者精心照顾被继承人的人等。这样可以扩大酌分请求权的主体范围，无疑是更符合立法宗旨的。其次，应当限定遗产回复请求权的期限。无人承受的遗产在经过公告程序后，虽然能够起到搜索继承人、受遗赠人、敦促债权人申报债权之作用，然而，不可否认的是，总会存在一些"漏网之鱼"，它事实上并不能使全部权利人及时行使权利。特别是在无人承受的遗产已上缴国库，而相关权利人姗姗来迟的情况下，遗产回复请求权就显得意义重大了。我们认为，为尽可能地保护公民的合法权益，今后我国《继承法》在修订时应该赋予相关权利人这一权利，并对此权利加以限定有效保护期限。具体说来，建议在无人承受遗产制度中设计遗产回复请求权的同时，规定权利人自该遗产归属国家或集体所有制组织时起5年内可以请求归还。应予注意的是，将该权利行使有效期限的起算点确定为收归国家、集体之时，将更有利于体现国家保护公民的合法财产之宪法精神。

## 第六节　相关联的法条与典型案例

无人承受遗产制度是对在法定期限内既没有人接受继承又没有人受领遗赠的遗产进行规范的法律制度之总和，除本章评注的我国《继承法》第32条外，该制度在我国《继承法》、我国《执行〈继承法〉的意见》及其他法律相关条文中也有所体现。

### 一、相关联的法条

#### （一）无人承受遗产主体要件的相关联法条

1. 与法定继承人的资格相关联的法条

我国《执行〈继承法〉的意见》第47条规定，继承人放弃继承应当以书面形式向其他继承人表示。用口头方式表示放弃继承，本人承认，或有其他充分证据证明的，也应当认定其

---

① 张玉敏等学者建议稿第70条。

② 杨立新等学者建议稿第94条。

有效。

我国《继承法》第 7 条规定，继承人有下列行为之一的，丧失继承权：(一)故意杀害被继承人的；(二)为争夺遗产而杀害其他继承人的；(三)遗弃被继承人的，或者虐待被继承人情节严重的；(四)伪造、篡改或者销毁遗嘱，情节严重的。

我国《执行〈继承法〉的意见》第 10 条规定，继承人虐待被继承人情节是否严重，可以从实施虐待行为的时间、手段、后果和社会影响等方面认定。虐待被继承人情节严重的，不论是否追究刑事责任，均可确认其丧失继承权。

我国《执行〈继承法〉的意见》第 11 条规定，继承人故意杀害被继承人的，不论是既遂还是未遂，均应确认其丧失继承权。

我国《执行〈继承法〉的意见》第 13 条规定，继承人虐待被继承人情节严重的，或者遗弃被继承人的，如以后确有悔改表现，而且被虐待人、被遗弃人生前又表示宽恕，可不确认其丧失继承权。

我国《执行〈继承法〉的意见》第 14 条规定，继承人伪造、篡改或者销毁遗嘱，侵害了缺乏劳动能力又无生活来源的继承人的利益，并造成其生活困难的，应认定其行为情节严重。

我国《继承法》第 12 条规定，丧偶儿媳对公、婆，丧偶女婿对岳父、岳母，尽了主要赡养义务的，作为第一顺序继承人。

我国《执行〈继承法〉的意见》第 21 条规定，继子女继承了继父母遗产的，不影响其继承生父母的遗产。继父母继承了继子女遗产的，不影响其继承生子女的遗产。

我国《执行〈继承法〉的意见》第 22 条规定，收养他人为养孙子女，视为养父母与养子女的关系的，可互为第一顺序继承人。

我国《继承法》第 11 条规定，被继承人的子女先于被继承人死亡的，由被继承人的子女的晚辈直系血亲代位继承。代位继承人一般只能继承他的父亲或者母亲有权继承的遗产份额。

我国《执行〈继承法〉的意见》第 25 条规定，被继承人的孙子女、外孙子女、曾孙子女、外曾孙子女都可以代位继承，代位继承人不受辈数的限制。

我国《执行〈继承法〉的意见》第 26 条规定，被继承人的养子女、已形成扶养关系的继子女的生子女可代位继承；被继承人亲生子女的养子女可代位继承；被继承人养子女的养子女可代位继承；与被继承人已形成扶养关系的继子女的养子女也可以代位继承。

2. 与遗嘱继承人和受遗赠人的资格相关联的法条

我国《继承法》第 16 条规定，公民可以依照本法规定立遗嘱处分个人财产，并可以指定遗嘱执行人。公民可以立遗嘱将个人财产指定由法定继承人的一人或者数人继承。公民可以立遗嘱将个人财产赠给国家、集体或者法定继承人以外的人。

我国《继承法》第 17 条规定，公证遗嘱由遗嘱人经公证机关办理。自书遗嘱由遗嘱人亲笔书写，签名，注明年、月、日。代书遗嘱应当有两个以上见证人在场见证，由其中一人代书，注明年、月、日，并由代书人、其他见证人和遗嘱人签名。以录音形式立的遗嘱，应当有两个以上见证人在场见证。遗嘱人在危急情况下，可以立口头遗嘱。口头遗嘱应当有两个以上见证人在场见证。危急情况解除后，遗嘱人能够用书面或者录音形式立遗嘱的，所立的口头遗嘱无效。

我国《继承法》第 20 条规定，遗嘱人可以撤销、变更自己所立的遗嘱。立有数份遗嘱，内

容相抵触的，以最后的遗嘱为准。自书、代书、录音、口头遗嘱，不得撤销、变更公证遗嘱。

我国《继承法》第 21 条规定，遗嘱继承或者遗赠附有义务的，继承人或者受遗赠人应当履行义务。没有正当理由不履行义务的，经有关单位或者个人请求，人民法院可以取消他接受遗产的权利。

我国《继承法》第 22 条规定，无行为能力人或者限制行为能力人所立的遗嘱无效。遗嘱必须表示遗嘱人的真实意思，受胁迫、欺骗所立的遗嘱无效。伪造的遗嘱无效。遗嘱被篡改的，篡改的内容无效。

我国《执行〈继承法〉的意见》第 12 条规定，继承人有《继承法》第 7 条第(一)项或第(二)项所列之行为，而被继承人以遗嘱将遗产指定由该继承人继承的，可确认遗嘱无效，并按《继承法》第 7 条的规定处理。

我国《执行〈继承法〉的意见》第 19 条规定，被收养人对养父母尽了赡养义务，同时又对生父母扶养较多的，除可依《继承法》第 10 条的规定继承养父母的遗产外，还可依《继承法》第 14 条的规定分得生父母的适当的遗产。

我国《执行〈继承法〉的意见》第 41 条规定，遗嘱人立遗嘱时必须有行为能力。无行为能力人所立的遗嘱，即使其本人后来有了行为能力，仍属无效遗嘱。遗嘱人立遗嘱时有行为能力，后来丧失了行为能力，不影响遗嘱的效力。

我国《执行〈继承法〉的意见》第 43 条规定，附义务的遗嘱继承或遗赠，如义务能够履行，而继承人、受遗赠人无正当理由不履行，经受益人或其他继承人请求，人民法院可以取消他接受附义务那部分遗产的权利，由提出请示的继承人或受益人负责按遗嘱人的意愿履行义务，接受遗产。

3. 与继承人、受遗赠人的法定代理人相关联的法条

我国《继承法》第 6 条规定，无行为能力人的继承权、受遗赠权，由他的法定代理人代为行使。限制行为能力人的继承权、受遗赠权，由他的法定代理人代为行使，或者征得法定代理人同意后行使。

我国《民法总则》第 18 条规定，成年人为完全民事行为能力人，可以独立实施民事法律行为。16 周岁以上的未成年人，以自己的劳动收入为主要生活来源的，视为完全民事行为能力人。

我国《民法总则》第 21 条规定，不能辨认自己行为的成年人为无民事行为能力人，由其法定代理人代理实施民事法律行为。8 周岁以上的未成年人不能辨认自己行为的，适用前款规定。

我国《民法总则》第 22 条规定，不能完全辨认自己行为的成年人为限制民事行为能力人，实施民事法律行为由其法定代理人代理或者经其法定代理人同意、追认，但是可以独立实施纯获利益的民事法律行为或者与其智力、精神健康状况相适应的民事法律行为。

我国《民法总则》第 23 条规定，无民事行为能力人、限制民事行为能力人的监护人是其法定代理人。

我国《执行〈继承法〉的意见》第 8 条规定，法定代理人代理被代理人行使继承权、受遗赠权，不得损害被代理人的利益。法定代理人一般不能代理被代理人放弃继承、受遗赠权。明显损害被代理人利益的，应认定其代理行为无效。

(二)无人承受遗产时间要件的相关联法条

我国《继承法》第2条规定,继承从被继承人死亡时开始。

我国《继承法》第25条规定,继承开始后,继承人放弃继承的,应当在遗产处理前,作出放弃继承的表示。没有表示的,视为接受继承。受遗赠人应当在知道受遗赠后两个月内,作出接受或者放弃受遗赠的表示。到期没有表示的,视为放弃受遗赠。

我国《执行〈继承法〉的意见》第1条规定,继承从被继承人生理死亡或被宣告死亡时开始。失踪人被宣告死亡的,以法院判决中确定的失踪人的死亡日期,为继承开始的时间。

我国《执行〈继承法〉的意见》第49条规定,继承人放弃继承的意思表示,应当在继承开始后、遗产分割前作出。遗产分割后表示放弃的不再是继承权,而是所有权。

(三)无人承受遗产归属效力的相关联法条

我国《继承法》第14条规定,对继承人以外的依靠被继承人扶养的缺乏劳动能力又没有生活来源的人,或者继承人以外的对被继承人扶养较多的人,可以分给他们适当的遗产。

我国《继承法》第19条规定,遗嘱应当对缺乏劳动能力又没有生活来源的继承人保留必要的遗产份额。

我国《继承法》第24条规定,存有遗产的人,应当妥善保管遗产,任何人不得侵吞或者争抢。

我国《继承法》第31条规定,公民可以与扶养人签订遗赠扶养协议。按照协议,扶养人承担该公民生养死葬的义务,享有受遗赠的权利。公民可以与集体所有制组织签订遗赠扶养协议。按照协议,集体所有制组织承担该公民生养死葬的义务,享有受遗赠的权利。

我国《继承法》第33条规定,继承遗产应当清偿被继承人依法应当缴纳的税款和债务,缴纳税款和清偿债务以他的遗产实际价值为限。超过遗产实际价值部分,继承人自愿偿还的不在此限。继承人放弃继承的,对被继承人依法应当缴纳的税款和债务可以不负偿还责任。

我国《继承法》第34条规定,执行遗赠不得妨碍清偿遗赠人依法应当缴纳的税款和债务。

我国《执行〈继承法〉的意见》第51条规定,放弃继承的效力,追溯到继承开始的时间。

我国《执行〈继承法〉的意见》第57条规定,遗产因无人继承收归国家或集体组织所有时,按《继承法》第14条规定可以分给遗产的人提出取得遗产的要求,人民法院应视情况适当分给遗产。

我国《民法总则》第188条规定,诉讼时效期间从知道或者应当知道权利被侵害时起计算。但是,从权利被侵害之日起超过20年的,人民法院不予保护。有特殊情况的,人民法院可以延长诉讼时效期间。

## 二、涉及无人继承遗产的归属的典型案例

### 无人继承遗产的归属
### ——某县××村××组诉林1等遗产归属案①

**基本案情简介：**

林大大系某县××镇××村××组村民，生于1945年10月20日，1998年5月9日晚，因驾驶摩托车与另一车辆发生交通事故而受重伤，被送到××镇卫生医院抢救，后因伤势过重抢救无效死亡。在抢救过程中，林大大的侄子被告林1护理了两个晚上。事故中的另一车辆当事人交付死亡补偿费15020元(该款后由××镇人民政府民政办公室代管)，并给付被告林1误工补助费70元、后事处理费3500元。在为林大大处理后事的过程中，凡到场的人员均领取20元。林大大生前未婚，无妻儿、兄弟姐妹，父母、祖父母、外祖父母先于其死亡。自其母黄月英于1993年1月病故后，就过着自食其力的单身汉生活。林大大因交通事故死亡后，户口被注销，该户成为绝亡户。林大大死亡时，遗留有银行存款8000元，在中国农业银行和××镇农村信用合作社各存4000元；坐落于××镇××街的房屋(砖瓦木结构，占地面积91.90平方米)一幢。银行存款的存单及房屋所占范围内的土地使用权证书均由被告林1代管。被告林2之父与林大大之父是同胞兄弟，被告林2与林大大是堂兄弟关系，即被告林2与林大大是三代旁系血亲。

原告某县××村××组诉称：本小组村民林大大于1998年5月因发生交通事故死亡。其遗留有银行存款8000元，砖瓦木结构、占地面积92.98平方米的房屋一幢及死亡补偿费15020元。由于死者林大大没有继承人与受遗赠人，因而，应依法认定上述财产为无主财产，收归本小组所有。

被告林1、林2辩称：林大大遗留的财产不属无主财产，我们可依法继承、分得遗产。因为，林2与林大大是堂兄弟关系，享有代位继承权；我们对林大大已尽了生养死葬义务，与其已形成了事实上的扶养关系，享有分得遗产的权利；原告对林大大未尽应尽义务，依据权利义务相一致原则，原告无权受领遗产；在为林大大处理后事的过程中，我们垫支了必要费用，应从遗产中扣除返还给我们；因村民小组不属集体所有制组织，所以原告不具备本案诉讼主体资格，请求驳回原告的起诉。

审理法院认为，林大大生前是原告的村民，与被告林2是堂兄弟关系。生前未婚，无妻儿、兄弟姐妹，父母、祖父母、外祖父母已先于其死亡。自其母病故后，林大大就过着自食其力的单身汉生活。林大大生前没有与他人形成收养或扶养关系，没有订立遗嘱、遗赠协议。这些事实充分说明，林大大死亡后既无法定继承人，又无遗嘱继承人以及受遗赠人。因而，应认定其遗产为无人继承又无人受遗赠的遗产。依据《中华人民共和国继承法》第32条"无人继承又无人受遗赠的遗产，归国家所有；死者生前是集体所有制组织成员的，归所在集体所有制组织所有"的规定，法院认定林大大的遗产为无人继承又无人受遗赠的遗产，归原告所有。

---

① 本案例来源于北大法宝网××县人民法院(2002)×民初字第××××号判决，本文引用时对其内容有所删减。

**适用法律评析：**

本案中主要争议的问题如下：

第一，被告林2是否享有代位继承林大大遗产的权利的问题。《中华人民共和国继承法》第11条明确规定："被继承人的子女先于被继承人死亡的，由被继承人的子女的晚辈直系血亲代位继承……"由此可见，代位继承是指在法定继承的情况下，以被继承人的子女先于被继承人死亡的法律事实为发生根据和前提条件的，由被继承人子女的晚辈直系血亲代位继承的制度。最高人民法院《关于贯彻执行〈中华人民共和国继承法〉若干问题的意见(适行)》第25条规定："被继承人的孙子女、外孙子女、曾孙子女、外曾孙子女都可以代位继承，代位继承人不受辈数的限制。"由此可见，享有代位继承权的只能是被代位继承人的晚辈直系血亲，即被代位继承人的子女、孙子女、曾孙子女、外曾孙子女等，才有资格享有代位继承权，代替先亡的被代位继承人取得被继承人的遗产。林2与林大大是堂兄弟关系，即三代旁系血亲，也就是说，被告林2不是被继承人林大大的子女的晚辈直系血亲。被告没有与林大大形成收养关系或形成抚养关系的继子女关系，因而，就不存在最高人民法院《关于贯彻执行〈中华人民共和国继承法〉若干问题的意见》第26条"被继承人的养子女、已形成扶养关系的继子女的生子女可代位继承；被继承人亲生子女的养子女可以代位继承；被继承人的养子女的养子女可代位继承；与被继承人已形成抚养关系的继子女的养子女也可以代位继承"的规定情形。所以，被告林某2对林大大的遗产不享有代位继承权。

第二，被告与林大大是否已形成了扶养关系的问题。已形成扶养关系是指扶养人对被扶养人在吃、穿、住、医、葬方面给予生活的照顾和物质帮助。被告林1在梧州工人医院的拟做手术同意书上签上"同意手术，侄林1"字样。该事实虽被本院确认，但该事实并不能产生被告林1就是林大大家属以及被告与林大大已形成了扶养关系的法律后果。由于被告不能提交证据证明其对林大大在吃、穿、住、医及葬方面给予了生活的照顾和物质帮助，原告却能提交足够证据证明林大大生前身体健康，有劳动能力，自其母黄月英于1993年1月病故后，过着自食其力的单身汉生活。所以，被告没有对林大大形成事实上的扶养关系。

第三，被告能否参与分得林大大的适当遗产的问题。交通事故责任者除已支付了尸体火化费之外，还支付了误工补助费70元、死亡补偿费15020元及后事处理费用3500元。在处理后事过程中，所有到场人员均已领取20元。由此可见，在该事故处理过程中，已由交通事故责任者支付了各项必要费用，被告在该事故中所受到的损失已得到了适当的补偿。参照《道路交通事故处理办法》以及《广西壮族自治区道路交通事故损害赔偿项目计算标准》的规定，被告提出交通事故责任者在支付了尸体火化费后所支出的3500元尚不足以支付为林大大处理后事所实际开支的必要费用的辩解，是没有法律依据的。被告也没有提交有效证据证明其在为林大大处理后事过程中已垫付了必要费用的事实。被告在答辩状中辩称已垫付了必要费用，但没有确切数额；在庭审中辩解已垫付了1250元；在委托代理人的代理词中却辩解已垫付了1500元。由此可见，被告对其是否垫付、垫付多少必要费用的事实是不确定的、含糊不清的。因而，被告以其为林大大处理后事垫付了必要费用为由，提出要求参与分得林大大适当遗产的辩解，理据不足。

第四，受领无主财产是否适用权利义务相一致原则的问题。权利义务相一致原则确是继承法的基本原则之一。但该原则主要体现在以下几方面：(1)在遗产分配上，同一顺序的继承人，其继承份额一般应当相等，但对被继承人生前尽义务多的，可以多分遗产；尽义务少

的，可以少分遗产；尽到赡养义务的丧偶儿媳或女婿有权继承公、婆或岳父、岳母的遗产。(2)不是法定继承人的自然人，如果他对被继承人尽扶养义务较多的，依法也可分给他适当遗产。(3)在有遗赠扶养协议时，扶养人按照扶养协议尽了扶养义务的，有权取得遗赠财产；扶养人不履行协议不尽扶养义务的，不得享有受遗赠的权利。(4)继承人继承被继承人遗产时，应当偿还被继承人的债务。(5)遗嘱或遗赠附有义务的，继承人或受遗赠人应当履行义务，没有正当理由不履行义务的，人民法院可以取消其接受遗产的权利。由此可见，权利义务相一致原则在无人继承又无人受遗赠的遗产的处理中，体现在受领无人继承又无人受遗赠的遗产的同时，应当在受领遗产的范围内偿还被继承人的债务。在本案中，没有证据证明被继承人林大大在死亡时有未偿还的债务。因而，被告以原告在林大大因交通事故死亡后，没有履行为其处理后事的义务，违反权利义务相一致原则为由，提出原告无权受领林大大遗产的辩解，理据不足。

我们认为，虽然审理法院在我国现有法律规定的情况，对本案的判决有一定的依据。但是我国无人继承财产的处理仍存在一定的问题，法律应该从保护自然人私有财产权和实现遗产的扶养功能及报偿价值的理念出发，适当放宽酌情分配无人承受遗产的请求权人范围，使这些财产尽量归与遗产有利害关系的人所有，只有在无利害关系人的情形下，才收归国有。而且，无人承受遗产归"公"并不是必然归国家所有或集体所有制组织所有，而是应以服务于社会公益为目的的归"公"。

## 第七节 国外立法现状

无人承受遗产制度的主要内容包括：一是无人承受遗产的界定；二是无人承受遗产的管理，包括遗产管理人的选任、职责、权利、义务及责任等；三是搜索继承人的公告程序，包括公告机关、公告期间、公告的效力等；四是剩余遗产的归属，包括归属的机关、归属的效力等。[①] 下文以无人承受遗产制度的主要内容为分类标准，拟对大陆法系和英美法系的主要国家有关无人承受遗产制度的立法现状进行考察和评析。

### 一、无人承受遗产的界定

关于无人承受遗产的界定，在大陆法系的许多国家的立法中都有相关规定。例如，《法国民法典》第 809 至第 811-3 条集中规定了无人承受遗产制度。该法将无人承受的遗产称之为无人继承的遗产，在对遗产进行盘点、制作清册以及给予考虑的时间届满之后，无任何人主张继承遗产，或者无已知的继承人，或者已知的继承人均放弃继承，此种遗产被视为无人继承的遗产。[②] 又如，《瑞士民法典》的无人承受遗产制度是被分散地规定在相关条文中。该法典规定，在主管官厅完成继承人查明的公告程序之后，无人申请继承且继承人仍不明时，遗产为无人承受的遗产。[③] 再如，《日本民法典》在继承编第六章"继承人的不存在"中专

① 陈苇主编：《外国继承法比较与中国民法典继承编制定研究》，北京大学出版社 2011 年版，第 649 页。

② 《法国民法典》第 809 条、811-1 条。

③ 《瑞士民法典》第 555 条。

章规定了无人承受遗产制度。《日本民法典》第951条规定:“继承人有无不明时,继承财产为法人。”[①]即在继承人有无不明时,被继承人的遗产本身成为无人承受的遗产。

英美法系主要国家的立法对此也有相关的规定。例如,英国的无人承受遗产制度主要被规定在《遗产管理法》中。在英国,无人承受遗产被称为无人继承的遗产。《遗产管理法》第46条规定:“当没有上述规定类型的人获得遗产时,遗产作为无人承认继承的遗产归属于王室或者Lancaster公爵领地或者Cornwall公爵领地……”[②]又如,美国的无人承受遗产制度被规定于《统一遗嘱检验法典》的相关条文中。在美国,遗产由遗产管理人分配给继承人,如果没有法律规定的继承人(no taker),[③]则该遗产属于无人承受的遗产。

## 二、无人承受遗产的管理

对于无人承受遗产的管理,大陆法系的许多国家的立法对其都有相关规定。例如,《法国民法典》规定,“应任何债权人、为死者的利益负责管理其全部或一部概括财产的任何人、有利益关系的任何其他人或者检察院提出的申请,受理请求的法官委托负责公产管理的行政机关管理无人继承的遗产。”[④]也就是说,法院依法任命公产管理部门担当遗产管理人。对于遗产管理人的职责,《法国民法典》规定其主要有如下职责:(1)编制遗产清册。无人继承的遗产的管理人,有义务首先对遗产进行盘点,编制遗产清册。遗产管理人自受指定开始,即应聘请司法拍卖估价人、司法执达员或者公证员对遗产的净资产进行估价盘存、制作清册,或者由属于管理公产的行政部门的经宣誓的公务员进行估价盘存、制作清册。[⑤] (2)妥善管理遗产。遗产管理人有义务将构成遗产资产的款项以及由遗产财产产生的收入和变现所得款项予以寄存,可以继续经营属于遗产的个人企业。[⑥] 遗产管理人有义务保全和管理遗产。遗产管理人在继承开始后的6个月内只能实施单纯的保全或监管行为和临时管理行为,出卖容易变质的财产[⑦];6个月后可以实施所有的保全行为与管理行为。[⑧] (3)清偿遗产债务。遗产管理人唯一有资格向遗产债权人清偿债务,但仅负有按照资产的数额清偿遗

---

① 我国台湾地区学者史尚宽先生认为,日本将无人承认继承之遗产视为法人源于罗马法。在罗马法之任意继承人,于继承开始与继承之间,必有时间的间隔之存在,其间遗产之主体,有种种概念之构成。有以为继承之承认溯及于开始之时,有以被继承人之人格在继承之承继前维持遗产。在优士丁尼安帝法中,以遗产本身为人,即以之为法人。瑞士Graubuerden州民法第483条规定,即袭承此思想。日本民法依之,即以遗产为类似清算法人之一种财团法人。参见史尚宽:《继承法论》,中国政法大学出版社2000年版,第369页。

② C.H.Sherrin, R.C.Bonehill, *The Law and Practice of Intestate Succession* (Second Edition), London: Sweet&Maxwell, UK, 1994, p.290. 当某人无遗嘱死亡时并且没有最近的血亲,其留下的个人遗产作为无人继承的遗产由王室继承,这种遗产继承的方式可以追溯到很早的时代。这种权利的起源表明,它的存在建立在君主统治的基础上,王室对于无人继承遗产的权利是一种普通法上君主的权利。

③ Uniform Probate Code, S2-105.

④ 《法国民法典》第809-1条。

⑤ 《法国民法典》第809-2条。

⑥ 《法国民法典》第810条。

⑦ 《法国民法典》第810-1条。

⑧ 《法国民法典》第810-2条第1款。

产债务的义务。[1] 只有在动产不足以清偿时，遗产管理人才可以转让不动产；保存有困难或保存代价太高的财产即使非清偿债务之必要，遗产管理人也可出卖此类财产。[2] 遗产管理人应制定债务清偿方案并予以公示[3]，在尚未制定债务清偿方案之前只能支付保管死者概括财产所必要的费用、丧葬费及其最后患病的费用开支、应纳的税款、应缴纳的房租以及其他需要紧急偿还的遗产的债务。[4] (4)报告义务。遗产管理人有义务向法官汇报其管理活动，向债权人提交管理账目。[5] (5)法律责任。对于遗产管理人不履行义务的赔偿责任，《法国民法典》规定，“国家没有完成应当履行的手续(即占有遗产)时，如有继承人出面，国家得被判向继承人给予损害赔偿。”[6]又如，《日本民法典》规定，继承人有无不明时，家庭法院根据利害关系人或检察官的请求，须为继承财产选任管理人。家庭法院选任继承财产管理人后，须毫不迟缓地予以公告。[7] 对于遗产管理人的职责，《日本民法典》第953条规定，有关失踪者的财产管理人的规定准用于继承财产管理人[8]。结合该法第六章“继承人的不存在”的相关规定，遗产管理人的职责有以下几个方面：(1)制作遗产清册。家庭法院选任的管理人，须对其应管理的财产制作目录。对于选任的管理人，家庭法院也可以命令其制作财产目录。该项费用从不在者的财产中支付。[9] (2)遗产管理人的权限。管理人的行为有必要超越第103条[10]所规定的权限时，可以经家庭法院许可后为之。[11] (3)遗产管理人的担保及报酬。家庭法院可以责令管理人就财产的管理及返还提供相当的担保。家庭法院根据管理人与被继承人的关系及其他事由，可以从遗产中付给管理人相当的报酬。[12] (4)遗产管理人的报告义务。遗产管理人，在继承债权人或受遗赠人有请求时，须向提出请求的人报告遗产的状况。[13] (5)遗产管理人不履行义务的赔偿责任。遗产管理人应尽善良管理人的义务，如不履行此义务对遗产的利害关系人造成损害的，自应负赔偿责任。遗产管理人若怠于为债权人及受遗赠人公示催告之申请或于公告期间内对部分继承人之债权人或受遗赠人为清偿，以致不能对其他权利人为清偿时，应对因此所生之损害，负赔偿责任。

英美法系主要国家的立法对无人承受遗产的管理也有相关规定。例如，英国立法规定，如果一个人无遗嘱死亡，没有最近的亲属而且无人对其遗产有优先的权利，财产律师或者公爵领地的律师将代表王室或公爵领地，申请获得无人继承的遗产管理的授权。一旦财产律

① 《法国民法典》第810-4条第1款。

② 《法国民法典》第810-2条第2、3款。

③ 《法国民法典》第810-5条。

④ 《法国民法典》第810-4条第2款。

⑤ 《法国民法典》第810-7条。

⑥ 《法国民法典》第811-3条。

⑦ 《日本民法典》第952条。

⑧ 《日本民法典》第953条规定：“第27条至第29条的规定，准用于前条第一项的继承财产管理人。”《日本民法典》第27～29条对有关不在者的财产管理人的职务、权限、报酬作出了规定。不在者即失踪者。

⑨ 《日本民法典》第27条。

⑩ 《日本民法典》第103条规定：“未定权限的代理人，仅有为下列行为的权限：一是保存行为；二是在不改变代理标的物或权利的性质范围内，以利用或改良为目的的行为。”

⑪ 《日本民法典》第28条。

⑫ 《日本民法典》第29条。

⑬ 《日本民法典》第954条。

师或者公爵领地的律师对无人继承的遗产提出请求,有关机关将对遗产进行安全管理并进行公告。对无人继承的遗产的管理与其他无遗嘱死亡者遗产的管理相同。又如,在美国,当被继承人无遗嘱死亡时,通常要由主管遗嘱检验的法官指定遗产管理人。遗产管理人的主要义务是收集被继承人的遗产和债权,制作遗产目录,查明并清偿被继承人的所有债务,缴纳遗产税,然后向继承人分配遗产,最后,向法院呈交遗产清算账目。遗产管理人必须始终以高度的注意进行活动,否则要对因自己的失职行为所造成的遗产损失负责。[①]

## 三、无人承受遗产的公告程序

关于无人承受遗产的公告程序,大陆法系的一些国家立法对其有相关规定。例如,《法国民法典》规定,法院作出的对无人继承的遗产实行管理的裁定应当公示[②];如没有制作财产清册的,负责公产管理的行政部门应进行财产盘存、制作清册。[③] 此处的制作清单的目的是公产管理部门为了对遗产取得权利,与以遗产管理为目的的编制遗产清册不同。负责公产管理的行政部门应当向法院请求对遗产实行占有。法院按照通常方式进行公告,并且听取检察官的意见,对所提申请作出裁判。负责公产管理的行政部门在按照规定对无人继承的财产请求占有并被任命为遗产管理人以后,其应在提出请求之前自行完成所规定的公告手续。又如,《日本民法典》规定,家庭法院选任继承财产管理人并公告后 2 个月内,继承人的有无仍不明确时,管理人须毫不迟缓地对所有的继承债权人及受遗赠人发出以应在一定期间内提出自己的请求为内容的公告。此公告的期间不能少于 2 个月。[④] 在对继承债权人及受遗赠人公告期间届满后,继承人的有无仍不明确时,家庭法院根据管理人或检察官的请求,须发出以如果有继承人则应在一定期间内主张其权利为内容的公告。此公告的期间不能少于 6 个月。在此公告期内,没有出现作为继承人主张权利的人时,不为继承人及管理人所知的继承债权人及受遗赠人,不能行使其权利。[⑤] 公告中,必须附记债权人在规定期间内不申报时,其债权将被排除。但继承财产管理人对已知的债权人,不得排除。遗产管理人对已知的债权人,应分别催告其申报。遗产管理人在公告期间届满前,可以拒绝对遗产债权人及受遗赠人作出清偿。公告期间届满后,遗产管理人须以遗产对在催告期间内已经提出申报的遗产债权人以及其他已知的遗产债权人,按其各自债权额的比例进行清偿,但不能损害享有优先权的债权人的权利;在对各遗产债权人作出清偿之后,才能对受遗赠人清偿。[⑥] 再如,《瑞士民法典》规定,主管官厅如不确知被继承人是否有继承人或全部继承人是否均已知悉,应以适当方式公告,以催告权利人在 1 年内提出继承的申请。在规定的 1 年期限内,无人申请继承,且继承人仍不详时,遗产归属于有继承资格的国家机关。但遗产的回复之诉,不在此限。[⑦]

英美法系国家的立法对无人承受遗产的公告程序也有相关规定。例如,英国立法规定,

---

① Uniform Probate Code, Article III.

② 《法国民法典》第 809-1 条。

③ 《法国民法典》第 811-1 条。

④ 《日本民法典》第 957 条。

⑤ 《日本民法典》第 958 条。

⑥ 《日本民法典》第 929 条、958 条。

⑦ 《瑞士民法典》第 555 条。

遗产代理人可以通知其分配死者遗产的意向，并要求相关利害关系人在限定的时间内提出要求，该限定时间不能少于通知发出之后2个月。通知必须符合下列要求：(1)在伦敦报纸上公告；(2)如果遗产包括土地，那么在该土地所在地流通的报纸上公告；(3)遗产代理人还可以适用其他被法院指示的方式，如果遗产代理人对发出合适的通知有疑问，他也可以向法院寻求指导。在法定的通知或公告的期限届满后，遗产代理人在清偿完所有提出请求的债务后，开始分配遗产，其对期限届满之后提出请求的债权人不再承担责任。① 又如，美国立法规定，遗产代理人制作完成遗产清册后，将遗产清册提交法院，并由法院或遗产代理人进行公告，要求债权人在规定的期限内申报债权、主张遗赠，期限届满即由遗产代理人按照法律规定的顺序清偿遗产的债务。②

### 四、无人承受遗产的归属

关于无人承受遗产的归属，大陆法系主要国家的立法都对其有相关规定。例如，《法国民法典》第811条规定，“国家主张接收死亡时无继承人的人的遗产或者接收继承人抛弃继承的遗产时，应当向法院请求对遗产实行占有。”又如，《瑞士民法典》规定，被继承人无继承人的，其遗产归属于其最后住所所在地的州，或归属于依州立法的规定享有权利的乡镇。③ 再如，《日本民法典》规定，对于无人继承的遗产，如认为适当，家庭法院根据曾与被继承人共同生活的人、为被继承人治疗和护理做出贡献的人及其他与被继承人有特别关系人的请求，可以将清算后应剩余的遗产的全部或部分给予此类人等。在此之后，无法处分的遗产，归属国库。④

英美法系主要国家的立法对无人承受遗产的归属也有相关规定。例如，英国立法规定，无人承受的遗产归属于王室或者Lancaster公爵领地或者Cornwall公爵领地，并且王室可以自由裁量将遗产给予实际上依靠无遗嘱死亡者的人而不论其是否和无遗嘱死亡者有关系，或者其他无遗嘱死亡者希望供养的人。⑤ 又如，美国立法规定，如果按照本条规定无遗产继承人，无遗嘱死亡者的财产将转移给州所有。⑥

## 第八节　立法发展趋势

前文对我国学界关于无人承受遗产制度的主要学术观点进行了介绍和评析，其目的是为了更好地从宏观上分析该制度的立法发展趋势，以为我国立法的修改完善提供参考。

### 一、无人承受遗产酌给遗产人范围的适当扩大

无人承受遗产酌给遗产人范围的适当扩大是无人承受遗产制度的立法发展趋势之一。

① Trustee Act, S 27(1).

② Uniform Probate Code, S 3-104.

③ 《瑞士民法典》第466条。

④ 《日本民法典》第958条之三、第959条。

⑤ Administration of Estates Act, S 46.

⑥ Uniform Probate Code, S 2-105.

保护自然人的私人财产不受侵犯,这是许多国家宪法规定的一项重要的国家责任,非经法定程序不得剥夺公民的私有财产权是宪法确立的“正当程序”(Due Process)原则的必然要求。[①] 在社会现实中,继承人有无不明的情况是经常会发生的,但是这不等于无继承人及无受遗赠人甚至其他利害关系人,仅仅在“无继承人又无人受遗赠”时就收归“国有”,有悖非经法定程序不得剥夺公民财产权这一宪法原则。在遗产归国库或其他组织所有之前,前述国外立法例和我国继承法的诸学者建议稿都充分考虑了无人承受遗产酌给遗产人范围的适当扩大,以保护私有财产权。例如,英国法规定,王室可以自由裁量将遗产给予实际上依靠无遗嘱死亡者的人而无论其是否和无遗嘱死亡者有关系,或其他无遗嘱死亡者希望供养的人。日本法则规定,可以将无人承受的遗产给予与被继承人共同生活、为被继承人治疗和护理做出贡献的人以及其他与被继承人有特别关系的人。我们认为,以上英国与日本的立法扩大了遗产酌给请求权人的范围,这符合继承法之私法的性质,有利于实现遗产的扶养功能。在我国,如前所述,我国诸学者建议稿对无人承受遗产的酌给遗产人范围有不同的见解,这体现了明确酌给遗产人范围的重要性。当前,我国《继承法》规定只有两种人,即缺乏劳动能力又没有生活来源的人、继承人以外的对被继承人扶养较多的人,其范围较为狭小。事实上,被继承人生前为取得遗产所有权付出了巨大努力,而酌给遗产人作为与被继承人有密切关系者,其适当分得遗产是于情于理的。因此,立法不应限缩无人承受遗产酌给遗产人的范围,而应积极扩充无人承受遗产酌给遗产人的范围,使遗产继续姓“私”。我们认为,扩大无人承受遗产酌给遗产人的范围符合未来的立法趋势,这有利于更好地保护私有财产权,体现了以人为本的立法理念。

## 二、无人承受遗产公示催告程序的公权力介入

无人承受遗产公示催告程序的公权力介入也是无人承受遗产制度的立法发展趋势之一。公示催告程序的设立就是为了催促相关权利人及时地行使权利,维护自身的合法利益。因此,对于继承人有无不明的遗产,前述国家立法中有的设有公示催告程序,如瑞士;有的设有遗产管理公示程序,如法国、日本;而英国是由遗产代理人发出通知,美国则由法院或遗产代理人进行公告。可见,公示催告程序的运作需要公权力的介入。被继承人死亡时可能存在三种情况需要运用无人承受遗产制度的公示催告程序:(1)已知有继承人,但其下落不明。运用该程序可以使宣告失踪或宣告死亡与遗产继承制度有机结合起来。例如,瑞士法规定了失踪人的继承制度。[②] (2)继承人特别是非婚生子女存在与否不明。在社会现实生活中,部分非婚生子女可能并没有与被继承人一起生活,甚至非婚生子女也并不为其他继承人所知悉,这就需要通过无人承受遗产制度的公示催告程序搜索继承人。这也是域外国家立法均存在公告程序的原因所在。(3)继承人放弃继承权且受遗赠人放弃受遗赠而导致遗产无人承受。例如,《日本民法典》第 939 条规定,放弃继承的人,就继承视为自始非继承人。依我国《继承法》第 25 条规定,继承人可以在遗产处理前放弃继承。受遗赠人在知道受遗赠后两个月内到期没有表示接受的,视为放弃受遗赠。依第 32 条规定,如该遗产既无人继承,又无人受遗赠,则属于无人承受的遗产。我国台湾地区“民法继承编”第 1176 条规定,先顺序

---

① [美]伯纳德·施瓦茨:《美国法律史》,王军等译,中国政法大学出版社 1990 年版,第 117 页。

② 《瑞士民法典》第 546～550 条。

继承人均抛弃其继承权时，由次顺序之继承人继承；次顺序继承人有无不明或第四顺序之继承人均抛弃其继承权者，准用关于无人承认继承之规定。

在现实生活中，被继承人死后财产处于无人照管地步的类似上述情况并不少见。也正因如此，继承法中如果没有无人承受遗产制度的公示催告程序的规定，则相关权利人就不能及时行使权利，继承制度也就失去了公信力和完整性。在司法实践中，公示催告程序在矛盾纠纷解决方面发挥了重要作用。至于如何实现公示催告程序的公信力，前述各国立法和实践均采取或多或少公权力的介入方式。如法国由法院公告，德国由遗产法院公告，瑞士由主管官厅公告。我们认为，法、德、瑞的立法均体现了国家公权力在公告程序的介入，以维护遗产权利人的利益。在我国学界，有学者认为，可以选择在不同机构发出公告，也有学者主张应由法院负责发出公告。我们认为，应根据遗产价值的大小决定应否公告，以及由哪一机构负责公告较为合理。遗产价值较大时，更能充分实现公告程序的立法目的。此外，具有公信力的公权力之介入将使公告的质量、效果更上一台阶，从而进一步契合无人承受遗产公示催告程序的维护遗产权利人利益之立法目的。

### 三、无人承受遗产管理人的私力与公力两者监督并行

无人承受遗产管理人的私力监督与公力监督两者并行也是无人承受遗产制度的立法发展趋势之一。遗产管理人对无人承受遗产享有保全和管理遗产、清偿债务等诸多权利，为防止遗产管理人滥用职权或侵吞遗产，这就更加需要加强对遗产管理人的监督。这种监督主要体现在监督主体和监督职责两个方面。遗产利害关系人和司法机关都可以担任遗产管理监督主体，对遗产管理人进行监督，但是，监督职责可因主体身份不同而有所区别。以遗产债权人为主的私力监督主要有请求财产分离、查阅遗产清册、听取财产状况报告和不履行职责的赔偿请求权等方面。而以司法机关为主体的公力监督主要反映在遗产管理人的任命和职责两个方面。例如，《日本民法典》第 952 条规定，继承人有无不明时，家庭法院根据利害关系人或检察官的请求，须为继承财产选任管理人；遗产管理人在继承债权人或受遗赠人有请求时，须向提出请求的人报告遗产的状况；遗产管理人如不尽善良管理人的义务对遗产的利害关系人造成损害的，自应负赔偿责任。又如，瑞士法规定，在继承人旷缺的情形下由主管官厅或其委任的遗产管理人负责管理遗产，遗产管理人的主要职责是保管遗产与制作财产清单。再如，《法国民法典》第 809-1 条规定，受理请求的法官委托负责公产管理的行政机关管理无人继承的遗产，遗产管理人有义务向法官汇报其管理活动，向债权人提交管理账目。总之，私力监督与公力监督是可以同时并行的，以期在不同情况下各自监督无人承受遗产的遗产债务清偿、遗产酌情分配以及遗产的最后归属之依法处理，这亦是无人承受遗产制度的立法发展趋势之一。

# 第十一章
# 评注继承法第三十三条、第三十四条(遗产债务的有限清偿责任、清偿顺序〈含遗赠的执行顺序〉)

【我国《继承法》第三十三条规定　继承遗产应当清偿被继承人依法应当缴纳的税款和债务,缴纳税款和清偿债务以他的遗产实际价值为限。超过遗产实际价值部分,继承人自愿偿还的不在此限。继承人放弃继承的,对被继承人依法应当缴纳的税款和债务可以不负偿还责任。

第三十四条规定　执行遗赠不得妨碍清偿遗赠人依法应当缴纳的税款和债务。】

## 第一节　立法目的

遗产债务清偿制度确立了一个社会遗产债务清偿的基本秩序。简而言之,遗产债务清偿制度就是解决一个人死后其遗产与债务①如何界定,遗产债务如何清偿,继承人如何承担责任以及遗产债权人如何救济等问题。我国《继承法》涉及遗产债务清偿制度的规定,包括第33条、第34条,以下统一简称为本条。

### 一、保护自然人的个人财产所有权

对任何一个国家来说,个人财产所有权都是基本的制度。因为它既是对社会财产主体既有财产权利的认可,又是对通过劳动等合法手段获得的财产的法律保护制度。这使所有人有机会参与社会经济生活,并共同分享社会财富。而早期的罗马继承,具有资格的继承人被视为宗亲集团或家族最高权力的接班人,不仅接替死者原有的法律地位,而且接替死者原有的全部财产关系,因而也继承死者的负担,包括遗产债务。可以说,被继承人生前的一系列法律关系,均按照其设立时的原样转移至继承人,这就是罗马的概括继承。在我国,有学者指出:"我国古代实行宗祧继承,继承样态采用当然继承主义,但是,不允许放弃。且我国素有'父债子还'的习惯,子对其父生前所负的债务,无论是否大于遗产,都负无限责任。即继承人有可能以自己的个人固有财产来清偿被继承人的债务,显然,这种制度对继承人束缚过甚,有违现代民法精神,不符合意思自治原则。"②

然而,对债权人的照顾,不应导致在法律上让他人承担债务人缔结之债的责任。由于这种强制概括继承的制度对继承人利益保护极为不利,违反了现代继承法倡导的家庭成员人

---

① 被继承人债务,在继承法领域的理论研究及有些国家的立法中,又称为"遗产债务",即被继承人遗留的消极财产。本书所称遗产债务,即在此含义上使用此词。

② 张玉敏:《继承法律制度研究》,法律出版社1999年版,第305页。

格独立、责任自负的理念，为了保护个人财产所有权，对概括继承予以限制势在必行。“朕的仁慈使这一恩惠由所有受制于朕的谕令权的全体人所共有，起草了一个既很公平又很驰名的敕令，如果人们遵守了其内容，允许他们接受遗产，而在遗产的价值范围内承担责任。”① 这就是限定继承制度的开端。限定继承制度的采用，不仅表明继承领域由身份继承到财产继承的过渡完成，更主要的是反映了以家族或家庭为社会核心组合力量的观念的淡化，同时亦象征着以各自独立的个人为组合社会或国家力量的观念的逐步崛起。而且，债权人原本通过概括继承享有的扩张权利，因为限定继承而受到了限制，这与发展起来的文明债权理念亦相符，保护了个人财产所有权。

### 二、平等保护继承人和遗产债权人的利益

平等保护继承人和遗产债权人利益问题，从根本上说是一个社会经济秩序问题。随着财产继承制度的确立，法律为保证被继承人遗留的债务能得到偿付，确立了遗产债务清偿制度。在现代社会，基于人与人的相互交往而形成的关系中，绝大多数是与经济要素有关的，属于经济关系的范畴，因而，维持经济稳定及交易安全是社会得以存在并发展的前提。事实证明，大量动态中的经济关系实质就是特定当事人之间的具体权利义务关系，即民法上的债的关系。这样的债权、债务关系必然对社会经济关系的稳定产生影响，因此，债的关系的安全是社会稳定的重要因素。同时，诚实信用原则是民法的基本原则，适用于民事活动的各个领域，继承法作为民法的重要组成部分，自不例外。诚实信用原则要求，人们在民事活动中恪守信用，诚实不欺，善意地行使权利和履行义务。

而在我国《继承法》现有的遗产债务清偿制度下，由于立法存在某些缺陷，导致继承人隐匿、转移遗产非常方便，而被继承人的债权人难以查证；并且，即使继承人隐匿、转移遗产的行为被发现，也不影响继承人的有限清偿责任，这往往使有恶意的继承人逃脱了法律的制裁。其结果是，虽然保证了继承人的固有财产不被强制用于清偿被继承人的债务，有利于保护继承人的利益，但却无法保证遗产首先用来清偿被继承人的债务，即对不恪守诚信原则的继承人无法像国外立法那样，对其科以无限责任，殊为不公。因此，如果继承人欺诈遗产债权人，就应承担不利的法律后果，遗产债务清偿制度对此应当有所规定，以彰显诚实信用的原则和自己责任原则，从而实现对继承人和遗产债权人利益的平等保护。

## 第二节　本条的地位、价值与意义

遗产债务的清偿，涉及继承人及遗产利害关系人对遗产的权益。遗产债务清偿制度调整整个社会的遗产债务清偿秩序，其在继承法律制度中居于十分重要的地位。遗产债务清偿制度体现了法律所追求的自由、公平、安全价值。通过对遗产债务清偿制度立法价值取向的分析可知，遗产债务清偿制度之设计是为了平等地保护继承人及遗产债权人的利益。本节主要阐述遗产债务清偿制度的地位、价值与意义。

---

① 优士丁尼：《法学阶梯》，徐国栋译，中国政法大学出版社 1999 年版，第 225 页。

## 一、本条的地位

遗产债务,包括被继承人生前依法规定应当由个人负担的债务和继承开始后遗产应负担的费用。被继承人生前,作为享有权利能力和行为能力的独立的民事主体,以其个人所有的财物或财产权利对债务人履行义务。在作为债务人的被继承人死亡后,所遗留的积极财产应清偿遗产债务,以保障其债权人的权益。遗产债权人利益的保护涉及社会的交易安全。遗产债务清偿制度的基本功能在于规范遗产债务的清偿,保障债的履行,从而达到定纷止争的作用。为保证被继承人遗留的债务能得到清偿,遗产债务清偿制度应运而生。同时,遗产债务清偿制度还关系到继承人自身固有财产所有权的保护,是法安全价值的体现,因此,在继承制度中它具有重要的地位。

## 二、本条的价值

"任何值得被称之为法律制度的制度,必须关注某些超越特定社会结构和经济结构相对性的基本价值。"①现代社会,法的价值呈现多元化取向,但最为根本的就是立法的价值应当符合最大多数人的最大利益,符合人类社会每个人的生存与发展的需要。遗产债务清偿制度应当彰显作为民法重要组成部分的继承法所追求的自由、公平、安全的法律价值。

### (一)自由价值

自由就是"按照自己的意志,利用必然性来改变偶然性,从而选择实现某种可能性的活动,也就是任意选择可能性的行为或任意改变偶然性的行为"。② 自1949年中华人民共和国成立以来,我国曾较长时期实行计划经济体制,那时尽管存在调整公民与公民之间关系的法律,但当事人的意思自治受到国家的干预,有很多的限制和约束。而改革开放以来,社会主义市场经济体制的确立,为私法的发展提供了空间。在市场经济背景下,社会被划分为公域与私域,为了进一步约束国家公共权力,扩大公民个人权利的范围,鼓励和保护人们对个人权利的合法追求,将以民事法律为主体的私法制度作为国家法律制度的基点和支点,具有重要意义。因为,"人总是生活在同他人的不断交往之中,每个人都需要私法自治制度,只有这样,才能在自己的切身事务方面自由地做出决定,并以自己的责任处理这些事情。一个人只有具备了这种能力,他才能充分发展自己的人格,维护自己的尊严。"③私法的精神主要就表现为意思自治原则。我国学者认为,如果私法不体现自由价值,那么,"它只是形式上的私法,而不是实质上的私法,它只具有私法的躯干,而不具有私法的精神。"④

根据现代继承立法,继承人有权在充分了解遗产状况的基础上,自愿选择实行无限责任继承、有限责任继承或放弃继承,以保护其自身利益,这体现了尊重当事人意志自由的私法精神。在无限责任继承中,遗产与继承人的财产发生混同,被继承人的债务转变成继承人的

---

① [美]E.博登海默:《法理学:法律哲学与法律方法》,邓正来译,中国政法大学出版社1999年版,第5页。

② 王海明:《新伦理学》中册,商务印书馆2008年版,第1000页。

③ 何勤华、魏琼主编:《西方民法史》,北京大学出版社2006年版,第439~440页。

④ 王涌:《私权的概念》,法律出版社1999年版,第398页。

债务，由继承人以其继承的财产和固有财产承担清偿责任。在被继承人的财产状况良好时，继承人选择无限责任继承，可以节约实行有限继承的程序成本。如果被继承人的财产状况为负债累累，继承人就可以选择放弃继承，由依法选定的遗产管理人进行被继承人债务的清偿，即该继承人对遗产债务不承担清偿责任。如果被继承人的财产与债务状况不明时，继承人选择有限继承，既可以在免除被继承人财产资不抵债时以自己的固有财产清偿，又可以保留自己对被继承人财产在清偿债务后剩余财产的继承。可见，法律赋予继承人享有继承与否的选择权，并享有选择采取何种继承方式的权利，彰显了尊重继承人意愿的自由价值。

（二）公平价值

日本学者认为，公平是法律所应当始终奉行的一种价值观，而公平作用之发挥又常在于"矫正自法规普泛性所生之弊端"。① 我国学者指出："每个人应得到的东西被普遍认为是正义的，而一个人得到他不应得的善或遭受不应得的恶则被视为不正义的。失信于人、违背诺言或令他人因我们自身的行为而产生的期望落空均是公认的不正义现象。"②

目前，根据我国《继承法》第 33 条的规定，我国实行的无条件的限定继承制度，可以最大限度地保护继承人的利益。只要继承人接受继承即享有限定继承之利，继承人只需在其继承的遗产范围之内清偿被继承人之债务，继承人之个人固有财产绝不会用于清偿遗产债务。法律如此规定，一方面消除了继承人不利之风险，使得继承法律关系简单，遗产处理效率高，利于财产迅速流转；另一方面，由于我国的限定继承无须任何程序和条件，虽然简单易行却以牺牲遗产债权人之利益为代价。以一方利益的牺牲为代价来确保另一方利益不受损失，这有失公平，是对民法公平价值的违背。在我国，之所以遗产债权人的利益容易受到侵犯，就是因为在我国无条件的限定继承制度下，既缺失对遗产优先用于清偿债务的法律制度保障，也无透明的遗产管理机制。在被继承人死后，其财产当然地转归其继承人。如有不诚信之继承人，其要转移、隐匿遗产就十分方便，且遗产债权人难以查证。即使遗产债权人有证据指明继承人存在此种不诚行为，继承人仍然享有限定继承之资格，只需在遗产债权人所知道的遗产范围内清偿债务。也就是说，恶意之继承人不能受到法律制裁，这显然是有失公平公正的。"而依公平的观念和债法的一般原理，一个人也应当以自己的全部财产作为履行自己全部债务的担保。"③这是与遗产债务清偿制度的本意相悖的，不能体现法律的公平价值之理念。这是我国《继承法》规定的无条件的限定继承制度之不足。从域外立法看，大陆法系许多国家的立法都实行有条件限定继承制度，为实现遗产分离，通过制作遗产清册（法国法）、主管官厅清算（瑞士法）、遗产管理（德国法）等，确立了实行有限责任继承的法定条件和程序，以平等地保护继承人和遗产债权人的利益，彰显法律的公平价值。

（三）安全价值

所谓安全价值，指法律应对各种行为的法律后果加以明确宣示，从而使法律具有可预见

---

① ［日］穗积陈重：《法律进化论》，商务印书馆 1929 年版，第 66 页。

② 李建华、牛磊：《罗尔斯正义理论拒斥功利主义的伦理反思》，载《中南大学学报（社科版）》2011 年第 4 期。

③ 张玉敏：《继承法律制度研究》，法律出版社 1999 年版，第 105 页。

性,使人们在行为之前即可预料到法律对自己行为的态度,可以知道自己的行为会产生什么样的法律后果,不必担心来自法律的突如其来的打击。美国学者指出:"一个法律体系是一系列强制性的公开规则,提出这些规则是为了调整理性人的行为并为社会合作提供某种框架,当这些规则是正义的时,它们就建立了合法期望的基础,它们构成了人们相互信赖以及当他们的期望没有实现时就可以直接提出反对的基础,如果这些要求的基础不可靠,那么人的自由的领域就同样不可靠。"①

在现代社会中,影响安全和稳定的因素中,最重要的是经济。基于人与人的相互交往而形成的关系中,绝大多数是与经济要素有关的,属于经济关系的范畴,因而维持经济稳定的交易安全是社会得以存在和发展的前提。现实生活中,特定当事人之间的债权、债务关系必将通过经济关系对社会的稳定性发生影响,债的关系的安全是社会稳定的重要因素。因此,我国《继承法》第 33、34 条规定:"继承遗产应当清偿被继承人依法应当缴纳的税款和债务,缴纳税款和清偿债务以他的遗产实际价值为限。""执行遗赠不得妨碍清偿遗赠人依法应当缴纳的税款和债务。"这些规定符合法的安全价值。

由于受当时社会经济生活和继承法研究水平的限制,我国 1985 年《继承法》无论是在立法宗旨上还是在具体制度的设计与安排上都明显忽略了对遗产继承中的债权人利益的保护。"法的关系正像国家的形式一样,既不能从它们本身来理解,也不能从所谓人类精神的一般发展来理解,相反,它们根源于物质的生活关系。"②"法律是一个带许多大厅、房间、凹角、拐角的大厦,在同一时间里想用一盏探照灯照亮每一间房间、凹角和拐角是极为困难的,尤其在技术知识和经验受到局限的情况下,照明系统不适当或至少不完备时,情形就更是如此了。"③自 21 世纪以来,随着我国经济的发展,民众的个人财产日益增多,有些人的财产结构从单纯以生活资料为主转变为以生产资料为主,遗产继承问题日趋复杂。"我国《继承法》自 1985 年颁布实施 30 多年来从未进行过修订,已不能满足现实的需求,最主要的问题是不能有效保护被继承人的债权人的利益。"④遗产继承与债务清偿,犹如自由与秩序两个方面。"只有当我们自觉地追求自由与秩序之间的平衡并通过法律来加以保证时,才能保持两者之间的协调。"⑤因此,我国限定继承下遗产债务清偿制度的设计,必须实行有条件的限定清偿责任,以期既能保护继承人的利益,也能保护遗产债权人的利益,彰显法律的安全价值。

## 三、本条的意义

### (一)贯彻私法自治理念

私法自治是民法重要的基本原则。作为民法重要组成部分的继承法,亦应以私法自治

---

① [美]约翰·罗尔斯:《正义论》,何怀宏、何包钢、廖申白译,中国社会科学出版社 1988 年版,第 233 页。

② 《马克思恩格斯选集》(第二卷),人民出版社 1972 年版,第 82 页。

③ [美]E.博登海默:《法理学:法律哲学与法律方法》,邓正来译,中国政法大学出版社 1999 年版,第 198 页。

④ 张玉敏主编:《中国继承法立法建议稿及理由》,人民出版社 2006 年版,第 1 页。

⑤ [德]赫尔穆特·施密特:《全球化与道德重建》,柴方国译,社会科学文献出版社 2010 年版,第 227 页。

为基本立法理念，保护继承关系中诸方当事人的自由权利。现代继承立法中的遗产债务清偿制度，继承人有权在充分了解遗产状况的基础上，做出概括继承、限定继承或放弃继承的选择，这有利于自身利益的保护，体现了当事人意思自治的私法精神。

对继承人而言，遗产债务清偿制度使继承人能在一定期限内根据遗产的状况自由选择接受继承或放弃继承。如果继承人选择接受继承，对继承的方式，继承人也可以自愿选择以制作遗产清单的方式接受限定继承还是接受概括继承。法律赋予继承人享有自愿选择是否接受继承以及何种继承方式的权利，体现了法律尊重继承人对是否取得遗产的选择权，保障其根据对被继承人的财产及债务进行考量后选择是否接受继承以及何种继承方式的意思自治权的实现，贯彻了继承法本身蕴含的私法自治理念。

（二）维护继承人和遗产债权人的利益

遗产债务清偿制度在保障当事人意思自由的前提下，也对其权利的行使做出了一定的限制。如限定继承适用的条件、继承人诈害债权的规制以及遗产债务清偿顺序的设计等无不体现出对继承人自由意志的合理限制。

在世界范围内，法律作为人类自由、公正和秩序等理想的有力保障，其意义已被世界各国普遍认同，不同法律制度的差异渐趋形式化，法律"追求普遍人性的最高发展"的终极目的也正被大家普遍接受。具体到财产继承领域，基于对人性及人的基本权利的认同，不同国家的继承法律制度是有许多共同之处的。就遗产债务制度而言，从世界许多国家的立法例可以看出，除英美国家以遗产管理制度实现遗产债权人与继承人双方利益的平等保护外，大陆法系的许多国家大都实行有条件的限定继承，即继承人需发表声明或提交遗产清册，才能够享有限定继承人的权利，如果继承人不依法定程序和期限制作忠实的遗产清册或者有侵害、转移遗产等违法的行为时，法律会将强制的无限继承的责任作为惩罚强加给继承人。同时，为了平衡相关当事人的利益，法律往往也赋予遗产债权人一些主动性的权利，如请求遗产分离、遗产清单公示请求权等，这既维护了继承人的利益，也维护了遗产债权人的利益。

## 第三节　遗产债务清偿制度的演变

从国外立法看，遗产债务清偿制度起源可以追溯到古罗马。早期的罗马继承，是从继承人资格的确立开始的。具有资格的继承人被视为宗亲集团或家族最高权力的接班人，不仅接替死者原有的法律地位，而且接替死者原有的全部财产关系，因而也继承死者的负担，继承债权和债务，可以说，被继承人生前的一系列法律关系，均按照其设立时的原样转移至继承人，这也就是罗马法中通常所谓的概括继承。可见，"遗产继承是取得继承人资格的必然结果，这种资格因而成为对死者财产概括取得的主体条件或全能条件"。① "接受继承既然是继承人的权利，也是其重要义务，且不得拒绝。继承人被视为被继承人的人格延续。"②可见，当时法律的目的不是为保护遗产债权人的利益，无限责任继承只是在家族永恒理念下的衍生物。随着罗马社会经济的发展，古代罗马从原来的宗法社会逐渐步入了商业社会，原来

① ［意］彼德罗·彭梵德：《罗马法教科书》，黄风译，中国政法大学出版社 1992 年版，第 420 页。

② 周枏：《罗马法原论》（上册），商务印书馆 1994 年版，第 471 页。

的身份继承制度丧失了客观基础,人们的宗族观念也日渐淡薄,最后身份继承逐渐被财产继承所取代。因而原来在身份继承观念下的概括继承制度失去了它的前提和根据,其不合理性日渐显露:(1)概括继承导致了死者遗产与继承人财产的混合,使得死者的债权人与继承人的债权人的债权均可能面临不公正的偿还。很显然,在遗产不足以清偿全部遗产债务,而继承人的固有财产较多时,继承人需用自己的固有财产偿还遗产债务,在这种情形下,继承人的债权人面临其债权保障不利的境况;而当遗产很丰盛,但继承人却原本负债累累之时,死者的债权人又将因财产混合而面临不利之境况。所以说,概括继承不仅对继承人,而且对死者的债权人、继承人的债权人都将是有害的。"在这种情况下,它也是不公正的,因为没有理由让上述当事人中的一方以牺牲另一方利益为代价获取好处,或者让他忍受自己的倒霉。"[①](2)概括继承与已经发展起来的债权理念亦不相符。"从罗马法遥远的起源时期起,债务人的财产就早已被视为其债权人的担保,债权人只应当在财产的范围内获得清偿。"[②]因而,对债权人的照顾,不会导致也不应导致在法律上让他人承担债务人缔结之债的责任。然而,由于罗马家族以及家父权力体系的强大,使得概括继承方式得以长期排斥这一很早就发展起来的债权理念。在家父权力应充分得到尊重以及家庭延续即为社会秩序最佳延续所需时,以家父法律地位继承为要求的概括继承成为法律维护的核心。为了实现债权理念的统一,对概括继承予以限定势在必行。于是,人们采取了以下一系列的法律措施来弥补其因不公平而造成的不利影响:(1)划分债务。"对于债务的无限继承,最古老的补救措施是在数个共同继承人之间划分债务,从而排除了债的连带性,这种连带性是很危险的东西,尤其是当共同继承人中的某人无清偿能力时。"(2)弃权照顾,即继承人有权以放弃继承的方式使自己从遗产的债务中免除责任。(3)限定继承,即继承人仅以遗产的实际价值为限清偿遗产债务。[③] 此后,随着古罗马社会的发展,个人主义逐步取得了优势,概括继承制度也发展演变为:(1)单纯的财产继承取代了全部法律人格的继承。(2)由于个人成为民事法律行为的主体,继承制度已不能被用来增加继承人的负担,所以限定继承原则就可约束遗产义务承担的范围。至此,遗产债权人原本通过概括继承享有的保证债权实现的扩张权利,因为限定继承而受到了限制,这有利于保护继承人及其债权人的利益,此立法先后被后世的法国、德国、日本等国民法所继受,并由此发展为近代继承法之限定责任继承制度。

到现代社会,为保护继承人的利益和遗产债权人的利益,许多国家都设有较为完备的有条件限定继承的遗产债务清偿制度。即继承人需发表声明或提交遗产清册,才能够享有限定继承人的权利,如果继承人不依法定程序和期限制作忠实的遗产清册或者有侵害、转移遗产等违法的行为时,法律会将强制的无限继承的责任作为惩罚强加给继承人。[④] 在我国,新中国成立后,1985 年颁布的《继承法》第 33 条规定,继承遗产应当清偿被继承人依法应当缴纳的税款和债务,缴纳税款和清偿债务以他的遗产实际价值为限。超过遗产实际价值部分,继承人自愿偿还的不在此限。继承人放弃继承的,对被继承人依法应当缴纳的税款和债务

---

① [意]彼德罗·彭梵德:《罗马法教科书》,黄风译,中国政法大学出版社 1992 年版,第 426 页。

② [意]彼德罗·彭梵德:《罗马法教科书》,黄风译,中国政法大学出版社 1992 年版,第 425 页。

③ 陈苇主编:《外国继承法比较与中国民法典继承编制定研究》,北京大学出版社 2011 年版,第 498～499 页。

④ 外国的相关立法详见本章第七节国外立法现状的相关内容。

可以不负偿还责任。第 34 条规定，执行遗赠不得妨碍清偿遗赠人依法应当缴纳的税款和债务。可见，我国《继承法》确立的是无条件的限定继承的遗产债务清偿制度。

## 第四节 本条规范的构成要件

本条规范的构成要件主要包括遗产债务的范围、遗产债务的清偿责任、遗产债务的清偿程序、遗产债务的清偿顺序。以下对各项内容进行分析。①

### 一、遗产债务的范围

关于遗产债务的范围，学者们仁智各见。我们认为，依据遗产债务之发生时间和性质来划分，遗产债务大体有三种：一是被继承人生前所欠的个人债务（包括被继承人生前所欠的税款及其他个人债务）；二是继承费用（包括丧葬费用、遗产管理费用、死亡宣告费用、公示催告费用、遗产清算费用、遗嘱执行费用、诉讼费用等）；三是继承开始时产生的债务（包括酌给遗产之债、特留份之债和遗赠之债等遗产的负担）。

#### （一）被继承人生前所欠的个人债务

被继承人生前所欠的个人债务为继承开始前产生的债务。除专属于被继承人的财产义务外，比如赡养、抚养的义务，不论是私法上的债务，还是公法上的债务，不论是合同之债、侵权之债，还是不当得利之债、无因管理之债，不论是一般保证之债还是连带之债，均应归属于遗产债务。

被继承人生前所欠的个人债务一般有两种：一是被继承人依法应当缴纳的税款；二是被继承人生前所欠的个人债务（如被继承人生前所欠的合同之债、侵权行为之债、不当得利之债、无因管理之债以及其他个人债务）。但与被继承人特定人身相联系的债务，继承人无须承担清偿责任。必须注意，被继承人生前所欠债务往往由两部分构成：一是以被继承人名义发生的，并应由其个人承担的债务；二是在共同债务中，应由被继承人个人承担的债务份额。判断债务的性质是否为被继承人的个人债务，关键应看负债的原因或该债款的用途，而不能只看以谁的名义负债。当被继承人为共同债务人之一时，不论该债务是否以被继承人个人的名义所欠，共同债务中应由被继承人承担的债务份额，都属于被继承人个人债务的组成部分。总之，我们要注意划清家庭共同债务与被继承人个人债务的界限，凡不属于死者的个人债务，就不属于遗产债务的范围。

#### （二）继承费用

继承费用是指在被继承人死亡后，因料理其后事、处理继承的相关事务而产生的费用。

继承费用一般包括以下三项：(1)遗产管理的费用，即保存遗产所必要的一切费用，如管理费用、做成财产目录的费用、缴纳之税款、诉讼费用、清偿费用；(2)遗产分割的费用；(3)遗嘱执行的费用，如遗嘱的提示、告知的费用，以及遗嘱执行人的报酬等。

---

① 陈苇主编：《外国继承法比较与中国民法典继承编制定研究》，北京大学出版社 2011 年版，第 499～504 页。

(三)继承开始时产生的债务

继承开始时产生的债务主要包括酌给遗产之债、特留份之债和遗赠之债等遗产的负担。

1. 遗产酌给债务。遗产酌给是指对继承人以外的受被继承人扶养的人或对被继承人扶养较多的人,在继承开始后,按照法律的规定分给其适当的遗产。受扶养人或者扶养人请求酌给遗产的权利,即为遗产酌给请求权。因为,家庭的重要功能之一就是扶养,换言之,被继承人生前持续扶养之人,被继承人死后应由其遗产继续扶养。我国学者一般认为,遗产酌给请求权是债权。因为它是基于法律规定和扶养事实而发生的,属于法定的遗产债务。

2. 特留份债务。特留份是指遗嘱人在立遗嘱时,必须依法为一定范围的法定继承人保留一定的遗产份额。特留份制度的设立体现了家庭本位的选择,其宗旨在于保障被继承人的近亲属的权益,发挥遗产的扶养功能,实现家庭养老育幼的职能。享有特留份的法定继承人一般来说都是需要被继承人扶养的人或者扶养过被继承人的法定继承人。如被继承人的配偶、子女、未出生的胎儿等。

3. 遗赠债务。遗赠自被继承人死亡时生效,因此,遗赠债务属于继承开始时产生的债务。遗赠包括被继承人以遗嘱指定给予某人某项积极财产,或免除某些债务。遗赠具有无偿的性质,是被继承人对受遗赠人无偿的财产给予。其与被继承人生前所欠债务不同,无论是在概括继承还是限定继承中给付遗赠都仅以遗产为限。也就是说,遗赠是遗产所负的债务,继承人不以自己的固有财产进行清偿。

## 二、遗产债务清偿的责任

遗产债务清偿的责任,依据其是否以遗产的实际价值为限进行清偿,可分为有限责任与无限责任。

(一)遗产债务清偿的有限责任

遗产债务清偿的有限责任,从继承的角度又被称为有限责任继承或有限继承,是指继承人以被继承人遗产的实际价值为限承担清偿遗产债务的责任,即对于遗产债务,在遗产不足以清偿全部债务时,继承人无须以自己的固有财产进行清偿。同时,为保证被继承人的遗产全部用于清偿遗产债务,许多国家都规定了继承人选择有限清偿责任的条件和程序。目前,清偿遗产债务的有限责任原则已被世界上许多国家的继承法所采用。我国采取限定继承原则,即接受遗产的继承人对被继承人的债务,只在他所接受遗产的实际价值范围内承担清偿被继承人债务的责任。当然,法律也并不禁止继承人自愿以自己的财产,清偿超过被继承人遗产实际价值范围的债务。

(二)遗产债务清偿的无限责任

遗产债务清偿的无限责任,从继承的角度又被称为无限责任继承或无限继承,是指继承人对被继承人的生前债务承担无限清偿责任,即对于遗产债务,继承人不但要以被继承人的遗产清偿,而且在遗产不足以清偿全部债务时还要以自己的固有财产进行清偿。对于遗产债务的无限清偿责任,对遗产债务清偿可分为两种类型:(1)自愿的无限责任继承。它是由继承人自愿选择对遗产债务清偿承担无限责任;(2)强制的无限责任继承。它是由于继承人

违反有限债务清偿责任的条件和程序行为时，应当依法被强制承担无限清偿责任。

（三）共同继承人的清偿责任

关于共同继承人清偿死者债务的责任，基于保护遗产债权人利益与维护继承人利益相兼顾的原则，目前主要有以下两种立法例。

1. 连带责任主义。此立法例规定，各共同继承人应就死者所负的全部债务承担连带清偿责任。如瑞士法规定："被继承人的债务，共同继承人在分割后，仍对债权人以其全部财产负连带责任。"[①]德国法规定："继承人就共同的遗产债务作为连带债务人负责任"。[②] 同时，为了督促债权人及时行使权利，维护稳定的社会流转关系，德国法还规定了在遗产分割后排除共同继承人对遗产债务之连带责任的法定情形。[③]

2. 分割责任主义兼采有条件的连带责任主义。[④] 此立法例规定，各个共同继承人应就被继承人所负的债务，按各人的应继份承担清偿责任。例如，《意大利民法典》规定："共同继承人应当按照各自继承的遗产份额分担遗产债务和负担，遗嘱人另有规定的除外。"[⑤]同时，为保护遗产债权人的利益，该法又规定："共同继承人应当按照各自继承的遗产份额对债权人承担亲自清偿遗产债务和负担的责任并且为清偿全部债务提供抵押担保。""在某一共同继承人无清偿能力的情况下，其他共同继承人按比例承担其应当清偿的抵押之债的份额。"[⑥]由此可见，该法规定的共同继承人的遗产债务清偿责任，除遗嘱另有指定的外，对内而言，是按份清偿责任；对外而言，为有条件的连带清偿责任，即共同继承人须为清偿全部债务提供抵押担保。如某共同继承人无清偿能力的，其他共同继承人须按比例代为清偿其抵押之债的份额。

## 三、遗产债务的清偿程序

遗产债务的清偿，涉及保护继承人的利益和遗产债权人的利益，由于遗产债务是被继承人遗产的负担，所以必须保证被继承人的遗产被首先用于清偿其遗留的债务。为此，世界上的许多国家都设置了较为完备的遗产债务的清偿程序。如在大陆法系国家中，德国有遗产管理程序，如果遗产债权人有理由认为继承人的行为方式或财产状况会对遗产债权人从遗产中获得清偿产生危害，遗产债权人也可在接受遗产 2 年内向遗产法院申请下达遗产管理命令，继承人也可以主动提出申请，以管理遗产。遗产法院必须用为其发布公告而指定的报纸刊登遗产管理命令，指定遗产管理人管理遗产并以遗产清偿债务。[⑦] 瑞士有制定遗产清册程序以及限定债务清偿责任之官方清算程序，继承人可自知悉被继承人死亡 1 个月内以口头或者书面形式向主管官厅请求制作公式财产清册。首先，主管官厅在财产清册上将记

① 《瑞士民法典》第 639 条。

② 《德国民法典》第 2058 条。

③ 《德国民法典》第 2060 条。

④ 陈苇主编：《中国遗产处理制度系统化构建研究》，中国人民公安大学出版社 2019 年版，第 302～303 页。

⑤ 《意大利民法典》第 752 条。

⑥ 《意大利民法典》第 754 条、第 755 条。

⑦ 《德国民法典》第 1981-2 条、第 1983 条、第 1985 条。

载的国内财产及债务分项列出,标明估价,知悉被继承人财产情况的人有详细报告所知情况的义务;其次,制作财产清册的同时,主管官厅应公式催告被继承人的债务人、债权人以及担保权利人在规定的期间内(至少1个月)提出其债权及债务;再次,主管官厅将从官方登记簿或者被继承人的文件中得知的债权及债务登载于财产清册之上,用以通知债务人及债权人;最后,申报债权及债务的规定期限届满后,主管官厅在1个月内将制作完成的财产清册交利害关系人审阅。[①] 另外,主管官厅也可自行管理遗产,或者委托遗产管理人进行管理;遗产管理人对遗产进行清算,了解被继承人的日常业务,履行其债务,收回其债权,尽可能地执行遗赠,并在必要时由法院确定被继承人的权利义务以及变卖被继承人的财产,清偿被继承人的债务。[②] 在英美法系国家中,英国和美国都有遗产管理程序。如美国的《统一遗嘱检验法典》第3—1203条规定:"如果财产清册和估价显示,所有遗产的价值减去留置物和抵押物,不足以支付宅地津贴、免除财产、家庭津贴、遗产管理的开支与费用、合理的丧葬费用以及合理和必需的死者临终前的医药费,遗产代理人可以不通知债权人,立即支付和分配遗产给上述权利人,并根据第3—1204条的规定登记一个结束声明。"

### 四、遗产债务的清偿顺序

在遗产不足以清偿全部债务时,就会出现遗产债务的清偿顺序问题。遗产债务的清偿顺序对继承关系各方当事人的利益有重要的影响,因此,我们要综合考虑遗产债务的性质,以及法律确认该债务的目的等因素来确定遗产债务的清偿顺序。

目前,对遗产债务清偿顺序的立法各国不尽相同,主要有三种不同的立法例:第一种立法例是对遗产债务的清偿顺序没有明文规定,在实践中按照债权的性质来确定清偿债务的先后顺序,如我国继承立法。[③] 第二种立法例是在不损害优先债权人的利益的前提下,按照一定的顺序清偿债务。此种立法例为法国、瑞士、日本等国的民法所采用。[④] 第三种立法例是按照各项具体债务的种类排出明确的顺序,如俄罗斯法对继承费用的清偿顺序之具体规定。[⑤]

## 第五节 重要学术观点与争议

本节主要考察目前我国一些学者撰写的"继承法立法建议稿"中有关遗产债务清偿制度的建议,这些建议稿包括梁慧星等学者建议稿、王利明等学者建议稿、张玉敏等学者建议稿、

---

① 《瑞士民法典》第582条第1款、第583条、第584条第1款。

② 《瑞士民法典》第593~597条。

③ 我国《继承法》第33、34条规定:"继承遗产应当清偿被继承人依法应当缴纳的税款和债务,缴纳税款和清偿债务以他的遗产实际价值为限。超过遗产实际价值部分,继承人自愿偿还的不在此限。继承人放弃继承的,对被继承人依法应当缴纳的税款和债务可以不负偿还责任。""执行遗赠不得妨碍清偿遗赠人依法应当缴纳的税款和债务。"我国《执行〈继承法〉的意见》第61条规定:"继承人中有缺乏劳动能力又没有生活来源的人,即使遗产不足清偿债务,也应为其保留适当遗产,然后再按《继承法》第三十三条和《民事诉讼法》第一百八十条的规定清偿债务。"

④ 《法国民法典》第808条、《日本民法典》第929条、《瑞士民法典》第590条。

⑤ 《俄罗斯联邦民法典》第1174条。

陈苇等学者建议稿和杨立新等学者建议稿。

## 一、重要学术观点

梁慧星等学者建议稿之主要观点如下：第一，遗产债务是指被继承人生前依法应当缴纳的税款和完全用于个人生活和生产需要所欠下的债务。家庭债务中应当由被继承人承担的部分也为遗产债务。[①] 第二，遗产首先应当用于清偿遗产债务。清偿遗产债务后有剩余的，应当按遗嘱继承办理；仍有剩余的，再由法定继承人按法律规定的比例分配遗产。继承人以其所接受遗产的实际价值为限对遗产债务承担责任。超过遗产实际价值部分，继承人自愿偿还的不在此限。继承人放弃继承的，对被继承人依法应当缴纳的税款和债务不负偿还责任。继承人和遗产管理人违反本法第1911条至第1913条的规定，对遗产债权人和受遗赠人造成损害的，应当负赔偿责任。前款受有损害的遗产债权人和受遗赠人，可向明知有不当受偿情形的遗产债权人和受遗赠人请求偿还其不当受偿的数额。[②] 第三，遗产债务的清偿程序。遗产管理人应当及时清理被继承人的财产，并编制遗产清册。遗产管理人在编制遗产清册时，应当将被继承人财产与夫妻共同财产、家庭共同财产及其他人的财产区分开。继承人和遗产管理人应当于知道继承开始后3个月内向人民法院递交遗产清册，由人民法院依公示催告程序催促债权人申报债权。前款公示催告程序的期间不得少于3个月。继承人和遗产管理人在前条规定的公示催告期间内，得拒绝任何债权人和受遗赠人的给付请求。遗产债权人不依本法规定的期限申报债权，而又为继承人和遗产管理人所不知者，仅得就剩余遗产，行使其权利。但就遗产享有担保物权者，不在此限。[③] 第四，遗产债务清偿的顺序[④]。在依本法前条规定的催告期届满后，继承人和遗产管理人应当依据已申报债权和其他已知债权的数额或比例，以遗产分别偿还。对遗产享有担保物权的债权人可申请就担保物优先受偿。对于尚未到期的遗产债务或有争议的遗产债务，继承人和遗产管理人应当在遗产分割前保留为清偿此债务所必要的财产。

王利明等学者建议稿之主要观点如下：第一，遗产债务的范围[⑤]。(1)继承费用，因继承人和遗产管理人过失而支出的费用不属于继承费用，由负有过失的继承人和遗产管理人承担；(2)遗产税；(3)被继承人生前欠下的债务；(4)遗产酌给债务；(5)因特留份扣减权、遗赠等产生的债务。第二，遗产债务的清偿责任。继承人以其所接受遗产的实际价值为限对遗产债务承担责任。超过遗产实际价值部分，继承人自愿偿还的不在此限。继承人放弃继承的，对被继承人依法应当缴纳的税款和债务不负偿还责任。[⑥] 共同继承人对遗产债务的清偿负连带责任。继承人相互间对于被继承人之债务，除另有约定外，按其应继份比例负担之。[⑦] 遗产分割后，如果尚未清偿的债务移归继承人承受或由各继承人分担，经债权人同意者，各继承人免除连带责任。继承人之连带责任，自遗产分割时起，如债权清偿期在遗产分

① 梁慧星等学者建议稿第1908条。
② 梁慧星等学者建议稿第1909条、第1914条。
③ 梁慧星等学者建议稿第1901条、第1911条、第1912条、第1915条。
④ 梁慧星等学者建议稿第1913条。
⑤ 王利明等学者建议稿第650条。
⑥ 王利明等学者建议稿第658条。
⑦ 王利明等学者建议稿第656条。

割后者,自清偿期届满时起,经过 5 年而免除。[①] 继承人中有缺乏劳动能力又没有生活来源的人,即使遗产不足以清偿债务,也应当为其保留适当遗产,其余遗产用于清偿债务。[②] 第三,遗产债务的清偿程序。继承人和遗产管理人应当于知道继承开始后 3 个月内向人民法院递交遗产清册,由人民法院依公示催告程序催告债权人申报债权。[③] 本法前条规定的催告期届满后,继承人或遗产管理人应当依据已申报债权和其他已知债权的数额或比例,以遗产分别偿还。对于尚未到期的遗产债务或有争议的遗产债务,继承人和遗产管理人应当在遗产分割前保留为清偿此债务所必要的财产。[④] 遗产债权人不依本法规定的期限申报债权,而又为继承人和遗产管理人所不知者,仅得就剩余遗产行使其权利。但就遗产享有担保物权者,不在此限。[⑤] 第四,遗产债务的清偿顺序。继承人对遗产债务按下列次序进行清偿:(1)继承费用,因继承人和遗产管理人过失而支出的费用不属于继承费用,由负有过失的继承人和遗产管理人承担;(2)遗产税;(3)被继承人生前欠下的债务;(4)遗产酌给债务;(5)因特留份扣减权、遗赠等产生的债务。对遗产享有担保物权的债权人可申请就担保物优先受偿。[⑥]

张玉敏等学者建议稿之主要观点如下:第一,遗产债务的范围[⑦]。(1)遗产管理费用;(2)被继承人生前扶养的、无劳动能力的人的必要的生活费用;(3)被继承人生前所负债务;(4)遗赠。第二,遗产债务的清偿责任[⑧]。应召继承人可以在继承开始后 2 个月内,或者知道自己为应召继承人后 2 个月内,向法院声明以继承财产的价值为限,承担清偿被继承人债务的责任,并提交忠实准确的遗产清单。如果 2 个月内不能完成遗产清单,继承人可以向法院申请延长该期限,但是,延长的期限最长不得超过 4 个月。继承人制作遗产清单应延请公证人或其他见证人到场见证。继承人提交遗产清单后,享有下列利益:遗产与继承人的固有财产保持独立;继承人以遗产的价值为限承担清偿遗产债务的责任。一个继承人提交遗产清单,对全体共同继承人发生效力。继承人有下列情形之一的,丧失遗产清单利益,视为单纯继承人,对被继承人的债务承担无限责任,而且不得放弃继承:在遗产清单中故意漏记重要遗产,或者记入不存在的债务的;擅自处分属于遗产中的财产的。但是,为保存遗产所必须的处分除外。第三,遗产债务的清偿程序。[⑨] 继承人向法院提交遗产清单后,法院应按公示催告程序,催告遗产债权人申报债权,申报期限应不少于 2 个月。继承人应通知已知的债权人申报债权。在法院规定的申报债权的期限内,继承人不得向任何遗产债权人清偿债务。申报期限届满后,对于在规定期限内申报的债权和继承人已知的债权,继承人应按照债权的数额,以遗产清偿。在法院规定的申报期限内未申报而又为继承人所不知的债权,只能就清偿已申报债权后剩余的财产获得清偿。遗产的价值不足以清偿被继承人的全部债务时,继

---

① 王利明等学者建议稿第 657 条。

② 王利明等学者建议稿第 660 条。

③ 王利明等学者建议稿第 652 条。

④ 王利明等学者建议稿第 653 条。

⑤ 王利明等学者建议稿第 655 条。

⑥ 王利明等学者建议稿第 650 条。

⑦ 张玉敏等学者建议稿第 20 条。

⑧ 张玉敏等学者建议稿第 16 条、第 17 条、第 21 条、第 23 条。

⑨ 张玉敏等学者建议稿第 18 条、第 19 条、第 22 条。

承人应立即申请法院对遗产进行清算。利害关系人认为遗产清单记载有误的，可以向法院提出异议。在提出异议的情况下，应当由法院对遗产进行清算。利害关系人是指一切与遗产有利益关系的人，包括被继承人的债权人、债务人，受遗赠人，有权请求适当分给遗产的人，遗托受益人、次顺位的继承人等。第四，遗产债务的清偿顺序。[①] 遗产债务按下列顺序清偿：遗产管理费用；被继承人生前扶养的、无劳动能力的人的必要的生活费用；被继承人生前所负债务；遗赠。即使遗产不足以清偿第三顺序的债务，也必须为无劳动能力又无其他生活来源的继承人保留必要的生活费用。

陈苇等学者建议稿之主要观点如下：第一，遗产债务的范围。[②] (1)继承费用，包括合理的丧葬费用、制作遗产目录、发布公告继承的通知或公告、清点和保管遗产所必要的费用、遗产分割的费用、执行遗嘱的费用等。(2)继承人生前所欠个人债务。(3)必留份以及确为维持生存所需要的酌分遗产之债。对继承人以外的、依靠被继承人扶养的、缺乏劳动能力又没有生活来源的人，或者继承人以外的对被继承人扶养较多的人，可以分给他们适当的遗产。人民法院根据被继承人遗产的状况，继承人的生活状况，被扶养人受扶养的程度、年龄、生活状况以及扶养人对被继承人的扶养情况等，确定对其酌分遗产的份额。(4)特留份与必留份之债。遗嘱人以遗嘱处分财产，应当为特留份权利人保留其法定应继份的二分之一；应当为依靠遗嘱人扶养的无劳动能力又无生活来源的继承人，保留必要的遗产份额。(5)遗赠之债。继承人生前所做的死后生效的赠与。第二，遗产债务的清偿责任。[③] 对被继承人的债务，继承人自愿选择实行有条件的限定继承且依法制作遗产清册的，仅在遗产的实际价值范围内承担有限清偿责任。对被继承人的债务，继承人自愿选择实行无条件概括继承的，如果遗产的实际价值不足以清偿债务的，应当以继承人个人所有的财产承担无限清偿责任。对被继承人的债务，如有下列情形之一的，继承人应当承担无限清偿责任：继承人对遗产已全部或部分处分的；继承人未在法定期间内依法制作遗产清册的；继承人在法定期间制作遗产清册或放弃继承后，将遗产全部处分或部分处分的或故意未将全部或部分遗产记载于遗产清册的。对被继承人的债务，共同继承人应当承担连带清偿责任。遗产分割后，共同继承人对遗产的债权人以其全部财产承担连带责任。但实行有限继承的继承人仅以继承的遗产为限承担连带清偿责任。如果某共同继承人清偿被继承人的债务超出其应承担份额的，有权向其他继承人请求补偿。共同继承人的连带责任，自遗产分割终了或自遗产的债权到期起，逾 2 年，因时效而消灭。遗产管理人和继承人在任何时间都应当履行清偿遗产债权人债务的职责。有下列情形之一的，遗产管理人和继承人应对因其清偿债务的支付行为受到损害的遗产债权之请求人承担个人赔偿责任：(1)支付是在通知规定的时间终止前做出的，而遗产管理人或继承人没有要求收款人提供适当的担保；(2)由于遗产管理人或继承人的疏忽或者故意，支付是以侵害其他请求人优先权的方式做出的；(3)对没有财产担保的债务提供财产担保的；(4)对未到期的债务提前清偿的，但如果未到期的债务在遗产分配之前到期或者未到期债务的债权人提供担保的除外；(5)继承人的债权人或被继承人的债权人提出财产分离，遗产管理人或继承人未在规定期限内履行告知义务，或故意告知虚假情况的。第三，遗

① 张玉敏等学者建议稿第 20 条。

② 陈苇等学者建议稿第 68 条。

③ 陈苇等学者建议稿第 69 条、第 72 条。

产债务的清偿程序。[①] (1)一般程序:①制作遗产清册。制作遗产清册的期限。选择实行有条件限定继承的继承人应当于继承开始后2个月内,在两名无利害关系的见证人在场的情况下制作忠实、准确的遗产清册。如果在2个月内不能完成遗产清册,继承人可以向人民法院申请延长该期限,但是,延长的期限最长不得超过3个月。制作遗产清册的效力。遗产清册制作完成后,遗产与继承人的固有财产各自独立,不发生混同。继承人仅以遗产的实际价值为限承担清偿被继承人债务的责任。一个继承人制作了遗产清册,对全体共同继承人发生效力。如果继承人不在法定期间内依法制作忠实、准确的遗产清册,在遗产的实际价值不足以清偿被继承人的债务时,应当承担以其个人所有的财产清偿被继承人全部债务的法律后果。②遗产债务清偿的通知与公告。被继承人死亡后,继承开始通知的义务人应当书面通知或发布通知与公告,告知继承人、遗嘱执行人、受遗赠人、遗嘱保管人、遗产债权人等利害关系人,在2个月的期限内申报权利或履行义务。③遗产管理。按照本法第二章有关遗产管理的规定处理。④债务清偿。共同继承人对被继承人的债务承担连带责任。(2)特别程序——财产分离程序:①财产分离的请求权人。被继承人的债权人、继承人的债权人在申报债权的同时,可以请求遗产管理人或继承人将遗产与继承人的固有财产分离。②财产分离的公告程序。应被继承人的债权人或继承人的债权人提出的财产分离请求,人民法院可以发布财产分离公告,对其他遗产债权人及受遗赠人,就财产分离以及应在一定期间内申报参加债权分配等内容予以公告。此公告期限为2个月。③财产分离的效力。被继承人的债权人申请财产分离,在公告期满后,就遗产债务的清偿,先于继承人的债权人享有优先受偿权。继承人的债权人申请财产分离,在公告期满后,当遗产不足以清偿遗产债务时,继承人的债权人就继承人的固有财产享有优先受偿权。无论何种主体提出财产分离,均不能损害有优先权的债权人的利益。并且,涉及不动产的,财产的分离非经登记不能对抗第三人。第四,遗产债务的清偿顺序。[②] 第一顺序:继承费用;第二顺序:有优先权的债务;第三顺序:必留份、确为维持生存所需要的酌分遗产;第四顺序:劳动工资等债务;第五顺序:死者生前所欠的税款及第二、三顺序以外的普通债务,其中,已行使财产分离请求权人的债务优先于本顺序的其他普通债务受偿;第六顺序:遗赠扶养协议之债;第七顺序:特留份之债;第八顺序:遗赠之债。

杨立新等学者建议稿之主要观点如下:第一,遗产债务的范围。合理的丧葬费用、遗产管理费用、遗嘱执行费用等继承费用;被继承人生前欠缴的税款;被继承人生前所负债务;遗赠扶养协议与继承扶养协议中扶养人取得遗产的权利;受遗赠人取得遗赠的权利;有缺乏劳动能力又没有生活来源的继承人的,即使遗产不足以清偿债务和税款,也应在清偿前为其保留必要遗产份额。[③] 第二,遗产债务的清偿责任。继承人制作遗产清单并公证后,可以其所接受遗产的实际价值为限,清偿被继承人依法应当缴纳的税款和遗产债务。超过遗产实际价值部分,继承人自愿偿还的不在此限。继承人放弃继承的,对被继承人依法应当缴纳的税款和债务不负偿还责任。[④] 有下列情形之一的,继承人在制作遗产清单并公证后,仍应对全

① 陈苇等学者建议稿第70条。

② 陈苇等学者建议稿第72条。

③ 杨立新等学者建议稿第83条。

④ 杨立新等学者建议稿第77条。

部遗产债务承担责任:(1)隐匿重要遗产的;(2)在遗产清单中故意漏记重要遗产,或者计入不存在的债务的;(3)处分遗产损害遗产债权人权利的。① 第三,遗产债务的清偿程序。遗产管理人应当在就任后6个月内编制遗产清单并进行公证。没有遗产管理人的,继承人应当在知道继承开始后6个月内编制遗产清单并进行公证。② 对遗产清单有合理异议的利害关系人可以要求由专业机构对遗产清单进行复核,异议不成立的,由该利害关系人承担复核费用。③ 继承开始后遗产分割前,未得到清偿的债权人可以向继承人、遗产管理人或人民法院请求开始遗产清算程序。进入遗产清算程序后,继承人或遗产管理人应当通知已知的债权人,并公告通知可能存在的未知债权人。公告中规定的债权申报期不得少于3个月。遗产债权人未在债权申报期限内申报债权的,仅就剩余遗产行使权利,但对遗产享有担保物权的除外。继承人、遗产管理人在债权申报期限内不得分割遗产或向债权人清偿债务。继承人故意不通知债权人的,对该债权人丧失限定继承利益。④ 被继承人生前通过赠与或明显不合理的价格进行交易,导致遗产不当减少,对债权人造成损害的,债权人可以行使撤销权。⑤ 第四,遗产债务的清偿顺序。(1)合理的丧葬费用、遗产管理费用、遗嘱执行费用等继承费用;(2)被继承人生前欠缴的税款;(3)被继承人生前所负债务;(4)遗赠扶养协议与继承扶养协议中扶养人取得遗产的权利;(5)受遗赠人取得遗赠的权利,遗产不足以清偿全部遗产债务时,同一顺序的债权按比例受偿。有缺乏劳动能力又没有生活来源的继承人的,即使遗产不足以清偿债务和税款,也应在清偿前为其保留必要的遗产份额。⑥

## 二、重要学术观点之争议

通过对上述五份学者建议稿观点的梳理,我们可以看出学者们都建议遗产债务的范围包括被继承人生前所负的债务,即"个人为满足自己需要所欠的债务"以及税款、罚款;对于遗产债务的有限清偿责任,五份学者建议稿都规定了限定继承,即继承人仅在遗产的实际价值范围内清偿遗产债务;对于遗产债务的清偿程序,五份学者建议稿都规定了继承人或遗产管理人应当及时清理被继承人的财产,并在法定时间内编制遗产清册,由人民法院依公示催告程序催告遗产债权人申报债权,遗产债权人不依规定的期限申报债权,而又为继承人和遗产管理人所不知者,仅得就剩余遗产行使其权利,但就遗产享有担保物权者,不在此限;而对于遗产债务的清偿顺序,五份学者建议稿无一例外地规定了遗产债务的清偿必须遵循一定的顺序。但五份学者建议稿的不同之处也是很明显的。

1. 关于遗产债务的范围,有学者建议稿认为,遗产债务是指被继承人生前所欠的债务以及继承开始后所发生的债务,包括继承费用,酌给遗产和遗赠⑦;也有学者建议稿认为,遗

---

① 杨立新等学者建议稿第80条。

② 杨立新等学者建议稿第78条。

③ 杨立新等学者建议稿第79条。

④ 杨立新等学者建议稿第81条。

⑤ 杨立新等学者建议稿第82条。

⑥ 杨立新等学者建议稿第83条。

⑦ 王利明等学者建议稿第650条;张玉敏等学者建议稿第20条;陈苇等学者建议稿第68条;杨立新等学者建议稿第83条。

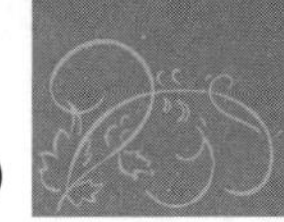



产债务仅指被继承人生前所负的债务,包括"个人为满足自己需要所欠的债务"以及税款、罚款。[①]

关于遗产债务的范围,前述学者建议稿的认识略有不同。我们认为,依据遗产债务之发生时间和性质来划分,遗产债务的范围应该包括:一是被继承人生前所欠的个人债务(包括被继承人生前所欠的税款及其他个人债务);二是继承费用(包括丧葬费用、遗产管理费用、死亡宣告费用、公示催告费用、遗产清算费用、遗嘱执行费用、诉讼费用等);三是继承开始时产生的债务(包括酌给遗产之债、特留份之债和遗赠之债等遗产的负担)。

2. 关于遗产债务的清偿责任类型,有的学者建议稿并未规定遗产债务的无限清偿责任。[②] 而对于遗产债务的有限清偿责任,虽然学者建议稿都规定了限定继承,但不同点在于:有的学者建议稿是通过遗产管理程序实现有条件的限定继承;[③]有的则规定了申请限定继承的期限和程序,以及丧失限定继承权的法定事由,如不符合其条件的,则承担无限清偿责任。[④]

关于遗产债务的清偿责任类型,前述学者建议稿大部分主张采取有限清偿责任即限定继承与无限清偿责任即概括继承双轨制。我们认为,从外国立法例可以看出,在英美法系国家,如美国以遗产管理制度实现对遗产债权人与继承人之间利益的平等保护;德国、瑞士的立法都实行有条件的限定继承,即继承人需发表声明或提交遗产清册或申请官方清算或申请遗产管理,才能够享有限定继承人的权利,如果继承人不依法定程序行事或者有违反诚实信用原则的行为时,法律会将无限继承的责任作为惩罚强加给继承人。[⑤] 因此,为敦促继承人恪守诚实信用原则,立法应该增设其违反有限责任继承的法定条件或程序时,应当依法对其适用强制承担无限责任的制度。也就是说,我国对于遗产债务清偿责任的类型,应当采用有限责任与无限责任继承的"双轨制",有限责任继承应规定其适用的法定条件和程序,而无限责任继承则采取自愿的无限责任继承与强制的无限责任继承,后者针对选择有限责任继承者有侵害遗产的违法行为时强制适用,体现了对其违法行为的惩罚。

3. 关于遗产债务的清偿程序,学界的认识比较统一,主要有制作遗产清单的主体、期限及制作要求;遗产管理人的选任、职责及法律责任等。我们认为,一方面,制作遗产清单,继承人可以有效地举证其所继承遗产的数额,并且通过遗产管理可以保全遗产;另一方面,如果继承人没有制作遗产清单,遗产债权人的债权可能会受到侵害,法律将强制该继承人实行无限责任继承。并且,如果遗产管理人有不当侵害遗产的行为,其将依法承担赔偿责任。这样有利于保护遗产权利人的利益。只有设立此有条件的限定继承制度,才能实现平等地保护继承人利益和遗产债权人利益的立法目的。因此,针对我国《继承法》之无条件限定继承制度存在的不足,在我国"民法典·继承编"的编纂中,应当设立限定继承的法定条件和程序。

4. 关于遗产债务的清偿顺序,学界的认识分歧较大,其中争议的焦点问题主要有 6 个,

---

① 梁慧星等学者建议稿第 1908 条。

② 梁慧星等学者建议稿;王利明等学者建议稿。

③ 杨立新等学者建议稿第 78 条。

④ 张玉敏等学者建议稿第 16 条、第 17 条、第 21 条、第 23 条;陈苇等学者建议稿第 69 条、第 72 条。

⑤ 关于美国、德国和瑞士的具体立法,详见本章第七节二、遗产债务的清偿责任类型的内容。

一是家庭成员的受扶养费之债与继承费用的清偿顺序之先后；二是有担保的债务与税款的清偿顺序之先后；三是税款与普通债务的清偿顺序之先后；四是普通债务与遗赠扶养协议之债的清偿顺序之先后；五是遗赠扶养协议之债与尽扶养义务较多者的酌分遗产之债的清偿顺序之先后；六是特留份与遗赠的清偿顺序之先后。①

关于遗产债务的清偿顺序，前述学者建议稿的观点各有不同。我们认为，遗产债务的清偿顺序对继承关系的各方当事人的利益有重要的影响，因此要综合考虑遗产债务的性质，以及法律确认该债务的目的等因素确定遗产债务的清偿顺序。根据现代民法的保护弱者利益原则、公平原则、诚信原则、维护第三人利益和交易安全原则，我们应当在综合考量遗产债务发生的时间、性质与目的等因素的基础上，确定我国遗产债务清偿顺序。②

## 第六节　相关联的法条与典型案例

遗产债务的有限清偿责任制度是规范遗产债务清偿关系的法律制度之总和。在我国，除我国《继承法》第 33 条、第 34 条外，该制度在我国《继承法》、我国《执行〈继承法〉的意见》及其他法律的相关条文中也有所体现。

### 一、相关联的法条

#### （一）遗产债务的范围相关联的法条

我国《继承法》第 14 条规定，对继承人以外的依靠被继承人扶养的缺乏劳动能力又没有生活来源的人，或者继承人以外的对被继承人扶养较多的人，可以分给他们适当的遗产。

我国《继承法》第 19 条规定，遗嘱应当对缺乏劳动能力又没有生活来源的继承人保留必要的遗产份额。

#### （二）遗产债务的清偿顺序与程序相关联的法条

我国《继承法》第 33 条规定，继承遗产应当清偿被继承人依法应当缴纳的税款和债务，缴纳税款和清偿债务以他的遗产实际价值为限。超过遗产实际价值部分，继承人自愿偿还的不在此限。继承人放弃继承的，对被继承人依法应当缴纳的税款和债务可以不负偿还责任。

我国《继承法》第 34 条规定，执行遗赠不得妨碍清偿遗赠人依法应当缴纳的税款和债务。

我国《执行〈继承法〉的意见》第 61 条规定，继承人中有缺乏劳动能力又没有生活来源的人，即使遗产不足以清偿债务，也应为其保留适当遗产，然后再按《继承法》第 33 条和《民事

---

① 梁慧星等学者建议稿第 1913 条；王利明等学者建议稿第 650 条；张玉敏等学者建议稿第 20 条；陈苇等学者建议稿第 72 条；杨立新等学者建议稿第 83 条。

② 具体立法建议可参见陈苇：《我国遗产债务清偿顺序的立法构建》，载《法学》2012 年第 8 期。

诉讼法》第180条的规定清偿债务。①

我国《企业破产法》第109条规定,对破产人的特定财产享有担保权的权利人,对该特定财产享有优先受偿的权利。

我国《企业破产法》第113条规定,破产财产在优先清偿破产费用和共益债务后,依照下列顺序清偿:(一)破产人所欠职工的工资和医疗、伤残补助、抚恤费用,所欠的应当划入职工个人账户的基本养老保险、基本医疗保险费用,以及法律、行政法规规定应当支付给职工的补偿金;(二)破产人欠缴的除前项规定以外的社会保险费用和破产人所欠税款;(三)普通破产债权。破产财产不足以清偿同一顺序的清偿要求的,按照比例分配。

我国《企业破产法》第132条规定,本法施行后,破产人在本法公布之日前所欠职工的工资和医疗、伤残补助、抚恤费用,所欠的应当划入职工个人账户的基本养老保险、基本医疗保险费用,以及法律、行政法规规定应当支付给职工的补偿金,依照本法第113条的规定清偿后不足以清偿的部分,以本法第109条规定的特定财产优先于对该特定财产享有担保权的权利人受偿。

### (三)遗产债务的清偿责任相关联的法条

我国《继承法》第33条规定,继承遗产应当清偿被继承人依法应当缴纳的税款和债务,缴纳税款和清偿债务以他的遗产实际价值为限。超过遗产实际价值部分,继承人自愿偿还的不在此限。继承人放弃继承的,对被继承人依法应当缴纳的税款和债务可以不负偿还责任。

我国《执行〈继承法〉的意见》第62条规定,遗产已被分割而未清偿债务时,如有法定继承又有遗嘱继承和遗赠的,首先由法定继承人用其所得遗产清偿债务;不足以清偿时,剩余的债务由遗嘱继承人和受遗赠人按比例用所得遗产偿还;如果只有遗嘱继承和遗赠的,由遗嘱继承人和受遗赠人按比例用所得遗产偿还。

## 二、涉及遗产债务清偿的典型案例

### 遗产债务的清偿

——刘某某诉李某云基于无效婚姻之共同债务及徐某华等基于遗产继承借款纠纷案②

**基本案情简介:**

1975年,孟某某与徐某华结婚,婚后生育孟某强、孟某艳、孟某成。2002年年底,孟某某与李某云同居,之后生育孟某彤、孟某宇。2005年,孟某某与李某云在铜山县办理结婚登记。2009年,孟某某向原告刘某某借款614.5万元,并约定违约金。借款到期后,原告多次

---

① 这里的民事诉讼法是指1982年的《中华人民共和国民事诉讼法(试行)》,该法第180条规定:被执行人被执行的财产,不能满足所有申请人要求的,按下列顺序清偿:(一)工资、生活费;(二)国家税收;(三)国家银行和信用合作社贷款;(四)其他债务。不足清偿同一顺序的申请人要求的,按比例分配。1991年颁布的《民事诉讼法》已作了重大修改,且2012年又对《民事诉讼法》进行了修正,现在关于遗产债务的清偿顺序问题在《民事诉讼法》中已无法可依。

② 本案例来源于江苏省××人民法院(2012)苏民终字第××××号民事判决书,本文引用时对其内容有所删减。

向孟某某催要无果。孟某某已于2010年6月因病死亡。经法院调查,李某云名下有多处房产,且产权登记时间均在孟某某与李某云办理结婚登记之后。由于孟某某已经死亡,原告刘某某故请求法院判令各被告李某云、孟某彤、孟某宇、孟某强、徐某华、孟某艳、孟某成偿还借款本金及利息。

被告李某云认为,李某云与孟某某之间的婚姻无效,原告起诉李某云承担连带责任无法律依据。被告徐某华认为,该笔借款是孟某某个人借款,徐某华作为孟某某的合法妻子并不知道该笔借款的事实,故该笔借款只能以孟某某个人财产偿还。

一审法院认为,孟某某向刘某某借款时,孟某某与李某云已经办理结婚登记手续,并且长期以夫妻名义共同生活,原告刘某某有理由相信孟某某向其借款是孟某某和李某云共同的意思表示。根据法律规定,男女同居期间为共同生产、生活而形成的债权、债务可按共同债权、债务处理。虽然李某云与孟某某的婚姻关系被法院宣告无效,但这仅是对双方身份关系的确认,并不能改变该债务为李某云与孟某某共同债务的性质。同时,在孟某某与李某云同居生活期间,徐某华也没有因孟某某的经营活动而获得收益,故该债务不应当认定为孟某某与徐某华的共同债务。因此,一审法院作出判决,被告李某云偿还原告借款本金及利息,被告徐某华、孟某强、孟某艳、孟某成、孟某彤、孟某宇在继承孟某某个人遗产范围内对债务承担清偿责任。

被告李某云不服一审判决,提起上诉。二审法院认为,原审判决认定事实清楚,适用法律正确,因此,驳回上诉,维持原判。

**适用法律评析:**

该案例涉及遗产债务的确定与清偿问题。首先,需要明确该债务的性质。根据我国婚姻法禁止重婚的规定,孟某某与李某云的婚姻是无效的。从案件事实来看,该借款时间发生在孟某某与李某云办理结婚登记之后,其目的也是为了双方从事的经营活动。因此,根据我国2001年《婚姻法解释(一)》第15条之规定:"被宣告无效或被撤销的婚姻,当事人同居期间所得的财产,按共同共有处理。但有证据证明为当事人一方所有的除外。"可见,在无效婚姻被宣告无效之前,基于双方共同利益、共同生活所举债务,在婚姻被宣告无效后,双方仍需承担共同偿还责任,一方以婚姻关系被认定为无效而主张责任免除的抗辩无效。因此,该债务应为孟某某与李某云的共同债务。

其次,遗产债务的清偿问题。依据我国《继承法》第33条规定:"继承遗产应当清偿被继承人依法应当缴纳的税款和债务,缴纳税款和清偿债务以他的遗产实际价值为限。超过遗产实际价值部分,继承人自愿偿还的不在此限。继承人放弃继承的,对被继承人依法应当缴纳的税款和债务可以不负偿还责任。"可见,我国《继承法》实行的是限定继承原则,即继承人仅在其所得遗产的实际价值范围内承担偿还被继承人生前所欠的债务,对超出遗产实际价值的债务不承担清偿责任。根据责任自负原则,被继承人生前所欠的债务应当以其死后的遗产进行清偿,而不能要求继承人用个人固有财产替被继承人清偿债务。这就从根本上否定了"父债子还""夫债妻还"的我国传统做法。对于合法婚姻关系存续期间的夫妻一方对外所举债务,即使该债务并非基于婚姻双方共同利益、共同生活所举债务,作为债务人的夫或妻一方死亡的,其继承人仍应在继承遗产的范围内对该债务承担清偿责任。在本案中,被继承人孟某某在生前欠原告刘某某的债务属于共同债务,应当由被继承人孟某某和李某云共同承担。其中必须明确,被继承人孟某某应当承担一半比例的该共同债务,并由其遗产在实

际价值范围内进行清偿。根据我国《继承法》第33条之规定，本案被告人徐某华、孟某强、孟某艳、孟某彤、孟某宇作为法定继承人有权接受继承，并依法在继承遗产范围内清偿被继承人的个人债务。因此，法院的判决是符合法律规定的。

## 第七节　国外立法现状

"正如没有哪个人可以声称不假外人便能够博学多智一样，任何没有从对外国各种思想的研究中获益的法律制度都不可能被视为先进的制度。"①在经济全球化、一体化的发展进程中，法律也会逐步克服其封闭、保守的弱点，而向着既有本土化又有全球化特色的方向发展。在人类社会，法律规范、法律制度作为上层建筑的一部分，既是本国法律文化的反映，也是人类法律文化的组成部分。外国某些优秀的法律制度，可以从本国实际出发，予以借鉴。限于本章篇幅，本节以下将考察大陆法系之德国、瑞士两国以及英美法系之美国有关遗产债务的清偿制度的规定，主要对遗产债务的范围、遗产债务的清偿责任、遗产债务的清偿程序和遗产债务的清偿顺序这四个方面的立法进行考察。②

### 一、遗产债务的范围

德国立法的规定如下：涉及被继承人本人的债务，属于遗产债务，继承人就遗产债务承担责任。③ 继承费用包括遗嘱开拆费、遗产管理费、债权人催告费、财产目录制作费、遗产破产费，等等。④ 但须由"继承人负担被继承人的丧葬费用"。⑤ 在继承开始时，可预期一个继承人出生的，在母不能自行维持生计的情况下，母可以就遗产，或者，其他人也有资格做继承人的，就该子女的应继份，请求适当的抚养费，直到分娩时为止。⑥ 继承人有义务在继承开始后的最初30天里，在被继承人所做的同样范围内，向在被继承人死亡时属于其家庭并受其抚养的被继承人家属给予抚养费，并许可使用住房和家庭用具。⑦ 除由被继承人所致的债务外，涉及继承人因特留份权利、遗赠和负担而发生的债务，也属于遗产债务。⑧

瑞士的立法规定如下：继承人因被继承人死亡取得全部遗产。除法律有特别规定外，被继承人的债权、所有权、其他物权及占有物，无一例外地移交给继承人。被继承人的债务，即为继承人的债务。⑨ 继承费用主要包括丧葬费、封印及财产清册的制作费、抄本的费用等。

---

① ［德］根特·弗兰肯伯格：《批判性比较：重新思考比较法》，载梁治平：《法律的文化解释》，三联书店1999年版，第79页。

② 陈苇主编：《外国继承法比较与中国民法典继承编制定研究》，北京大学出版社2011年版，第504～552页。

③ 《德国民法典》第1967条。

④ 《德国民法典》第1978条、第1988条、第2022-2条、第2314条。

⑤ 《德国民法典》第1968条。

⑥ 《德国民法典》第1963条。

⑦ 《德国民法典》第1969条第1款。

⑧ 《德国民法典》第1967条第2款。

⑨ 《瑞士民法典》第560条。

被继承人死亡时，受其扶养的继承人可请求自被继承人死亡后继续给予1个月的生活费。[①]子女或孙子女，在与被继承人共同生活时，对共同家务付出了劳动或财物的，有请求相当补偿金的权利，该请求权应计算为遗产的债务。当以收益权、定期金或其他以定期给付标的物为遗赠时，受遗赠人的权利适用物权法及债务法的有关规定。但另有约定时，不在此限。如以被继承人死亡时生效的保险金的请求权为遗赠，该受遗赠人可即时行使该权利。[②]

美国立法的规定如下：美国《统一遗嘱检验法典》第9A章专门对遗产税的分摊进行了规定。美国《统一遗嘱检验法典》第3-9A-102条规定："遗产税是指由于个人的死亡而被联邦、州或者外国征收的税，以及与该税相关的利息和罚金。该条不包括继承税、所得税以及转继承税。"对于宅地津贴（Homestead Allowance），美国《统一遗嘱检验法典》第2～402条规定："死者的生存配偶有权享有1.5万美元的宅地津贴。如果没有生存配偶，每一个未成年子女和每一个依靠死者扶养的子女被授予宅地津贴的数额是1.5万美元除以未成年子女和依靠死者扶养的子女的总和所得的数额。宅地津贴从遗产中扣除，并优先于所有针对遗产的请求。宅地津贴是死者遗嘱中转移给生存配偶和未成年子女或者依靠死者扶养的子女的财产之外的津贴，除非无遗嘱继承或者选择性份额有其他规定。"对于免除财产（Exempt Property），美国《统一遗嘱检验法典》第2～403条规定："除了宅地津贴以外，死者的生存配偶有权从遗产中获得价值不超过1万美元的大于担保财产价值以外的财产，包括家庭设备、汽车、家具、器具和私人物品。如果没有生存配偶，死者的子女有权共有同样价值的财产。如果负有债务的动产被挑选了，该动产大于担保物权的那部分价值加上其他被免除财产的价值不足1万美元，或者遗产中没有价值1万美元的被免除的财产，那么配偶或者子女有权享有遗产中的其他财产，以补足到1万美元。对免除财产和弥补免除财产不足部分的财产的权利优先于所有针对遗产的请求，但是弥补免除财产不足部分的财产的权利不优先于宅地津贴和家庭津贴支付。本条规定的权利是死者遗嘱中转移给生存配偶和未成年子女或者依靠死者扶养的子女的利益和份额之外的权利，除非无遗嘱继承或者选择性份额有其他规定。"对于家庭津贴（Family Allowance），美国《统一遗嘱检验法典》第2～404条规定："(a)除了宅地津贴和免除财产的权利以外，死者的生存配偶、死者有义务扶养的未成年子女以及事实上依靠死者扶养的子女在遗产管理期间有权从死者的遗产中得到一笔合理的金钱津贴以维持生活，如果遗产不足以支付被批准的请求，那么，该津贴的持续时间不能超过1年。该津贴可以一次性支付，也可以分期支付。如果有生存配偶，该津贴应该支付给生存配偶，用来供生存配偶和未成年子女及依靠死者扶养的子女使用。如果没有生存配偶，则支付给子女或者对子女进行监护和照顾的人。如果未成年子女和依靠死者扶养的子女不与生存配偶住在一起，那么根据他们的需要，该津贴部分支付给子女或者子女的监护人或者其他对子女进行照顾和监护的人，部分支付给配偶。该家庭津贴优先于除宅地津贴以外的所有请求。(b)家庭津贴是死者遗嘱中转移给生存配偶和未成年子女或者依靠死者扶养的子女的财产之外的津贴，除非无遗嘱继承或者选择性份额有其他规定。家庭津贴享有者死亡后，没有支付的那部分津贴的权利即行终止。"死者死亡时或者死亡后产生的债务包括合理的丧葬费用、遗嘱和遗产管理费用。

---

① 《瑞士民法典》第474条、第558-1条、第584-2条、第606条。

② 《瑞士民法典》第563条、第603条第2款。

## 二、遗产债务的清偿责任类型

德国立法的规定如下:(1)有限责任继承。遗产债务清偿有限责任的承担,以向遗产债权人清偿为目的而命令遗产的保佐,或开始遗产支付不能程序为条件。[①] 关于遗产的保佐(遗产管理),“继承人申请命令遗产管理的,遗产法院必须发布此命令。”[②]“遗产法院必须用为其发公告而指定的报纸刊登遗产管理命令。”[③]关于申请开始支付不能,“继承人已知悉遗产支付不能或负债过度的,必须不迟延地申请开始遗产支付不能程序。继承人违反该项义务的,就因此而发生的损害向债权人负责任。”[④]“遗产的保佐已被以使遗产债权人受清偿为目的而命令(遗产管理),或遗产支付不能程序已经开始的,继承人对遗产债务的责任限于遗产。”[⑤](2)无限责任继承。其一,推定自愿的无限责任继承。遗产法院必须根据债权人之一的申请,向继承人指定编制遗产清册的期间。不在期间届满前编制遗产清册的,在期间届满后,推定继承人就遗产债务负无限责任。[⑥] 其二,强制的无限责任继承。继承人故意造成遗产清册中包含的对遗产标的的记载显著不完备,或出于使遗产债权人受不利益的意图而记入并不存在的遗产债务的,继承人就遗产债务负无限责任。继承人在第 2003 条的情况下拒绝答复询问,或故意拖延甚久的,亦同。遗产标的的记载不完备而没有第 1 款的情形的,可以为补充而向继承人制定新的遗产清册期间。[⑦] (3)共同继承人的连带清偿责任。继承人就共同的遗产债务作为连带债务人承担责任。[⑧] 此外,共同继承人中的任何一人可以公开催告遗产债权人在 6 个月以内向该共同继承人或向遗产法院申报其债权。已进行催告的,共同继承人中的任何一人在遗产分割后,仅就与其应继份额相当的那部分债权负责任,但在期间届满前进行申报,或债权在遗产分割时为其所知的除外。[⑨]

瑞士立法的规定如下:(1)有限责任继承(官方清算)。“在官方清算的情形下,继承人对遗产的债务不负任何责任。”[⑩]有限责任继承人,负责管理遗产;在法定的期限内,可抛弃继承或请求主管官厅清算,财产清册的制作费用在遗产不足以冲抵时,由请求制作财产清册的继承人承担。[⑪] 遗产债权人可对承担前述有限责任的继承权抛弃人及其继承人在所取得的被继承人财产范围内要求其清偿债务。(2)无限责任继承。依瑞士法规定,“除法律有特别规定外,被继承人的债权、所有权、其他物权及占有物,无一例外地移交给继承人。被继承人的债务,即为继承人的债务。”具体而言,其分为两种情况:其一,自愿的无限责任继承。继承

① 《德国民法典》第 1975 条。
② 《德国民法典》第 1981 条。
③ 《德国民法典》第 1983 条。
④ 《德国民法典》第 1980 条。
⑤ 《德国民法典》第 1975 条。
⑥ 《德国民法典》第 1994 条第 1 款。
⑦ 《德国民法典》第 2005 条。
⑧ 《德国民法典》第 2058 条。
⑨ 《德国民法典》第 2061 条第 1 款。
⑩ 《瑞士民法典》第 593 条第 3 款。
⑪ 《瑞士民法典》第 584 条、第 585 条、第 588 条。

人同意依据公式财产清册，实行概括继承的，对遗产债务承担无限清偿责任。[①] 当继承人同意财产清册而接受继承权时，财产清册上登载的被继承人的债务及财产均移交给继承人。前款移交的效力追溯至继承开始之时。继承人对财产清册中的债务，不仅以其取得的遗产，而且以其本人的财产负担责任。但是，被继承人的债权人因错过期限而未将其债权登载于财产清册的，继承人既不以其个人财产，亦不以其取得的遗产负责。如错过期限非因债权人本人过失，或已提出而未登载于财产清册的，继承人仅以其继承财产所得的利益负责。但债权人对继承财产中有质权担保的财物，不受上述限制。其二，法定的强制无限责任继承。继承人未作出任何声明时，应视为同意按财产清册接受继承权。继承人对记载于财产目录的债务，不仅以其所取得的遗产，还需以其本人财产，负其责任。[②] (3)共同继承人的连带清偿责任。共同继承人在分割被继承人的债务后，仍对债权人以其全部财产负连带责任。但是，如债权人明确同意或默许分割或承受债务的，不在此限。共同继承人的连带责任，自分割终了或自债权到期起，逾 5 年，因时效而消灭。[③]

美国立法的规定如下：在美国，一般情况下实行间接继承制度，继承开始后，遗产不是直接转归继承人，而是作为独立的遗产法人，由遗嘱执行人或者遗产管理人负责管理。在此制度下，遗产债务由遗产代理人负责清偿，继承人不参与债务清偿。遗产代理人做成遗产清册后，将遗产清册提交法院，并由法院或遗产代理人进行公告，要求债权人在规定的期限内申报债权、主张遗赠，期限届满即由遗产代理人按照法律规定的顺序清偿，如果遗产不足以清偿全部债务，则同一顺序债务按比例清偿。公告期满前遗产代理人不得向任何债权人清偿。如果遗产代理人违反此项义务，应对债权人因此所遭受的损失负赔偿责任。在遗产分配以后，利益受损的遗产债权人可以向遗产受益人追偿，或者向负有个人责任的遗产代理人追偿。美国《统一遗嘱检验法典》以不同的方式规定了非正式管理、正式管理和指导管理等程序。无管理的继承观念来源于民法，很大程度上是沿袭欧洲大陆法系国家、路易斯安那州和魁北克省的继承方法。这一修正案增加了另一种可选择的灵活的管理制度，其允许无遗嘱继承人或者遗嘱人指定的剩余遗产受赠人接受无管理的遗产，但前提是要保证清偿通常应该由遗产代理人负责的那些债务。美国《统一遗嘱检验法典》第 3～901 条规定："在没有遗产管理人的情况下，继承人和受遗赠人将根据被检验的遗嘱或者无遗嘱继承法来享有遗产的权利。受遗赠人根据被检验的遗嘱享有遗赠财产。宅地津贴、免除财产的权利人或者未留遗嘱死亡的继承人通过证明死者的所有权、死亡和他们与死者的关系来获得权利。继承人应该清偿所有的遗产管理费用、债权人的请求、生存配偶和依靠其扶养的子女的津贴，并受遗产的非法占有、聘金、提前遗赠和撤销遗赠所产生的权利的约束。"此外，美国《统一遗嘱检验法典》还对一般继承制度(Universal Succession)作了详细规定。第 3～312 条规定了一般继承的原则，即"无遗嘱继承下的继承人或者遗嘱指定的剩余遗产受遗赠人，除了未成年人、无行为能力人、受保护的人、未经确定的人，都可以通过承担以下个人责任而一般继承死者的遗产：(1)税收；(2)死者的债务；(3)针对死者或者遗产的请求；(4)其他继承人、受遗赠人和第 3～313 条至第 3～322 条规定的被授权享有死者财产的人的财产分配"。由此可见，

---

① 《瑞士民法典》第 560-2 条、第 589 条、第 588-1 条、第 590 条。

② 《瑞士民法典》第 588 条第 2 款、第 589 条第 3 款。

③ 《瑞士民法典》第 639 条。

在一般继承中,遗产债务由无遗嘱继承下的继承人和遗嘱指定的剩余遗产受遗赠人负责支付。第 3～321 条规定了一般继承人对请求、费用、无遗嘱份额和遗赠的责任,即有条件的限定清偿责任。该法还规定了一般继承人对债权人、其他继承人、受遗赠人和有权享有死者财产的人以及其他有资格享有财产的人的责任。在未经遗产管理程序的继承中,没有遗产代理人通知债权人的规定,因此,美国《统一遗嘱检验法典》第 3～803(a)(1)条规定的期限不适用此情况,根据第 3～803(a)(2)条的规定,并在通知公告的情况下,债权人受法定时效和 3 年时间的约束。根据第 3～803(a)(2)条的规定,一般法定时效在死者死后 4 个月内中断,4 个月后重新开始继续。这一规定的结果是债权人受一般法定时效和 3 年时间的限制,以更短的时间为准。

(一)遗产债务的清偿程序

德国立法的规定如下:继承人可申请主管机关、官员或公证人编制遗产清册并在规定期限内呈交遗产法院,也可申请遗产法院编制遗产清册,以限制自己对遗产债务的清偿责任,仅在遗产范围内清偿。遗产清册中应当完整地记载继承开始时的现有遗产和遗产债务,如果为确定价值而有必要,还应记载对遗产的描述并载明价值。遗产法院必须根据债权人之一的申请,向继承人确定编制遗产清册的期间,遗产清册编制的期间最短为 1 个月,最长为 3 个月。该期间自确定期间的裁定送达时起算。[①] 如果有理由认为继承人的行为方式或财产状况会对遗产债权人从遗产中获得清偿产生危害,遗产债权人也可在接受遗产 2 年内向遗产法院申请下达遗产管理命令,继承人也可以主动提出申请,以管理遗产。遗产法院必须用为其发布公告而指定的报纸刊登遗产管理命令,指定遗产管理人管理遗产并以遗产清偿债务。[②] 遗产管理人对已知债务已清偿后,将遗产交付继承人。[③] 继承人如果得知遗产无支付能力或者过度负债,必须申请开始遗产破产程序,遗产破产程序按自然人破产进行。

瑞士立法的规定如下:继承人可自知悉被继承人死亡 1 个月内以口头或者书面形式向主管官厅请求制作公式财产清册。首先,主管官厅在财产清册上将记载的国内财产及债务分项列出,标明估价,知悉被继承人财产情况的人有详细报告所知情况的义务;其次,制作财产清册的同时,主管官厅应公示催告被继承人的债务人、债权人以及担保权利人在规定的期间内(至少 1 个月)提出其债权及债务;再次,主管官厅将从官方登记簿或者被继承人的文件中得知的债权及债务登载于财产清册之上,用以通知债务人及债权人;最后,申报债权及债务的规定期限届满后,主管官厅在 1 个月内将制作完成的财产清册交利害关系人审阅。在制作财产清册期间,继承人可以对遗产进行必要的管理,并不得要求继承人履行被继承人的债务。财产清册制作完成后 1 个月内,继承人可以同意财产清册而无条件地接受继承、抛弃继承权或请求主管官厅清算。[④] 第一,继承人如同意无条件接受继承,财产清册上登载的被继承人的债务及财产均移交继承人。第二,继承人如抛弃继承权,由破产官厅对遗产进行清

① 《德国民法典》第 1993～2002 条。

② 《德国民法典》第 1981-2 条、第 1983 条、第 1985 条。

③ 《德国民法典》第 1986 条。

④ 《瑞士民法典》第 580～592 条。

算。第三，如果继承人请求主管官厅清算，继承人对遗产的债务不负任何责任。[①] 对于特别程序之官方清算，继承人抛弃继承权或基于公式财产清册承认继承权，可请求主管官厅以官方清算代替。被继承人的债权人有理由担忧其债权不能得到清偿且经请求既未得清偿也未得担保时，可在被继承人死亡后 3 个月内请求，提起官方清算。[②] 官方清算的程序分为两种：第一，普通的清算。主管官厅可自行管理遗产，或者委托遗产管理人进行管理；遗产管理人对遗产进行清算，了解被继承人的日常业务，履行其债务，收回其债权，尽可能地执行遗赠，并在必要时由法院确定被继承人的权利义务以及变卖被继承人的财产，清偿被继承人的债务。第二，破产官厅的清算。如果被继承人的债务超过其遗产时，由破产官厅根据破产法的有关规定进行清算，清偿被继承人的债务。[③]

美国立法的规定如下：美国《统一遗嘱检验法典》第 3～801 条规定："(a)除非本条规定的通知已经做出，否则，遗产代理人在被委托之时应该在本地通常发行的报纸上向债权人公告通知，宣布被委任的遗产代理人的地址，通知遗产债权人在第一次公告之后的 6 个月内提出他们的请求，否则该债权将永远被禁止。(b)遗产代理人可以通过邮件或者其他送交方式向债权人发出书面通知，告知债权人在通知公告后的 4 个月内提出请求，在通知作出后 60 天内，不管是按第(a)款的规定作出，还是以邮寄或者其他送交方式作出，以最迟发生的为准，债权人必须提出他们的要求，否则其债权将被永远禁止。书面通知必须记载第(a)款规定的内容。(c)遗产代理人不对债权人或者死者继承人的通知发出或者没有发出负责。"在债权人申报债权的期限届满后，遗产代理人应该向请求权人做出支付，对此美国《统一遗嘱检验法典》第 3～807 条规定："(a)在第 3～803 条规定的最早的时限告终之时，遗产代理人为宅地津贴、家庭津贴和扶养津贴，已经提出但还没有被批准或者批准被上诉的请求、仍然可以被提出的被禁止的请求、遗产管理的开支和费用做好准备之后，其应按规定的优先顺序开始支付被批准的请求。如果遗产管理被监督，其请求已经被准许但没有被支付的请求人，在诉讼中向法院请求发布命令或者其他适当的行为，法院可以发布一个命令，指示遗产代理人在遗产可以支付的资金范围内支付其请求。(b)遗产代理人在任何时候都可以支付任何没有被禁止的公正的请求，不管是否正式提出，但是遗产代理人对请求被批准的并因其支付受到损害的其他请求人承担个人责任。其包括：如果支付在第(a)款规定的时限终止之前做出，遗产代理人没有要求收款人提供适当的担保；由于遗产代理人的疏忽或者故意的过失，支付是以侵害其他请求人优先权的方式做出的。"美国《统一遗嘱检验法典》第 3～809 条规定："如果债权人放弃了其担保，被担保的债务将根据被批准的数额支付，否则，将按照下列规定支付：第一，如果担保债权人在收到支付之前用尽了担保，除非其他法律有规定，将按照少于担保的公平价值支付被批准的债务。第二，如果担保债权人没有权利用尽担保或者实际没有这样做，那么将按照少于担保协议或者债务人和遗产代理人的协议、仲裁、和解或者诉讼中确定的担保物被折合成的现金数额支付债务。"

美国《统一遗嘱检验法典》第 3～810 条规定："(a)如果一个债务在将来某个时间到期或者一个可能的或者未清偿的债务在遗产分配之前变成到期的或者确定的债务，该请求被批

① 《瑞士民法典》第 573-1 条、第 589 条、第 593-3 条。

② 《瑞士民法典》第 593-1 条、第 594-1 条。

③ 《瑞士民法典》第 593～597 条。

准或者通过诉讼被确定,那么它将以与到期和绝对的债务相同的方式支付。(b)在其他情况下,遗产代理人或者根据遗产代理人的申请或者特殊程序中请求人的申请,债务可以按照下列方式支付:如果请求人同意,他可以被现时支付或者按其同意的估价支付,将任何不确定性考虑进去;将来付款的安排或者可能的付款在申请人建立信托、提供担保、从遗产受益人处获得保证和担保的情况下,可以被支付。"美国《统一遗嘱检验法典》第3—1203条规定:"如果财产清册和估价显示所有遗产的价值,减去留置物和抵押物,不足以支付宅地津贴、免除财产、家庭津贴、遗产管理的开支与费用、合理的丧葬费用以及合理和必需的死者临终前的医药费,遗产代理人可以不通知债权人,立即支付和分配遗产给上述权利人,并根据第3—1204条的规定登记一个结束声明。"遗嘱人可以决定遗产中用于清偿死者债务的财产顺序。如果死者在遗嘱中没有对此进行规定,即按照美国《统一遗嘱检验法典》第3—902条的规定进行财产扣减,即(a)除非(b)款有例外规定,或者选择了选择性份额的生存配偶的份额有例外规定,遗产受益人的份额,在动产和不动产财产之间没有任何优先权,按下列顺序扣减:遗产中没有处分的财产;剩余遗赠;一般遗赠;特殊遗赠。

(二)遗产债务的清偿顺序

德国立法的规定如下:其一,遗产管理费用。"(1)已命令遗产管理,或已开始遗产支付不能程序的,对于原管理,继承人向遗产债权人负责,如同继承人须自接受遗产时起,作为受委托人而为遗产债权人的利益进行管理一样。继承人在接受遗产前处理的遗产上的事务,准用无因管理的规定。(2)遗产债权人依照第1款享有的请求权,视为属于遗产。(3)必须就遗产向继承人偿还费用,但以继承人可依照关于委托或关于无因管理的规定请求偿还为限。"其二,特留份。"(1)特留份权利人不是继承人的,继承人必须根据请求向其答复关于遗产现状的询问。特留份权利人可以请求:在编制依照第260条须向其出示的遗产标的目录时向其请教,并确定遗产标的的价额。特留份权利人也可以请求:由有管辖权的机关或者由主管官员或公证人编制目录。(2)费用由遗产负担。"①其三,遗产债务必须先就遗产予以清偿。遗产债务尚未到期或有争议的,必须留置为清偿所必要的数额。② 其四,扶养费。继承人有义务在继承开始后的最初30天里,在被继承人生前所做的同样范围内,向在被继承人死亡时属于其家庭并受其扶养的被继承人家属给予扶养费,并许可使用住房和家庭用具。被继承人可以以终意处分另作指示。③ 如果继承人本身享有特留份额权利,则以其自己的特留份额得以保留为限,他可以因为特留份额负担而消减遗赠和遗托。④ 其五,遗赠。"(1)以继承人无义务补充特留份额为限,特留份额权利人可以依照关于返还不当得利的规定要求受赠人返还赠与物以偿付缺额。特留份额权利人如果是唯一的继承人,则享有同样权利。(2)受赠人可以通过支付缺额而免于返还。(3)倘若有数名受赠人,则只在后受赠人无义务的情况下,前受赠人方承担责任。""特留份权利人所拒绝的遗产或所拒绝的遗赠,被以遗赠或负担加重负担的,因该项拒绝而受利益的人,可以在补偿特留份负担的必要数额留给其本

① 《德国民法典》第1978条、第2314条。

② 《德国民法典》第2046条第1款。

③ 《德国民法典》第1969条。

④ 《德国民法典》第2318条第3款。

人的限度内，减少该遗赠或该负担。”[①]由上述规定可见，德国遗产债务的清偿顺序依次为：遗产管理费、财产目录制作费；有优先权的债务；扶养费；普通债务；特留份；遗赠。

瑞士立法的规定如下：被继承人可处分的部分财产，按其死亡时的财产状况计算，但应将被继承人的债务、丧葬费、封印及财产清册的制作费，以及家庭成员1个月的生活费，一并扣除。[②] 被继承人的债权人相对于受遗赠人，有优先权；[③]继承人交付遗赠后，又支付其事前未知的遗产债务的，在可提出遗赠扣减的限度内，有权要求受遗赠人返还。但是，受遗赠人仅在提出返还要求时现存的得利范围内负责。[④] 无支付能力的继承人抛弃继承权的，如其在被继承人生前的最后5年取得过财产，且该财产在分割时亦应计入遗产的，在此限度内，对被继承人的债权人同样负有责任。[⑤] 遗嘱处分损害特留份时，特留份继承人可在其应得数额的不足限度内请求加减。[⑥] 受遗赠人，对执行遗赠义务人，如未特别指定执行遗赠义务人时，则对法定或指定的继承人，有请求权。如以被继承人死亡时生效的保险金的请求权为遗赠，该受遗赠人可即时行使该权利。[⑦] 子女或孙子女，与被继承人共同生活时，对共同家务付出了劳动或财物的，有请求相当补偿金的权利，该请求权应计算为遗产的债务，但因此造成遗产中债务额超过财产额的除外。[⑧] 由上述规定可见，瑞士遗产债务的清偿顺序依次为：继承费用；受被继承人扶养的家庭成员的1个月的生活费；有优先权的债务；特定家庭成员的相当补偿金；普通债务；特留份；遗赠。

美国立法的规定如下：依美国《统一遗嘱检验法典》第3～805条规定，如果可适用的遗产足以支付所有请求，遗产代理人将按照下列顺序支付：(1)遗产管理的花费和开支；(2)合理的丧葬费用；(3)根据联邦法享有优先权的债务和税款；(4)死者最后患病花费的合理和必需的医药费，包括他的主治医生的报酬；(5)根据其他州法律享有优先权的债务和税款；(6)其他所有的请求。并且，同一顺序的请求中的各项请求不享有对其他请求的优先权，到期的请求无权优先于未到期的请求。该法第二章第四部分“免除财产和津贴”的一般注释中规定：“定居于本州的人死亡后，该部分授权死者生存配偶和固定的属于子女的各种各样的津贴。这些津贴优先于遗产的无担保债权人的债权和受遗赠人的遗赠。”第2～402条规定：“宅地津贴从遗产中扣除，并优先于所有针对遗产的请求。”第2～403条规定：“对免除财产和弥补免除财产不足部分的财产的权利优先于所有针对遗产的请求，但是弥补免除财产不足部分的财产的权利不优先于宅地津贴和家庭津贴支付。”第2～404条规定：“该家庭津贴优先于除宅地津贴以外的所有请求。”第1～201条一般定义第(6)款规定：“‘请求’，与死者的遗产和受保护人有关，包括死者或者受保护人的债务，无论该债务是起因于合同、侵权还是其他，以及死者死亡之时或者死亡之后或者管理人被指定之后产生的债务，包括丧葬费用和遗产管理费用。该条不包括遗产税或者继承税、不包括死者或者受保护人对遗产中的存

① 《德国民法典》第2322条。
② 《瑞士民法典》第474条。
③ 《瑞士民法典》第564条。
④ 《瑞士民法典》第565条。
⑤ 《瑞士民法典》第579条第1款。
⑥ 《瑞士民法典》第522条第1款。
⑦ 《瑞士民法典》第562-1条、第563-2条。
⑧ 《瑞士民法典》第603条第2款。

在争议的特定财产的权利。”①

## 第八节　立法发展趋势

### 一、设立有条件的有限清偿责任(限定继承)制度

从前述大陆法系国家的立法例中可见,这些国家的法律均将限定继承设立有法定的条件和程序加以规范,继承人必须符合法定的程序,并且符合法定的条件,才能取得限定继承即限定遗产债务清偿责任的法律效果。

从前述德国、瑞士和美国立法比较分析可以看出,这些国家设立的是有条件的限定继承制度,这反映了遗产债务清偿制度的立法发展趋势。为实现遗产分离,其通过制作遗产清册、主管官厅清算、遗产管理等制度,规定继承人或遗产管理人须妥善管理遗产、依法制作遗产清册等,以保证能以遗产清偿被继承人的债务,即对继承人选择实行有限继承做出法定条件和程序的限制。遗产清册可以实现遗产分离的目的,既能保证继承人的固有财产不被强制用于清偿被继承人的债务,又能够保证被继承人的债权人就遗产优先受偿。也就是说,继承人只有在履行法定程序和法定义务之后才能受到限定继承制度的保护,这有利于平等保护继承人和遗产债权人双方的利益。而目前我国实行的却是无条件的有限继承,没有对继承人享受有限继承利益规定相应的法定条件和程序。继承人既无须作出特别的意思表示,也不必要履行法定的特殊程序,就可无条件地享受到有限责任继承制度的保护,有可能危害遗产债权人的利益,这是我国《继承法》在债权人利益保护中存在的问题,不符合现代继承法设立有条件限定继承制度的立法趋势。

### 二、建立强制的无限清偿责任(无限继承)制度

关于遗产债务清偿制度,从前述德国、瑞士和美国的立法例可以看出,除英美法系国家的美国以遗产管理制度平等地保护遗产债权人与继承人的利益外,德国、瑞士立法则都实行有条件的限定继承,即继承人需要或请求官方清算或发表有限责任继承的声明或依法制作并提交忠实的遗产清册,才能够享受限定责任继承的利益。如果继承人不依法定程序行事或者有违反诚实信用原则的行为时,法律将强制其承担无限责任继承的后果。例如,瑞士法规定,继承人未作任何声明时,视为按公示的财产目录接受继承,即要求其以继承的遗产和自己的固有财产对遗产债务承担无限责任。② 德国法规定,继承人故意造成遗产清册中包含的对遗产标的的记载显著不完备,或出于使遗产债权人受不利益的意图而记入并不存在的遗产债务的,继承人就遗产债务负无限责任。③ 可见,法律规定有限责任继承人,如其不制作遗产清册将视为自愿实行无限责任继承;如其有违法侵害遗产行为将强制其承担无限责任继承的后果。这种立法设计,有利于促进继承人制作遗产清册,也有利于预防侵害遗产的违反行为。

---

① 陈苇主编:《外国继承法比较与中国民法典继承编制定研究》,北京大学出版社2011年版,第542页。

② 《瑞士民法典》第588条第2款、第589条。

③ 《德国民法典》第2005条。

而我国《继承法》对于限定责任继承，欠缺遗产债权人利益保护的规定，即缺乏限定清偿责任的法定条件和程序的保障性规定。虽然我国《继承法》第24条规定，存有遗产的人，应当妥善保管遗产，任何人不得侵吞或者争抢；我国《执行〈继承法〉的意见》第59条规定，人民法院对故意隐匿、侵吞或争抢财产的继承人，可以酌情减少其应继承的财产。但对于继承人挥霍，不善经营导致亏损，或将遗产用于清偿自己的债务等常见的危害债权人利益的行为之处理，我国均没有明文规定。这些都不利于保护遗产债权人的利益，不符合现代继承法之强制无限责任继承的立法趋势。

## 三、确立遗产债务清偿顺序

遗产债务清偿顺序是对存在于同一遗产上的多种债权关系进行清偿顺序的排序，遗产债务清偿序位的前后与债权实现的机会与程度成正比。每一债权的序位都是法律基于社会经济和立法理念的发展，综合考量遗产债务清偿因素可能发生的变化，与前后序位债权博弈的结果。遗产债务的清偿顺序对继承关系的各方当事人的利益有重要的影响，因此，我们要综合考虑遗产债务的性质，以及法律确认该债务的目的等因素确定遗产债务的清偿顺序。从前述德国、瑞士、美国的立法例可以看出，这些国家根据现代民法的保护弱者利益原则、公平原则、诚信原则、维护第三人利益和交易安全原则，在综合考量遗产债务发生的时间、性质与目的等因素的基础上，对遗产债务设立了明确的清偿（或给付）顺序，这反映了遗产债务清偿制度的立法发展趋势。

目前，我国对遗产债务清偿顺序的规定分散于我国《继承法》《执行〈继承法〉的意见》《企业破产法》等法律及相关司法解释之中，没有较为全面系统的集中规定，这不利于民众和司法人员全面掌握。我国现有遗产债务清偿顺序的松散式立法规定可能会造成法律适用的偏差。另外，我国《继承法》未对继承费用、酌分遗产之债、遗赠扶养协议之债的清偿顺序作出规定，这也反映了我国遗产债务清偿顺序立法存在漏洞，不符合现代继承法之固定明确的遗产债务清偿顺序的立法趋势。

综上所述，我们认为，在财产继承法律关系中，遗产债务清偿制度是遗产处理法律制度的非常重要的组成部分，它不仅关涉法律对继承人、遗产债权人及其他遗产利害关系人利益的保护，还关系到社会经济秩序的稳定。前述德国、瑞士、美国的继承法均对此制度进行了较为周密的设计。相比较而言，我国《继承法》第33条只规定了无条件限定继承和自愿的概括继承（无限责任继承），却没有规定在法定情形下的强制概括继承，也无明确的遗产债务清偿顺序，导致遗产处理法律制度的体系不系统、全面，对遗产债权人利益的保护不力。如果继承人利用有利地位侵害遗产债权人利益时，遗产债权人无法得到法律的有效保护。这就要求我们重新审视我国《继承法》中的相关规定，在原有的自愿无限责任继承类型基础上，补充有条件的限定责任继承，增设强制的无限责任继承制度，并设立遗产债务的清偿顺序制度，以期保障遗产的处理能够平等地保护遗产继承人与遗产债权人的利益。

# 参考文献


## 一、中文著作类

1. 张平华、刘耀东:《继承法原理》,中国法制出版社 2009 年版。

2. 张玉敏:《继承法律制度研究》,法律出版社 1999 年版。

3. 陈苇、宋豫主编:《中国大陆与港、澳、台继承法比较研究》,群众出版社 2007 年版。

4. 林秀雄:《继承法讲义》,元照出版公司 2005 年版。

5. 王利明:《法律解释学导论　以民法为视角》,法律出版社 2009 年版。

6. 陈苇等:《中国继承法理论与实践研究》,中国人民公安大学出版社 2019 年版。

7. 陈苇:《中国婚姻家庭法立法研究(第 2 版)》,群众出版社 2010 年版。

8. 陈苇主编:《外国继承法比较与中国民法典继承编制定研究》,北京大学出版社 2011 年版。

9. 陈苇主编:《婚姻家庭继承法学(第 3 版)》,群众出版社 2017 年版。

10. 余延满:《民法原论》(下册),法律出版社 1998 年版。

11. 胡长清:《中国民法总论》,中国政法大学出版社 1997 年版。

12. 杜江涌:《遗产债务法律制度研究》,群众出版社 2013 年版。

13. 史尚宽:《继承法论》,中国政法大学出版社 2000 年版。

14. 陈苇主编:《中国继承法修改热点难点问题研究》,群众出版社 2013 年版。

15. 杨立新、朱呈义:《继承法专论》,高等教育出版社 2006 年版。

16. 张玉敏(课题负责人):《中国继承法立法建议稿及立法理由》,人民出版社 2006 年版。

17. 刘春茂主编:《中国民法学·财产继承》,中国人民公安大学出版社 1990 年版。

18. 郭明瑞、房绍坤、关涛:《继承法研究》,中国人民大学出版社 2003 年版。

19. 王利明(项目主持人):《中国民法典学者建议稿及立法理由(人格权编、婚姻家庭编、继承编)》,法律出版社 2005 年版。

20. 卓泽渊:《法的价值论(第 2 版)》,法律出版社 2006 年版。

21. 王利明:《民法典体系研究》,中国人民大学出版社 2008 年版。

22. 周枏:《罗马法原论(下册)》,商务印书馆 2001 年版。

23. 郭建:《中国法制史》,浙江大学出版社 2006 年版。

24. 陈晓枫:《中国法制史新编》,武汉大学出版社 2011 年版。

25. 杨立新主编:《中国百年民法典汇编》,中国法制出版社 2011 年版。

26. 梁慧星(课题负责人):《中国民法典草案建议稿》,法律出版社 2003 年版;

27. 梁慧星(课题负责人):《中国民法典草案建议稿附理由·继承编》,法律出版社 2013 年版。

28. 徐国栋主编:《绿色民法典草案》,社会科学文献出版社 2004 年版。

29. 梁慧星:《中国民法典草案建议稿附理由·侵权行为编·继承编》,法律出版社 2004 年版。

30. 卓泽渊:《法的价值论》,法律出版社 1999 年版。

31. 杨立新:《继承法修订入典之重点问题》,中国法制出版社 2015 年版。

32. 张文显:《当代西方法哲学》,吉林大学出版社 1987 年版。

33. 黄源盛:《大理院民事判例全文编》(未刊稿)。

34. 卢静仪:《清末民初家产制度的演变——从分家析产到遗产继承》,元照出版公司 2012 年版。

35. 戴炎辉、戴东雄:《继承法》,顺清文化事业有限公司 2004 年版。

36. 杨立新点校:《大清民律草案》,吉林人民出版社 2002 年版。

37. 付子堂、时显群:《法理学》(第 3 版),重庆大学出版社 2011 版。

38. 石婷:《遗产管理制度研究》,群众出版社 2017 年版。

39. 龙斯荣:《罗马法要论》,吉林大学出版社 1991 年版。

40. 徐国栋:《民法基本原则解释——成文法局限性之克服》,中国政法大学出版社 2001 年版。

41.《马克思恩格斯全集》第 25 卷,人民出版社 1994 年版。

42.《马克思恩格斯全集》第 1 卷,人民出版社 1956 年版。

43. 陈苇(项目负责人):《当代中国民众继承习惯调查实证研究》,群众出版社 2008 年版。

44. 薛波主编:《元照英美法词典》,法律出版社 2003 年版。

45. 费安玲:《罗马继承法研究》,中国政法大学出版社 2000 年版。

46. 华东政法学院继承法资料选辑组:《继承法资料选辑》,华东政法学院 1980 年版。

47. 赵万一:《民法的伦理分析》,法律出版社 2003 年版。

48. 陈苇主编:《婚姻家庭继承法学》,法律出版社 2002 年版。

49. 李志敏:《中国古代民法》,法律出版社 1988 年版。

50. 邢铁:《家产继承史论》,云南大学出版社 2012 年版。

51. 张晋藩主编:《中国民法通史》,福建人民出版社 2003 年版。

52. 王利明等:《物权法论》,中国政法大学出版社 1998 年版。

53. 马忆南:《婚姻家庭继承法学》,北京大学出版社 2011 年版。

54. 李明舜主编:《婚姻家庭继承法学》,武汉大学出版社 2011 年版。

55. 刘耀东:《继承法修改中的疑难问题研究》,法律出版社 2014 年版。

56. 陈苇主编:《婚姻家庭继承法学(第 2 版)》,群众出版社 2012 年版。

57. 孙国华、朱景文:《法理学》,中国人民大学出版社 2015 年版。

58. 梁慧星:《民法总论》,法律出版社 1998 年版。

59. 周枏:《罗马法原论》(上册),商务印书馆 1994 年版。

60. 柳经纬:《民法》,厦门大学出版社 2007 年版。

61. 杨立新:《人身权法论》,中国检察出版社 1996 年版。

62. 曾世雄:《民法总则之现在与未来》,中国政法大学出版社 2001 年版。

63. 陈苇主编:《中国妇女儿童权益保障情况实证调查研究(上卷)》,群众出版社 2017 年版。

64. 王歌雅:《社会排挤与女性婚姻家庭权益的法律保障》,黑龙江人民出版社 2019 年版。

65. 瞿同祖:《中国法律与中国社会》,中华书局 2003 年版。

66. 付子堂主编:《法理学进阶(第 3 版)》,法律出版社 2010 年版。

67. 张玉敏主编:《民法(第 2 版)》,高等教育出版社 2011 年版。

68. 张文显:《二十世纪西方法哲学思潮研究》,法律出版社 2006 年版。

69. 李宜琛:《日耳曼法概说》,中国政法大学出版社 2003 年版。

70. 夏吟兰主编:《婚姻家庭继承法(第 2 版)》,中国政法大学出版社 2017 年版。

71. 赵晓耕:《身份与契约:中国传统民事法律形态》,中国人民大学出版社 2012 年版。

72. 薛梅卿点校:《宋刑统》卷十二《户婚律·卑幼私用财门》,法律出版社 1999 年版。

73. 戴建国:《唐宋变革时期的法律与社会》,上海古籍出版社 2010 年版。

74. 张晋藩:《清朝法制史》,中华书局 1998 年版。

75. 徐静莉:《民初女性权利变化研究》,法律出版社 2010 年版。

76. 崔建远:《物权:规范与学说——以中国物权法的解释论为中心》(上册),清华大学出版社 2011 年版。

77. 费孝通:《乡土中国》,上海世纪出版集团 2007 年版。

78. 渠涛编译:《最新日本民法》,法律出版社 2006 年版。

79. 薛源编著:《美国财产法》(第二版英文),对外经济贸易大学出版社 2012 年版。

80.《中华人民共和国法律诠释》编写委员会:《中华人民共和国继承法诠释》(周贤奇主编),人民法院出版社 1995 年版。

81. 杨立新、朱呈义:《继承法专论》,高等教育出版社 2006 年版。

82. 徐国栋:《民法基本原则解释》,中国政法大学出版社 2004 年版。

83. 李宏:《遗嘱继承的法理研究》,中国法制出版社 2010 年版。

84. 张文显:《当代西方法哲学》,吉林大学出版社 1987 年版。

85. 刘春茂:《中国民法学·财产继承》,人民法院出版社 2008 年版。

86. [德]Katharina Boele-Woelki, Jens M. Scherpe、[英]Jo Miles 主编:《欧洲婚姻财产法的未来》,樊丽君等译,法律出版社 2017 年版。

87. 杨立新、刘德权、杨震主编:《继承法的现代化》,人民法院出版社 2012 年版。

88. 杜景林、卢谌:《德国民法典——全条文注释》,中国政法大学出版社 2015 年版。

89. 陈苇主编:《中国遗产处理制度系统化构建研究》,中国人民公安大学出版社 2019 年版。

90. 郭明瑞、房绍坤编著:《继承法》,法律出版社 1996 年版。

91. 王利明主编:《民法》,中国人民大学出版社 2010 年版。

92. 谢鹏程:《基本法律价值》,山东人民出版社 2000 年版。

93. 王利明:《民法典体系研究(第 2 版)》,中国人民大学出版社 2012 年版。

94. 郑成良:《法律之内的正义:一个关于司法公正的法律实证主义解读》,法律出版社 2002 年版。

95. 徐国栋:《民法基本原则解释——成文法局限性之克服》,中国政法大学出版社 2001 年版。

96. 吴高盛主编:《〈中华人民共和国继承法〉释义及实用指南》,中国民主法制出版社 2001 年版。

97. 沈宗灵主编:《法理学》,北京大学出版社 2009 年版。

98. 王海明:《新伦理学》中册,商务印书馆 2008 年版。

99.《马克思恩格斯选集》(第三卷),人民出版社 1974 年版。

100. 何勤华、魏琼主编:《西方民法史》,北京大学出版社 2006 年版。

101. 王涌:《私权的概念》,法律出版社 1999 年版。

102.《马克思恩格斯选集》(第二卷),人民出版社 1972 年版。

## 二、论文类

1. 谭启平、冯乐坤:《遗产处理制度的反思与重构》,载《法学家》2013 年第 4 期。

2. 张文显:《规则·原则·概念》,载《现代法学》1989 年第 3 期。

3. 薛宁兰、邓丽:《构建我国遗产管理制度的若干思考》,载《中国继承法修改热点难点问题研讨会论文集》,西南政法大学民商法学院、外国家庭法及妇女理论研究中心内部编印 2012 年版。

4. 陈苇、石婷:《我国设立遗产管理制度的社会基础及其制度构建》,载《河北法学》2013 年第 7 期。

5. 李洪祥:《遗产归扣制度的理论、制度构成及其本土化》,载《现代法学》2012 年第 5 期。

6. 陈苇、杜志红:《我国设立归扣制度的基础与制度构建研究》,载《政法论丛》2013 年第 2 期。

7. 陈苇:《我国遗产债务清偿顺序的立法构建》,载《法学》2012 年第 8 期。

8. 于晓:《论我国限定继承制度的完善——以我国台湾地区"民法"继承编为参照》,载《东岳论丛》2015 年第 6 期。

9. 张玉敏:《论限定继承制度》,载《中外法学》1993 年第 2 期。

10. 王丽萍:《债权人与继承人利益的协调平衡》,载《法学家》2008 年第 6 期。

11. 冯乐坤:《限定继承的悖理与我国〈继承法〉的修正》,载《政法论丛》2014 年第 5 期。

12. 陈汉:《限定继承刍议》,载《苏州大学学报》(法学版)2014 年第 4 期。

13. 杨立新、杨震等:《〈中华人民共和国继承法〉修正草案建议稿》,载《河南财经政法大学学报》2012 年第 5 期。

14. 薛宁兰、邓丽:《中国大陆遗产管理制度构建之探讨——兼论无条件限定继承原则的修正》,载《月旦民商法》2012 年第 9 期。

15. 付翠英:《遗产管理制度的设立基础和体系架构》,载《法学》2012 年第 8 期。

16. 郭明瑞:《完善法定继承三题》,载《法学家》2013 年第 4 期。

17. 王歌雅:《论继承法的修正》,载《中国法学》2013 年第 6 期。

18. 陈苇、杜志红:《我国设立归扣制度的基础与制度构建研究》,载《政法论丛》2013 年第 2 期。

19. 俞江:《继承领域内冲突格局的形成——近代中国的分家习惯与继承法移植》,载《中国社会科学》2005年第5期。

20. 秦志远:《遗产分割:制度与价值》,载《理论与探索》2007年第6期。

21. 马俊驹、梅夏英:《财产权制度的历史评析和现实思考》,载《中国社会科学》1999年第1期。

22. 徐国栋:《罗马法中的胎儿保佐及其现代运用》,载《东方法学》2010年第6期。

23. 戴璐:《胎儿民事权益保护发展变化研究》,郑州大学2013年硕士学位论文。

24. 夏明权:《论胎儿的继承权及其保护》,载《法学评论》1987年第1期。

25. 竺琴:《胎儿利益法律保护研究》,复旦大学2004年硕士学位论文。

26. 王鹏:《胎儿利益保护之比较法研究》,郑州大学2004年硕士学位论文。

27. 张红艳:《再论再婚权买断》,载《南华大学学报(社会科学版)》2006年第5期。

28. 黄启昌、赵东明:《关于宋代寡妇的财产继承权问题》,载《文史博览·理论》2006年第9期。

29. 马新彦:《罗马法所有权理论的当代发展》,载《法学研究》2006年第1期。

30. 梁治平:《东西方法制观念的比较》,载《法律学习与研究》1986年第6期。

31. 朱凡:《我国〈继承法〉增设继承扶养合同研究》,载陈苇主编:《中国继承法修改热点难点问题研究》,群众出版社2013年版。

32. 刘南征、张佩霖:《遗赠扶养协议初探》,载《法学研究》1985年第3期。

33. 王国兴:《对事实上的遗赠扶养协议关系应承认和保护》,载《法学》1986年第9期。

34. 王红梅:《试分析遗赠扶养协议的订立》,载《安徽警官职业学院学报》2002年第2期。

35. 韩慧:《法律制度的效率价值追求》,载《山东师范大学学报(人文社会科学版)》2000年第1期。

36. 陈苇:《我国遗产债务清偿顺序的立法构建》,载《法学》2012年第8期。

## 三、外文译作

1.[美]E.博登海默:《法理学:法律哲学与法律方法》,邓正来译,中国政法大学出版社1999年版。

2.[日]井上英治:《民法总则》,东京法曹同人1998年版。

3.[美]彼得·哈伊:《美国法律概论》,沈宗灵译,北京大学出版社1998年版。

4.[德]卡尔·拉伦茨:《法学方法论》,陈爱娥译,商务印书馆2013年版。

5.[古希腊]亚里士多德:《尼各马可伦理学》,廖申白译注,商务印书馆2008年版。

6.[英]洛克:《政府论》(下册),叶启芳、瞿菊农译,商务印书馆1996年版。

7.[美]E·博登海默:《法理学:法律哲学与法律方法》,邓正来译,中国政法大学出版社2004年版。

8.[美]理查德·A.波斯纳:《法律的经济分析》,蒋兆康译,中国大百科全书出版社1997年版。

9.[澳]肯·马蒂、马克·波顿:《澳大利亚继承概要》,陈苇等译,西南政法大学外国家庭法及妇女理论研究中心2007年内部印刷。

10.[日]滋贺秀三:《中国家族法原理》,张建国、李力译,法律出版社 2003 年版。

11.[日]仁井田升:《唐令拾遗 · 丧葬令》,贾劲等译,长春出版社 1989 年版。

12.[英]F.H.劳森、B.拉登:《财产法(第二版)》,施天涛等译,中国大百科全书出版社 1998 年版。

13.[英]威廉 · 格尔达特:《英国法导论》,张笑牧译,中国政法大学出版社 2013 年版。

14.[美]彼得 · 海:《美国法概论(第三版)》,北京大学出版社 2010 年版。

15.[英]梅因:《古代法》,沈景一译,商务印书馆 1984 年版。

16.[英]哈耶克:《自由秩序原理》,邓正来译,三联书店 1997 年版。

17.[德]康德:《法的形而上学原理》,沈叔平译,商务印书馆 1991 年版。

18.[美]约翰 · 罗尔斯:《正义论》,何怀宏等译,中国社会科学出版社 1988 年版。

19.[美]理查德 · A.波斯纳:《法律的经济分析(上)》,蒋兆康译,中国大百科全书出版社 1997 年版。

20.[英]巴里 · 尼古拉斯:《罗马法概论》,黄风译,法律出版社 2000 年版。

21.[意]彼德罗 · 彭梵得:《罗马法教科书》,黄风译,中国政法大学出版社 2005 年版。

22.[意]彼得罗 · 彭梵得:《罗马法教科书》,黄风译,中国政法大学出版社 1992 年版。

23.[英]休谟:《人性论》,关文运译,商务印书馆 1980 年版。

24.[意]密拉格利亚:《比较法律哲学》,朱敏章译,中国政法大学出版社 2005 年版。

25.[意]彼德罗 · 彭梵得:《罗马法教科书》,黄风译,中国政法大学出版社 1996 年版。

26.[英]约翰 · 密尔:《论自由》,许保骙译,商务印书馆 1959 年版。

27.[法]皮埃尔 · 勒鲁:《论平等》,王允道译,商务印书馆 2005 年版。

28.[美]E.博登海默:《法理学——法哲学及其方法》,邓正来、姬敬武译,华夏出版社 1997 年版。

29.[英]亚当 · 斯密:《国富论》,商务出版社 2015 年版。

30.[日]川岛武宜:《现代化与法》,申政武、渠涛等译,中国政法大学出版社 1994 年版。

31.[英]哈耶克:《自由秩序原理》,邓正来译,三联书店 1997 年版。

32.[美]理查德 · A.波斯纳:《法律的经济分析》,蒋兆康译,中国大百科全书出版社 1997 年版。

33.[美]约翰 · 罗尔斯:《正义论》,何怀宏等译,中国社会科学出版社 2006 年版。

34.[英]靳克斯:《英国法》,张季忻译,中国政法大学出版社 2007 年版。

35.[英]威廉 · 布莱克斯通:《英国法释义》,游云庭等译,上海人民出版社 2006 年版。

36.[英]丹尼斯 · 基南:《英国法》(第 14 版),法律出版社 2008 年版。

37.[美]康芒斯:《制度经济学》(上),于树声译,商务印书馆 1994 年版。

38.[德]雷纳 · 弗兰克、托比亚斯 · 海尔姆斯:《德国继承法》,王葆莳、林佳业译,中国政法大学出版社 2015 年版。

39.[英]洛克:《政府论(下册)》,叶启芳、瞿菊农译,商务印书馆 1981 年版。

40.[美]罗尔斯:《正义论》,何怀宏等译,中国社会科学出版社 1998 年版。

41.[德]H.科殷:《法哲学》,林荣远译,华夏出版社 2002 年版。

42.[法]皮埃尔 · 勒鲁:《论平等》,王允道译,商务印书馆 2009 年版。

43.[美]萨托利:《民主新论》,冯克利等译,东方出版社 1993 年版。

44.[德]古斯塔夫·拉德布鲁赫:《法律智慧警句集》,舒国滢译,中国法制出版社 2001 年版。

45.[美]伯纳德·施瓦茨:《美国法律史》,王军等译,中国政法大学出版社 1990 年版。

46. 优士丁尼:《法学阶梯》,徐国栋译,中国政法大学出版社 1999 年版。

47.[美]约翰·罗尔斯:《正义论》,何怀宏、何包钢、廖申白译,中国社会科学出版社 1988 年版。

48.[美]罗纳德·德沃金:《认真对待权利》,信春鹰、吴玉章译,中国大百科全书出版社 1998 年版。

49.[德]赫尔穆特·施密特:《全球化与道德重建》,柴方国译,社会科学文献出版社 2010 年版。

50.[英]罗纳德·哈里·科斯:《生产的制度结构》,载《经济社会体制比较》1992 年第 4 期。

51.[美]罗纳德·高斯:《生产的制度结构》,银温泉译,载《经济社会体制比较》1992 年第 4 期。

52.[德]根特·弗兰肯伯格:《批判性比较:重新思考比较法》,载梁冶平:《法律的文化解释》,三联书店 1999 年版。

**四、英文著作**

1. Hayton. D. *European Succession Law*, European Practice Library, London: Chancery Law Publishing, 1991.

2. Andrew Iwobi: *Essential Succession* (Second Edition), 武汉大学出版社 2004 年版。

3. Gerry W. Beyer, Wills, *Trusts and Estates* (Second Edition), Beijing: Citic, Publishing House, 2003.

4. Philip Alston. *Peoeles Rights*. Oxford University Press Inc, 2001.

5. Iredell Jenkins, *Social Order and the Limits of Law: a Theoretical Essay*, New Jersey: Princeton University Press, 1980.

**五、法律法规及司法解释**

**(一)中国法**

1. 1985 年我国《继承法》

2. 1985 年我国《执行〈继承法〉的意见》

3. 1999 年我国《合同法》

4. 2001 年我国修正后的《婚姻法》

5. 2018 年我国修正后的《宪法》

6. 2017 年我国修正后的《民事诉讼法》

7. 1987 年我国《民法通则》

8. 1988 年我国《执行〈民法通则〉的意见》

9. 2017 年我国《民法总则》

10. 2007 年我国《物权法》

11. 2018 年我国修正后的《老年人权益保障法》

12. 1991 年我国司法部《遗赠扶养协议公证细则》

13. 2007 年我国《企业破产法》

(二)外国法

1. 罗结珍译:《法国民法典》,北京大学出版社 2010 年版。

2. 陈卫佐译注:《德国民法典》(第 4 版),法律出版社 2015 年版。

3. 费安玲、丁玫、张宓译:《意大利民法典》,中国人民大学出版社 2010 年版。

4. 刘士国、牟宪魁、杨瑞贺译:《日本民法典》,中国法制出版社 2018 年版。

5. 戴永盛译:《瑞士民法典》,法律出版社 2016 年版。

6. 黄道秀译:《俄罗斯联邦民法典》,北京大学出版社 2007 年版。

7. Administration of Estates Act 1925 amended in 1996,UK.

8. Trustee Act 1925 amended in 1978,UK.

9. Intestates' Estate Act 1952 amended in 1995,UK.

10. Uniform Probate Code amended in 2006,USA.